最高人民法院
民商事裁判
文书精粹与观点梳理

北京大成律师事务所◎编著

中国法制出版社
CHINA LEGAL PUBLISHING HOUSE

序

中华人民共和国最高人民法院代表着中国法院的最高审判水平，其审理的各类民商事案件具有重大、疑难、复杂、典型等诸多司法特征，既有很强的实务指导价值，也有极高的学术研究价值，已为法律界所公认。

律师事务所代理的由最高人民法院审理案件的数量和质量，集中体现了该律师事务所在高端民商事诉讼领域的整体实力、行业地位和专业水平。而对于每一个律师个体而言，成功代理最高人民法院审理的民商事案件，与共和国的精英法官群体一道，如切如磋，如琢如磨，无疑是其律师执业生涯中的光辉时刻。

近年来，大成律师事务所代理了诸多最高人民法院审理的各类民商事案件。为更好总结审判规律，提升业务水准，现从中精选出二十九个胜诉案件，涵盖合同、物权、公司、知识产权、票据和执行等案由，并提炼出最高人民法院在每一个案件中所确立的裁判观点，借此可以领悟最高人民法院法官们运用的裁判方法、体现的裁判尺度、蕴涵的裁判价值。现结集出版，在惠泽本所同仁之时，若能为法律界人士提供些许参考，我们更是幸甚至哉。

在本书的编写过程中，案件的搜集、整理、提炼等工作不可谓不繁重，在此，也要诚挚感谢负责此项工作的大成中国区争议解决专业委员会。

当然，最应当感谢的，还是在这些案件中担任代理人的大成律师们，这是你们交出的优秀答卷，每一份裁判文书背后，都浸润着你们的心血和汗水，它们跟裁判者的殚精竭虑汇在一起，共同凝成了每一个案件的价值内核，也铸就了每一个案件的公平正义，进而为法治的进步奉献着一份力量。作为大成人，我与有荣焉。

吾生有涯，学海无涯。相对于法学的海洋，我们都是慧海拾贝者；相对于法治的高峰，我们都是拾阶攀登人。愿我们每一位大成律师，都能够勠力同心，生生不息，奔向大海，攀向高峰，共同走向明天。

是为序。

彭雪峰

2019 年 8 月 28 日

目　录

Contents

一、合同纠纷

（一）买卖合同

（二）股权转让合同

（三）建设工程合同

(六)保理合同

(七)租赁合同

(八)复合型合同

二、知识产权纠纷

三、票据纠纷

四、管辖权异议纠纷

五、执行纠纷

一、合同纠纷

（一）买卖合同

“低卖高买”的交易中，可认定双方实质为融资借款关系

——通源贸易公司与井陉矿业公司等买卖合同纠纷

【裁判观点】

当对交易双方是借款关系，还是买卖关系的认定存疑时，可参考双方的签约目的。若一方低价卖出又高价收回，这种必然亏损的买卖明显违背了市场交易的常理，只能说明双方的签约目的并不是买卖，而是融资借款。

中华人民共和国最高人民法院

民事裁定书

案号　（2017）最高法民申1672号

再审申请人（一审原告、二审上诉人）：通源贸易公司。

法定代表人：王某，该公司董事长。

委托诉讼代理人：杨超，北京市中通策成律师事务所律师。

委托诉讼代理人：张亚楠，北京市中通策成律师事务所律师。

被申请人（一审被告、二审被上诉人）：井陉矿业分公司。

法定代表人：许永某，该分公司负责人。

委托诉讼代理人：孙伏龙，北京大成（石家庄）律师事务所律师。

委托诉讼代理人：张少怀，北京大成（石家庄）律师事务所律师。

被申请人（一审被告、二审被上诉人）：井陉矿业公司。

法定代表人：孙伟某，该公司董事长。

委托诉讼代理人：路长林，河北中石律师事务所律师。

委托诉讼代理人：陈国君，该公司法律顾问。

一审第三人：京铁中心。

法定代表人：石某，该公司总经理。

委托诉讼代理人：赵京京，北京华馥律师事务所律师。

委托诉讼代理人：米国华，该公司员工。

一审第三人：旭跃公司。

法定代表人：徐跃某，该公司董事长。

委托诉讼代理人：张明，河北勤有功律师事务所律师。

一审第三人：旭跃分公司。

法定代表人：李怀某，该公司负责人。

委托诉讼代理人：张明，河北勤有功律师事务所律师。

一审第三人：旭源公司。

法定代表人：郑永某，该公司经理。

委托诉讼代理人：张明，河北勤有功律师事务所律师。

一审第三人：物华公司。

法定代表人：王某，该公司经理。

委托诉讼代理人：张明，河北勤有功律师事务所律师。

再审申请人通源贸易公司因与被申请人井陉矿业分公司、井陉矿业公司及一审第三人京铁中心、旭跃公司、旭跃分公司、旭源公司、物华公司买卖合同纠纷一案，不服河北省高级人民法院（2016）冀民终393号民事判决，向本院申请再审。本院依法组成合议庭对本案进行了审查，现已审查终结。

通源贸易公司再审申请称：一、原判决认定事实及法律关系和确定的案由均有错误。原判认定通源贸易公司、井陉分公司诉争的煤炭买卖纠纷实为通源贸易公司与旭跃公司之间的借款纠纷，与在案证据证明的事实严重不符，属于认定事实错误。1. 原判认定“旭跃公司已实际收取并使用诉争的一亿元款项”没有充分的证据。2. 原判认定《合作协议》中约定的煤炭买卖但实质是企业之间的融资协议，这一认定没有法律依据，是主观臆断而来。认定"五份《煤炭买卖合同》均未实质履行"缺乏证据，事实是上述连环交易（买进卖出）的三方均签订了买卖合同、相互开具了增值税票、实际获取了交易差价并对该交易做了账和报了税。3. 原判决完全按照井陉矿业公司的说法，将本案的法律关系（案由）认定为借款纠纷是极其错误的，其目的是将责任转嫁给毫无偿债能力的第三人旭跃公司以逃避自己的法律和行政责任。

通源贸易公司与井陉矿业分公司进行的买卖交易行为实现了贸易规模和获取利润的经营目的，根本不存在井陉矿业公司所述的融资借款行为。井陉矿业分公司及第三人京铁中心等对其辩称的本案系"假买卖，真借贷"情形没有提供任何有效的直接证据，如借款合同、借据、融资协议等。井陉矿业公司与第三人的整体答辩仅围绕着拟证实所有买卖合同均是在《合作协议》签订日2014年2月13日之后所签而展开，其提供的证据《公证书》无法否认各煤炭买卖协议上所载明的实际签约日为2014年1月1日之事实。如此陈述只是为了混淆事实，将真实的买卖交易虚化为企业间借贷行为，将还款责任推给已陷入重大债务和诉讼纠纷且无还款能力的旭跃公司，以逃避自己应负的责任。

二、井陉矿业分公司声称本案是"假买卖，真融资"，以合法形式（买卖）掩盖非法目的（借贷），但除旭跃公司的上述4份证言外（起诉后形成），没有任何客观证据，且其说法从情理、逻辑、惯例、法律上讲均不成立。1. 本案七份连环买卖合同均已实际履行，受法律保护。2. 京铁中心向一审法院提交的《证据目录》称"京铁经贸分别与井陉分公司、旭跃公司及元氏分公司、物华煤炭、旭源物流签订的《煤炭买卖合同》均是其真实意思表示"，在〈备注〉中说其还多次要求旭跃公司履行发货义务，是诉讼后才知道有《合作协议》，才知存在借贷情形。井陉矿业分公司从通源贸易公司获得一亿元预付款又转付给京铁中心后，又反以自己的行为违法（行借贷之实）主张合同无效为由，拟达到免除还款责任的目的，有悖诚信原则，法院不应支持。3. 通源贸易公司从没有指示井陉矿业分公司向第三方转付款项。京铁中心经理石某称"井陉公司也欠我们的款，但这笔款（1亿元）是根据旭跃公司（徐跃某）和井陉公司吴局长的要求，由冀中能源转给我们，我们当天打款给旭跃公司及其指定的第三人"。足见井陉矿业分公司向京铁中心、旭跃公司的后续付款行为是其自主行为，与通源贸易公司无关。4.《合作协议》中没有任何出借款项字句，只有交易规模和履约安全保证，是履约保证而非融资协议。5. 井陉矿业分公司书面证明其从本案交易中获利 121.8 万元，权利与义务是对等的，应承担其法律责任。根据合同相对性原则，应由井陉矿业分公司向通源贸易公司承担还款责任。

三、通源贸易公司因无法向最终用煤方调查取证，已向二审法院提交了“向魏桥集团各电厂调取本案煤炭已实际交货的相关证据”的申请，并多次请求，却被二审法院莫名拒绝。原审法院违反法定程序可能影响案件正确判决、裁定，人民法院应当再审。

四、原判决所认定的所谓“事实”与在案客观证据证明的事实严重不符，属于严重的认定事实错误。（一）在 2014 年 1—7 月，通源贸易公司共计向井陉矿业分公司支付了 216642317.45 元煤款，井陉矿业分公司供应了价值 112392791.19 元煤炭，经对账双方确认：井陉矿业分公司应依约退还 96961150.45 元煤炭预付款。

在 2014 年 1 月 1 日井陉矿业分公司与通源贸易公司签订的《煤炭购销合同》中约定：通源贸易公司在 2014 年每月向井陉矿业分公司购买原煤 20 万吨；通源贸易公司每月保证预付煤款一亿元；合同终止，井陉矿业分公司应于 2014 年 12 月 20 日前归还通源贸易公司全部预付款。签约后，通源贸易公司即从 2014 年 1 月 2 日开始付款，在 2014 年 1—7 月，分 20 笔共计向井陉矿业分公司支付了 216642317.45 元的煤款，在 2014 年井陉矿业分公司实际供煤 112392791.19 元，再减去 2013 年应付煤款 7288375.81 元，井陉矿业分公司应退还煤款 969691150.45 元。该欠款数额业经双方 2014 年 12 月 4 日对账后签章确认和在法庭再次对账核对无误。

（二）旭跃公司经与通源贸易公司签订《合作协议》约定旭跃公司提供买卖交易履约担保责任：保证井陉矿业分公司依约归还煤炭预付款；保证河北地方煤炭公司（购煤方，以下简称河北地煤）到期向通源贸易公司结清煤炭货款。该《合作协议》实为一份买卖交易保证合同，该协议明确约定保证人（旭跃公司）在被保证人不履行债务时向通源贸易公司承担保证责任，条款清晰，责任明确，没有任何相关融资的文字或条款，与借款或融资毫无关联性。依据担保法第十九条规定的“当事人对保证方式没有约定或者约定不明确的，按照连带责任保证承担保证责任”及最高人民法院法释（2002）38号《关于涉及担保纠纷案件的司法解释的适用和保证责任方式认定问题的批复》第二条规定的“保证合同中明确约定保证人在被保证人不履行债务时承担保证责任，且根据当事人订立合同的本意推定不出为一般保证责任的，视为连带责任保证”，旭跃公司依约依法应承担的是保证责任，而不是还款责任。

（三）通源贸易公司仅知道和参与了对井陉矿业分公司的煤炭买入交易和对河北地方煤炭公司的卖出交易行为，三方已实际交易、相互开具了增值税票、实际获利和书面对账。至于后续的井陉矿业分公司与京铁中心，京铁中心与旭跃公司等之间的后续自主交易行为，通源贸易公司并不知情，基于合同相对性原则，也与通源贸易公司和本案无关。综上，通源贸易公司依据《中华人民共和国民事诉讼法》第二百条第二项、第六项之规定申请再审。

本院经审查认为，本案的争议焦点为：一、井陉矿业分公司在2014年是否实际向通源贸易公司提供了价值为112392791.19元的煤炭，通源贸易公司是否又实际向河北地煤出售了煤炭；二、原审法院是否应当主动调查通源贸易公司购入煤炭后转售给河北地煤、河北地煤再销售给山东魏桥集团的相关证据；三、通源贸易公司向井陉矿业分公司付款的性质是支付购煤款还是向旭跃公司提供借款融资；四、原审法院判决旭跃公司向通源贸易公司归还借款本息是否超过通源贸易公司的诉讼请求。

一、关于井陉矿业分公司在2014年是否实际向通源贸易公司提供了价值112392791.19元的煤炭，通源贸易公司是否又实际向河北地煤出售了煤炭的问题。首先，根据《最高人民法院关于民事诉讼证据的若干规定》第五条第二款的规定：“对合同是否履行发生争议的，由负有履行义务的当事人承担举证责任。”结合本案实际，通源贸易公司主张其从井陉矿业分公司处实际购得煤炭，之后又实际向河北地煤供应了煤炭，其他主体均否认有实际供应和购买煤炭，因此通源贸易公司应举证证实其主张的真实性。但是至今为止，通源贸易公司并没有完成相应举证，依法应承担举证不能的法律后果。其次，结合煤炭购销的运作实践，由于通源贸易公司主张的涉案煤炭买卖的数量巨大，单单凭借煤炭的买卖合同和发票并不足以证实煤炭买卖已经客观发生，还应当结合货物接收、铁路运输单据、进出货统计表等相关证据来进行佐证。本案当事人至今没有提交相关证据，通源贸易公司主张的买卖煤炭不能得到认定。综合上述两点分析，通源贸易公司再审申请主张井陉矿业分公司在2014年向通源贸易公司提供了价值为112392791.19元的煤炭，通源贸易公司又实际向河北地煤出售了煤炭，缺乏证据支持。

二、关于原审法院是否应当主动调查通源贸易公司购入煤炭后转售给河北地煤、河北地煤再销售给山东魏桥集团的相关证据的问题。首先，《最高人民法院关于适用〈中华人民共和国民事诉讼法〉的解释》第九十六条的规定："民事诉讼法第六十四条第二款规定的人民法院认为审理案件需要的证据包括：(一）涉及可能损害国家利益、社会公共利益的；(二）涉及身份关系的；(三）涉及民事诉讼法第五十五条规定诉讼的；（四）当事人有恶意串通损害他人合法权益可能的；(五）涉及依职权追加当事人、中止诉讼、终结诉讼、回避等程序性事项的……"据此表明，通源贸易公司再审主张人民法院应当主动调查通源贸易公司购入煤炭后转售给河北地煤、河北地煤再销售给山东魏桥集团的证据，显然不符合上述规定，依法不应由人民法院主动进行调查取证。其次，通源贸易公司购入煤炭后是否有转售给河北地煤的问题，通源贸易公司是该买卖合同的一方当事人，其完全可以自行完成相应举证，无需申请人民法院调查取证，更不属于人民法院应当主动调查取证的范畴。因此，通源贸易公司的该项再审主张也不能成立。

三、关于对通源贸易公司向井陉矿业分公司付款的性质是支付购煤款还是向旭跃公司提供借款融资的问题。通源贸易公司与旭跃公司在2014年2月13日签订的《合作协议》第一条约定："甲方（即通源贸易公司）同意筹措10000万元人民币支付给乙方（即旭跃公司）指定的井陉矿业分公司，乙方承诺井陉矿业分公司按当月煤炭收购价格（以当月合同为准）的99%每月向甲方销售不低于10000万元的煤炭，甲方每吨加价1%后销售给乙方及井陉矿业分公司向甲方销售煤炭的销售总额不足12亿元时，乙方按实际差额的1.3%以劳务费的形式向甲方支付补偿金，全年销售总额超过12亿元时，甲方按实际差额的1.3%向乙方支付奖励。"这种交易模式表明，旭跃公司向通源贸易公司低价提供煤炭后又高价收回，这种对旭跃公司必然亏损的买卖明显违背了市场交易的常理，只能说明旭跃公司的签约目的并不是买卖煤炭，而是向通源贸易公司融资借款。其次，根据以上两个争议焦点的分析，通源贸易公司所主张的与2014年2月13日《合作协议》第八条明确约定，最后由旭跃公司来还款，并以房产作保证。这进一步证明了旭跃公司签订《合作协议》的目的是借款融资。因此，通源贸易公司再审申请主张其向井陉矿业分公司付款的性质是支付购煤款，没有事实和法律依据，依法不能成立。

四、关于原审法院判决旭跃公司向通源贸易公司归还借款本息是否超过通源贸易公司诉讼请求的问题。首先，通源贸易公司向原审法院提起诉讼时，列明旭跃公司为第三人，根据《最高人民法院关于适用〈中华人民共和国民事诉讼法〉的解释》第二百二十二条的规定："原告在起诉状中直接列写第三人的，视为其申请人民法院追加该第三人参加诉讼。是否通知第三人参加诉讼，由人民法院审查决定。"经原审法院查明，旭跃公司与通源贸易公司提起的诉讼有法律上的利害关系，且是实际用款人，因此，在通源贸易公司将旭跃公司列为第三人的前提下，原审法院判决让旭跃公司承担还款责任并无超过通源贸易公司诉讼请求的范围。其次，通源贸易公司的上诉请求和再审请求，均直接写明要求旭跃公司承担责任，进一步说明原审法院判决由旭跃公司承担还款责任并没有违反程序规定。因此，通源贸易公司的该项再审理由也不能成立。

综上，通源贸易公司的再审申请不符合《中华人民共和国民事诉讼法》第二百条第二项、第六项规定的情形。本院依照《中华人民共和国民事诉讼法》第二百零四条第一款、《最高人民法院关于适用〈中华人民共和国民事诉讼法〉的解释》第三百九十五条第二款的规定，裁定如下：

驳回通源贸易公司的再审申请。

审判长：黄年；审判员：阿依古丽、高燕竹；书记员：侯佳明

二〇一七年十二月二十九日

未订立买卖合同时确定买卖关系的主体，需结合买卖过程中形成的证据综合认定

——龙泰公司与施惠某买卖合同纠纷

【裁判观点】

当交易双方未订立买卖合同，确定买卖关系的主体，需充分结合买卖过程中形成的能够证明买卖关系主体的证据，综合认定。

中华人民共和国最高人民法院
民事判决书

案号　（2016）最高法民再143号

抗诉机关：中华人民共和国最高人民检察院。

申诉人（一审被告、二审上诉人，原再审申请人）：施惠某（CLARA-JANESHIH），美国国籍。

委托代理人：赵佳麟，北京市大成（青岛）律师事务所律师。

被申诉人（一审原告、二审被上诉人，原再审被申请人）：龙泰公司。

法定代表人：姜来某，该公司董事长。

申诉人施惠某因与被申诉人龙泰公司买卖合同纠纷一案，不服山东省高级人民法院（2012）鲁民再字第9号民事判决，向山东省人民检察院申请监督，山东省人民检察院提请中华人民共和国最高人民检察院（以下简称最高人民检察院）抗诉，最高人民检察院作出高检民监〔2014〕87号民事抗诉书，向本院提出抗诉。本院作出（2015）民抗字第51号民事裁定，提审本案。本院提审后，依法组成合议庭公开开庭审理了本案。最高人民检察院指派助理检察员周永刚、书记员魏海彤出庭。申诉人施惠某的委托代理人赵佳麟到庭参加诉讼。被申诉人龙泰公司经本院合法传唤，无正当理由未到庭参加诉讼。本案现已审理终结。

龙泰公司以施慧某拖欠货款为由向山东省青岛市中级人民法院（以下称一审法院）提起诉讼，请求判令施慧某：一、支付货款1630803.45美元；二、赔偿因

违约造成的经济损失人民币2483667.38元；三、承担本案诉讼费用。

一审法院经审理查明，双方当事人对下列事实无争议：一、本案争议所涉及227个集装箱大蒜的出口商为龙泰公司；二、争议所涉及的227个集装箱的大蒜贸易的确真实发生，且货物均已适当交付。

针对双方争议的部分事实，一审法院综合举证、质证情况，查明：自2007年8月，龙泰公司开始与施慧某联络出口大蒜贸易，双方经电子邮件商定的价格条款为FOB青岛港，包装方式为袋装、盒装、瓶装及散装，如需托盘，另计费用，结算单位为美元，具体价格随季节、大蒜的规格及包装而浮动。在2008年6月16日之前，龙泰公司以施慧某为联系对象所出口的大蒜均得到适当支付。自2008年6月16日至2009年1月18日，龙泰公司以施慧某为贸易伙伴出口了227个集装箱的大蒜，出口货值为3438596.54美元，龙泰公司认可收到的付款数额为1807635.09美元。龙泰公司所确认的上述数额比施慧某于2009年2月17日发送给龙泰公司的电子邮件所认可的支付数额略大。

一审庭审过程中，施慧某主张本案争议的大蒜系由百思买公司向天际公司（Intersky International Inc.）及鲜货公司（Fresh Trading Inc.）所购买，并提交了表面载明为上述公司出具的商业发票一宗、百思买公司自制的收货记录一宗，百思买公司通过美国加州信托银行向天际公司、鲜货公司付款的银行记录一份及百思买公司银行支票一宗，施慧某所提交的商业发票从表面看没有出票公司的签署或盖章，银行付款记录的付款日期及支票的出票日期与相应贸易的发生时间不相符，龙泰公司对上述证据材料均不予认可。

另查明：百思买公司系在美国加州注册成立的公司法人，其首席执行官为施慧某。

一审法院认为：本案为买卖合同纠纷，因施慧某系美国公民，本案系涉外案件。本案中的合同履行地及施慧某可供扣押财产所在地均在山东省青岛市，一审法院依此为连接点，取得对本案的管辖权。庭审过程中，龙泰公司和施慧某一致选择依中华人民共和国实体法解决本案争议，一审法院对双方的选择予以确认。

鉴于龙泰公司和施慧某双方对于涉及227个集装箱货物的交易真实发生，且龙泰公司是上述货物的供货商这一事实均不持异议，本案争议的焦点是买卖合同的买方主体问题。

本案中，双方并未签订传统意义上的书面合同，但龙泰公司实际交付了货物且认可收到了施慧某支付的部分货款。因此，双方之间通过电子邮件形式就价格、订单及欠付货款等事宜的往来函件应被视为证明合同关系及其履行情况的主要证据之一。从龙泰公司提交的电子邮件看，龙泰公司从一开始进行贸易协商，直至最后追讨欠款一直是把施慧某个人作为贸易的协商对手，施慧某在与龙泰公司的往来电子邮件中从未明确告知龙泰公司其是代表百思买公司，或者说与龙泰公司进行交易是公司而非个人。从这一点看，龙泰公司有理由相信其贸易伙伴是施慧某个人而非百思买公司。

施慧某主张，龙泰公司所出口的227个集装箱的货物是龙泰公司与天际公司或者鲜货公司之间进行的，百思买公司尽管最终收到了货物，但是间接从天际公司和鲜货公司处买得，且已支付了货款。对于施慧某的上述主张，一审法院认为，首先，龙泰公司并未能举证证明天际公司或者鲜货公司与龙泰公司之间有买卖合同的存在，尽管在龙泰公司举证的一份电子邮件中（2008年11月6日邮件）施慧某是向高某发出了订货指示，但同时该份邮件亦抄送给了龙泰公司，特别是在2008年12月12日的回件中，施慧某直接认可了与龙泰公司的合作关系并同意支付龙泰公司货款。从这些双方的往来邮件中可以看出，施慧某实际上也是把龙泰公司作为直接的贸易伙伴来看待的。庭审中，施慧某陈述“龙泰公司的交易对象是百思买公司而不是施慧某”，从这一陈述并结合上述电子邮件可以看出，本案所涉及的交易中间不存在施慧某所称的“转手贸易”的情形。施慧某在庭审结束后向法庭提交的代理词中主张，2009年2月17日电子邮件是百思买公司职员凯瑟琳陈转发给施慧某，再由施慧某转发给龙泰公司。从这一陈述可以看出，施慧某并不否认其直接与龙泰公司就货款事宜进行沟通的情形。至于附件中的“百思买付(BestBuy Pay)”“百思买已付数额（BestBuy Paid Amount)”等字样，这些只能被视为欠款发生后，施慧某的单方面陈述，尚不足以证明龙泰公司在贸易发生时就知道其交易对手是百思买公司而非施慧某个人。同时，如果真的存在施慧某所主张的“转手贸易”情形，则付款情况完全应当由所谓的中间商向龙泰公司做出说明，施慧某既已足额向中间商付款，自无必要越过中间商向龙泰公司作出解释和说明。其次，施慧某辩称涉及天际公司及鲜货公司的交易其均已足额付款，但其举证的天际公司和鲜货公司的商业发票，均没有经过上述两公司的适当签署，不能证明上述商业发票的真实性。百思买公司与上述两公司通过美国加州信托银行发生的付款时间、金额与本案涉及的货物的采购时间和金额严重不符，上述二公司亦未能出庭作证并提交令人信服的证据证明收到的付款就是本案争议项下的货款，即施慧某未能证明百思买公司支付给天际公司或鲜货公司的款项是本案所涉交易项下的货款。即使施慧某或百思买公司通过银行向上述二公司支付了部分款项，正如施慧某在2008年12月12日给龙泰公司的回件中所称，其“身上也有一副巨大的担子，需要预付关税、海运费、仓储费和运输费”，即施慧某仍不能证明龙泰公司最终足额收到了货款。综上，施慧某的抗辩因证据不足，一审法院不予采信。

关于欠款数额问题，依据2009年2月17日电子邮件中关于货物数量、单价计算出的货值为3438596.54美元，龙泰公司认可收到的货款数额比上述电子邮件中陈述的付款数额略高，在施慧某未能证明其向龙泰公司支付的款项数额高于龙泰公司的自认的情况下，一审法院对于龙泰公司的自认予以确认。龙泰公司主张的数额略少于合同价款与实际收款之差，可视为龙泰公司对差额部分的放弃。至于龙泰公司所主张的损失情况，其提交了采购的包装物发票一宗，但从该宗证据材料上无法看出与本案争议事实之间的因果关系，且即使真实发生，从双方电子邮件往来的协商情况来看，对于由哪一方负担包装物的费用双方并未明确做出约定。故对于上述包装物的费用，因龙泰公司举证不足，不宜由施慧某承担。施慧某迟延支付货款，在迟延履行期间发生的利息损失应当由施慧某承担，由于双方的交易是连续进行的，龙泰公司未能说明施慧某针对每一笔业务的具体付款时间，利息的起算时间以双方的最后一笔交易发生后的一段合理期间经过后开始计算为宜，即施慧某应自2009年3月1日起向龙泰公司支付迟延履行期间的债务利息。

综上，一审法院依照《中华人民共和国合同法》第一百零七条、第一百三十条，《中华人民共和国民事诉讼法》（2012年修正前）第二百二十九条之规定，判决：一、施慧某于判决生效之日起十日内给付龙泰公司货款1630803.45美元及利息（自2009年3月1日起按中国人民银行同期贷款利率计算）；逾期履行，加倍支付迟延履行期间的债务利息；二、驳回龙泰公司的其他诉讼请求。案件受理费人民币103532元，财产保全费人民币5000元，共计人民币108532元，施慧某负担人民币99000元，龙泰公司负担人民币9532元。

施慧某不服一审判决，向山东省高级人民法院（以下简称二审法院或者再审法院）提起上诉，请求撤销一审判决，改判驳回龙泰公司全部诉讼请求并由其承担一、二审案件受理费。

二审法院查明：上诉人施慧某提交了腾道公司出具的涉案集装箱出口数据表格一份、每个集装箱具体信息一套以及腾道公司营业资料证明一份。腾道公司经营范围是商务信息咨询，北美提单信息记载：发货人神龙公司，收货人平安国际有限公司。施慧某用上述证据证明涉案集装箱货物的所有直接买家都不是百思买公司。龙泰公司质证认为，对上述证据的真实性有异议，腾道公司与本案无关，其出具的资料不具有真实性、合法性、关联性，不能作为本案认定事实的依据。二审法院认为，施慧某提交的集装箱出口数据记载的出口商是神龙公司，进口商是平安国际有限公司，其证明力及其与本案的关联性应结合其他证据加以认定。

另查明：2010 年 3 月 10 日，龙泰公司作为原告在一审法院向赵中某（Vicky）、姚玉某提起诉讼，请求判令赵中某、姚玉某支付龙泰公司货款美元1269260.76 元。事实和理由是：2007 年 9 月至 2008 年 9 月，龙泰公司一直与赵中某、姚玉某连续进行大蒜进出口贸易，龙泰公司出口价格根据出口时的市场价格确定，贸易条款为 FOB 青岛。赵中某安排美国操作员高某（Michelle）直接以电子邮件形式或青岛职员赵冬某、李丰某、孙小某以电子邮件或传真形式向龙泰公司发出订单，并由赵中某联系货运代理公司中顺物流办理订舱事宜，龙泰公司按照发出的订单内容准备加工货物，然后，赵中某等人订舱位确认船期，并给龙泰公司传真入货通知，龙泰公司安排拖车，运送装好货物的集装箱货柜到青岛港口。在货物到达目的港后，赵中某安排高某在美国港口负责清出货物，并安排高某向龙泰公司支付货款，在货物发出两个月内，赵中某通过高某以多个公司的名义向龙泰公司付款，请求判如所请。一审法院对上述诉讼予以立案审理，案号为（2010）青民四初字第 90 号（以下简称 90 号案）。

2011 年 2 月 19 日，一审法院就 90 号案向姜来某做了调查笔录，内容如下：“问：90 号案与（2009）青民四初字第 149 号（本案一审案号）案件是什么关系，两案在货物上有无重合？答：两案是不同的贸易背景，在货物上没有重合，施慧某进口的货物与赵中某进口的货物是不同的。问：两案均涉及神龙公司及境外的天际公司和鲜货公司，三家公司在这两案中处于什么样的地位，与案件有什么关系？答：上述三家公司是赵中某开办的公司，所有出口的货物都是通过神龙公司在青岛港接货，均是买方施慧某和赵中某指定的，我公司按指定交货，货款是由施慧某和赵中某指派高某付款，两案支付款项时分开支付。问：如果在90号案审理中，经查实你公司所主张的货款与149号案主张的款项发生重合，你公司对此如何处理？答：我们主张应当由施慧某对我承担付款责任，即使出现重合的部分，我不会对该部分向赵中某和姚玉某主张。”

又查明：龙泰公司一审诉称“2007年7月起至2009年1月止，龙泰公司一直和施慧某进行大蒜进出口贸易，2008年6月起，施慧某开始拖欠龙泰公司货款，至2009年1月止，施慧某共欠龙泰公司货款1630803.45美元。

二审法院查明的其他事实与一审法院查明的相同。

二审法院认为：本案系涉外买卖合同纠纷，施慧某和龙泰公司在一审期间选择中华人民共和国法律作为处理本案争议的准据法，符合法律规定，予以确认。

本案争议的焦点问题是：龙泰公司买卖合同的交易相对方如何确定。龙泰公司与施慧某之间并未签订书面买卖合同，龙泰公司为证明双方存在买卖合同关系，共提供7份电子邮件，施慧某对电子邮件的真实性没有异议。从龙泰公司提交的电子邮件分析：2007年8月2日的电子邮件是龙泰公司发到Bpr×××@aol.com邮箱的，邮件的收件人是Clara（施慧某的英文名字）；2008年6月9日、8月16日、11月6日电子邮件发件人是Clara，发件人使用的是Bpr×××@aol.com邮箱；2008年12月12日的电子邮件中，施慧某直接认可了与龙泰公司的合作关系并同意向龙泰公司支付货款，虽然施慧某使用的Bpr×××@aol.com邮箱是百思买公司的，但业务往来过程中，施慧某从未披露其代表的是百思买公司，由此可以认定龙泰公司一直与施慧某个人联系大蒜买卖业务，双方形成了买卖合同关系；2009年2月17日关于对账内容的电子邮件，施慧某认可该邮件首先是龙泰公司发给她的，然后其添加了一栏“BestBuy已付总额”，又发给龙泰公司，该邮件进一步证明了施慧某就欠付货款事宜直接与龙泰公司进行协商的事实。

施慧某在诉讼中否认与龙泰公司直接建立买卖合同关系。一审中，提交了227套证据，每套证据均包括天际公司和鲜货公司向百思买公司开具的商业发票复印件、百思买公司的收货记录复印件、加州信托银行出具的百思买公司账户交易记录及与之相对应的支票复印件，用以证明在龙泰公司诉称的时间段内（2007年7

月至2009年1月)，百思买公司与龙泰公司诉称的大蒜贸易相关的真实直接的交易对象是天际公司或者鲜货公司，不是龙泰公司；该交易均有百思买公司从银行划款给天际公司或者鲜货公司，并由天际公司或者鲜货公司出具商业发票给百思买公司。龙泰公司认为，上述证据未办理公证认证手续且均为复印件，不具备真实性、合法性，不具有证明力。因上述227套证据均为复印件，且未办理公证认证手续，龙泰公司亦不予认可，二审法院未认定其证明力。施慧某还提交了加利福尼亚州信托银行的证明，该证明经过了公证认证程序，用以证明百思买公司就本案所涉227个集装箱向中间商天际公司或者鲜货公司已经支付全部款项。龙泰公司认为，加利福尼亚州信托银行出具的证明只能证明百思买公司与天际公司、鲜货公司之间可能存在交易关系，与本案施慧某和龙泰公司并无关系。二审法院认为，加利福尼亚州信托银行的证明只能证明百思买公司与天际公司、鲜货公司之间存在的交易付款关系，不能证明与本案的关联性。二审中，施慧某提交了腾道公司出具的涉案集装箱出口数据即北美提单信息，该证据只能证明涉案集装箱运输环节的相关情况，不能直接否认涉案集装箱货物的买方不是施慧某。综上，施慧某提交的证据并不能推翻龙泰公司与其建立买卖合同关系的事实。关于欠款数额，2009年2月17日电子邮件附件中，双方当事人对“总额”是涉案227个集装箱发生的全部货款并无异议，龙泰公司诉讼中认可收到的货款数额比上述电子邮件中记载的付款数额略高，二审法院确认龙泰公司认可的付款数额，发生的货款数额与龙泰公司认可的付款数额相减为施慧某欠付的货款1630961.45美元，一审法院认定的欠款数额并无不当。

关于本案与一审法院90号案的关系。从两案龙泰公司的诉讼事实理由和请求及2011年2月19日一审法院给姜来某做的调查笔录分析，两个案件龙泰公司的贸易相对方不同，是两个独立的案件。

综上，施慧某的上诉理由不成立，一审法院认定事实清楚，适用法律正确，应予维持。二审法院根据《中华人民共和国民事诉讼法》(2012年修正前)第一百五十三条第一款第一项的规定，判决：驳回上诉，维持原判。二审案件受理费人民币88240元，由施慧某负担。

施慧某不服上述二审判决，向本院申请再审。本院经审查认为二审判决存在《中华人民共和国民事诉讼法》(2012年修正前)第一百七十九条第一款第一项、第二项和第五项规定之情形，指令二审法院对本案进行再审。

二审法院再审期间，施慧某提交新证据一宗，分别是：1. 龙泰公司发给百思买公司的催款信，用以证明即使龙泰公司所谓的其和施慧某直接发生贸易关系的观点是正确的，龙泰公司也明知其虽然与施慧某联系，但施慧某仅仅是百思买公司的职员，货款偿付义务人是百思买公司。2. 龙泰公司的律师郜鹏与百思买公司、施慧某的美国律师（JASONREAD）关于龙泰公司催款事宜的往来电子邮件及施慧某转发给 JASONREAD 的本清单证据 1 中的催款信，内容为龙泰公司就案涉货款催款事宜在美国聘请郜鹏律师向 JASONREAD 发送要求百思买公司支付货款的法律意见的电子邮件，以及 JASONREAD 对郜鹏的回复意见及郜鹏的身份证明、施慧某转发给 JASONREAD 的新证据 1 中的催款信，用以证明即使龙泰公司所谓的其与施慧某（百思买公司）直接发生贸易关系的观点是正确的，龙泰公司也明知其虽然与施慧某联系，但施慧某仅仅是百思买公司的职员，货款偿付义务人是百思买公司，进一步证明本案中龙泰以施慧某个人为被告是错误的，同时证明新证据 1 的真实性。3. 施慧某在 2008 年 8 月 17 日发给高某的电子邮件，表明施慧某在 2008 年 8 月 15 日收到黄某的取消订单的电子邮件（龙泰公司电子邮件证据 3）后，及时告诉高某相关情况，用以证明黄某直接与施慧某联系取消订单的原因是找不到高某，而其本不应该直接与施慧某联系取消订单，黄某这样做是因情况紧急而为高某做决定。4. 黄某在 2009 年 2 月 1 日发给施慧某的邮件，内容为黄某发给施慧某的涉案货物付款详情表，说明施慧某在 2009 年 2 月 17 日发给黄某的涉案货物付款详情表的原稿是黄某首先发给施慧某的，在标题栏写有“Customer-Name：BestBuy”的字样，付款栏有“BestBuyPay”字样，用以证明龙泰公司认为其货物的买方是百思买公司而非施慧某个人。5. 黄某在 2009 年 3 月 1 日发给施慧某的电子邮件，内容为“施慧某：今天，我的老板给你打过电话告诉你，你已经把全部的钱付给了高某，很显然他们付款有问题，现在我们发现他们直接解决有问题，希望你能帮助我”，用以证明龙泰公司明知并且认可百思买公司已经将全部货款付款给了高某，并请求施慧某帮助。6. 2009 年 3 月 3 日、4 日黄某发送给施慧某的邮件，用以证明龙泰公司在 2009 年 3 月 3 日收到施慧某 5 万美元，龙泰公司以港币的形式汇到施慧某香港账户 385000 元港币，并确认尚欠施慧某 1315 元港币等下次汇款时再汇给施慧某，用以证明百思买公司已付清货款，否则龙泰公司应当将该款予以扣留。7. 2009年3月13日黄某发送给施慧某的电子邮件，在该邮件中龙泰公司自己认可其“给你们公司装运是FOB青岛价格，而你们付给鲜货公司的价格是根据市场价格”，用以证明龙泰公司自认是与百思买公司发生的买卖关系，而不是与施慧某个人发生的买卖关系。8. 2009年3月13日施慧某发送给黄某的电子邮件，用以证明施慧某表明至2008年2月23日百思买公司已经向鲜货公司付清来自龙泰公司货物的货款。9. 施慧某在2009年2月13日转发给百思买公司职员陈伟某的电子邮件，用以证明施慧某将2009年2月1日收到黄某的涉案货物付款详情表的邮件及附件转发给陈伟某核对百思买的付款情况，进一步证明2009年2月1日施慧某收到黄某涉案货物付款详情表电子邮件的真实性。10. 2008年11月6日施慧某转发给陈伟某的邮件，用以证明施慧某就涉案货物向高某发送订单，证明高某的邮箱名称，通过高某的邮箱名称可知高某是鲜货公司的代表。11. 2008年10月21日施慧某转发给陈伟某的电子邮件，用以证明高某向黄某、赵冬某发送百思买公司的关于大蒜的新订单，进一步证明龙泰公司自始至终知道连环买卖链条上的最终收货人是百思买公司而不是施慧某个人。12. 2008年10月2日陈伟某发送给高某的电子邮件，用以证明百思买公司就涉案货物的质量问题向高某提出意见，证明百思买公司与鲜货公司发生买卖关系。13. 2008年9月2日陈伟某发给高某的电子邮件，用以证明百思买公司以订单号为线索来统计涉案货物，涉案货物的运输事宜及到港信息由鲜货公司负责，百思买公司与鲜货公司构成直接贸易关系。14. 2008年5月30日高某发送给陈伟某、施慧某的电子邮件，用以证明高某让百思买公司给高某发送4月后的订单，证明龙泰公司、鲜货公司、百思买公司之间的连环买卖合同关系。15. 2008年4月30日陈伟某发送给高某的电子邮件，用以证明百思买公司就涉案货物的质量问题向高某提出意见，证明百思买公司与鲜货公司发生买卖关系。16. 2008年4月7日高某给施慧某、陈伟某的电子邮件，附件名称中有“百思买”字样，用以证明鲜货公司与百思买公司发生买卖合同关系，而不是与施慧某个人发生买卖合同关系。17. 2008年4月3日高某发送给陈伟某、施慧某的电子邮件，用以证明鲜货公司与百思买公司之间的合同号是以F开头的，证明鲜货公司负责涉案货物的运输事宜，百思买公司与鲜货公司之间形成买卖合同关系。18. 2008年1月29日高某发送给陈伟某、施慧某的电子邮件，附件名称中有“百思买”字样，用以证明鲜货公司与百思买公司发生买卖合同关系，而不是与施慧某个人发生买卖合同关系。19. 2008年1月21日高某发送给施慧某、陈伟某的电子邮件，载明龙泰公司与鲜货公司之间的合同号是以ST开头的，明显不同于百思买公司与鲜货公司之间的合同号，货物的加工厂是龙泰公司，而该表格是由高某发送给施慧某、陈伟某的，证明龙泰公司、鲜货公司、百思买公司之间是连环买卖合同关系。20. 2007年9月18日高某发送给陈伟某的电子邮件，载明百思买公司与天际公司的订单号是以F开头的，证明天际公司也是高某代表的公司，百思买公司向天际公司汇款是按照高某的指示。21. 2008年10月28日高某给施慧某、黄某、赵冬某、陈伟某同时发送的涉案货物订单电子邮件及陈伟某给高某的回复电子邮件，用以证明龙泰公司明知涉案贸易链条中施慧某一方是百思买公司而不是施慧某个人。22. 陈伟某、施慧某、高某之间关于涉案货物订单的多封电子邮件，用以证明百思买公司与高某代表的公司之间发生贸易关系。23. 2009年1月4日高某发给施慧某、陈伟某的涉案货物运输的最新信息及索要新订单的电子邮件，用以证明高某公司负责涉案货物的运输事宜，负责与龙泰公司联系，并且高某公司与龙泰公司的合同号是以ST和RF-US开头的，明显与百思买公司的订单号不同。24. 陈伟某和高某之间就涉案货物付款情况的往来电子邮件，证明百思买公司就涉案货物向鲜货公司或天际公司部分付款情况，百思买公司与鲜货公司和天际公司成立买卖合同关系。25. 天际公司与神龙公司之间全套的国际贸易合同、报关单、核销单、装箱单、发票，用以证明以ST开头的合同号项下的贸易合同是发生在天际公司和青岛神龙国际贸易有限公司之间，结合本案中高某提供的以ST开头的合同号，用以证明以ST开头的合同号项下的合同与施慧某、百思买公司无关。26. 美国加利福尼亚州信托银行就涉案货物的付款情况出具的证明，用以证明百思买公司已经将涉案227柜的货物的货款全部付给天际公司和鲜货公司，付款总额为4201737.15美元。27. 2009年2月17日陈伟某发给施慧某的经查验后的涉案货物款一览表，用以证明证据4、9的真实性。28. 2009年3月1日施慧某转发给陈伟某的邮件，内容为黄某发送给施慧某的电子邮件，进一步证明证据5的真实性。29. 美国政府出具的鲜货公司的营业执照证明，用以证明鲜货公司是在美国成立的独立法人。30. 美国政府出具的天际公司的营业执照证明，用以证明天际公司是在美国成立的独立法人。31. 美国加利福尼亚州洛杉矶县高级法院审理的鲜货公司诉百思买公司一案（案号为BC422633）中对鲜货贸易有限公司负责人姚玉某的调查笔录，姚玉某作为鲜货公司的实际控制人描述了姚玉某、赵中某、高某、鲜货公司、天际公司的关系为姚玉某、赵中某、高某都是美国中间商鲜货公司、天际公司的职员，百思买公司、施慧某、鲜货公司、龙泰公司的业务往来关系及货款支付、发票开具关系为施慧某是百思买公司的老板，龙泰公司是中国供货商，出口货物给美国鲜货公司、天际公司，鲜货公司和天际公司将进口的货物卖给百思买公司；百思买公司将货款直接给鲜货公司或天际公司，鲜货公司或天际公司给百思买公司出具发票，鲜货公司或天际公司将货款汇给中国的龙泰公司。32. 高某在2007年7月5日与龙泰公司黄某之间的往来邮件，系龙泰公司在（2010）青民四初字第90号案中提供的证据，内容为高某向黄某提问的几个问题，其中包括“BestBuy”的几个柜子能否赶上11号的船，黄某回复说“11号船期太紧张”及其他问题，用以证明百思买公司是通过高某向龙泰公司询问货物运输事宜。33. 李丰某在2008年6月30日发送给黄某的电子邮件，系龙泰公司在（2010）青民四初字第90号案中提供的证据，内容为李丰某问黄某是否知道7月9日的BestBuy的奥克兰的货物用什么箱子，用以证明龙泰公司在2008年6月30日就知道贸易链条上施慧某一方是百思买公司而不是施慧某个人。34. 黄某在2009年2月18日发送给施慧某的邮件，内容为黄某告诉施慧某“我看了所附文件，你们付了很多款，但是我们公司收到的很少，其余的如何解决”，本证据中的邮件是黄某在收到施慧某2009年2月17日发送的邮件后的回复邮件，用以证明黄某通过阅读施慧某的邮件认可施慧某一方（百思买公司）付了很多款。35. 百思买公司出具的证明书，用以证明陈伟某是百思买公司的职员及其工作职责包括业务联系、工作邮件、文件保管。进一步证明本案新证据中陈伟某与相关方的往来邮件是职务行为，代表美国百思买国际有限公司。36. 美国加利福尼亚州政府的证明书，用以证明百思买公司的营业期限是自1996年5月15日起至今。37. 百思买公司保存的与案涉227个集装箱货物相关的购买货物付款汇总表、对应的商业发票、付款支票或电汇明细、收款记录、送货单、码头报告，用以证明涉案227个集装箱在美国的卖方是鲜货公司或天际公司，买方是百思买公司，施慧某仅仅是百思买公司的总经理和联系人，施慧某给龙泰公司发送邮件的行为是职务行为，并且百思买公司已经就上述货物向鲜货公司或天际公司支付全部货款420多万美元。38. 美国加利福尼亚州洛杉矶县高级法院审理的鲜货公司诉百思买公司一案（案号为BC422633）中对鲜货公司实际控制人姚玉某的调查笔录，姚玉某确认鲜货公司是龙泰公司的货物代理。

再审过程中，施慧某向再审法院申请调取涉案相关证据。再审法院依职权向青岛海关调取涉案出口货物的报关单、货物买卖合同、发票、装箱单、商检单等证据，青岛海关答复上述资料按其规定仅保存三年，无法调取。青岛海关向再审法院提供涉案货物的电子信息，但依据该信息仍无法确定涉案合同当事人。再审法院到涉案货物实际承运人大阪商船三井青岛公司调取美国仓单系统信息，该信息记载部分涉案货物的发货人系神龙公司，收货人系平安国际有限公司。该证据与二审过程中施慧某提供的北美提单信息一致。再审法院到青岛市中级人民法院调取（2010）青民四初字第90号相关卷宗材料，2008年7月5日，龙泰公司工作人员黄某给赵中某的电子邮件称“本身给你们公司和BestBuy发货我们为了更好合作，让你们在美国市场具有竞争力，计算成本时不加利润”。施慧某提交美国加利福尼亚州政府的公证文件，欲证明其已向天际公司和鲜货公司足额付款。再审法院查明的其他事实与一、二审查明的事实一致。

再审法院认为，本案争议的焦点是施慧某是否是龙泰公司涉外买卖合同的相对人。再审过程中，依施慧某的申请向相关职能部门调取相关证据，但并未查到龙泰公司与施慧某之间的书面买卖合同。龙泰公司为证明双方之间存在事实上的买卖合同关系，在一、二审期间提交7份往来电子邮件，双方就涉案货物的价格、订单、欠付货款的事宜进行了磋商，可以作为双方存在合同关系和实际履行情况的证据，由此可以认定双方形成事实上的买卖合同关系。从上述电子邮件看，施慧某从未明确告知龙泰公司其是代表百思买公司，龙泰公司有理由相信其交易对手是施慧某个人。再审过程中，施慧某提供的美国加利福尼亚州政府的公证文书，欲证明涉案货款已经付清，但该证据即便真实，也仅能证明百思买公司与天际公司和鲜货公司可能存在贸易关系，不能证明与本案的关联性。因此，对于施慧某主张其不是涉案买卖合同关系相对人的再审请求，证据不足，不予支持。

综上所述，二审判决认定事实清楚，适用法律正确，应予维持。再审法院经审判委员会讨论决定，依照《中华人民共和国民事诉讼法》（2012年修正前）第一百八十六条第一款、第一百五十三条第一款第一项之规定，判决：维持（2010）鲁民四终字第182号民事判决。

最高人民检察院抗诉认为，再审判决认定案件的基本事实缺乏证据证明，适用法律确有错误，且有新的证据足以推翻原判决。依据《中华人民共和国民事诉讼法》第二百条第一项、第二项、第六项和第二百零八条第一款之规定，提出抗诉。具体为：本案争议的焦点是：施慧某是否是龙泰公司涉外买卖合同的相对人。终审判决认定龙泰公司就涉案大蒜与施慧某直接构成买卖合同关系并进一步认定施慧某应当就涉案货物向龙泰公司支付货款，即认定施慧某是龙泰公司涉外买卖合同的相对人，属认定案件的基本事实缺乏证据证明。

本案中，龙泰公司主张与施慧某个人之间存在买卖合同关系，并且已经履行。依据《最高人民法院关于民事诉讼证据的若干规定》第五条第一款关于“在合同纠纷案件中，主张合同关系成立并生效的一方当事人对合同订立和生效的事实承担举证责任”的规定，龙泰公司应当就双方之间的合同订立并生效承担举证责任。依据《中华人民共和国海关进出口货物申报管理规定》第二十七条关于“进、出口货物报关单应当随附的单证包括：（一）合同；（二）发票；（三）装箱清单；（四）载货清单（舱单）；（五）提（运）单；（六）代理报关授权委托协议；（七）进出口许可证件；（八）海关要求的加工贸易手册（纸质或电子数据的）及其他进出口有关单证。海关应当留存进出口许可证件的正本，其余单证可以留存副本或复印件”的规定，本案所涉货物出口通关时必须有上述单证，龙泰公司作为出口商应当持有上述证据，即使是龙泰公司委托神龙公司代理其办理出口手续，也应有与神龙公司之间的合同或相关交接手续。但在庭审中，龙泰公司未提供双方签订的上述直接证据，即使龙泰公司自认已收到的1807635.09美元货款也未提供相应的外汇支付及收款凭证，仅提供7份电子邮件作为证据，且该7份电子邮件中并不包括足以构成买卖合同的具体条款，而是自2007年8月2日至2009年2月17日龙泰公司、百思买公司施慧某、第三方高某之间关于大蒜价格、订单、价款确认的内容。从这些邮件的内容看，龙泰公司确实与百思买公司施慧某之间就大蒜贸易进行过协商，百思买公司施慧某也对货物总价款及百思买公司付款情况进行过确认。但这些邮件各自有其不同的背景，应当结合施慧某提供的新证据中与该组电子邮件相关的上下文邮件，对龙泰公司所提供的证据予以审核。

（一）2007年8月2日邮件是龙泰公司发给百思买公司施慧某的报价，但是没有施慧某的相应回复邮件；2008年6月9日施慧某发送的邮件仅仅是询问收到邮件的含义，并没有确认购买的意思表示；因此，两证据不能证明龙泰公司与百思买公司施慧某之间形成买卖合同关系。

（二）2008年8月16日施慧某给龙泰公司黄某的邮件中，施慧某虽然直接向黄某发出了取消订单的意思表示，但结合施慧某新证据3即2008年8月17日施慧某给高某的邮件分析，2008年8月16日邮件是黄某是在不能与高某取得联系的特殊情况下代替高某与施慧某讨论，并不能证明施慧某与龙泰公司就涉案货物的订单问题直接进行讨论。

（三）2008年8月29日高某给龙泰公司的电子邮件内容是转述施慧某要求追加订单的意向，施慧某于2008年11月6日发送给鲜货公司并抄送龙泰公司的电子邮件内容是表达要求追加订单的意向，可以证明百思买公司施慧某直接向高某（天际公司、鲜货公司）发送邮件追加订单和发送订单，高某（天际公司、鲜货公司）再向黄某、赵冬某、孙小某发送订单，而赵冬某、孙小某、高某都是赵中某的操作员或职员，进一步证明施慧某公司与天际公司、鲜货公司形成买卖合同关系，天际公司、鲜货公司与龙泰公司形成买卖合同关系。

（四）关于2008年12月12日的电子邮件，施慧某在邮件中向龙泰公司表达了付款的愿望以及未及时付款的原因，仅从该邮件的内容看，百思买公司与龙泰公司之间具有合作关系，并且龙泰公司确有部分货款未得到合理的支付，但这种合作关系是否是一种直接的买卖合同关系，在邮件中没有明确的表示，结合施慧某提供的新证据看，龙泰公司一直在通过高某作为中间人与百思买公司确定订单，并且龙泰公司自认的已收货款也是通过高某支付的。结合施慧某新证据5，龙泰公司应当明知百思买公司在2009年3月1日已将货款全部付给高某。而高某的身份，龙泰公司在青岛市中级人民法院90号案的起诉状中明确表示“2007年9月至2008年9月，龙泰公司一直与赵中某、姚玉某连续进行大蒜进出口贸易……赵中某安排美国操作员高某（Michelle）直接以电子邮件形式或青岛职员赵冬某、李丰某、孙小某以电子邮件或传真形式向龙泰公司发出订单”，应当视为龙泰公司的自认，可以认定高某是天际公司、鲜货公司的职员，而非百思买公司的职员。因此，综合以上证据，2008年12月12日的邮件中施慧某是作为涉案货物的最终收货人对货款情况进行的解释和承诺，事实上百思买公司在2009年3月1日前已经付清全部货款，对此龙泰公司是明知的，只是百思买公司“把全部的钱付给了高某，很显然他们（天际公司、鲜货公司）付款有问题”。

（五）施慧某于2009年2月17日发送给龙泰公司的电子邮件，是对龙泰公司黄某邮件的回复，附件内容是表格一份，该表格首先是由龙泰公司制作的，对此施慧某提供的新证据4、9可以证明，表格名称为“大蒜 & 脱皮大蒜销售明细2008新公司（客户：BestBuy）”，表格中有“BestBuy付款”字样，百思买公司在此表格添加了“BestBuy已付总额”一栏。对于“BestBuy付款”“BestBuy已付总额”的含义，二审法院在二审中对姜来某进行了调查，调查笔录载明“问：2009年2月17日的电子邮件中的重量、数量、价格、总额、BestBuy付款、BestBuy已付总额是什么意思？答：重量是指货柜的货重，数量是指箱数，价格是指每吨的单价，总额是指FOB到青岛的货值，BestBuy付款是指施慧某委托高某已经付给我们的货款，BestBuy已付总额是指施慧某给高某的货款”。因此，该表格是由龙泰公司制作的，百思买公司是对通过中间商支付货款的数额进行确认，对此龙泰公司是明知的，姜来某在笔录中也认可百思买公司是通过高某进行付款。

本案系国际货物买卖合同，依据《中华人民共和国海关法》第二十三条关于“进口货物自进境起到办结海关手续止，出口货物自向海关申报起到出境止，过境、转运和通运货物自进境起到出境止，应当接受海关监管”、第二十五条关于“办理进出口货物的海关申报手续，应当采用纸质报关单和电子数据报关单的形式”和《中华人民共和国海关进出口货物申报管理规定》第二十七条关于“进、出口货物报关单应当随附的单证包括：（一）合同；（二）发票；（三）装箱清单；（四）载货清单（舱单）；（五）提（运）单；（六）代理报关授权委托协议；（七）进出口许可证件；（八）海关要求的加工贸易手册（纸质或电子数据的）及其他进出口有关单证”的规定①，涉案货物的出口需要经过海关的监管并履行严格的手续。从龙泰公司的企业法人营业执照载明的经营范围看，龙泰公司是具有经营出口业务资格的供货商，如果直接向百思买公司出口涉案货物，其有权自行办理出口手续，理应持有上述规定的单证等书面材料；即使龙泰公司委托其他外贸公司代理涉案货物的出口业务，也应与外贸公司签订相关的委托代理手续，理

① 现行《中华人民共和国海关进出口货物申报管理规定》第二十七条规定：“进、出口货物报关单应当随附的单证包括：（一）合同；（二）发票；（三）装箱清单；（四）载货清单（舱单）；（五）提（运）单；（六）代理报关授权委托协议；（七）进出口许可证件；（八）海关总署规定的其他进出口单证。”

应持有相应的货物交接手续等证据，但诉讼中龙泰公司并未出示这些能够充分证明涉案货物买卖合同当事人的直接证据，而是提供与百思买公司联系的电子邮件作为证据，有悖常理。因此，龙泰公司作为原告应承担的举证责任并未完成，应承担相应的法律后果。

同时，从法院再审判决中认定事实部分所载明的提单信息看，涉案货物的发货人是神龙公司，收货人是平安国际有限公司，龙泰公司并非涉案货物的发货人，百思买公司也不是涉案货物的美国第一手收货人，平安国际有限公司才是涉案货物的美国提货人，并有权对货物进行处分。因此，提单也可以证明龙泰公司与百思买公司之间不存在直接的买卖关系。

另外，从龙泰公司自认的已收到货款的情况看，龙泰公司虽然认可自高某处收到施慧某支付的货款 1807635.09 美元，但对于收到货款的汇款渠道及相关凭证并未提供证据。依据《中华人民共和国外汇管理条例》第六条关于“国家实行国际收支统计申报制度。凡有国际收支活动的单位和个人，必须进行国际收支统计申报”和第十二条关于“境内机构的出口收汇和进口付汇，应当按照国家关于出口收汇核销管理和进口付汇核销管理的规定办理核销手续”的规定，龙泰公司既已自认收到货款 1807635.09 美元，就应当到外汇管理部门进行国际收支统计申报和办理核销手续，理应持有相关的书面证据，依据该外汇收支凭证可以认定已收货款的付款人，但龙泰公司也未提供，因此现有证据不能证明该部分货款是施慧某支付的。

综上所述，龙泰公司提供的证据无法证明龙泰公司与百思买公司之间存在直接的买卖关系，也无法证明施慧某直接向龙泰公司支付了货款；相反，依据施慧某提供的新证据，可以证明双方之间是通过姚玉某实际控制的天际公司、鲜货公司、神龙公司作为中间商所形成的连环买卖合同关系，龙泰公司的合同相对方是姚玉某实际控制的天际公司、鲜货公司、神龙公司，百思买公司作为最终收货人已经将货款全部支付给了中间商，并由中间商将部分货款支付给了龙泰公司，百思买公司不应再承担中间商拖欠龙泰公司的货款。而施慧某作为百思买公司的首席执行官，是作为公司职员与龙泰公司进行的相关联系，龙泰公司作为从事国际贸易的经营者，在 2009 年 2 月 17 日的邮件中明确载明“（客户：BestBuy）”，表格中有“BestBuy 付款”，如果其认为合同相对方是施慧某个人，与百思买公司无关，则应明确列明客户是施慧某；通过施慧某提供的新证据1、2，龙泰公司在美国曾经委托律师向百思买公司追索货款，也可以佐证龙泰公司明知施慧某个人不是涉案大蒜的最终收货人。故龙泰公司所提供的电子邮件（间接证据）不能证明龙泰公司与百思买公司之间形成了直接的买卖合同关系，也不能证明施慧某是龙泰公司涉外买卖合同的相对人。

施慧某申诉称：（一）施慧某有新的证据，足以推翻原判决。新证据在二审法院二审中曾经提交了一部分，但二审法院未组织质证，也没有在判决书中提及。再审中，施慧某向再审法院递交了全部新证据，因开庭时龙泰公司缺席，再审法院没有对40份新证据作出评判，再审判决仅仅提及了一份新证据，对其余新证据未提及。1. 新证据能证明龙泰公司明知涉案货物贸易链条上施慧某一方是百思买公司，百思买公司是涉案货物的最终收货人，而施慧某仅仅是百思买公司的职工，判决施慧某个人承担责任是错误的；2. 新证据能够证明龙泰公司与天际公司、鲜货公司、百思买公司之间形成了连环买卖合同关系，施慧某或者百思买公司并非直接与龙泰公司发生直接贸易关系；3. 新证据能够证明龙泰公司在2009年3月除确认施慧某（百思买公司）不欠龙泰公司的货款，欠款的是天际公司、鲜货公司；4. 新证据能够证明百思买公司已经将涉案货款4201737.15美元全部支付给天际公司、鲜货公司，而不是原审法院认定的160万美元。（二）原判决认定龙泰公司就涉案227个集装箱大蒜与施慧某直接构成买卖合同关系并进而认定施慧某应当就涉案货物向龙泰公司支付货款，缺乏证据证明，且存在无法解释的重大矛盾，原判决基本事实认定错误。施慧某系百思买公司的首席执行官，其与贸易相关方商谈大蒜贸易事宜的行为属职务行为。即使施慧某一方就大蒜贸易应当对外承担责任，也应当由百思买公司承担，施慧某个人不应承担因职务行为产生的任何责任。本案中，百思买公司的买卖相对人是天际公司和鲜货公司，并非龙泰公司。龙泰公司仅仅是货物加工厂，其并未证明是涉案货物的出口商，龙泰公司不具备向国外买方索赔货款的主体资格。1. 出口合同、箱单、发票、报关单、核销单等出口单据能真实反映贸易的相关信息，包括出口商和进口商名称。龙泰公司虽经施慧某多次要求，但并未提供227个货柜的任何一份出口单据。施慧某在本案一、二审过程中均书面申请法院到海关调取相关证据，但一、二审法院均未调取，导致再审法院到海关调取时因已超过3年的保存期限而无法调取，原审法院在无证据的情况下认定龙泰公司为出口商属认定事实错误。2. 再审判决认定涉案货物的贸易双方主体为龙泰公司和施慧某缺乏证据支持，逻辑推理错误。龙泰公司提供的7份电子邮件并非紧密相关的完整的往来邮件，而是强行堆放在一起的不同年月的邮件。结合施慧某提交的新证据中与该组电子邮件相关的上下文邮件，更能证明再审判决认定事实错误。3. 龙泰公司明知涉案货物贸易链条上施慧某一方是百思买公司，其给施慧某发送的相关电子邮件附件中也注明是“百思买付”。施慧某系百思买公司的首席执行官，其代表百思买公司对外商讨贸易事宜属职务行为，再审判决认定施慧某系涉案货物的买方错误。4. 新证据能够证明百思买公司已经向涉案货物的直接卖方天际公司、鲜货公司支付了足够的货款，施慧某或者百思买公司从未向龙泰公司直接支付过货款，龙泰公司在一审期间也承认已经收到的160多万美元货款都是高某（天际公司、鲜货公司）支付的。依据《中华人民共和国民事诉讼法》第二百条之规定提出申诉。

被申诉人龙泰公司未提交答辩意见。

本院经提审查明：

（一）龙泰公司在一、二审及再审程序中未提交其与施慧某个人或者其他公司之间有关大蒜出口的货物买卖合同或者委托出口协议书，其据以向施慧某提起诉讼主张的依据是其与施慧某个人之间的7份往来电子邮件。有关7份电子邮件的相关事实与一、二审判决及再审判决查明的一致，本院予以确认。

（二）施慧某在一、二审及再审过程中提交的证据材料包括如下几个方面：1. 施慧某在涉案交易期间就涉案货物与龙泰公司、天际公司、鲜货公司工作人员以及龙泰公司与天际公司、鲜货公司工作人员相互之间的若干往来电子邮件；2. 天际公司、鲜货公司出具给百思买公司的商业发票及百思买公司自制的收货记录、收货清单、购买货物付款汇总表、送货单、码头报告；3. 百思买公司在美国加利福尼亚州信托银行开具的现金支票及付款水单以及银行证明；4. 腾道公司出具的有关案涉货物的集装箱提单及出口数据表格；5. 龙泰公司发给百思买公司的催款函以及龙泰公司在美国聘请的律师郜鹏与百思买公司、施慧某的律师之间的往来电子邮件；6. 天际公司与神龙公司之间的全套国际贸易合同、报关单、核销单、装箱单、发票；7. 美国加利福尼亚州洛杉矶县高级法院在审理鲜货公司诉百思买公司一案（案号为BC422633）中对鲜货公司负责人姚玉某的调查笔录。上述证据材料形成了完整的证据链，能够证明施慧某个人并非涉案货物的买受人。

本院认为，本案系龙泰公司以施慧某欠付货款为由提起的诉讼，根据《最高人民法院关于民事诉讼证据的若干规定》第五条第一款有关“在合同纠纷案件中，主张合同关系成立并生效的一方当事人对合同订立和生效的事实承担举证责任”的规定，龙泰公司应对其与施慧某之间形成买卖合同关系负有举证责任。根据查明的事实，本案227个集装箱大蒜已实际办理了出口手续，但龙泰公司并未提供其与施慧某之间就涉案货物达成的买卖合同，亦未提供案涉货物办理出口手续所需的货物买卖合同、报关单、装箱单、商检单、商业发票及提单等能够证明出口商和进口商信息的证据材料。虽然龙泰公司在一审起诉时提交了其与施慧某之间的7份电子邮件以证明双方就案涉货物的品种、规格、包装、重量、价格等进行了磋商，但施慧某在一、二审及再审过程中亦提交了数量众多的电子邮件、银行凭证等证明本案货物贸易涉及出口商神龙公司、进口商天际公司及鲜货公司以及最终收货方百思买公司，其本人只是作为百思买公司的首席执行官与作为供货商的龙泰公司进行业务联络，但并非案涉交易的买方主体。从施慧某提交的证据材料内容看，难以否定其真实性及与本案的关联性，因此，认定施慧某是否为案涉出口贸易的买方主体，不能仅仅依据龙泰公司单方面提交的电子邮件，而应综合考量双方提交的全部证据材料并据此做出判定。施慧某提交的证据材料，不仅涉及自身的收货记录、码头报告、商业发票、银行付款凭证，而且涉及施慧某与龙泰公司、天际公司、鲜货公司以及龙泰公司、天际公司、鲜货公司相互之间的众多电子邮件，还涉及龙泰公司及其美国律师向百思买公司主张权利的电子邮件以及案外人腾道公司出具的有关案涉货物的集装箱提单、出口数据表格及有关出口商和进口商的信息，因此，施慧某有关本案存在转手贸易、百思买公司为最终收货人以及施慧某并非案涉货物的买方主体的主张有事实依据。施慧某作为最终收货人百思买公司的首席执行官与作为货物供应商的龙泰公司就出口货物的相关事宜进行联系与磋商，并非不合常理，不能就此认定百思买公司就是案涉货物的直接买方，更不能认定施慧某个人系本案货物买卖关系的买方。龙泰公司向施慧某主张欠付货款依据并不充分，一、二审判决及再审判决仅以施慧某与龙泰公司之间的电子邮件认定本案货物买卖关系存在于施慧某与龙泰公司之间，并据此判令施慧某承担付款责任，属认定事实不清、适用法律不当。

综上，施慧某的申诉理由成立，最高人民检察院的抗诉有事实和法律依据，再审判决在认定事实及适用法律方面均有错误，依法应予纠正。本院依照《中华人民共和国民事诉讼法》二百零七条第一款、第一百七十条第一款第二项及《最高人民法院关于民事诉讼证据的若干规定》第二条第二款之规定，判决如下：

一、撤销山东省高级人民法院（2012）鲁民再字第9号、（2010）鲁民四终字第182号民事判决；

二、撤销山东省青岛市中级人民法院（2009）青民四初字第149号民事判决；

三、驳回龙泰公司的全部诉讼请求。

本案一审案件受理费人民币103532元，财产保全费人民币5000元及二审案件受理费人民币88240元，共计人民币196772元，均由龙泰公司负担。

本判决为终审判决。

审判长：陆效龙；审判员：奚向阳、杨弘磊；书记员：许英林

二〇一六年十二月三十日

委托运输合同中委托方与受托方约定收取的代发费用应指发运过程中实际发生的必要费用，包括但不限于合同明确列明的费用种类

——金硕公司与中煤公司买卖合同纠纷

【裁判观点】

委托运输合同中，委托方与受托方约定收取的代发费用，应指发运过程中实际发生的必要费用，此种必要费用应当包括但不限于合同明确列明的费用种类，且均应由委托方承担。

中华人民共和国最高人民法院

民事判决书

案号　（2016）最高法民再112号

再审申请人（一审被告、二审上诉人）：中煤公司。

法定代表人：蔡某，该公司董事长。

委托诉讼代理人：梁淼，北京大成（太原）律师事务所律师。

被申请人（一审原告、二审被上诉人）：金硕公司。

法定代表人：张某，该公司董事长。

委托诉讼代理人：郑华伟，该公司职工。

委托诉讼代理人：邵玉民，山东士合律师事务所律师。

本案原由金硕公司中煤公司为被告，以买卖合同纠纷案由向济宁市中级人民法院（以下简称济宁中院）起诉，该院于2014年12月10日做出（2013）济商初字第113号民事判决。中煤公司不服，上诉至山东省高级人民法院（以下简称山东高院）。该院于2015年8月24日作出（2015）鲁商终字第239号民事判决。中煤公司不服，向本院申请再审。本院于2015年12月25日作出（2015）民申字第3130号民事裁定，裁定提审本案。本院依法组成由审判员曾宏伟担任审判长，代理审判员吴景丽、张小洁组成的合议庭对本案进行了审理，书记员杨婷担任记录。本案现已审理终结。

中煤公司申请再审请求：一、依法撤销山东高院（2015）鲁商终字第239号民事判决第二项、第三项，依法改判驳回金硕公司的全部诉讼请求；二、判令金硕公司承担原审诉讼费用。主要事由：一、原审判决只认定了部分代发煤炭费用，而没有认定实际发生的防冻液等费用，以及拖欠的基金票和准销票。第一，没有认定防冻液费用203609.99元及销办服务费227664元错误。防冻液费用是冬季发运煤炭必然产生的费用，由大秦铁路朔州段强制收取。收取单位是朔州桑源铁路多种经营服务中心，是大秦铁路股份有限公司朔州车务段的下属公司。按照山西省煤炭铁路运输计划归口管理的要求，发运煤炭必须按3元/吨向山西统配煤炭经销总公司缴纳销办服务费。但原审法院无视案涉合同关于“等发运费用”的约定，武断地推测因本公司是专业从事代发货物业务的公司，没有将上述两项费用直接列明，便认为该费用应当由本公司承担，显然极不合理。第二，原审判决未认定秦皇岛港杂管理费220320元，明显错误。为实现金硕公司的利益最大化，经该公司同意，本公司与位于港口的中朔公司签订了《委托代理合同》，具体各项港口业务均由该公司负责办理，该公司依约履行了义务，故按照合同规定向本公司收取了220415.1元的代理费用，对此本公司已向原审法院递交了《委托代理合同》和收费证明。第三，原审判决未认定发运成本损失费1000000元明显错误。为维持煤站的发运成本，双方约定每月铁路发运不得少于6列，合同期内的铁路发运计划量至少为18列。本公司提交的《铁路发运计划单》显示发运计划共19列，但金硕公司仅发运9列，应依据《代发煤炭合同》第八条约定赔偿共计1000000元。第四，原审判决未认定金硕公司还应交付基金票和准销票4020.6吨明显错误。按照43元/吨计算，因欠基金票和准销票给本公司造成的损失就高达172885.8元。就代发煤炭所产生费用，原审判决对于金硕公司承认部分认定由其承担，而对其否认部分则认定由本公司自行承担，不仅自相矛盾，而且没有任何事实和法律依据，故依法应予以改判。二、原审判决未认定应缴税款由金硕公司承担明显错误。双方所签合同第四条明确约定，金硕公司负责按照国家税法和山西省政府法规，缴纳国家税费、能源发展基金、上缴准销票。但原审判决不仅无视合同的约定，而且出现了逻辑性错误，将委托关系与买卖关系混淆。根据税法有关规定，本公司必须开具相应的增值税专用发票，根本不存在不开具一说，故判令抵扣税款没有任何依据。税收是行政行为，本身不受民事法律关系调整。而原审判决却将应缴入国库的税款直接抵扣给本公司，严重侵犯了国家的税收权益，明显错误。此外，原审判决计算应缴税款方法不当，明显错误。综上，依据《中华人民共和国民事诉讼法》第二百条第二项之规定申请再审。

金硕公司答辩请求驳回中煤公司再审请求。主要理由：一、二审法院虽定性双方争议的事实为委托合同法律关系，但事实上双方先履行了煤炭买卖业务，才能履行《代发煤炭合同》，本公司如不先购煤炭何需代发煤炭。由于山西省煤炭销售实行“五统一”政策，本公司想购买山西煤炭出省，必须是山西本地购买煤炭企业与发运煤炭企业是一家，所以本公司只有向中煤公司进行煤炭买卖和煤炭代发两个连续环节。双方当事人虽没有签订《煤炭买卖合同》，但中煤公司已向本公司开具的20227873.04元有效增值税发票显示，中煤公司就是煤炭的销售主体，而本公司就是购买主体，故中煤公司应当根据实际销售的煤炭数量及代发煤炭过程中产生的费用向本公司全额开具发票，中煤公司也一直承认尚欠本公司增值税发票。虽双方在《代发煤炭合同》中约定了由本公司购买煤炭，但与平鲁煤运公司、西沙河公司、富朔公司等第三方销售公司签订的煤炭销售合同的主体均是中煤公司，而后中煤公司又实际销售给本公司，故一审法院认定双方存在事实上的煤炭买卖关系并无不当。在实际结算中，中煤公司对双方购买煤炭的数量、价款及已开增值税发票数额等事实均无异议，并同意在本案中进行结算。二、原审判决认定抵扣税款的事实及依据是合法正确的。第三方煤炭销售公司均向中煤公司开具了销售增值税发票，铁路运费增值税发票、港杂费等实际有效票据亦均是含税价格，也就是说中煤公司在经营中已经享有增值利润和抵扣税款的权利。中煤公司向本公司销售煤炭及产生的实际代运费用是有利润的，如果再次在这一销售环节要求本公司承担税费，显然是双重获利（并含有复税）。《代发煤炭合同》中约定本公司只承担进项税（第三方煤炭销售公司向中煤公司开具的增值税发票已含进项税，均是本公司预先付款），并不承担国税、地税、印花税等企业税费，依法应由中煤公司承担。双方在合同中明确约定一票结算。如果中煤公司不能出具增值税发票，应该按照国家税法抵扣税款，赔偿因此给本公司造成的经济损失。中煤公司在2011年开具20227873.04元增值税发票是已实际履行完的事实，这说明了中煤公司未让本公司承担其税费的事实。在双方代发、代购煤炭过程中，所有产生的税费发票均记载中煤公司，说明中煤公司是实际经营企业承担主体。二审判决不仅有法律依据也有事实依据，最高人民法院及各省高级人民法院均有大量案例。三、二审法院在认定煤炭发运所涉费用基本事实清楚，判决公正。第一，双方争议的防冻液费、销办服务费、港杂管理费、其他工作费是否真实存在、是否因发运本公司的煤炭而产生均无证据支持。即使这些费用真实发生，但双方没有明确约定应由本公司承担，且《代发煤炭合同》第七条明确约定本公司只承担购煤款、公路运费、铁路运费、进项税、代发费、港杂费六项费用，该条款中“等”表述是“上述等”而非“等外等”的意思。第二，不存在本公司拖欠中煤公司基金票及税款的事实。第三，中煤公司根据《代发煤炭合同》第八条规定要求本公司承担违约责任100万元没有事实根据。首先，合同约定发运期限2011年10月18日至2011年12月31日，平均每月以30天计算，每月发运煤炭6列，所以本公司在发运期内应该发运煤炭约14列。但中煤公司却无任何计划作废和损失的情况下让本公司承担5列（每列15万元）正式计划损失、5列（每列5万元）补充计划损失，共计100万元的损失，显然与法律规定及事实相背。其次，合同约定因本公司的原因造成中煤公司的发运计划作废并产生损失，本公司才能承担责任，而事实上中煤公司不存在计划作废的问题。本公司是先付款后发运，在发运过程中如存在计划作废的问题，中煤公司应当就预先支出的费用及报批的作废计划、准运单先向本公司提供书面告知的责任，经本公司认可或授权后才能成立，而不应由单方根据合同数字扣减损失，况且中煤公司也未能举证证明其存在损失的相关事实，所以本公司不应该赔偿任何经济损失。再次，《代发煤炭合同》第五条明确规定，如有铁路计划本公司要提前预付铁路运费，不先付款就没有什么计划可言。四、其他请求。第一，请求重新认定实际公路运输费用后进行结算。第二，二审法院在计算向本公司开具增值税发票数额存在计算错误，请求重新调整。

金硕公司向济宁中院起诉称：2011年10月本公司与中煤公司签订煤炭代发代购合同，约定：本公司利用中煤公司的大新煤站站台发运煤炭，中煤公司帮助本公司购买煤炭并进行结算。在合同履行期间本公司连续向中煤公司支付现金51442800元，中煤公司在进行代购煤炭及付款后并没及时与金硕公司进行结算。后本公司与中煤公司于2014年9月3日初步对账后，双方对本公司向中煤公司总付款51442800元、扣减富朔400万元及太原7495543.4元均认可。除上述款项外，中煤公司于2011年12月19日为本公司开具2022787.07元的增值税专用发票。本公司认为，根据合同约定中煤公司扣除已给本公司开具增值税发票外，还应将剩余煤款及费用的增值税发票开具给本公司。请求：1. 中煤公司返还剩余的资金2314637.08元。2. 中煤公司为本公司开具剩余的增值税发票17019784.08元。3. 中煤公司如不能为本公司开具上述剩余的增值税发票，则要求中煤公司承担税金损失2472960.03元。

中煤公司答辩称：一、本公司不存在拖欠金硕公司发票的情况，不承担税金损失。二、金硕公司拖欠本公司各种损失费用260万余元。

济宁中院经审理查明：2011年10月，金硕公司与中煤公司双方签订了代发煤炭合同一份。合同约定：一、甲方（中煤公司）同意乙方（金硕公司）临时利用大新煤站站台发运煤炭，时间从2011年10月8日至2011年12月30日，甲方提供十月铁路发运正式计划，正式计划量六列，计划不足由补充计划补充，以此类推平均每月（按三十天计算）六列。二、甲方负责报批铁路发运计划，负责请车、批车、装车，监督运输煤炭上站。从洗煤场至站台运输由甲方车队负责。现执行西易公司运费标准，以后按神头电厂运费价格执行。甲方开具税票与乙方在港口一票结算。甲方提供秦皇岛九公司的堆场。四、乙方负责按照国家税法和山西省政府法规，缴纳国家税费、能源发展基金、上缴准销票，负责向甲方提供上站煤炭税票、基金票、准销票，甲方凭乙方提供的票据进行港口结算。五、乙方负责按当月计划发运的煤炭货款、铁路运费等发运费用汇入甲方账户。甲方帮助乙方进行购煤款和运费结算，甲方扣除购煤款、公路运费、铁路运费、进项税、代发费、港杂费等发运费用后，甲方将剩余款项拨付给乙方。

合同签订后，金硕公司依据合同约定自2011年10月26日起至2012年1月10日止，先后向中煤公司付款总额51442800元。金硕公司委托中煤公司对外支付的购煤款为3770万元。2012年12月山西朔州平鲁区煤运公司退回中煤公司支付的煤款63488.56元，2012年12月太原能源公司退回中煤公司支付的煤款120万元，两次共计退回煤款1263488.56元。2011年12月19日，中煤公司向金硕公司共开具增值税专用发票18张，金额为20227873.07元。双方当事人对上述事实无异议。至此中煤公司处仍应有金硕公司煤款15006288.56元。

另查明，中煤公司因与金硕公司发生的业务支付的铁路运输费及保险费为7574715元，公路运输费578216元，代购代发费3252465元，秦皇岛港杂费

1904498.95 元，上述费用共计为 13309894.95 元。

扣除上述各项费用后，中煤公司仍占有金硕公司煤款 1696393.61 元（51442800 元 - 37700000 元 + 1263488.56 元 - 13309894.95 元）。

还查明，在金硕公司支付中煤公司的总货款 51442800 元中，因在总货款中向富朔公司支付了 400 万元，另有向太原能源公司支付的其中 7495543.4 元在另案诉讼中。中煤公司处仍有金硕公司煤款 1696393.61 元，同时中煤公司已向金硕公司开具了 20227873.04 元的增值税专用发票，中煤公司仍应向金硕公司开具金额为 18022989.95 元的增值税专用发票（51442800 元 - 4000000 元 - 7495543.4 元 - 1696393.61 元 - 20227873.04 元）。

该院认为：金硕公司与中煤公司双方 2011 年 10 月签的代发煤炭合同是双方真实意思的表示，并不违反相关法律规定，为有效合同。合同签订后，金硕公司依约向中煤公司付款 51442800 元。在合同履行过程中，中煤公司代金硕公司支付了 3770 万元煤炭款及其他费用 13309894.95 元，后案外人又向中煤公司退回煤款 1263488.56 元。故上述款项扣减后，中煤公司仍应向金硕公司返还剩余煤款 1696393.61 元。因中煤公司仅为金硕公司开具了 20227873.04 元的增值税发票，故按照相关法律规定，中煤公司还应向金硕公司开具金额为 18022989.95 元的增值税专用发票，否则应赔偿金硕公司因此所损失的抵扣税款 2618725.04 元（18022989.95 元 ÷ 1.17 × 0.17）。

综上，中煤公司欠金硕公司货款事实清楚，证据充分，依法应予偿还。金硕公司要求中煤公司返还货款并要求开具增值税专用发票的请求，依法应予支持。中煤公司辩称理由与事实不符，依法不予采信。依照《中华人民共和国民法通则》第一百零八条，《中华人民共和国合同法》第八条、第六十条、第一百三十六条之规定，一审法院判决：一、中煤公司于判决生效后十日内向金硕公司返还货款 1696393.61 元。二、中煤公司于判决生效后十日内向金硕公司开具价值为 18022989.95 元的增值税专用发票，如不能按时开具上述增值税专用发票，则应当赔偿金硕公司因此所损失的抵扣税款 2618725.04 元。三、驳回金硕公司的其他诉讼请求。如果未按判决指定的期间履行给付金钱义务，应当依照《中华人民共和国民事诉讼法》第一百五十三条之规定，加倍支付延迟履行期间的利息。案件受理费 32643 元，保全费 5000 元，共计 37643 元，由中煤公司负担。

中煤公司不服一审法院上述民事判决，向山东高院上诉请求撤销一审判决，改判驳回金硕公司的诉讼请求。主要理由：一、本案双方之间不是买卖合同关系，而是代购代发煤炭法律关系。双方根据山西省实行煤炭销售五统一的要求而成立煤炭代购代发法律关系。中煤公司在大秦铁路大新货运站拥有自己的发煤站台，具备代发条件。二、原审判决认定中煤公司欠金硕公司款项属于认定事实错误。双方没有异议的事实为：1. 2011 年 10 月 26 日至 2012 年 1 月 10 日，金硕公司支付中煤公司共计 51442800 元；中煤公司根据金硕公司的指令对外付款共计 3770 万元；中煤公司向山西富朔煤炭运销公司支付了 400 万元；向太原能源公司支付了 7495543.4 元。综上，中煤公司共支出 49195543.4 元，差 2247256.6 元。2. 2011年 11 月 19 日，中煤公司向金硕公司开具增值税专用发票 18 张，金额为 10227873.04 元。3. 代发数量为 72277 吨，乘以每吨 45 元，等于 3252465 元。争议事实：1. 铁路运费及保险费，一审判决计算错误，实际数额应为 7577783.8 元，相差 3068.8 元。2. 公路运费，一审认定为 578216 元，实际发生额为 1246638.16 元（有票的 1176623.81 元，无票的 10014.35 元），相差 668422.16 元。3. 防冻液费共计 203609.99 元，已实际发生但一审判决没有认定。4. 秦皇岛港杂费，实际发生 270 万元，一审判决只认定了 1904498.95 元，差 795501.05 元。5. 销办服务费，实际发生 227664 元，但一审判决没有认定。6. 铁路发运计划损失费，由于金硕公司没有履行合同计划，按合同约定应承担中煤公司的损失 100 万元，但一审法院没有支持。7. 应缴未缴税款，其中国税 1447449.63 元，地税 195405.70 元，印花税 16784.62 元，共计 1659639.95 元，应由金硕公司负担。8. 金硕公司欠基金票 4020.6 吨。9. 大新站实际工作发生费用 72000 元。综上，金硕公司共欠中煤公司 2505165.23 元。三、关于增值税发票问题。中煤公司对金硕公司欠具增值税销项税发票 18022989.95 元属实，没有开票是由于金硕公司欠基金票，且金硕公司没有向中煤公司付款。关于开具增值税发票的诉讼请求不属于民事法律调整的范畴，若按一审判决执行，势必会导致国家税款转化为当事人私有权益，将直接违反税法的相关规定。

金硕公司答辩称：原审判决认定事实清楚，适用法律正确。一、虽然形式上双方只签订了《代发煤炭合同》，但实际上双方先履行煤炭买卖业务，后有代发煤炭行为，这样金硕公司才能完成向外销售煤炭行为。由于山西省煤炭销售实行

"五统一"政策，金硕公司只有向中煤公司进行煤炭买卖及代发这一事实行为。金硕公司与中煤公司虽没有签订《煤炭买卖合同》，但中煤公司已开具的20227873.04元增值税发票显示，中煤公司就是煤炭的销售主体。从中煤公司购买煤炭实际情况来看，中煤公司分别从平鲁煤运公司、西沙河煤业有限公司、山西富朔煤炭公司购买煤炭，再实际销售给金硕公司。双方在《代发煤炭合同》中约定了由金硕公司购买煤炭，但实际上中煤公司履行了煤炭购买行为，原审判决认定双方实属煤炭买卖关系并无不当。二、原审判决认定煤炭发运所涉费用事实清楚、公正。1. 双方所签《代发煤炭合同》虽约定了金硕公司根据国家税法和山西省政府法规，要缴纳国家税费、能源发展基金，并负责提供上站煤炭税票、基金票、准销票，但实际上金硕公司作为购煤主体也已经履行应该承担的税费及责任，否则根据山西省法规税票不齐中煤公司无法向外发运煤炭，但事实上是中煤公司向金硕公司发运煤炭九列73440吨，到港轨道衡72277吨，中煤公司实际收回了向金硕公司已销售的全部增值税发票72452.965吨，并从其营业中抵扣了销售72452.965吨煤炭的增值税并获得利润，所以金硕公司不拖欠基金票。2.《代发煤炭合同》第七条约定，金硕公司应当承担合同第七条明确约定的六项费用，不负担其他费用。3. 合同约定发运期限自2011年10月18日至2011年12月30日，每月发运煤炭6列，所以金硕公司在发运期内应该发运煤炭14列、实际上金硕公司发运了9列。但事实上中煤公司不存在计划作废的问题，中煤公司没有针对其支出的费用及报批的计划、准运单提供书面证据，金硕公司不应当承担责任。三、中煤公司针对双方争议的公路运费及防冻液费、销办服务费、港杂管理费、其他工作费、应缴纳税费的上诉理由不能成立。1. 中煤公司提供的公路运费发票总额为1246638.16元，发票记载聚星公司煤炭起运地点是煤矿到大新煤站发运站的距离，不是从三阳洗煤厂到大新煤站发运站的距离，所以该发票内容不真实。2. 金硕公司对中煤公司提供的防冻液费、销办服务费、港杂管理费及其他工作费的结算账单真实性不予认可。退一步讲，即便产生了上述额外费用，根据约定金硕公司也不应负担。3. 中煤公司在经营中已经享有增值利润和抵扣税款的权利，其主张的应缴未缴的国税、地税、印花税，是中煤公司应当自行缴纳的正常税费，不应由金硕公司负担。4. 如中煤公司不向金硕公司出具增值税发票，应该赔偿金硕公司损失。四、金硕公司认可秦皇岛港杂费为2046241元，可以变更原审判决笔误。

二审经审理查明：一、关于铁路运费及保险费问题。中煤公司上诉主张一审判决确认铁路运费及保险费7574715元属于计算错误，实际数额为7577783.8元，相差3068.8元。金硕公司在二审庭审中表示同意中煤公司的该项上诉主张。

二、关于公路运费问题。金硕公司在一审中认可双方约定运输里程是16公里，运输吨数是74689.21吨，运费应为8元/吨（0.5元/吨公里），中煤公司主张运费应为16元/吨（1元/吨公里）。金硕公司在二审中解释其主张公路运输单价为0.5元的原因是中煤公司仅负责洗煤厂至大新站的运输，没有负责自矿口至洗煤厂的运费。中煤公司在一审中提交2010年度西易公司与中煤公司签订的《汽车煤炭运输合同》载明约定运费价格为1.0元/吨公里；朔州市聚星汽车运输有限公司出具的公路运费发票2份，载明运费总额为1176623.81元。中煤公司解释称，因公路发票为了符合山西省“五统一”政策，保证煤炭出省环节的连贯性，方便金硕公司在港口进行抵扣增值税发票，所以在公路运费发票的发货人一栏载明为大恒公司，这也是金硕公司支付从煤矿至三阳洗煤厂的运费由郑华伟个人而非金硕公司账户支付的真正原因。

三、关于防冻液费用问题。中煤公司在一审中提交朔州桑源铁路多种经营服务中心出具给中煤公司的3张发票总额为203609.99元。

四、关于秦皇岛港杂费问题。中煤公司主张原审判决确认秦皇岛港杂费1904498.95元错误，中煤公司先支付港杂费270万元，后经结算退回433343.9元，实际发生港杂费2266656.1元。金硕公司在一审庭审中表示认可退回653759元，实际发生应为2046241元。中煤公司在一审中提交的秦皇岛中朔煤炭有限公司向中煤公司开具的港杂费发票11张，金额共计2046241元。在二审中，中煤公司向该院提交秦皇岛中朔煤炭有限公司2015年7月30日提供的《证明》，载明中煤公司在2011年10月至2012年1月委托其办理港口业务，向其支付港杂费270万元，后经结算，退回43334.39元。中煤公司对没有发票的部分费用解释称，该费用的支出目的是为更好地协调煤炭进港、堆存、出港、物权变更等手续，尤其是在煤炭装卸时，为了协调码头工人卸载车厢内的余煤，减少货主损失以及卸到最有利于装船合适的堆场处，方便码头工人装货以减少损耗，从而给货主带来利益最大化。金硕公司对该证明的真实性不予认可。

五、关于销办费问题。中煤公司在一审中提交山西统配煤炭经销总公司开具的发票2张，载明交款人均为中煤公司，开票日期分别为2013年12月2日和2014年1月6日，载明项目分别为"其他服务费2011.12"和"其他服务费"，票面金额分别为202388元、25296元，总计227684元。中煤公司在二审中向该院提交证据：1. 2011年山西统配煤炭经销总公司与中煤公司签订的《煤炭发运合作协议》，载明山西统配煤炭经销总公司主要为中煤公司煤炭铁路发运计划提报提供服务以及收费标准，证明收费的必要性与标准；2. 山西统配煤炭经销总公司的工商登记信息，该公司为全民所有制，是山西省为煤炭经销地方收费的一个收款单位；3. 在网上查询的由山西省煤炭工业管理局、山西省物价局《关于山西统配煤炭经销公司服务管理使用办法的通知》、1995年8月山西省物价局《关于明确山西统配煤炭经销公司收取服务费问题的批复》、财政局、发改委《关于全面清理涉及煤炭原油天然气收费基金有关问题的通知》以及网络新闻关于山西取消本地销售收费为煤炭资源税改革清路，这些内容直接或者间接地证明山西省地方政府收取该项费用的依据、标准及在2014年之前该项收费是山西省地方政府收费的其中一项，也证明了该项服务费是金硕公司与中煤公司合作期间发运煤炭出省必要支付的费用。金硕公司对上述证据不予认可，并且认为该费用不属于合同约定应当由金硕公司负担的范围。

六、关于铁路计划损失费问题。中煤公司在一审中提交铁路计划损失费证据为：1.《代发煤炭合同》，第一条内容为：中煤公司同意金硕公司临时利用大新站站台发运煤炭，时间从2011年10月18日至2011年12月31日，中煤公司提供10月铁路发运正式计划，正式计划量6列，计划不足由补充计划补充，以此类推平均每月（按三十天计算）6列。第八条约定，由于金硕公司资金未按时到位和煤源不足种种原因（人力不可抗拒的因素除外），造成计划作废，金硕公司负责赔偿中煤公司损失，按每列正常计划费15万元，补充计划5万元计算，如果煤炭到站台后，由于中煤公司车皮计划不能按时发货（不可抗力的因素和铁路大修、临时政策变更等特殊原因除外），中煤公司承担因此给金硕公司造成的损失。2. 2013年11月15日，大秦铁路大新站出具的铁路发运计划单，载明中煤公司在2011年11月至2012年1月期内向大新站申报的发运计划包括正式计划14列，实际执行9列；补充计划5列，实际执行0列；载明的列车到站地分别为上海、广州、凌源东。3. 2011年11月21日至2012年1月9日，秦皇岛股份有限公司第九港务分公司轨道衡称重单，载明中煤公司申请的铁路计划与该道衡称重单一一对应。金硕公司对此不予认可，认为不是为金硕公司报的计划，所列到站地不是金硕公司的到站地秦皇岛港，并且不存在经济损失。

七、关于应缴税费问题。中煤公司主张《代发煤炭合同》约定金硕公司负责按照国家税法和山西省政府法规的规定，缴纳国家税、能源发展基金、上缴准销票、负责向中煤公司提供上站煤港口结算。中煤公司编制的《关于税费计算情况的说明》载明，由该笔业务产生的应缴国税 145043.34 元、地税 195823.35 元、印花税 18365.15 元，共计约 1659639 元（以税务机关最终核定的数额为准）。以上税款都是因代发业务必然产生的项目，而非中煤公司在自身运营当中产生的，是代发煤炭业务的必然结算项目，应由金硕公司承担。

八、关于金硕公司拖欠基金票和准销票问题。中煤公司主张，2011 年 12 月 3 日至 2012 年 1 月 5 日，金硕公司提供给中煤公司的基金票与准销票为 69419.34 吨，金硕公司拖欠基金票、准销票各 4020.6 吨；因金硕公司不能全部及时提供，金硕公司拖欠中煤公司的资金以及税费 200 多万元不能进行彻底结算，一并导致中煤公司不能开具出全部增值税发票，预交税款处于挂账状况。金硕公司主张不欠基金票与准销票，实际操作方法是金硕公司或中煤公司的业务员去销售方领取该票后交给中煤公司。

该院经审理查明的其他事实与一审法院查明的事实一致。

该院认为：关于双方当事人之间的法律关系问题。中煤公司主张双方之间不是买卖合同关系，而是代发煤炭法律关系。金硕公司主张双方之间先存在买卖合同关系，后存在代发煤炭合同关系。该院认为，双方对煤炭质量、价款等涉及买卖关系范围的问题没有争议，本案争议的问题均基于代发煤炭合同关系，故本案案由应为委托合同纠纷。

对于双方争议的代发煤炭的费用负担问题具体分析认定如下：

一、关于铁路运费及保险费问题。中煤公司主张一审判决少计算铁路运费及保险费 3068.8 元，金硕公司同意中煤公司的该项主张。故该院对此予以确认，该 3068.8 元应当从原审判决确认的中煤公司退款总额中扣除。

二、关于公路运费问题，金硕公司在一审中认可双方约定运输里程是 16 公里，运输吨数是 74689.21 吨。金硕公司关于公路运费单价应为 0.5 元/吨公里的主张没有依据，该院不予采信。运费单价应当根据代发煤炭合同的约定，确认为西易公司与中煤公司约定的1元/吨公里（16×74689.21=1195027.36元），该数额大于中煤公司提交的公路运费发票载明的数额，应当根据发票载明的数额确认公路运费为1176623.81元。一审判决认定公路运费578216元不当，其差额616811.36元，应当从一审判决确认的中煤公司退款总额中扣除。中煤公司主张其还存在无发票的10014.35元实际运费支出，因没有证据支持，该院对此不予采信。

三、关于防冻液费用和销办服务费问题。中煤公司在一审中提交朔州桑源铁路多种经营服务中心向中煤公司出具的2张发票总额为203609.99元和山西统配煤炭经销总公司开具的服务费发票227664元。双方签订的代发煤炭合同约定，中煤公司扣除购煤款、公路运费、铁路运费、进项税、代发费、港杂费等发运费用后，将剩余款项拨付给金硕公司。中煤公司作为专业从事代发业务的公司，应当熟悉经营所需的各项费用。上述防冻液费和服务费不在合同约定金硕公司应负担费用的范围内，应当认定该费用由中煤公司负担。对中煤公司的该项上诉主张，该院不予支持，并且中煤公司没有证据证明上述费用是为本案义务所支付的费用。

四、关于秦皇岛港杂费问题。中煤公司主张为了协调码头工人卸载车厢内的余煤，减少货主损失，存在没有发票的实际支出。金硕公司仅认可有发票的2046241元，对其他部分不予认可。该院认为，秦皇岛中朔煤炭有限公司收取2046241元港杂费后，已经负有监督码头工人卸载车厢内的余煤以减少货主损失的义务。中煤公司关于另外支付220415.1元港杂费的主张缺乏证据支持，不予采信。一审判决确认港杂费1904498.95元不当，其差额141742.05元，应当从一审判决确认的中煤公司退款总额中扣除。

五、关于铁路计划损失费问题。中煤公司提交的铁路发运计划单，载明的列车到站地分别为上海、广州、凌源东，而金硕公司的煤炭均应铁路运输至秦皇岛港，中煤公司不能证明其为金硕公司准备的发运计划作废以及计划作废所造成的经济损失。中煤公司关于金硕公司应当赔偿其经济损失的理由不能成立，该院不予支持。

六、关于应缴税款问题。中煤公司主张金硕公司应负担应缴国税1450543.34元、地税195823.35元、印花税18365.15元，共计约1659639元（以税务机关最终核定的数额为准)。但中煤公司尚未缴纳前述税款，也没有提交相关税务部门出具的应缴税额或准确的计算依据。双方签订的代发煤炭合同约定，中煤公司扣除购煤款、公路运费、铁路运费、进项税、代发费、港杂费等发运费用后，将剩余款项拨付给金硕公司，代发煤炭合同没有约定国税、地税、印花税由金硕公司负担，对中煤公司的该项上诉主张，该院不予支持。

七、关于基金票、准销票问题。中煤公司主张金硕公司拖欠基金票 4020.6 吨，导致中煤公司不能开具出全部增值税发票。金硕公司主张不欠基金票与准销票。该院认为，中煤公司主张金硕公司拖欠基金票缺乏证据支持，无法确认。中煤公司主张金硕公司拖欠基金票而导致其不能开具全部增值税发票，但是中煤公司亦没有证据证明其开具全部增值税发票需要先收到全部基金票，中煤公司的该项上诉理由不能成立。中煤公司关于开具增值税发票义务不属于人民法院管辖的主张没有依据，该院不予支持。一审判决是在确认中煤公司发生代发费数额的基础上计算应开增值税发票数额，该院根据上述理由确认中煤公司发生代发的数额在一审判决确认数额基础上增加了 761622.21 元（3068.8 元 + 616811.36 元 + 141742.05 元），故中煤公司开具增值税发票的数额应当相应变更为 17261367.74 元（18022989.95 元 − 761622.21 元），如不能按时开具增值税发票则应赔偿损失的数额亦应变更为 2508061.98 元（17261367.74 元 ÷ 1.17 × 0.17）。

综上，一审判决确认的铁路运费、公路运费、港杂费金额存在误差，应当从一审判决确认的中煤公司退款总额中扣除，中煤公司应当退还代发煤炭费用 934771.14 元。中煤公司的上诉理由部分成立，该院予以支持，一审判决确认事实部分有误，该院予以纠正。依据《中华人民共和国民事诉讼法》第一百七十条第一款第二项之规定，判决如下：一、维持济宁中院（2013）济商初字第 113 号民事判决第三项；二、变更济宁中院（2013）济商初字第 113 号民事判决第一项为：中煤公司于判决生效后十日内向金硕公司返还代发煤炭款 934771.14 元；三、变更济宁中院（2013）济商初字第 113 号民事判决第二项为：中煤公司于判决生效后十日内向金硕公司开具价值为 17161367.74 元的增值税专用发票，如不能按时开具上述增值税专用发票，则应当赔偿金硕公司因此所损失的抵扣税款 2508061.98 元。如果未按本判决指定的期间履行给付金钱义务，应当依照《中华人民共和国民事诉讼法》第二百五十三条之规定，加倍支付迟延履行期间的债务利息。一审案件受理费32643元，由金硕公司负担23177元，由中煤公司负担9466元并负担财产保全费5000元；二审案件受理费20068元，由金硕公司负担9010元，由中煤公司负担11058元。

再审阶段，围绕再审请求对当事人争议的事实，本院认定如下：一、关于秦皇岛港杂管理费220320元是否发生的问题。原审判决对有发票的港杂管理费已经予以认定，双方当事人均无异议。中煤公司主张尚有其他该项支出220320元，但没有发票予以证明，原审对此未予认定正确。对中煤公司有关再审主张，本院不予支持。二、关于中煤公司主张的铁路计划是否属实的问题。中煤公司在原审中提交的大秦铁路大新站出具的铁路发运计划单载明，中煤公司在2011年11月至2012年1月在大新站申报的发运计划正式计划14列，实际执行9列；补充计划5列，实际执行0列；载明的列车到站地分别为上海、广州、凌源东。虽然这些计划中载明的所到港并非秦皇岛港，但2011年11月21日至2012年1月9日的秦皇岛股份有限公司第九港务分公司轨道衡称重单与中煤公司申请的铁路计划一一对应，且本案中已经实际发运9列的有关文件载明的所到港亦非秦皇岛港，故应当认定这些计划确实是为发运金硕公司煤炭所申请。三、关于是否拖欠基金票和准销票的问题。中煤公司主张金硕公司拖欠基金票和准销票，应赔偿其有关损失，但仅提交了金硕公司已经交付的有关票据，而无证据证明金硕公司尚拖欠有关票据，原审判决对中煤公司该主张未予支持正确。四、关于铁路计划报废是否造成损失的问题。从《代发煤炭合同》内容整体分析，双方当事人约定合同期内的铁路发运计划量及违约责任的目的不仅在于保障金硕公司的煤炭运输，而且在于保障中煤公司对有关站台和设备的运营成本和效益，故有关铁路计划作废给中煤公司造成的损失不仅包括申请铁路计划本身的成本，而且应当主要包括中煤公司的经营成本和期待利益损失。对金硕公司以中煤公司没有证据证明铁路计划损失等主张，本院不予支持。

本院再审认为，《代发煤炭合同》主要约定由中煤公司利用其拥有的合法铁路发运煤炭手续、铁路发运计划、大新站万吨列装车站台、全套装车设备为金硕公司提供发运煤炭和代付购煤款等服务。二审判决认定双方当事人之间系代发煤炭法律关系，本案案由应为委托合同纠纷正确。该合同系双方当事人真实意思表示，且不具备法律规定的无效事由，为有效合同。

一、关于《代发煤炭合同》涉及的费用结算问题。《代发煤炭合同》第七条约定，金硕公司负责将当月计划发运的煤炭货款、铁路运费等发运费用汇入中煤公司账户。中煤公司帮助金硕公司进行购煤款和运费结算，中煤公司扣除购煤款、公路运费、铁路运费、进项税、代发费、港杂费等发运费用后，将剩余款项拨付给金硕公司。根据该条约定，并由于该合同主要内容为中煤公司受金硕公司委托发运煤炭并收取代发费，故该合同所称发运费用应指发运过程中实际发生的必要费用，应当包括但不限于合同明确列明的六种费用，且均应由委托方金硕公司承担。第一，关于防冻液费用203609.99元和销办服务费227664元的承担问题。中煤公司在原审中提供了铁路部门收取防冻液费用和销办服务费的相关文件和收费发票以证明是发运煤炭必须产生且实际发生的费用，原审判决仅以中煤公司作为专业从事代发业务的公司，应当熟悉经营所需的各项费用，防冻液费和销办服务费不在合同约定金硕公司应负担费用的范围内，且无法证明是为本案义务所支付的费用为由未予认可错误。第二，关于发运成本损失费100万元的承担问题。《代发煤炭合同》第一条约定，合同期内的铁路发运计划量至少为18列。第八条约定，由于金硕公司资金未按时到位和煤源不足种种原因（人力不可抗拒的因素除外），造成计划作废，金硕公司负责赔偿中煤公司损失，按每列正常计划15万元，补充计划5万元计算。结合合同履行情况，金硕公司应依据合同约定承担赔偿责任100万元（正常计划费15万元/列×5列+补充计划5万元/列×5列）。原审判决对该违约责任未予认定错误，本院予以纠正。综上，原审判决对金硕公司应当给付中煤公司的发运费用及赔偿金额共计1431273.99元（203609.99元+227664元+1000000元）未予认定，而认定中煤公司应向金硕公司返还代发煤炭款934771.14元错误，对金硕公司关于中煤公司应当返还代发煤炭款的诉讼请求应予驳回。

二、关于《代发煤炭合同》涉及的纳税金额负担和增值税发票开具问题。《代发煤炭合同》第四条约定，金硕公司负责按照国家税法和山西省政府法规，缴纳国家税费、能源发展基金、上缴准销票，负责向中煤公司提供上站煤炭税票、基金票、准销票，中煤公司凭金硕公司提供的票据进行港口结算。因此，虽然中煤公司依法负有向金硕公司开具增值税发票的义务，但因此发生的纳税金额应由金硕公司负担；原审判决认定中煤公司应当向金硕公司开具增值税发票正确，但判决中煤公司如不能按时开票则应赔偿金硕公司因此所损失的抵扣税款错误。《代发煤炭合同》第七条约定，中煤公司帮助金硕公司进行购煤款和运费结算，故中煤公司接受第三方公司增值税发票实属正常，亦说明案涉煤炭的买受人均为金硕公司，中煤公司仅为金硕公司提供代理服务。对金硕公司关于其与中煤公司之间系买卖合同关系，中煤公司应当承担相应增值税等主张，本院不予支持。关于中煤公司应当向金硕公司开具增值税发票的数额，因本院认定原审判决遗漏了金硕公司应当给付中煤公司的1431273.99元，涵盖了原审判决认定中煤公司应当返还金硕公司的934771.14元，中煤公司无须向金硕公司返还款项，故其应向金硕公司开具增值税发票的实际数额应为19719383.56元（51442800元－4000000元－7495543.4元－20227873.04元）。

综上，本院依据《中华人民共和国民事诉讼法》第二百零七条、《最高人民法院关于适用〈中华人民共和国民事诉讼法〉的解释》第四百零七条第二款的规定，判决如下：

一、撤销山东省高级人民法院（2015）鲁商终字第239号民事判决和山东省济宁市中级人民法院（2013）济商初字第113号民事判决。

二、中煤公司于本判决生效后十日内向金硕公司开具与19719383.56元销售额对应的增值税专用发票。

一审案件受理费32643元，由金硕公司负担32593元，并负担财产保全费5000元，由中煤公司负担50元。二审案件受理费20068元，由金硕公司负担20018元，由中煤公司负担50元。

本判决为终审判决。

审判长：曾宏伟；代理审判员：吴景丽、张小洁；书记员：杨婷

二〇一六年六月三十日

建设工程施工合同中行为人代表公司参加投标、签订合同等行为可视为表见代理中的表见外观

——庆丰公司与轻工公司等买卖合同纠纷

【裁判观点】

建设工程施工合同中，行为人代表公司参加投标、签订合同并具体负责案涉工程的施工组织活动，可以认定为相对人有理由相信行为人有代理权，行为人构成表见代理，由公司承担合同责任。

中华人民共和国最高人民法院
民事裁定书

案号　（2016）最高法民申2743号

再审申请人（一审被告、二审上诉人）：轻工公司。

法定代表人：史育某，该公司董事长。

委托诉讼代理人：刘春东，北京市通商律师事务所律师。

委托诉讼代理人：陈敬，北京市通商律师事务所律师。

被申请人（一审原告、二审被上诉人）：庆丰公司。

法定代表人：于云某，该公司董事长。

委托诉讼代理人：刘艳成，北京大成（长春）律师事务所律师。

一审被告：孙丹某。

一审被告：黄某甲。

法定代理人：孙丹某，系黄某甲母亲。

一审被告：黄某乙。

法定代理人：孙丹某，系黄某乙母亲。

再审申请人轻工公司因与被申请人庆丰公司、孙丹某、黄某甲、黄某乙买卖合同纠纷一案，不服吉林省高级人民法院（2015）吉民二终字第98号民事判决，向本院申请再审。本院依法组成合议庭对本案进行了审查。再审申请人轻工公司

委托诉讼代理人刘春东、陈敬，被申请人庆丰公司委托诉讼代理人刘艳成到庭参加询问，本案现已审查终结。

轻工公司向本院申请再审称：其再审申请符合《民事诉讼法》第二百条第一项、第二项、第三项、第六项规定情形，应予再审。请求撤销吉林省高级人民法院（2015）吉民二终字第98号民事判决、长春市中级人民法院（2015）长民四初字第34号民事判决第二项，驳回庆丰公司对轻工公司的诉讼请求，轻工公司不承担本案的诉讼费用。事实与理由：1. 原审判决认定黄宝某以轻工公司名义与庆丰公司签订买卖合同（即《合同书》），缺乏证据证明。案涉合同是黄宝某与于云某签订的，轻工公司委托的鉴定机构已经出具鉴定意见，案涉《合同书》上加盖的轻工公司的公章系伪造的。2. 在黄宝某并未以轻工公司名义签订买卖合同的情况下，原审法院以黄宝某挂靠轻工公司为由，判决轻工公司对黄宝某在买卖合同项下的付款义务承担连带责任，缺乏法律依据，属于适用法律错误。3. 原审判决关于“庆丰公司有理由相信轻工公司为钢材买卖合同主体及黄宝某为其代理人”的认定，缺乏事实依据。原审据此援引《合同法》第四十九条关于表见代理的规定判决轻工公司承担连带责任，也属于适用法律错误。

庆丰公司答辩称：原判决认定事实清楚、适用法律正确，不存在轻工公司陈述的“原判决存在《民事诉讼法》第二百条规定的再审情形”，请求裁定驳回轻工公司的再审申请。主要理由：1. 轻工公司在案件一审庭审过程中未向法庭提交书面鉴定申请，二审法院未予接受其鉴定申请，符合《民事诉讼法》的相关规定。且一审判决明确表述“没有必要对轻工公司公章的真伪进行鉴定”，符合《最高人民法院关于适用〈中华人民共和国民事诉讼法〉的解释》第一百二十一条的规定。申请人在再审中提交的吉林津科司法鉴定中心司法鉴定意见书，不能作为新证据使用。2. 庆丰公司与轻工公司之间本无其他债权债务关系，在轻工公司认可“黄宝某是项目经理”且无其他相反证据的情况下，轻工公司向庆丰公司的付款行为等于追认轻工公司授权给黄宝某签订买卖合同。轻工公司提交的新证据并不能排除轻工公司支付钢材款，是案涉钢材的实际使用人、该工程的实际受益者的身份，故仅以“轻工公司公章的真伪”来确定轻工公司是否签订买卖合同，是否应承担付款责任，已无实际意义。且在原审过程中，证人已出庭证明钢材已全部运至凯利公司工地。3. 原判决并未仅依据“挂靠、表见代理”等行为，而认定轻工公司承担民事责任。而是依据案涉工程的竞标、施工合同的签订、案涉买卖钢材的实际使用人、付款人以及另案主张工程款的民事主体均系轻工公司的实际情况，综合认定轻工公司承担本案民事责任。另外，现轻工公司已另案向凯利公司主张工程款和钢材款。4. 于云某的行为系庆丰公司法定代表人的职务行为，庆丰公司在买卖合同中加盖公章是该行为的追认，原判决无须赘述。

孙丹某、黄某甲、黄某乙没有提交答辩意见。

本院审查过程中，依法组织双方当事人进行了询问，并对再审申请人轻工公司提交的新的证据组织双方进行了质证。轻工公司提交的新证据是该公司2016年8月22日取得的吉林津科司法鉴定中心出具的司法鉴定意见书一份，旨在证明案涉合同书的结尾处印章与该公司备案和使用的印章不一致，说明案涉合同上加盖的印章是伪造的。

庆丰公司质证认为，对该证据的真实性、关联性无异议，但是对该证据的合法性以及证明目的有异议，主要理由如下：1. 该鉴定是轻工公司单方委托，非经法定程序作出。2. 该鉴定意见书中的代表样本为轻工公司提供，该代表样本与代表检材是否为同一枚印章不能确定，该代表样本是否在公安机关或银行备案不能确定。3. 鉴定意见第五条也仅论述印文不是现在使用的印章，现在无法查明轻工公司是否更换了印章。4. 鉴定用的检材为复印件，复印件不能代表检材使用。5. 轻工公司的付款行为应视为对此合同书的追认，鉴定印章真伪没有实际意义。

因庆丰公司对轻工公司提交的吉林津科司法鉴定中心出具的司法鉴定意见书的真实性、关联性无异议，该鉴定意见形成于原判决生效以后，在形式上属于新的证据，本院对该证据的真实性予以确认。

本院审查查明的其他事实与一、二审查明的事实一致。

本院认为：关于新的证据问题。吉林津科司法鉴定中心出具的司法鉴定意见书仅能证明案涉合同上加盖的轻工公司公章印文与轻工公司提供的代表样本上的印章印文不一致，即“合同书落款处‘轻工公司’印章印文不是出自轻工公司现使用印章所盖印”，却不能证明在订立合同时轻工公司使用公司印章情况以及是否使用过该枚印章，而且该鉴定意见系轻工公司单方委托鉴定机构作出的。故，轻工公司提供的上述鉴定意见不能推翻原判决认定的“黄宝某挂靠轻工公司实际施工，以轻工公司名义与庆丰公司签订买卖合同，庆丰公司所售出的钢材亦用于轻工公司工程，轻工公司曾向庆丰公司电汇钢材款”等基本事实，不符合《中华人民共和国民事诉讼法》第二百条第一项规定的再审条件。

关于原判决认定基本事实是否缺乏证据证明问题。轻工公司认为，原判决认定案涉合同书是轻工公司与庆丰公司签订或者是黄宝某以轻工公司名义与庆丰公司签订，缺乏证据证明，该合同系黄宝某以其个人名义与于云某签订，出卖人是于云某，买受人是黄宝某，合同内容跟轻工公司没有关系，黄宝某给于云某出具的两张欠条上并没有记载“轻工公司”和“庆丰公司”的字样。本院认为，案涉工程系黄宝某代表轻工公司与发包人凯利公司签订建设工程施工合同而取得，轻工公司亦认可其与黄宝某之间存在挂靠关系，案涉合同上加盖了轻工公司和庆丰公司的公章，虽然轻工公司否认该印章系该公司所有和使用，但该合同系黄宝某以轻工公司名义签订，且在合同履行过程中轻工公司亦向庆丰公司支付过案涉合同项下的钢材款，上述事实均有相应证据证明，不能认定原判决认定的基本事实缺乏证据证明。

关于伪造证据问题。轻工公司主张原判决认定事实的主要证据是伪造的，主要是指本案合同书上加盖的轻工公司公章是伪造的，不是该公司使用的公章，理由就是吉林津科司法鉴定中心出具的司法鉴定意见认定与该公司使用的印章不一致。本院认为，黄宝某挂靠轻工公司负责该公司承包工程的具体施工活动，对外以轻工公司名义与庆丰公司签订钢材购销合同，使用带有“轻工公司”字样的印章，符合其挂靠轻工公司施工的实际情况。吉林津科司法鉴定中心的司法鉴定意见认为合同书上的印章印文不是轻工公司现在使用的印章所盖印，仅能说明两种印章印文的不同之处，不能得出合同书上的印章系伪造的结论，也不能得出黄宝某使用该印章签订钢材购销合同系伪造证据的结论。

关于原判决适用法律问题。轻工公司认为，原判决适用法律与案件性质明显不符，确定民事责任违背了双方当事人的约定和法律规定，明显违背立法原意，原判决既认定黄宝某是合同主体，又认定黄宝某以轻工公司名义签订合同，自相矛盾；二审判决认定黄宝某构成表见代理，判决轻工公司承担连带清偿责任没有合同依据，也没有法律依据。本院认为，《中华人民共和国合同法》第四十九条规定：“行为人没有代理权、超越代理权或者代理权终止后以被代理人名义订立合同，相对人有理由相信行为人有代理权的，该代理行为有效。”从本案的审查情况看，虽然没有证据表明黄宝某已经得到轻工公司的授权签订案涉钢材买卖合同，但庆丰公司在与黄宝某签订合同时，就是认为黄宝某代表的是轻工公司，才与之订立合同的，其并不知道黄宝某没有代理权，也无证据证明庆丰公司与黄宝某恶意串通损害轻工公司的合法权益。而从黄宝某代表轻工公司参加投标，签订建设工程施工合同，并具体负责案涉工程的施工组织活动来看，庆丰公司有充分理由相信黄宝某是能够代表轻工公司的，即庆丰公司有理由相信黄宝某有权代理轻工公司签订本案钢材买卖合同。上述行为和表象均符合《中华人民共和国合同法》第四十九条关于表见代理规定的特征，应当认定黄宝某的行为构成表见代理，被代理人轻工公司应当承担给付货款责任。原判决判令孙丹某、黄某甲、黄某乙等人在夫妻共同财产或继承财产范围内承担给付货款责任，轻工公司承担连带责任，适用法律虽有不当，但并未加重轻工公司的法律责任，根据《最高人民法院关于适用〈中华人民共和国民事诉讼法〉的解释》第三百九十条的规定，该适用法律问题并没有导致原判决结果错误，因此，不能认定原判决适用法律确有错误，轻工公司该项再审事由亦不成立。

综上，再审申请人轻工公司的再审申请不符合《中华人民共和国民事诉讼法》第二百条第一项、第二项、第三项、第六项之规定情形。本院依照《中华人民共和国民事诉讼法》第二百零四条第一款、《最高人民法院关于适用〈中华人民共和国民事诉讼法〉的解释》第三百九十五条第二款之规定，裁定如下：

驳回轻工公司的再审申请。

审判长：高珂；审判员：李明义、张能宝；法官助理：崔福涛；书记员：张丹

二〇一六年十月二十四日

当事人在外国法院及他案中所作的陈述不能当然地作为认定本案事实的依据，需要有其他相关证据予以佐证

——新兴产业株式会社破产财产管理人官下正某与龙头房地产公司房屋买卖合同纠纷

【裁判观点】

（1）无法提供合同原件时，是否存在合同关系应当结合案件实际情况进行审查。

（2）一方当事人在外国法院及他案中所作的陈述不能当然地作为认定本案事实的依据，仍需要有其他相关证据予以佐证。

中华人民共和国最高人民法院

民事判决书

案号　（2016）最高法民终312号

上诉人（原审被告）：龙头房地产公司。

法定代表人：石田英某，该公司董事长。

委托代理人：祁俊远，北京市中闻律师事务所律师。

委托代理人：张东，北京大成律师事务所律师。

被上诉人（原审原告）：新兴产业株式会社破产财产管理人官下正某。

委托代理人：尤杨，北京市金杜律师事务所律师。

委托代理人：程世刚，北京市金杜律师事务所律师。

上诉人龙头房地产公司因与被上诉人新兴产业株式会社财产管理人官下正某房地产买卖合同纠纷一案，不服北京市高级人民法院（2011）高民初字第3104号民事判决，向本院提起上诉。本院经审理作出（2013）民四终字第48号民事裁定，发回重审。北京市高级人民法院重审后作出（2015）高民初字第26号民事判决，龙头房地产公司不服上述判决，向本院提起上诉。本院依法组成合议庭于2016年9月28日公开开庭审理了本案。龙头房地产公司的委托代理人祁骏远、张

东，宫下正某的委托代理人尤杨、程世刚出庭参加诉讼。本案现已审理终结。

2011年9月，宫下正某向原审法院起诉称：新兴产业株式会社系在日本国注册的企业法人，2005年11月11日被日本东京地方法院决定破产，并指定宫下正某作为新兴产业株式会社的破产财产管理人。宫下正某依据日本法律享有管理破产企业资产，清收破产企业债权的权利，有权代表破产企业提起诉讼。龙头房地产公司系依据中国法律注册成立的中外合作经营企业，是北京市朝阳区南新园西路8号北京龙头公寓的开发商。北海株式会社（后更名为北海控股株式会社）是龙头房地产公司的外方股东，依约负责投入开发北京龙头公寓的全部建设资金。自1993年开始，新兴产业株式会社通过北海株式会社对建设北京龙头公寓进行投资。1995年3月31日，新兴产业株式会社与北海株式会社签订《确认书》，约定由新兴产业株式会社提供40亿日元资金建设北京龙头公寓，新兴产业株式会社取得北京龙头公寓40%房屋所有权，相关权利的转让登记由双方协商确定。同年9月22日，北海株式会社与龙头房地产公司共同向新兴产业株式会社出具《备忘录》，确认将北京龙头公寓40%的部分以40亿日元向新兴产业株式会社销售，并表明已经向新兴产业株式会社交付完成。1996年11月20日，新兴产业株式会社与龙头房地产公司签订《龙头公寓买卖合同》，约定将龙头公寓居住部分的40%以40亿日元转让给新兴产业株式会社，新兴产业株式会社向北海株式会社支付上述款项，并由新兴产业株式会社负担所有登记税费。自1993年11月30日至1995年12月11日，新兴产业株式会社共向北海株式会社支付了40亿日元购房款。在龙头房地产公司及北海株式会社向日本法院申请新兴产业株式会社破产的相关申请文件及陈述文件中，对上述事实均予以明确认可。

新兴产业株式会社与龙头房地产公司在平等、自愿基础上签订的《龙头公寓买卖合同》合法有效，依法应予保护。新兴产业株式会社支付了全部购房款，且房屋亦按照当事人约定的方式进行了交付，新兴产业株式会社依法应当取得北京龙头公寓40%的房屋所有权，有权要求龙头房地产公司继续履行《龙头公寓买卖合同》，并将40%的龙头公寓房屋产权变更登记至新兴产业株式会社名下。请求法院判决：一、确认新兴产业株式会社与龙头房地产公司签订的《龙头公寓买卖合同》合法有效；二、龙头房地产公司继续履行买卖合同，并将北京龙头公寓居住部分（按龙头房地产公司持有的产权证号为“X京房权证朝字第××号”登记的全部地上居住面积）40%房屋产权变更登记至新兴产业株式会社名下；三、龙头房地产公司承担本案的案件受理费、保全费。

龙头房地产公司答辩称：（一）我公司与新兴产业株式会社之间从无房屋买卖合同关系，从未签署过房屋买卖合同，本案中的买卖合同依法不成立，更不可能有效。官下正某称新兴产业株式会社与我公司于1996年11月20日签订《龙头公寓买卖合同》一事不属实。我公司从未与新兴产业株式会社签订过上述合同，买卖合同从形式到内容均严重违法，系伪造、编造，且无原件、无签字，所盖印章系伪造。合同当事人信息与当事人交易的信息错漏百出。合同价格条款及支付条款的约定违法且荒唐，我公司从未收到过新兴产业株式会社的购房款。买卖合同的文本形式严重违反政府强制性规定，没有中文文本，且文本数量违法。合同约定的面积和官下正某的诉求明显矛盾。费用条款约定违法，且合同未贴印花。新兴产业株式会社曾经再三否认买卖合同的真实性且不承认与我公司之间存在购房及代管房产事实。新兴产业株式会社代表取缔役安某在最高人民法院庭审中当庭作证，新兴产业株式会社从未签订过买卖合同。新兴产业株式会社的清算人尾方某就买卖合同事宜于2005年11月10日出具过书面证明否认签署过该买卖合同，并证实买卖合同上所盖的新兴产业株式会社的印章系伪造。在新兴产业株式会社的破产案件中，其代理律师加滕悟也全然否定签署过买卖合同并称合同上所盖的新兴产业株式会社印章系伪造，并主张与龙头房地产公司不存在签订管理委托合同的事实。（二）买卖合同无履约事实。我公司从没有收到过新兴产业株式会社的购房款，双方之间无任何经济业务关系，新兴产业株式会社的财务记录和财务账簿中均没有购买我公司房屋的资金支出及与此有关的任何记载。（三）官下正某或新兴产业株式会社与北海株式会社的纠纷与我公司无关。官下正某提交的所谓我公司诉新兴产业株式会社3994号破产案件系冒用我公司名义提起的错误案件，已被撤案，我公司对该案自始至终毫不知情；而官下正某所称的13543号破产案件是北海株式会社依据日本法向日本法院提起的，与本案无关。官下正某提交的大部分证据来源于已被撤销的、错误的、无效的3994号破产案件材料。（四）官下正某提供的证据都没有提供原件予以核对，其真实性均无从考证，证据没有证明力。数亿元人民币标的的买卖合同，官下正某提供不出原件，情、理、法讲不通。在日本法院存档的并非原件，同样是复印件，公证认证并没有证明这些证据与原件进行过核对，官下正某其他并非来源于日本法院的部分证据也没有提供原件，公证认证的内容也是仅与复印件相符，真实性无从确认。买卖合同复印件是官下正某在本案中主张权利的最重要的证据，合同的签订地是中国，明确写明以中国法为准据法，官下正某向中国法院起诉，合同复印件是否具有证明力，能否作为立案依据，必须依据中国法律进行审查，不能以依据日本法律作出的不具有既判力的裁决内容或者认定意见作为中国法院的审理依据。（五）日本法院1930号决定书依法无证明力，未经我国司法承认的外国法院破产裁定不能作为审理依据。（六）官下正某诉讼主体不适格。（七）官下正某起诉已超过法定诉讼时效期间。

原审法院经审理查明，龙头房地产公司系阳光公司、四达厂、日本北海株式会社于1993年11月26日在北京共同成立的中外合作经营企业。各方约定：合作公司经营范围为北京市朝阳区松榆南里1号院，0.97公顷的占地范围内开发建设，包括房地产开发、建设、出售、出租及物业管理等业务。合营公司的建设内容和规模是：建设高档公寓楼及附属配套设施。建设规模为总建筑面积40000平方米。合营公司的投资总额为3000万美元，注册资本为1200万美元，合营公司注册资本，由北海株式会社以外币现金形式投入，注册资本与总投资的差额部分，由北海株式会社负责筹措解决，以自有资金投入。

1993年11月10日，新兴产业株式会社（甲方）与北海株式会社（乙方）签署《关于对北京的公寓建设、分售进行投资的备忘录》，约定：新兴产业株式会社决定对北海株式会社在北京建设、分售公寓的事业投资1000万美元，并享受因此事业而得到的利润分配，甲乙双方特签署下述条款为内容的备忘录。投资物件地址为北京市朝阳区华威路松榆南里1号院，土地面积9723.32平方米，施工面积48564.92平方米，投资物件如有变更，乙方将详情通知甲方。出资方法约定每次出资由乙方将汇款收款人等通知甲方。1993年11月100万美元、1993年12月200万美元、1994年1月300万美元、1994年6月400万美元。结算方法约定利润的计算由乙方负责，并附上计算资料报告甲方。甲方的分配金额为：利润除以投资总额再乘以甲方投资金额的所得金额。结算于全部工程结束后半年以内进行，关于未售完公寓、应收房款等涉及结算的事项，由甲乙双方协商。本金偿还约定为根据公寓分售的进展情况资金上有了富余时，在利润分配之外，随时将本金偿还给各投资方。乙方将甲方的投资情况于每年3月和9月以及根据甲方的要求随时报告甲方。并根据需要提交书面资料。宫下正某没有提供该份备忘录原件，表示是宫下正某从新兴产业株式会社前清算人处收到的文件。

1995年3月31日，北海株式会社（甲方）与新兴产业株式会社（乙方）签订《确认书》，达成如下协议：项目名称为北京龙头公寓，土地使用权证市朝中外国用（94）字第00105号，所在地为北京市朝阳区华威路松榆南里1号。国外销售许可：京房市外证字第063号。竣工预定日期1995年10月。乙方就甲方在中国北京实施的龙头公寓建设项目向其提供40亿日元的资金，从而取得分售以及租赁用的住户专有对象总面积（32554.6平方米）的40%。40亿日元资金中，30亿日元用现金提供，剩余的10亿日元从建筑物所取得的收益来充当。建筑物的所有权、土地使用权等的权利转让登记及建筑物的经营等事宜，今后由甲乙双方及有关法人、机关经协商后作出决定。宫下正某没有提供该份确认书原件，表示是从日本法院受理本案龙头房地产公司申请新兴产业株式会社破产案件中（3994号破产案件）龙头房地产公司提交日本法院的证据中取得，日本法院的证据说明书中表明该确认书系原件。

1995年9月22日，北海株式会社与龙头房地产公司向新兴产业株式会社出具《备忘录》：第1条（完成交付）物件于1995年年底完成，并向贵公司交付。第2条（销售金额）北海株式会社及龙头公司将上述物件的40%的部分，以总金额40亿日元向贵公司销售。第3条（收取金额）北海株式会社于今日从贵公司处收取前条规定的销售款一部分，即3763510000日元。第4条（合同）因完成检查后，建筑面积由当局来确定，故拟在制作登记文件的同时制作合同书。对此，亦可根据贵公司的要求进行。第5条（登记）关于向贵公司销售的部分的登记事宜，在完成检查后，应立即进行。关于专有部分的登记以区分所有为原则，共有部分的登记以按份所有为原则。第6条（租赁）关于贵公司委托租赁的部分，应从与本公司的租赁部分合计所获得的收益中，扣除管理所需的最低限度的费用后，按照面积来进行分配。宫下正某没有提供该份备忘录原件，表示是从新兴产业株式会社前清算人处收到的文件。

1996年11月20日，龙头房地产公司作为卖方（甲方）与买方新兴产业株式会社（乙方）签订《龙头公寓买卖合同》，约定：双方根据甲方的关联公司日本法人北海株式会社与乙方于1995年3月31日达成的确认书，就下列物件的买卖事宜签订以下列条款为内容的买卖合同。买卖物件详情：建筑物系下列建筑物的居住部分（32554.6平方米）的40%，土地面积中与建筑物权利面积相应的土地使用权，上述面积表示为甲方算出的面积，其与今后当局所决定的登记面积不一致。建筑物详情：名称北京龙头公寓，所在地北京市朝阳区华威路松榆南里1号，国有土地使用证为市朝中外国用（94）字第00105号，土地使用面积9700平方米，土地使用期限70年（1994年7月12日至2064年7月11日），国外销售许可为京房市外证字第063号，建筑面积49000平方米。第1条上述物件（龙头公寓居住部分的40%）的销售价格为40亿日元，具体为：土地使用权部分10亿日元；基础设施部分5亿日元；躯体构造部分10亿日元；内装设备部分15亿日元。第2条乙方向甲方的关联公司日本法人北海株式会社支付上述款项。第3条乙方需要对自己的权利进行登记时，应由乙方负担包括登记资料的制作费用等在内的与登记有关的所有费用、税款等。第4条合同的效力、解释、履行及争议等的解决应通过双方协议决定，并以中国法律为准据法。双方在此签订本合同两份，双方各持一份为证。该合同约定签约地点为中国北京市。官下正某没有提供该份合同原件，表示是从日本法院受理本案龙头房地产公司申请新兴产业株式会社破产案件中（3994号破产案件）龙头房地产公司提交日本法院的证据中取得，日本法院的证据说明书中表明该份合同系原件。

同日，北海株式会社向龙头房地产公司发出《通知书》，内容为：特此通知，从即日起，北京龙头公寓居住部分的40%已交付给新兴产业株式会社，在进行该交付时，本公司受贵公司的委托，与新兴产业株式会社之间就下述租赁委托事宜达成如下协议。关于龙头公寓租赁委托的协议内容：北京龙头房地产开发有限公司从龙头公寓居住部分发生的租金中扣除税款即管理费后，将其收入的40%分配给新兴产业株式会社。就不动产收入的税款扣除部分，营业税及房地产税合计占17%。关于其他税款，在其发生时通过协商决定负担事宜。关于管理费，每月的征收额为1000日元每平方米，其对象面积为33590平方米。关于对象面积，今后在当局算出登记面积时重新考虑。产生管理费的业务如下，维修、改造、改良等的费用另行结算。1. 租赁营业业务；2. 用水、用电、用气费用及冷暖气费用的支付（租赁合同上，用电、用气费由出租房承担）；3. 家具家电及易耗品的修理、更改，以及内装设备的维修工作；4. 上班上学的交通车、紧急车辆等的服务；

5. 居住的共有部分、专有部分的清扫工作；6. 诊所、体育馆、游泳池、浴池、学校、幼儿园等的设施的维护及运营。北海株式会社作为中介，处理北京龙头房地产开发有限公司及新兴产业株式会社之间有关龙头公寓的租金等的结算事宜。宫下正某没有提供该通知原件，表示是从日本法院受理本案龙头房地产公司申请新兴产业株式会社破产案件中（3994号破产案件）龙头房地产公司提交日本法院的证据中取得，日本法院的证据说明书中表明该份通知系原件。

对于宫下正某上述证据的真实性，龙头房地产公司均予以否认，表示宫下正某没有提交上述证据原件且没有与原件核对的证据，并提出1996年11月20日的《龙头公寓买卖合同》上双方印章均系伪造。

宫下正某为了证明《龙头公寓买卖合同》的真实存在，提交了新兴产业株式会社1993年11月30日至1995年12月11日30张共40亿日元的汇款票据，载明的收款人中主要是北海（株），还有北海（株）中国室、池田典某、北海（株）代表取缔役石田英某、新兴产业（株）、大成HomeEngineering（株）、丸十木材（株）、（株）JPJ、（株）西山公务店、青木纯某、河野英某等。该部分票据宫下正某表示是从日本法院受理本案龙头房地产公司申请新兴产业株式会社破产案件（3994号破产案件）新兴产业株式会社提交的证据中取得。该部分票据宫下正某不能提供原件。龙头房地产公司因该部分票据没有原件而不认可其真实性。

宫下正某为了证明与龙头房地产公司之间就所购房产存在租赁委托事实，提供了1997年2月25日至2003年1月25日的《龙头公寓租赁结算书》，其中有一部分上面盖有北海株式会社印章和代表取缔役石田英某名章。宫下正某没有提供上述结算书原件，表示是从日本法院受理本案龙头房地产公司申请新兴产业株式会社破产案件中（3994号破产案件）龙头房地产公司提交日本法院的证据中取得，日本法院的证据说明书中表明上述结算书系复印件。龙头房地产公司因上述结算书没有原件而不予认可，并表示上述结算书均系宫下正某编造，因新兴产业株式会社与北海株式会社之间存在常年业务往来，所以存在款项往来情形。如果按照宫下正某主张系租金结算收益，那么其中计算数字大部分有误，显系宫下正某编造，并提交了校正的计算表。

为了证明《龙头公寓买卖合同》的真实存在及实际履行，宫下正某提交了从日本法院取得的如下证据：

一、3994号破产案件中龙头房地产公司的申请陈述。2005年3月，龙头房地产公司以债权人的身份在日本国东京地方法院申请新兴产业株式会社债务人破产。龙头房地产公司申请的理由为：第一，当事人：1. 申请人系日本法人北海株式会社的关联公司，系作为从事不动产开发、建筑管理等业务的位于中华人民共和国北京市的中国法人，对位于北京市朝阳区华威路松榆南里1号的总面积达49000平方米的“北京龙头公寓”（下称本建筑物）进行管理的公司。2. 债务人成立于1976年4月，系以阳台、露台、晾台、外墙材料等建筑用金属产品的制造、加工、销售等为营业目的、资本金为8000万日元的株式会社，已因2002年1月7日第一次票据拒付之故陷入无力支付债务的状态，现已停止营业（甲2）。第二，债权的存在：1. 上述申请人外的北海株式会社于1993年11月时起获得债务人提供的总额为40亿日元的资金，开始本建筑物建设工程。本建筑物建成于1995年10月前后，为申请人所有。其间，申请人外的北海株式会社与债务人于1995年3月31日签订了确认书（甲3），一致同意作为债务人提供上述资金的回报，使债务人取得一部分建筑物（份额比例）。根据该确认书的规定，1996年11月，本建筑物的住户专有对象总面积的40%由申请人出售给债务人，债务人取得了该部分（甲5）。但债务人迄今为止并未办理上述份额比例的登记手续。2. 伴随上述份额转让，申请人及债务人一致同意，截至1997年1月10日，债务人将其拥有的本建筑物份额部分的管理委托给申请人；申请人收取本建筑物的房租等，从中扣除5%的营业税、12%的房地产（不动产收入）税及管理费后，将余额中与债务人份额相应的金额每月支付给债务人；管理费中包括水、电、煤气费及采冷采暖费、班车等运输服务费、公共部分及专有部分的清扫费、体育馆、幼儿园、辅导班等设施维护费及补助费用，每月每平方米按1000日元计算；改装、改建费用等应另行计算，以后每月向债务人提出结算书进行结算（甲6）。但2002年12月以后，由于债务人的经营情况恶化，所以停止了结算书的发送不再进行结算。但2003年、2004年2年的本建筑物的相应房租等收入（甲13）如附表所示，长期收入分别为30664235.97元人民币、25745882.07元人民币；短期收入（因下述改建成宾馆而产生的住宿费等）分别为4217573元人民币、5735778元人民币（以上合计为66363469.04元人民币）。其中债务人的收入占40%，为26545387.62元人民币，从中扣除上述17%的税金后，再从剩余的22032671.72元人民币中扣除2年的管理费 12806354.25 元人民币，最后为负 3580036.77 元人民币。如以 2005 年 1 月最后一天时的 1 元人民币兑换 12.59 日元的汇率计算，结算金额应会出现 45072663 日元的赤字。3. 另外，申请人为将一部分本建筑物改建成宾馆而计划了大规模改建，并于 2000 年 4 月以后具体实施，仅提出甲 7 及甲 8 就至少支出了 1634 万元人民币。有关该支出的债务人负担部分为相当于 40% 的 6536000 元人民币（按上述汇率换算成日元为 82288240 日元），所以，申请人拥有要求债务人返还同于该金额的垫付款的请求权。第三，债务人的情况：1. 债务人系 1976 年 4 月成立的原本以销售警报器为经营目的的公司。后因开发住宅装修用外墙材料等商品，并采取由提成制推销员到个人住宅上门推销，争取订单的方法增加了销售额，通过电视广告提高了知名度，最兴盛时期在全国有 63 家分公司。但是由于市场萧条及与同行业其他公司的竞争等导致订货减少，加上其登门推销的方法被指为强行推销以致经营状况骤然恶化，债务人 3 年连续出现赤字。2. 债务人因 2003 年 1 月 17 日第二次票据拒付之故受到银行停止交易的处分，事实上已破产（甲 2）。推测债务人仅国税本税一项的滞纳金额就达到 3787000000 日元以上（甲 12），其负债总额约达到 220 亿日元，债务人现已停止支付，至今仍处于无力支付债务的状态。3. 债务人在受到上述停止银行交易处分之前于 2003 年 1 月 14 日作出解散决议，该内容经过了商业登记，可是清算人并没有申请特别清算程序，对债务人所负担的巨额债务没有进行法律上的清理。另外，债务人于 2003 年 1 月 6 日对申请人外的北海发出了通知（甲 9）称其已将有关本建筑物建设工程的出资金或本建筑物 40% 的份额转让给了特定的债权人，并通过该债权人申请人外的北海株式会社协商，但北海株式会社指出，该处理行为有可能属于否认行为，因此拒绝了该请求。债务人于 2005 年 1 月，将上述转让撤回，撤回后再度要求北海株式会社进行答复，基于上述理由，希望对债务人立即作出开始破产程序的决定。2005 年 11 月 2 日，龙头房地产公司向日本法院提出了撤回申请书，表示申请人因自身原因撤回全部申请。

龙头房地产公司对 3994 号破产案件的提出和撤回申请均予以否认，表示非龙头房地产公司所为，系被冒名申请，所有文件均是编造。

二、日本东京笔迹印鉴鉴定所出具的《印章鉴定书》，鉴定结论是：3994 号破产案件申请人向日本法院出具的《诉讼委托书》上法定代表人石田英某的印章样式与其2011年12月27日提交给日本法院的证明申请书（请对贵庭2005年第3994号破产申请案件系已撤销案件予以证明）和收据（2005年3994号破产申请案件的证明书1份已收悉）以及2012年1月4日的誊写申请书上留存的印章样式相同。

龙头房地产公司对该鉴定表示鉴定程序不合法，鉴定单位不是双方当事人协商确定的机构，委托方也不是原审法院，故对合法性不认可；鉴定材料由宫下正某单方提供，对来源和真实性均不予认可，故不认可鉴定报告的真实性、合法性和关联性。

三、1. 北海株式会社申请新兴产业株式会社的破产案件（13543号破产案件）中作为北海株式会社法定代表人石田英某的2005年11月11日的陈述书，对本案双方房屋买卖合同签订和履行过程及房产委托管理等有关事实进行了表述和确认。

龙头房地产公司不认可上述陈述书，表示其法定代表人石田英某此时已不担任北海株式会社法定代表人，石田英某亦系被冒名，且13543号破产案件的申请与龙头房地产公司无关。

根据本案双方提供的关于北海株式会社的注册登记状况，记载为石田英某2002年8月20日重任，2003年8月20日辞职；2003年8月20日任职，2005年4月20日辞职；2005年4月20日就任，2005年10月24日辞职。13543号破产案件北海株式会社提出申请时法定代表人为石田英某。

2. 13543号破产案件北海株式会社代理律师（与3994号破产案件代理律师相同）向日本法院提交的代理词，均认可房屋买卖合同签订及履行等有关事实。

龙头房地产公司不认可上述代理词的真实性，表示13543号破产案件的申请与龙头房地产公司无关。

3. 2005年12月27日，东京高等裁判所第4民事部作出2005年第1930号对开始破产程序决定的上诉案件（原审东京地方裁判所2005年第13543号破产案件）决定：驳回本上诉。该决定上诉方为新兴产业株式会社，对方为北海株式会社。决定认定的事实为：（1）对方曾于1993年计划在中华人民共和国北京市开展面向日本企业出售、出租公寓的项目（下称本项目），与当地企业设立了合资公司。（2）对方与上诉人之间曾于1993年11月10日签订了备忘录（乙1），约定上诉人为本项目投资1000万美元，对方将按投资额向上诉人分配相应的利益，但此后该内容变更，1995年3月31日，对方与上诉人之间签订了确认书（甲3），约定上诉人提供40亿日元的资金，并取得出售或出租的住户专有对象面积（32554.6平方米）的40%。（3）在1993年11月至1995年12月这段时间，上诉人向对方共汇款40亿日元，履行了上述确认书规定的义务。（4）本项目所涉公寓（以下称本公寓）于1996年7月左右完工，同年11月20日，上诉人与上述当地合资公司之间签订了买卖合同，约定上诉人以40亿日元货款承购相当于本公寓住户专有面积40%的部分。当时，上诉人还同意委托对方对上诉人的本公寓住户专有部分进行管理，管理费定为每平方米每月1000日元（包括水、电、煤气费及采冷采暖费、班车运输服务费、清扫费等），采用从房租等收入中扣除上述费用的方法结算，据此约定归上诉人所有的住户专有部分的管理费为每月13436000日元。（5）在1995年11月至2002年12月这段时间，对方每月汇给上诉人其应得的收益，当时还寄送记载了从本公寓房租收入中扣除各项税款和管理费后的所余金额以及保证金收支核算款合计金额的核算书（甲6、22）。但2002年1月以后核算额变为赤字，核算书的寄送也停止了。（6）2003年1月至2004年12月的2年内，本公寓的上诉人所有部分的收入为人民币26545387.72元，从中扣除5%的营业税和12%的房地产税共计17%的税款，所余金额为22032671.72元，再扣除2年的管理费25612708.5元，其结果为负的3580036.77元，若按2005年1月底1元人民币相当于12.59日元的汇率折算，为45072663日元。（7）2000年当地合资公司进行了本公寓外墙粉刷、客室改装工事等工程的外包，合计支出了人民币1634万元。根据上述事实，作为本公寓管理费的请求权，对方对上诉人拥有45072663日元的债权。另外，根据管理委托合同，对方还拥有相当于上述改装工事等费用的40%的人民币6536000元的付款请求权（按上述汇率折算为82288240日元的付款请求权）。上诉人认为有关本公寓的买卖合同（甲17）系伪造，并主张与对方之间不存在签订管理委托合同的事实。但是，买卖合同（甲17）所根据的是在其之前于1995年3月31日签订的确认书（甲3），买卖合同书上所盖的上诉人名下的印章与上诉人的印章相比照，肉眼看不出印章的同一性上有问题，约定内容上也没有上诉人应拒绝签署的内容，上述买卖合同可认定真正成立。另外，既然上诉人取得了本公寓住户专有部分的所有权，又不自己进行其管理，就只能委托他人管理，鉴于与本公寓有关的资金提供是通过对方进行的，本公寓的收益自1997年

1月至2002年12月长期以来一直是对方在扣除每平方米每月1000日元管理费后向上诉人支付的，应该认定上诉人与对方之间达成了包括收领收益在内，上诉人委托对方进行本公寓管理，并按每平方米每月1000日元支付管理费的口头协议。另外，上诉人主张其虽然向本项目投资了40亿日元，但实际上本公寓用其中30亿日元建成，10亿日元属于多支付部分，上诉人拥有其返还请求权。另外，由于本公寓全部所有权归属于上诉人，上诉人还拥有对方收领的超过相当于40%部分的房租等的支付请求权。但本案并没有本公寓用30亿日元建成的确凿证据，反而是上诉人又提出本公寓建筑费为84亿日元的证据（乙3）等，其主张前后矛盾。因此，上述主张不予采用。上诉人还主张本开始破产程序申请的目的在于试图避免对方追究上诉人与对方之间的债权债务关系而败诉，与破产财产管理人和解处理，这属于申请权的滥用。但上诉人于2003年1月7日发生票据拒付，已停止营业（甲2），显然陷入无力支付债务的状态，从本案所有记录中均无法找到可以证明上诉人主张申请权滥用的佐证。基于上述理由认为原决定没有不当之处，本上诉因理由不足予以驳回，并按照主文作出决定。

龙头房地产公司表示该份判决书没有经过中国法院法定程序的确认，虽然真实但不存在合法性，且日本法院审理的是新兴产业株式会社不能清偿债务是否破产的案件，没有权利审理本案双方关于买卖合同的争议。

4. 鉴于龙头房地产公司主张的由于官下正某明知龙头公寓买卖合同是虚假的，在中国仍以该合同成立为前提提起了不当诉讼即本案，龙头房地产公司在日本法院提出了其因负担应诉所需费用而蒙受了损失等主张，要求官下正某就非法行为支付800万日元的诉讼，官下正某提交了2014年11月27日日本东京地方裁判所的2013第32969号判决，判决“驳回官下正某的请求”。在该判决的判断部分载明：“官下正某在破产案件（本案龙头房地产公司与北海株式会社分别提起的破产申请案）中一直主张买卖合同成立，所以不能说由于龙头房地产公司提起以该官下正某主张为前提的另案诉讼会导致给官下正某造成不当负担的结果；鉴于以买卖合同为前提，本法庭作出了新兴产业株式会社破产手续的决定，针对对该决定的即时上诉，东京高等裁判所作出了维持该决定的判断，不能说龙头房地产公司已经知道本买卖合同是虚构的；不能断定能够轻易地知道本买卖合同是虚构的，因此可以说龙头房地产公司提起诉讼是为了解决纠纷的正当行为。关于基于买卖合同的买卖款的支付，根据新兴产业株式会社的代理人律师制作的汇款一览表及法庭辩论全过程可以认定，新兴产业株式会社向宫下正某的母公司北海株式会社进行了40亿日元以上的汇款，宫下正某在本破产案件申请中承认这是根据买卖合同进行的支付，而宫下正某在本案中主张，该款项的大部分都已经被新兴产业株式会社使用，即使该事实被认定，也不构成对基于买卖合同的购房款支付事实的否定理由。证明本买卖合同成立及新兴产业株式会社支付了买卖款的证据存在，并且从发展至另案诉讼的经过等来考虑，即使本破产申请案件以前的新兴产业株式会社的决算报告书中没有计入与本建筑有关的土地、房屋资产，此外关于本买卖合同有对宫下正某有利的证据，也不能影响龙头房地产公司提起诉讼的行为属正当行为的上述结论。”该案已于2015年4月23日被东京高等裁判所2015年第68号损害赔偿请求上诉案件判决维持生效。

龙头房地产公司表示日本法院是针对宫下正某是否构成滥诉而进行的判决，没有权利对本案双方争议事实进行认定，且没有经过中国法院法定程序的确认，即便是真实的也不认可与本案具有关联性。

5. 鉴于3994号、13543号破产案件中涉及的两个权利争议主体，宫下正某提交了：

（1）日本东京地方法院民事第20部于2008年2月26日作出的2007年第82091号决定（基本案件2005年13543号）：1. 确认申请人（新兴产业株式会社破产财产管理人宫下正某）拥有附件房地产清单1所记载房屋的100分之40的共有份额；2. 确认申请人拥有附件房地产清单2所记载土地使用权的100分之40的准共有份额；3. 确认申请人拥有附件债权等清单所记载的债权等；4. 对方（株式会社千利）须通知北海株式会社（总公司所在地：东京都中野区中野五丁目52番15号，代表人代表取缔役古川某）经申请人行使否认权、附件债权等清单所记载的债权等已重新纳入破产人新兴产业株式会社的破产财产中。附件中的房地产清单中房屋和土地的位置载明朝阳区新南新园西路，土地使用权人是龙头公司。附件中的债权等清单载明，根据破产人与北海株式会社之间，1993年11月10日签订的，关于对北京的公寓建设分售进行投资的备忘录。1995年3月31日的确认书，1996年11月20日的龙头公寓的买卖合同及1996年11月20的通知书，破产人对北京龙头公司所拥有的，从附件房地产清单记载的房屋及土地使用权出租产生的房租收入中扣除租税负担及管理费后所得金额的40%的分配请求权、40亿日元出资金的退还请求权、北京龙头房地产开发有限公司的股份或股权及其他基于上述各合同的所有权利义务。

(2) 2007年11月6日东京地方法院民事第20部作出的2007年第82084号决定（基本案件2005年13543号）：1. 确认申请人（新兴产业株式会社破产财产管理人官下正某，对方为株式会社，MarketTrusty）拥有附件房地产清单1所记载房屋的100分之40的共有份额；2. 确认申请人拥有附件房地产清单2所记载土地使用权的100分之40的准共有份额；3. 确认申请人拥有附件债权等清单所记载的债权等。附件中的房地产清单中房屋和土地的位置载明朝阳区新南新园西路，土地使用权人是龙头公司。附件中的债权等清单载明，根据破产人与北海株式会社之间，1993年11月10日签订的，关于对北京的公寓建设分售进行投资的备忘录。1995年3月31日的确认书，1996年11月20日的龙头公寓的买卖合同及1996年11月20的通知书，破产人对北海株式会社所拥有的，从本公寓出租产生的房租收入中扣除租税负担及管理费后所得金额的40%的分配请求权、40亿日元出资金的退还请求权、北京龙头房地产开发有限公司的股份或股权及其他基于上述各合同的所有权利义务。

龙头房地产公司表示上述日本法院的两个决定只是解决了新兴产业株式会社与另外两个主体之间权利主张问题，对于龙头房地产公司没有任何法律效力，与本案没有关联性。

庭审中，官下正某申请之证人新兴产业株式会社破产前财务部长佐藤和某出庭证实：因其负责公司的资金、资产管理和借款方面的工作，知道新兴产业株式会社持有龙头公寓的份额，是通过1995年3月31日的确认书取得，确认书是新兴产业株式会社原董事尾方某交给自己的，因为要记账，用40亿日元取得房地产份额记账，具体的是建筑物、建筑物附属设备和权利金三个科目，依据就是确认书，自己参与了1993年到1995年期间款项的支付，是通过北海株式会社支付和接收的租金汇款。新兴产业株式会社原法定代表人安某的陈述与事实不符，《龙头公寓买卖合同》上的印章是其经办所置，对印章熟悉，故不是假的。

龙头房地产公司申请之证人内田俊某会计师作证：日本企业购买海外不动产必须在公司资产表上记账，要有明确的分类科目记账，所购买的房屋和土地可以有权利金的记账，但很不自然。日本企业的总账和明细账每年必须向税务机关进行申报，没有申报不能断定没有该项财产的权利，但会被处罚。

龙头房地产公司申请之证人新兴产业株式会社前法定代表人安某作证：在2015年5月13日中国最高人民法院所做的庭审陈述内容即“对《龙头公寓买卖合同》完全不知情，也没有看到过，新兴产业株式会社与北海株式会社有长年的借贷关系，来回的借款有80亿日元，新兴产业株式会社没有向北京龙头房地产开发有限公司购买过房产，单方向北海株式会社汇款不看账记不清，汇款用途是购买马匹”和2015年3月26日的陈述“新兴产业株式会社没有编写过买卖合同，也没有指示任何人编写，合同及其上面所盖新兴产业株式会社印章是伪造的，新兴产业株式会社与北海株式会社有大笔资金往来，内容涉及许多方面，但是没有买卖合同付款的情况，新兴产业株式会社与北京龙头房地产开发有限公司没有任何交易和金钱借贷业务往来，在合同签订时间既没有进行分项处理，也没有记账处理”是其真实意思表示。新兴产业株式会社与北海株式会社之间是投资融资关系，新兴产业株式会社通过北海株式会社购买马匹和海外不动产，双方之间债权债务结清了。其在日本被律师要求宣布破产，本人没有出庭，什么原因不记得了，个人应当有欠付新兴产业株式会社的债务，多少记不清了，个人与公司在工作上存在财务混同，曾向公司有过借款。新兴产业株式会社清算前，公司的房产和土地都在公司账上有登记。其与石田英某是二十多年的老朋友。

石田英某作为龙头房地产公司的法定代表人和北海株式会社前法定代表人出庭陈述：龙头公寓的建设与新兴产业株式会社没有关系，不存在龙头公寓的买卖合同，不知道日本法院3994号破产案件和13543破产案件情况，也没有做过相关的陈述，是通过本案诉讼才知道，为此与他人到日本法院了解过，2012年1月4日的誊写申请书上面的印章是其本人的。与新兴产业株式会社前法定代表人安某是近三十年的朋友，都是马主，之间进行马的商业交易很多年。

诉讼中，龙头房地产公司提出如下申请：一是对1996年11月20日《龙头公寓买卖合同》中双方所盖印章的真实性进行鉴定；二是对宫下正某证据28、29新兴产业株式会社与日本有关银行的贷款协议和抵押合同上其法定代表人安某签名的真实性进行鉴定；三是调取新兴产业株式会社1993年到解散前历年的申告书、所有财务报表等；四是调查新兴产业株式会社转让涉案房屋导致龙头房地产公司向有关公安机关报案的材料等。

涉案项目龙头公寓于1995年11月22日竣工，龙头房地产公司于1996年7月19日取得房屋所有权证（市朝中外字第××号），房屋坐落朝阳区南新园西路×号，建筑面积48102.2平方米，后2012年2月22日重新取得（X京朝字第××号房屋所有权证，建筑面积40446.39），2012年12月28日取得京朝国用2012出第00586号土地使用权证书［原为市朝中外国用（94）字第00105号］。新兴产业株式会社于2005年11月11日被日本东京地方法院决定破产，并指定官下正某作为新兴产业株式会社的破产财产管理人。

上述事实，有1995年3月31日的《确认书》复印件、1996年11月20日《龙头公寓买卖合同》复印件和同日《通知》的复印件、新兴产业株式会社1993年11月30日至1995年12月11日30张共40亿日元的汇款票据复印件、1997年2月25日至2003年1月25日的《龙头公寓租赁结算书》复印件、3994号破产案件和13543号破产案件的相关材料、东京地方裁判所1930号决定书、日本东京笔迹印鉴鉴定所出具的《印章鉴定书》、日本东京地方裁判所2013第32969号判决、日本东京地方法院民事第20部2007年第82091号和第82084号决定、证人证言及双方当事人庭审陈述等证据在案佐证。

原审法院认为，中华人民共和国法律保护公民、企业、法人的合法权益。依法成立的合同对当事人具有法律约束力，当事人应当依约履行。就本案而言，需要明确如下问题：

一、官下正某是否具有诉讼主体资格。根据《中华人民共和国涉外民事关系法律适用法》第十四条关于“法人及其分支机构的民事权利能力、民事行为能力、组织机构、股东权利义务等事项，适用登记地法律”，以及《最高人民法院关于贯彻执行〈中华人民共和国民法通则〉若干问题的意见（试行）》第一百八十四条“外国法人以其注册登记地国家的法律为其本国法，法人的民事行为能力依其本国法确定”之规定，判断涉外民事案件中法人的民事权利能力及民事行为能力，应适用其注册登记地法律。根据官下正某起诉时提供的日本破产法第八十条“有关破产财产的诉讼以破产财产管理人为官下正某或龙头房地产公司”可知，官下正某系日本国法院确认的新兴产业株式会社的破产财产管理人，有权以官下正某的身份向本院提起本案诉讼，不违反我国相关法律规定。龙头房地产公司所提官下正某主体不适格的主张缺乏依据，一审法院不予支持。

二、官下正某提交的证据没有原件，能否作为审理本案的证据。官下正某作为被日本国法院宣布破产后的新兴产业株式会社的财产管理人行使管理权，提交的1995年3月31日的《确认书》、1996年11月20日《龙头公寓买卖合同》和同日《通知书》、新兴产业株式会社40亿日元的汇款票据、《龙头公寓租赁结算书》以及3994号破产案件龙头房地产公司向日本法院提交的《证据说明书》、申请陈述和代理词等证据，均经过我国法律规定的公证认证，符合我国法律关于证据形式的要求，具有合法性，且主要是来源于日本国法院在审理由龙头房地产公司提起申请新兴产业株式会社破产案件中自行提交的相关证据，龙头房地产公司虽在本案中以该诉讼为虚假诉讼为由，对上述证据均不予认可，但其并未提交其向日本法院提出该诉讼为虚假诉讼主张或日本法院认定该诉讼为虚假诉讼的证据，故一审法院对龙头房地产公司的该理由不予认可。上述证据在本案中虽然没有原件，但一审法院综合上述情况，对上述证据的真实性予以确认。依据《最高人民法院关于民事诉讼证据的若干规定》第十一条第一款“当事人向人民法院提供的证据系在中华人民共和国域外形成的，该证据应当经所在国公证机关予以证明，并经中华人民共和国驻该国使领馆予以认证，或者履行中华人民共和国与该所在国订立的有关条约中规定的证明手续”之规定，一审法院确认官下正某提供的上述证据可以作为审理本案的证据。龙头房地产公司以上述证据在本案中没有原件，没有与原件核对作为抗辩，不能成立。

三、《龙头公寓买卖合同》是否真实存在及实际履行。在上述证据中龙头房地产公司对《龙头公寓买卖合同》的存在和履行以及委托租赁的事实进行了清楚完整的表述，确认《龙头公寓买卖合同》签订及履行等相关事实，构成了对买卖合同真实存在和实际履行的自认。本案中，龙头房地产公司否认存在破产案件的申请，表示其申请系被冒名，但对此没有提供其在日本法院申请新兴产业株式会社破产案件是被冒名的有效证据。截至目前，龙头房地产公司亦没有就该冒用向日本法院或有关部门进行任何形式的有效主张。虽然龙头房地产公司还主张3994号破产案件已经撤案，但该诉讼是客观存在的，撤案不能否定诉讼的真实性。同时，官下正某提供的《印章鉴定书》的鉴定结论即3994号破产案件申请人法定代表人石田英某向日本法院出具的《授权委托书》上的印章样式与其提交给日本法院

2011年12月27日的证明申请书、收据以及2012年1月4日的誊写申请书上留存的印章样式相同，且石田英某本人在庭审中确认了誊写申请书上留存的印章是他的印章，因此龙头房地产公司缺乏否认《龙头公寓买卖合同》真实存在和实际履行这一事实的有效证据。关于龙头房地产公司方证人安某的证言，一审法院认为其目前身份已经不能代表破产企业新兴产业株式会社及其债权人的利益，且与龙头房地产公司法定代表人石田英某关系密切，安某所做证言不足以被采信。龙头房地产公司方证人内田俊某的陈述亦没有支持龙头房地产公司"新兴产业株式会社没有涉案房屋土地的新兴账目具体记载，日本企业的总账和明细账每年必须向税务机关进行申报，而没有申报就表示没有该项财产的权利"的主张。龙头房地产公司就新兴产业株式会社在破产案件中否认《龙头公寓买卖合同》真实性并提出合同印章系伪造一说，本案中龙头房地产公司的证据显示新兴产业株式会社对1995年3月31日的《确认书》和新兴产业株式会社向北海株式会社40亿日元的汇款事实是确认的，虽然石田英某和安某就新兴产业株式会社与北海株式会社之间存在多年业务往来和款项往来进行了陈述，龙头房地产公司亦提供了两个公司之间款项往来的部分票据，但鉴于安某在法庭上陈述其个人与公司的账目存在混同，自己有向公司借款的情形，新兴产业株式会社与北海株式会社的部分往来款票据不能明确否认40亿日元的购房款的性质，故上述证人证言和证据均不能否认《龙头公寓买卖合同》真实存在和实际履行。龙头房地产公司针对《龙头公寓买卖合同》双方印章均系伪造的主张，提出了对合同上双方印章真实性进行鉴定，因双方均不能提供合同原件，不具备鉴定条件，故对此申请，一审法院不予准许。龙头房地产公司还提出对官下正某提交的新兴产业株式会社与日本有关银行的贷款协议和抵押合同上其法定代表人安某签名的真实性进行鉴定，因官下正某表示上述贷款协议和抵押合同均没有实际履行，故一审法院认为没有进行鉴定的必要。关于龙头房地产公司提出法院调取新兴产业株式会社1993年到解散前历年的申告书、所有财务报表等和新兴产业株式会社转让涉案房屋导致龙头房地产公司向有关公安机关报案材料的申请，均属于当事人履行举证义务行为，故一审法院不予准许。

四、《龙头公寓买卖合同》是否合法有效。龙头房地产公司系依法在我国注册成立的中外合作经营企业，取得了在中华人民共和国境内对外销售房屋的资质，其与新兴产业株式会社在平等的基础上签订的合同，内容不违反中华人民共和国的法律，是合法有效的。依据官下正某提交的《确认书》等其他相关证据，可以确认依照双方的约定，新兴产业株式会社通过龙头房地产公司的大股东北海株式会社向龙头房地产公司支付了约定的购房款项，新兴产业株式会社亦通过北海株式会社收取了租金结算收益，《龙头公寓买卖合同》已实际履行。龙头房地产公司所提《龙头公寓买卖合同》从形式到内容均严重违法的理由，一审法院不予采信。

一审法院依据《中华人民共和国合同法》第八条第一款“依法成立的合同，对当事人具有法律约束力。当事人应当按照约定履行自己的义务，不得擅自变更或者解除合同”及第六十条第一款“当事人应当按照约定全面履行自己的义务”的规定，对于官下正某所提确认《龙头公寓买卖合同》合法有效，要求继续履行的诉讼请求，予以支持。综合全案证据，龙头房地产公司的各项抗辩均缺乏有效的证据支持，故一审法院不予采信。综上，一审法院依照《中华人民共和国合同法》第七条、第八条、第四十四条第一款、第六十条，《中华人民共和国涉外民事关系法律适用法》第十四条，《最高人民法院关于贯彻执行〈中华人民共和国民法通则〉若干问题的意见（试行)》第一百八十四条，《最高人民法院关于民事诉讼证据的若干规定》第十一条第一款之规定，判决：一、新兴产业株式会社与龙头房地产公司于1996年11月20日签订的《龙头公寓买卖合同》合法、有效；二、龙头房地产公司于本判决生效后三十日内将其名下的北京龙头公寓居住部分(原产权证号为：京房权证市朝中外字第××号，2012年2月22日变更为“X京房权证朝字第××号”）40%房屋产权变更登记至新兴产业株式会社名下。案件受理费1655060元，财产保全费5000元，均由龙头房地产公司负担。

龙头房地产公司不服上述一审判决，向本院提起上诉称：（一）购房合同虚假，一审法院认定事实错误。1. 购房合同无原件，无签字，所盖印证系伪造。《中华人民共和国民事诉讼法》第七十条规定，书证应当提交原件。商业交易中的合同至少一式两份，但官下正某却连最基本的合同原件都无法提供，直接违反了上述法律规定，也从根本上否定了其主张的事实基础。2. 购房合同无签字。购房合同上没有龙头房地产公司法定代表人或者授权代表的签字，亦没有新兴产业株式会社授权代表的签字。3. 购房合同上所盖双方印章均系伪造。购房合同上所盖龙头房地产公司的印章与龙头房地产公司在工商登记机关依法备案的印章无一吻合，且该印章从未在龙头房地产公司其他任何交易合同中出现过，实属伪造。本案购房合同复印件上既无龙头房地产公司法定代表人或授权代表签字，也无龙头房地产公司印章，根据《中华人民共和国合同法》第三十二条及《最高人民法院关于适用〈中华人民共和国合同法〉若干问题的解释（二)》第五条之规定，本案合同不成立。何况新兴产业株式会社也已在日本的破产案件中自认购房合同上新兴产业株式会社产业株式会社的印章系伪造，一审法院选择性忽略了其自认，且拒绝了龙头房地产公司提出的对印章进行鉴定的要求，错误认定合同真实有效。4. 购房合同内容错漏百出，说明系伪造。龙头房地产公司地址错误、龙头公寓地址及面积错误、价格及支付条款反常、文本形式及数量反常、约定面积与诉求面积矛盾、税费约定反常且合同未贴印花、成交价格未经申报且极不合理、未标明具体房屋坐落与名称、涉及巨额交易却多年不办理过户手续。（二）一审法院审判不公，认定事实错误。1. 错误地认定龙头房地产公司“自认”。一审法院认为在3994号破产案中，龙头房地产公司自认了所谓购房合同的存在和履行，但3994号案件系他人冒用龙头房地产公司的名义提起的，后来冒用人因欠缺龙头房地产公司印章又撤销了申请。对于3994号破产案，从提出申请到最后撤销，龙头房地产公司都完全不知情，而一审法院却将一个已经撤销的、被冒用提出的破产申请当作自认，严重歪曲事实。2. 一审法院故意忽略新兴产业株式会社的自认。在官下正某自己提供的1930号决定中，新兴产业株式会社承认了《龙头公寓买卖合同》是伪造并承认伪造了合同上的印章。一审法院在如此明显的自认面前却并没有给出任何解释，选择性地忽略了新兴产业株式会社的自认后果，存在明显袒护。3. 一审法院错误地认可官下正某提供的《印章鉴定书》。该《印章鉴定书》的鉴定机构系官下正某单方选定日本国的鉴定机构，鉴定材料来源不明且全部都是复印件，鉴定内容涉及3994号破产申请中授权委托书、收据和誊写申请书上的印章，但并没有鉴定本案最关键证据所谓购房合同上的印章。一审法院违法认可并采信官下正某单方提交的鉴定结论，却拒绝龙头房地产公司对购房合同印章真实性鉴定的申请，严重违反法定程序。4. 一审法院对龙头房地产公司提出的购房合同中存在的诸多错误及种种反常情形毫无回应，又选择性地忽略对官下正某十分不利的事实，属审判不公的体现。（三）当事人间没有购房合意，一审法院无权拒绝认定合法证言。1. 新兴产业株式会社一直否认购房关系存在。首先，新兴产业株式会社前法定代表人安某在原审的审理中，作证表示：对《龙头公寓买卖合同》完全不知情，也没看到过，新兴产业株式会社没有向龙头房地产公司购买过房产，其向北海株式会社汇款的用途是购买马匹；新兴产业株式会社没有编写过买卖合同，也没有指示任何人编写，合同及其上面所盖新兴产业株式会社的印章是伪造的；新兴产业株式会社与北海株式会社有大笔资金往来，内容涉及许多方面，但没有买卖合同付款的情况；新兴产业株式会社通过北海株式会社购买马匹和海外不动产，双方之间的债权债务已经结清。安某虽然现在不是新兴产业株式会社的法定代表人，但所谓的购房合同上记载的买卖时间及所谓的合同履行期间，安某都是新兴产业株式会社的法定代表人，是历史的亲历者。新兴产业株式会社的真实意思及当时的真实情况，没有人比安某了解得更清楚，反而是宫下正某对新兴产业株式会社破产前的情况一无所知。安某依法出庭作证，符合中国法律对证人证言的全部规定。在没有证据证明其证言虚假的情况下，一审法院不予采信，没有依据。一审法院认为安某现已不是新兴产业株式会社的法定代表人，不能代表新兴产业株式会社，因此对其证言不予采信，理由十分荒唐。其次，新兴产业株式会社清算人尾方某证言。2005 年 11 月 10 日，新兴产业株式会社的清算人尾方某曾就购房合同事宜出具过书面证明，否认签署过购房合同，并证实购房合同上所盖新兴产业株式会社的印章是伪造的，不是真实印章。一审法院对尾方某的证言完全没有回应，选择性地忽略了证言内容。第三，新兴产业株式会社的破产案律师加藤悟否认签订购房合同及管理委托合同事实。在日本法院破产案件中，新兴产业株式会社的代理律师加藤悟全然否认新兴产业株式会社与龙头房地产公司签署过购房合同，并称购房合同上所盖新兴产业株式会社的印章是伪造的，不是真实印章，并声明与龙头房地产公司之间不存在签订管理委托合同的事实。一审法院对加藤悟的证言也完全没有回应，同样选择性忽略了证言内容。第四，在日本法院 1930 号决定中，新兴产业株式会社承认购房合同系伪造，原审判决也对此明确予以查明，但一审法院却又认定购房合同有效，自相矛盾，明显偏护宫下正某。2. 新兴产业株式会社的三次权益转让否定了购房关系存在。新兴产业株式会社的所谓三次权益转让，包括 2003 年 1 月 6 日《株式让渡通知书》中将其对龙头房地产公司的所谓股票、出资全部转让给千利株式会社，2004 年 4 月 2 日《债权转让合同书》中将其对龙头房地产公司的所谓 40 亿日元出资（占龙头房地产公司

100%份额）以20亿元的对价转让给日本株式会社MarketTrusty并再转给中国公民王乃某以及2005年6月22日又将其对龙头房地产公司的所谓40亿日元出资以零对价无偿赠与给运通公司。上述所谓的权益转让行为在所谓的购房合同载明的签署时间之后，权益转让与购房不可能共存。由于新兴产业株式会社的上述转让权益，官下正某已不具有诉讼主体资格。但一审法院对上述所谓的三次转让行为与购房行为之间的矛盾完全没有任何说理解释，也没有针对转让后官下正某的诉讼主体资格进行说理，导致认定事实错误。（四）不存在所谓的履约行为。1. 新兴产业株式会社与龙头房地产公司的账簿上均无记载。首先，新兴产业株式会社代表取缔役安某当庭作证证明，如果新兴产业株式会社购买了不动产，则日后的账务资料上都会有记载也会有明细账。龙头房地产公司从日本法院调取了新兴产业株式会社在日本国税局备案的第26期确定申告书、新兴产业株式会社解散后清算人自行制作的第27期决算报告书以及官下正某向法院递交的新兴产业株式会社2005年11月11日破产时的财产目录，上述材料均显示新兴产业株式会社的财务记录和财务账簿中均没有购买龙头房地产公司房产的记录。并且根据新兴产业株式会社财务报告记载，新兴产业株式会社的50多亿日元土地权利明细账中没有对龙头公寓项目的任何记录。上述事实足见购房合同虚假，更没有所谓的履行。龙头房地产公司请求一审法院调取新兴产业株式会社1993年至破产前的所有财务报表，却被一审法院无理拒绝。其次，龙头房地产公司的账簿上无相应售房记录。龙头房地产公司的账务上没有收到新兴产业株式会社40亿日元购房款的记录，也没有对应的应收账款项目。如果真实存在如此巨额的交易，售房记录上绝不会漏掉该笔房屋销售的记载，公司账务上也不会漏记该笔巨额进账。2. 抵押和租赁等履行行为系编造。首先，新兴产业株式会社为了完善所编造的虚假购房合同，同时编造了三份向日本银行的借款合同及抵押合同，意欲通过抵押合同证明涉案的龙头公寓属于新兴产业株式会社的财产。然而，经向所谓的借款及抵押合同上所记载的日本银行调查，该日本银行完全否认了借款合同的存在，也郑重声明不存在相关房屋的抵押登记。可见，官下正某主张抵押了涉案房产从而拥有了购房合同标的完全属于编造。其次，所谓龙头房地产公司与新兴产业株式会社签订的《关于购买建筑物的租赁合同》，是新兴产业株式会社用来证明购房合同已实际履行的又一个方法。暂且不论新兴产业株式会社未登记过户因而无法成为房产的所有权人，单就所谓租赁合同的签订日期1996年4月1日，该日期明显早于其主张的购房合同签订日期同年11月20日，显然存在逻辑矛盾；第三，租赁结算书低级错误显见。宫下正某提供的租赁结算书有大量的低级错误。经向北京市朝阳区地税局查询，龙头房地产公司的实缴税金与租赁结算书上所涉的龙头房地产公司的纳税内容完全不符；有据可查的汇率也完全显示错误，使用的并非当期汇率，显然不是真实存在的；每页结算书中都存在大量低级的计算错误，计算数据均为主观臆造。一审法院对所谓履行行为中出现的编造行为也完全没有回应，进行了选择性忽略，实属偏袒对方。3. 所谓的40亿日元购房款是新兴产业株式会社与北海株式会社之间的往来款。首先，新兴产业株式会社40亿日元的实际用途与本案无关。第一笔是北海株式会社对新兴产业株式会社3.8亿日元的借款，该笔借款已经被日本税务局强制执行，双方已经平账，双方账目记载内容完全吻合；第二笔是12余亿日元的借款，北海株式会社已经交还给了新兴产业株式会社；第三笔是受新兴产业株式会社委托代理购买牧场花费4亿日元；第四笔是受新兴产业株式会社委托代理采购赛马并支付驯养费用共计不少于7.7亿日元；第五笔是应安某要求交还给了安某5.9亿日元；第六笔是新兴产业株式会社向北海株式会社支付的不少于1.5亿日元的委托管理费用。上述六笔款项都有真实的财务凭证和资金往来佐证，并有日本税务局的记录、新兴产业株式会社土地清单中的记载等多份文件证明，足以证明新兴产业株式会社所谓汇给北海株式会社的40亿日元并非购房款。其次，龙头房地产公司全部投资款来源与北海株式会社及其家族公司，与新兴产业株式会社无关。龙头公寓项目的投资款来自北海株式会社、Biox株式会社、ISD有限会社的自有资金，与新兴产业株式会社没有任何关系。宫下正某主张40亿日元投资到龙头房地产公司开发龙头公寓完全没有依据。第三，本案的真实背景与龙头房地产公司无关。事实上，本案的真实情况是新兴产业株式会社与北海株式会社有资金往来，新兴产业株式会社受到千利等背后黑社会组织的压迫，企图通过编造出与龙头房地产公司购房合同一事来满足黑社会的追债要求。龙头房地产公司在这场新兴产业株式会社与黑社会组织的纠纷中被无辜牵涉其中。龙头房地产公司与新兴产业株式会社从未有过任何往来，而新兴产业株式会社与北海株式会社之间的资金往来也已全部了结，不存在任何未还借款的情况。4. 所谓的购房合同不可能得到履行。首先，约定不清导致无法履行。宫下正某通过编造租赁结算书等方式意图证明涉案购房合同已经履行，但从所谓购房合同的诸多瑕疵和蹊跷看，该份合同根本不可能得到履行，如没有标明具体的房屋坐落与名称而只是模糊约定40%的比例，在没有后续合同的补充下几乎等于没有明确的交易标的；如龙头公寓的地址和面积的约定错误，在一个完全错误的面积基数上，40%的比例也失去了自身的意义。其次，严重违法导致不可能履行。新兴产业株式会社作为境外日本企业，在中国境内无任何分支机构，依法不具备在中国境内购买房产的资格。所谓的购房合同未就购房登记过户事宜进行明确约定，亦未依照法律规定在《外销商品房销售契约》签订后三十日内，持买卖契约及有关证件到市场处办理房屋买卖过户手续。即使该份购买合同真实存在，也会因违法而无法办理过户手续。所谓购房合同未依法进行成交价申报、未载明土地使用权取得方式、未经公证认证、合同没有中文文本且格式与法定的外销商品房契约格式完全不符等，均导致合同不可能得到履行。（五）所谓的购房合同不具有法律效力。1. 如按官下正某所主张的以所谓投资占有股份再转化为房产回报的形式收回投资，相关合同的生效与变更均需商务部门批准才能生效，本案相关合同未经中国商务部门批准，明显缺乏法定生效要件；2. 购房行为违反中国有关境外机构购房限制的效力性规定如《关于规范房地产市场外资准入和管理的意见》第十条、《商务部办公厅关于贯彻落实〈关于规范房地产市场外资准入和管理的意见〉有关问题的通知》第二条、《关于进一步规范境外机构和个人购房管理的通知》第一条以及《关于调整房地产市场外资准入和管理有关政策的通知》第三条的规定；3. 支付条款违反中国外汇管制的效力性规定如不得以外币计价、不得逃汇等；4. 违反中国税法有关企业所得税、营业税及印花税的相关规定；5. 违反《中华人民共和国城市房地产管理法》第三十四条、第三十五条、第四十条，所谓的购房合同没有载明土地使用权的取得方式、没有进行价格申报、没有办理权属登记；6. 违反《北京市关于外商投资开发经营房地产的若干规定》第十条有关公证、认证以及《北京市外销商品房管理规定》[①] 第八条有关登记、过户等规定。一审法院对于所谓的购房合同违反上述法律法规的效力性强制规定完全没有回应，系对事实的严重歪曲和对法律的无情践踏。（六）官下正某不具有诉讼主体资格。依据

① 已被《北京市国土资源和房屋管理局关于第二批废止和不再执行的规范性文件的通知》废止。

《中华人民共和国民事诉讼法》第五条及《最高人民法院关于适用〈中华人民共和国公司法〉若干问题的规定（二)》第十条的规定，新兴产业株式会社虽然在日本法院被裁定进入破产程序，但尚未登记注销，应当以公司自身的名义起诉。宫下正某的破产财产管理人身份未经中国司法承认，其破产财产管理人的身份不具有法律基础。此外，根据2003年《株式让渡通知书》、2004年《债权转让合同书》及2005年赠与协议，新兴产业株式会社称其已将对龙头房地产公司的股票、出资等全部转让或者赠与给了案外人，尽管龙头房地产公司对上述转让或者赠与并不认可，但新兴产业株式会社既然已经将其股票、出资等全部转让或者赠与，则其不应再享有对龙头房地产公司所谓的“出资利益”，其不具有诉讼主体资格。(七）在中国与日本国没有缔结或者参加相互承认和执行法院判决、裁定的国际条约，亦未建立互惠关系的情况下，中国法院对日本案件的任何证据及裁判文书应不予承认，而一审法院却公然违法，对宫下正某提交的所有日本裁决及日本案件中的证据全部予以承认，完全没有依据中国法律进行审查，彻底丧失了国家司法主权。(八）日本法院确权判决的效力不应及于龙头房地产公司。宫下正某在一审中提交的证据30、31涉及新兴产业株式会社与千利株式会社之间的纠纷，与龙头房地产公司无关，相关的两份日本法院的决定对龙头房地产公司并无拘束力。(九）新兴产业株式会社与龙头房地产公司之间没有任何经济业务往来，不存在任何债权债务，其与北海株式会社之间的资金往来与龙头房地产公司无关。(十）一审法院严重违反法定程序，未对宫下正某提交的证据进行实质性审查。宫下正某提交的证据都没有原件，真实性无从考证，所谓的公证认证仅证明与复印件相符，并没有证明与原件进行过核对，一审法院全部认可其真实性，严重违法。(十一）一审法院故意混淆日本法院3994号与13543号破产案，故意将北海株式会社与龙头房地产公司混为一体，将北海株式会社的不实陈述强加于龙头房地产公司。3994号破产案已被撤回，该破产案中的所有文件不是龙头房地产公司提供，不具有任何法律效力，不构成自认；13543号破产案是以北海株式会社名义对新兴产业株式会社提起的诉讼，与龙头房地产公司无关。13543号案件审理期间，北海株式会社的法定代表人是古川某，石田英某并未参与该诉讼。一审法院故意混淆了上述两个破产案及法定代表人身份，强行将已被撤销的3994号案件中的无效文件与13543号案件1930号决定书的裁决结果拼接到一起，以莫须有的事实强加于龙头房地产公司，损害了龙头房地产公司的合法利益。（十二）一审法院遗漏案件主体。1. 遗漏了北海株式会社。北海株式会社是宫下正某主张的收款方，且宫下正某提交的多份证据和日本法院判决中也涉及北海株式会社。因此，北海株式会社与本案的处理结果有重大利害关系，应参加本案诉讼。2. 遗漏了千利株式会社、日本株式会社 MarketTrusty 及王乃某、运通公司。新兴产业株式会社三次进行出资转让，宫下正某的主体资格都存在问题，为真正查明案件事实，法院应将千利株式会社、日本株式会社 MarketTrusty 及王乃某、运通公司追加为本案当事人参加诉讼。(十三)宫下正某主张的买卖合同已超过诉讼时效。宫下正某主张的《龙头公寓买卖合同》显示签署日期为 1996 年 11 月 20 日。宫下正某称新兴产业株式会社在签署《龙头公寓买卖合同》之前的 1995 年 12 月 11 日就向北海株式会社支付了 40 亿日元的购房款。依据《北京市房屋买卖管理暂行规定》（京政发〔1988〕82 号)[①] 第八条和北京市房地产管理局《关于发布〈北京市外销商品房管理规定〉的通知》[②] 第八条“签约后必须三十天过户”的规定，新兴产业株式会社明知应当在合同签订伊始就办理房屋过户手续但未在 30 天内履行义务，又未在 2 年内行使诉权，诉讼时效期间已过，一审法院不应受理本案，原审判决对龙头房地产公司提出的诉讼时效问题未予审理。（十四）宫下正某未缴纳案件受理费和保全费用，一审法院违法受理本案并采取财产保全措施。(十五）一审法院对龙头房地产公司提出的诸多合法申请均予以拒绝或者置之不理，如购房合同印章的司法鉴定申请、调取新兴产业株式会社所有财务资料申请、宫下正某证据 28—29 上安某签字真实性的申请、调取宫下正某证据 27—29 所涉及的 1996 年 4 月 1 日《租赁合同》、《买卖合同》以及《借款合同》等文件的申请、调取有关新兴产业株式会社转让文件的申请、财产保全复议申请等。上述证据多为龙头房地产公司因客观原因无法调取的证据，对认定本案事实至关重要，但一审法院却无理由拒不调取，而是将主观臆断代替对事实真相的求证，程序严重违法。请求撤销一审判决，依法改判驳回宫下正某的全部诉讼请求并判令其承担本案一、二审全部诉讼费及保全费用。

宫下正某答辩称：（一）《龙头公寓买卖合同》是双方当事人的真实意思表

① 已被《北京市地方房地产转让管理办法》废止。

② 已被《北京市国土资源和房屋管理局关于公布第二批废止和不再执行的规范性文件的通知》废止。

示，已经依法成立。1. 龙头房地产公司称“购房合同虚假、当事人没有购房合意”明显不符合事实，本案有多份证据证明新兴产业株式会社与龙头房地产公司之间关于龙头公寓买卖的意思表示自1993年起即开始形成，双方签署了包括《龙头公寓买卖合同》在内的一系列文件，如新兴产业株式会社与北海株式会社于1993年11月10日签订《关于对北京的公寓建设、分售、进行投资的备忘录》，就龙头公寓建设事宜达成协议，并约定了新兴产业株式会社向北海株式会社付款的方式；新兴产业株式会社与北海株式会社于1995年3月31日签订《确认书》，约定由新兴产业株式会社提供40亿日元资金建设北京龙头公寓，并取得龙头公寓40%的房屋所有权，相关权利的转让登记由双方协商确定，双方初步形成买卖龙头公寓部分房屋产权的意思表示；新兴产业株式会社于1995年6月30日就购买龙头房地产公司房产事宜，召集了董事会并形成董事会记录，全体董事代表一致表决同意通过。同日，新兴产业株式会社还就购买龙头房地产公司房产，向银行借款事宜召集了董事会并形成董事会记录，全体董事代表一致表决同意通过。两份董事会记录中明确记载了龙头公寓的位置、面积等具体情况，董事会记录中有安某的代表取缔役印；北海株式会社与作为北京龙头公寓开发商的龙头房地产公司于1995年9月22日共同向新兴产业株式会社出具《备忘录》，确认将北京龙头公寓40%的部分以40亿日元的价格向新兴产业株式会社销售，并表明其已经向新兴产业株式会社交付完成。该《备忘录》上盖有龙头房地产公司方形“印章”，且有龙头房地产公司法定代表人石田英某的签字；新兴产业株式会社与龙头房地产公司于1996年11月20日签订《龙头公寓买卖合同》，约定新兴产业株式会社以40亿日元价格自龙头房地产公司购买北京龙头公寓居住部分（32554.6平方米）的40%房屋，并明确约定新兴产业株式会社向龙头房地产公司的关联公司北海株式会社支付购房款，并由新兴产业株式会社负担所有登记税费。同日，北海株式会社向龙头房地产公司发出《通知书》，通知龙头房地产公司北京龙头公寓40%的房屋自1996年11月20日起已经交付给新兴产业株式会社，在房屋交付时，新兴产业株式会社委托龙头房地产公司进行房屋租赁，并由北海株式会社作为中介负责处理新兴产业株式会社与龙头房地产公司之间的租金结算事宜；1996年，新兴产业株式会社与日本株式会社第一劝业银行、株式会社住友银行、株式会社三和银行签订《协定书》，由新兴产业株式会社向三家银行借款，《协定书》

中明确记载了龙头公寓的位置、面积等具体情况，安某在《协定书》上签字并加盖了人名章；同年11月，新兴产业株式会社就上述《协定书》中约定的借款事宜，与三家银行签订了三份《抵押合同》，抵押物就是龙头公寓40%的份额，《抵押合同》附件有龙头公寓的房产明细表，安某在三份《抵押合同》上均签字并加盖了人名章。上述文件除加盖有新兴产业株式会社印章及其法定代表人人名章外，还加盖有北海株式会社印章及其法定代表人或总经理人名章，或由其签字，充分证明整个买卖合同的形成及签订过程是真实的，买卖合同已经依法成立。2. 在日本法院破产案件诉讼程序中，龙头房地产公司及其法定代表人石田英某及龙头房地产公司的投资方北海株式会社均明确认可《龙头公寓买卖合同》已经成立。首先，在3994号案的相关申请文件及陈述中，龙头房地产公司及其法定代表人石田英某对房屋买卖合同签订的事实予以明确认可；2005年3月2日，龙头房地产公司法定代表人石田英某向律师原口健、久保田理子、丹羽厚太郎、坂元正嗣、古今千明出具《授权委托书》，委托其向日本东京地方法院申请新兴产业株式会社破产。经东京笔迹印鉴鉴定所鉴定，该《授权委托书》上的印章样式与石田英某在提交给日本法院的2011年12月27日的证明申请书、收据以及2012年1月4日的誊写申请书上留存的印章样式相同；2005年3月9日，龙头房地产公司向日本东京地方法院提交《破产程序开始申请书》，书面认可新兴产业株式会社与其之间存在房屋买卖合同关系，并认可新兴产业株式会社实际向北海株式会社支付了全部40亿日元购房款及新兴产业株式会社将购买的房屋委托给龙头房地产公司进行租赁；2005年5月18日、6月13日及6月24日，龙头房地产公司代理人向日本东京地方法院分别提交《代理词1》、《代理词2》及《证据说明书》，对房屋买卖合同关系、款项支付及委托租赁等事实均做了认可。上述《确认书》、《龙头公寓买卖合同》及《通知书》等，均系龙头房地产公司在3994号案中向日本法院提交的证据，其中《龙头公寓买卖合同》标注为“原件”。同年11月2日，龙头房地产公司诉讼代理人原口健律师代理龙头房地产公司向日本东京地方法院提交《撤回申请书》，表示“因自身原因撤回全部申请”。龙头房地产公司系“因自身原因”撤回申请，不能否认龙头房地产公司及其法定代表人石田英某提起申请并参与案件时提交的文件及所做陈述的效力，龙头房地产公司在该案件中的陈述和提交的证据，可以作为本案认定案件事实的证据和依据。其次，在13543号案的相关申请文件及陈述中，北海株式会社及其法定代表人石田英某对房屋买卖合同签订的事实予以明确认可。该案中，北海株式会社委托的代理律师与龙头房地产公司在3994号案中委托的代理律师一致，均为律师原口健、久保田理子、丹羽厚太郎、坂元正嗣、古今千明。石田英某当时同样为北海株式会社的法定代表人。同年10月21日、11月1日，北海株式会社代理人向日本东京地方法院提交《代理词1》《代理词2》，均认可新兴产业株式会社与龙头房地产公司存在房屋买卖合同关系和在购买房屋后委托租赁的事实。同年11月11日，石田英某以北海株式会社法定代表人的身份向日本东京地方裁判所提交《陈述书》，再次确认房屋买卖合同签订的事实。本案中，新兴产业株式会社代理律师关于买卖合同不真实的陈述，并没有得到日本法院的认定和支持。当时新兴产业株式会社作为被申请破产的企业法人，是为了避免陷入破产程序而做相关陈述，而现今宫下正某作为破产管理人，更多的是代表众多债权人利益，两者法律地位显然不同。石田英某作为龙头房地产公司和北海株式会社的法定代表人，其作出的意思表示即代表企业的意思表示，应由企业承担相应的法律责任。因此，《龙头公寓买卖合同》真实有效，买卖合同已经合法成立，应得到法院的支持。3. 龙头房地产公司有关新兴产业株式会社将其对龙头公寓40%的权益对外转让、不具有诉讼主体身份的主张没有事实和法律依据，一审判决不予采信完全正确。首先，新兴产业株式会社并未对外转让其对龙头公寓40%的权益，其是龙头公寓40%房屋的房屋所有权人。对此，宫下正某在提起本案诉讼前，全面梳理了本案所有的事实材料，并向日本法院报告了新兴产业株式会社享有的龙头公寓40%房屋所有权情况。根据管理人职责和案件事实情况，宫下正某向日本法院提出了起诉申请，日本法院准许了宫下正某提起诉讼的申请，并批准了本案起诉状。因此，新兴产业株式会社系龙头公寓40%房屋的所有权人这一事实，是被日本国法院认可的。其次，龙头房地产公司所谓新兴产业株式会社“三次对外转让”本身自相矛盾，不符合逻辑。第一，对于千利株式会社的转让。2007年10月，宫下正某向日本东京地方法院提出了不予认可该转让的诉讼请求。2008年2月26日，日本东京地方法院支持了宫下正某的诉讼请求。根据日本东京地方法院查明的事实，所谓对千利株式会社的转让并没有事实基础和法律依据，因此，千利株式会社不享有龙头公寓40%的权益。第二，对于运通公司的无偿赠与。宫下正某认为《赠与协议书》是不真实的，是伪造的，运通公司没有法律依据主张相关权利，新兴产业株式会社没有将龙头公寓40%的权益无偿赠与运通世纪公司。第三，对于通过日本株式会社MarketTrusty对王乃某的转让。2007年10月，官下正某同样向日本东京地方法院提出了不予认可该转让的诉讼请求。2007年11月6日，日本东京地方法院同样支持了官下正某的诉讼请求。根据日本东京地方法院查明的事实，所谓通过日本株式会社MarketTrusty对王乃某的转让并没有事实和法律依据，因此，日本株式会社MarketTrusty及王乃某均没有法律依据主张相关权利，新兴产业株式会社没有通过日本株式会社MarketTrusty对王乃某转让龙头公寓40%的权益。（二）《龙头公寓买卖合同》没有违反当时法律、行政法规的效力性强制性规定，属合法有效合同。龙头房地产公司关于《龙头公寓买卖合同》没有使用政府统一印制的示范文本、无中文文本及违反外汇管理、税收、外资购房限制等主张，涉及的仅是行政管理问题，均非效力性、强制性法律规范，不影响合同的效力。《龙头公寓买卖合同》签订时，龙头房地产公司已经取得外销商品房许可证，当时对外销商品房并无审批要求。（三）《龙头公寓买卖合同》事实上已经履行。1. 自1993年11月30日至1995年12月11日，新兴产业株式会社共支付了40亿日元购房款，龙头房地产公司称该40亿元并非购房款，却没有提供任何有效证据证明，一审法院认定正确。2. 龙头公寓40%的房屋自1996年11月20日起已交付给新兴产业株式会社，龙头房地产公司受新兴产业株式会社委托进行租赁并收取管理费。1996年11月20日，北海株式会社向龙头房地产公司发出《通知书》，通知龙头房地产公司龙头公寓40%的房屋自1996年11月20日起已经交付给新兴产业株式会社，在房屋交付时，新兴产业株式会社委托龙头房地产公司进行房屋租赁，即各方当事人已经确认买卖的房屋实际进行了交付，并由北海株式会社作为中介，负责处理新兴产业株式会社与龙头房地产公司之间租金的结算事宜。根据《1997年1月至2003年1月25日龙头公寓出租结算书》，北海株式会社按月向新兴产业株式会社支付房屋租金，新兴产业株式会社已经实际享有了多年的房屋收益，总计达人民币几千万元。证人佐藤先生的证言也充分证明了这一事实。3. 财务账簿上是否记载房屋买卖，与房屋买卖合同是否存在、是否履行没有必然关联。（四）官下正某提供了《龙头公寓买卖合同》等大量书面证据的复印件，证据来源合法，证据之间能够相互印证，一审法院据此认定合同真实完全正确，二审依法应予支持。1. 龙头房地产公司存在自认行为，且官下正某提交的证据符合“高度可能性”的证明标准。龙头房地产公司称有人冒名代其进行诉讼，不仅与事实矛盾，其也未提交任何有力证据证明其主张。2. 官下正某提交的证据复印件可以作为认定案件事实的依据。官下正某无法提供《龙头公寓买卖合同》等证据原件的原因比较复杂，主要表现在：第一，官下正某是新兴产业株式会社的破产财产管理人，而非新兴产业株式会社的实际经营管理人，官下正某在接管新兴产业株式会社时，并不掌握《龙头公寓买卖合同》等证据的原件；第二，可能掌握《龙头公寓买卖合同》原件的企业或个人，与代表债权人、破产企业利益的官下正某有着直接的利益冲突，没有向官下正某提供文件原件；第三，《龙头公寓买卖合同》等文件签订于1996年，距今已有十余年，因年代久远，且新兴产业株式会社历经周折，如今被申请破产，材料管理比较混乱，官下正某无法取得该些文件的原件。根据《最高人民法院关于民事诉讼证据的若干规定》及《最高人民法院关于适用〈中华人民共和国民事诉讼法〉的解释》的相关规定，当事人提供原件确有困难的，可以提供复印件，并且法院可以根据案件具体情况，认定复印件作为案件事实的依据。本案中，官下正某提供的买卖合同等文件虽然是复印件，但该些复印件主要来源于日本法院且属于龙头房地产公司、其关联企业北海株式会社在诉讼中提供的文件。（五）一审法院认定官下正某具有诉讼主体资格，适用法律正确，应当予以维持。官下正某在本案中的身份并不是个人，而是具有法定职权的破产财产管理人，其享有权利和承担义务的同时受到法律严格监督。（六）龙头房地产公司称一审法院遗漏了诉讼主体没有事实和法律依据，北海株式会社、千利株式会社、日本株式会社MarketTrusty、运通公司、王乃某均非《龙头公寓买卖合同》的法律关系主体，不是必须参加诉讼的当事人，一审法院并没有遗漏诉讼主体。（七）官下正某请求办理房屋所有权登记的请求权具有物权属性，不适用诉讼时效的规定，龙头房地产公司有关官下正某的诉请已超过诉讼时效期间的主张不应得到支持。根据《龙头公寓买卖合同》的约定，新兴产业株式会社可随时要求办理过户，因此，官下正某要求办理变更登记手续但遭到拒绝之时，才应视为新兴产业株式会社知道或应当知道其权利受到侵害，故即使认为办理房屋所有权登记的请求权适用诉讼时效，本案诉讼时效期间亦未届满。（八）本案中一审法院充分考虑证据链条，经过甄别和认定后，认定了该日本法院相关判决中部分记载的事实及证据情况，本质上仍属于对书面证据的认定，官下正某没有请求法院认定该判决在中国境内具有法律效力，龙头房地产公司曲解了“对判决承认与执行”的法律含义，其主张没有事实和法律依据。（九）官下正某已按照一审法院的要求，按时、足额交纳了案件受理费、保全费等相关诉讼费用，一审法院已经将相关票据整理入卷，龙头房地产公司主张官下正某没有交纳一审案件受理费、保全费的上诉主张没有事实依据。（十）本案历经原审一审、二审、发回重审一审，耗时多年，证据材料众多，对于众多有充分证据能够印证的事实，龙头房地产公司拒不承认，其诸多调查取证申请、司法鉴定申请、复议申请等，系滥用程序权利，故意拖延诉讼时间。所涉内容与案件基本事实认定要么没有关联，要么无意义，一审法院依法予以拒绝，事实和法律依据充分。综上，一审判决认定事实清楚，适用法律正确，请求驳回上诉、维持原判。

龙头房地产公司在二审庭审中提交了如下新的证据材料：

证据一，《调查书》。会计师青木自1990年开始负责新兴产业株式会社会计工作，知晓全部财务状况，其证明：未见过《龙头公寓买卖合同》，没有买卖房屋的事实，已经将新兴产业株式会社所有材料交给官下正某。

证据二，《财务调查分析报告》。新兴产业株式会社决算书，向日本税务师求证，结论是：新兴产业株式会社不持有龙头房地产公司土地和房产，新兴产业株式会社第27期决算书是虚构的。

证据三，《专项财务调查书》。北京国际会计服务公司对龙头房地产公司建设费用核对，不存在新兴产业株式会社转入的资金，新兴产业株式会社第27期决算书系虚假记载。

证据四，《承诺书》。证明新兴产业株式会社通过北海株式会社投资马场。

证据五，《汇款单据》。证明北海株式会社曾将3.8亿日元还给新兴产业株式会社。

证据六，《笔迹鉴定书》。委托东京笔迹鉴定所鉴定，对官下正某提交的证据28、29《协议书》和三份《抵押合同》上安某的笔迹进行鉴定。安某对购房事实知情不成立，经鉴定签字是伪造的。

证据七，《情况说明》。本案争议合同条款的翻译问题，经向翻译公司重新确认，日文第2条为将来时态，原翻译不准，相关条款应理解为签订合同后，将通过北海株式会社支付，不是已经支付或正在支付。文本是新兴株式会社翻译的，龙头房地产公司对文本重新找翻译进行了翻译。

官下正某质证认为：不同意龙头房地产公司二审中提交的证据材料作为新证据，不符合相关法律和证据规则的规定，不同意质证。其表示，尽管不同意质证，但仍就对方意见提出如下反驳意见：关于证据一，是证人证言，证人应出庭。关于证据二，没有在企业财务账簿中记载某项权利，不能证明该项权利就不存在。关于证据三，是个人的意见，同样应当出庭，不记载不证明没有权利，发回重审中对方证人明确表示在日本也大量存在有权利未在账目中记载的情况，所以没有必然的联系。关于证据四，是法人单位的证言，意见同第一和第二。石田某是石田英某的亲属，与对方法定代表人有利害关系，赛马与本案买卖合同无关。关于证据五，对方说付了3.8亿款项，与每月25日收到款项一致，说明对方按合同支付租金收益款项。关于证据六，鉴定中提到不同时期签字可能有变化，也有调整签字的习惯，不一致的结论不认可，提交的材料是其单方委托。关于证据七，翻译公司不是法院认可的翻译公司，文本内容是否是合同签订后再付款需要核实。

本院经质证认为：龙头房地产公司在二审期间提交的证据材料，不属于《最高人民法院关于民事诉讼证据的若干规定》第四十一条规定的"新的证据"的情形，其内容亦不能推翻一审判决查明的相关事实。本院对一审判决查明的有关龙头房地产公司情况、龙头公寓情况以及官下正某提交的《确认书》复印件、《龙头公寓买卖合同》复印件、《备忘录》复印件等证据材料载明的内容等事实予以确认，但能否在双方当事人之间形成买卖合同关系，仍应结合本案实际情况依法作出认定。

本院另查明：

（一）官下正某提交的1993年11月10日新兴株式会社与北海株式会社之间的《备忘录》、1995年3月31日新兴株式会社与北海株式会社之间的《确认书》、1995年9月22日北海株式会社与龙头房地产公司签订的《备忘录》以及1996年11月20日新兴株式会社与龙头房地产公司之间的《龙头公寓买卖合同》均为复印件，未提供原件。

（二）上述《龙头公寓买卖合同》（复印件）所加盖的龙头房地产公司的印章并非龙头房地产公司在中国工商行政管理部门备案的印章，且没有龙头房地产公司法定代表人或其授权人的签字。龙头房地产公司有关文本内容、格式、数量、印章、公司地址、公寓地址及签字等陈述属实，本院予以确认。

本院认为，本案的争议焦点为：（一）官下正某能否提起本案诉讼；（二）新兴产业株式会社与龙头房地产公司之间是否存在房屋买卖合同关系。

（一）关于官下正某能否提起本案诉讼。根据一、二审查明的事实，新兴产业株式会社已被日本相关法院宣告破产，且官下正某为新兴产业株式会社的破产财产管理人。根据《中华人民共和国涉外民事法律关系适用法》第十四条的规定，法人及其分支机构的民事权利、民事行为能力、组织机构、股东权利义务等事项，适用登记地法律。因此，官下正某作为新兴产业株式会社的破产财产管理人，其是否有权提起诉讼应当依据日本国法律予以认定。本案中，官下正某已举证证明《日本国破产法》第三十四条第一款规定，“破产人在破产程序开始时拥有的所有财产（不论是否在日本国内）均为破产财产”；第七十八条第一款规定：“作出破产程序开始的决定时，属于破产财产之财产的管理及处分权利专属于法院选任的破产财产管理人”；第二款规定：“破产财产管理人进行下列行为必须经法院许可：……10. 提起诉讼……”；第八十条规定：“有关破产财产的诉讼以破产财产管理人为原告或者被告”。对于上述日本国的破产法律规定，龙头房地产公司并未提交相反证据予以否定，本院对此予以确认。鉴于官下正某提起本案诉讼获得了日本国相关法院的许可，其起诉亦符合《中华人民共和国民事诉讼法》第一百一十九条规定的条件，一审法院受理本案并无不当。龙头房地产公司有关官下正某不具有原告主体资格的主张没有法律依据，本院不予支持。

（二）关于新兴产业株式会社与龙头房地产公司之间是否存在房屋买卖合同关系。原告向人民法院提起诉讼，应当提供证据证明其诉讼请求所依据的事实。《中华人民共和国民事诉讼法》第七十条规定，书证应当提交原件，提交原件确有困难的，可以提交复制品、照片、副本、节录本。《最高人民法院关于民事诉讼证据的若干规定》第十条规定，当事人向人民法院提供证据，应当提供原件或者原物。如需自己保存证据原件、原物或者提供原件、原物确有困难的，可以提供经人民法院核对无异的复制件或者复制品。官下正某向一审法院提供的证明新兴产业株式会社与龙头房地产公司存在买卖合同关系的证据材料如《龙头公寓买卖合同》、《备忘录》及《确认书》等均非原件，各自的复制件亦均未经人民法院核对无异。在官下正某无法提供证据原件的情况下，人民法院应当综合本案实际情况进行审查。经审查，《龙头公寓买卖合同》所加盖的印章亦非龙头房地产公司在中国工商行政管理部门备案的印章，且没有龙头房地产公司法定代表人或者其授权人签字。故上述《龙头公寓买卖合同》、《备忘录》及《确认书》等均不能作为认定双方之间存在买卖合同关系的证据予以采信。虽然宫下正某主张龙头房地产公司在日本法院的相关破产案件中所作的陈述，明确承认了其与新兴产业株式会社之间的买卖合同关系及其履行事实，但仅仅一方当事人在外国法院及他案中所作的陈述不能当然地作为认定本案事实的依据，仍需要有其他相关证据予以佐证。本院二审过程中，龙头房地产公司不仅不承认所谓在日本国法院所作的陈述，甚至否认了其向日本法院提起过相关的破产诉讼。另外，宫下正某主张本案存在龙头房地产公司委托北海株式会社收取购房款、交付房屋以及向新兴产业株式会社支付租金等履行合同的事实，但该等事实并无证据支持。宫下正某既未提供龙头房地产公司委托北海株式会社收取购房款的授权委托，又未提供龙头房地产公司交付房屋及支付租金的证明。《中华人民共和国民事诉讼法》第七十条规定，书证应当提交原件，提交原件确有困难的，可以提交复制品、照片、副本、节录本。《最高人民法院关于民事诉讼证据的若干规定》第十条规定，当事人向人民法院提供证据，应当提供原件或者原物。如需自己保存证据原件、原物或者提供原件、原物确有困难的，可以提供经人民法院核对无异的复制件或者复制品。宫下正某向一审法院提供的证明新兴产业株式会社与龙头房地产公司存在买卖合同关系的证据材料如《龙头公寓买卖合同》、《备忘录》及《确认书》等均非原件，各自的复制件亦均未经人民法院核对无异。在宫下正某无法提供证据原件的情况下，人民法院应当综合本案实际情况进行审查。宫下正某虽主张新兴产业株式会社与龙头房地产公司之间存在房屋买卖合同关系，但其提供的证据材料不足以证明该等事实。此外，新兴产业株式会社原董事长安某在本院原二审开庭过程中曾明确作证证明新兴产业株式会社与北海株式会社之间存在资金往来且新兴产业株式会社与龙头房地产公司之间未签订《龙头公寓买卖合同》。因此，本院认定宫下正某提交的证据不足以认定新兴产业株式会社与龙头房地产公司之间形成了房屋买卖合同关系。对宫下正某有关双方之间形成了房屋买卖合同关系的主张，本院不予支持。

鉴于不能认定新兴产业株式会社与龙头房地产公司之间存在房屋买卖合同关系，双方当事人其他的相关诉辩主张已没有实际意义，本院不再一一赘述。

综上，一审判决认定事实不清，适用法律不当，依法应予改判。上诉人龙头房地产公司的上诉请求有事实和法律依据，依法应予支持。本院依照《中华人民共和国民事诉讼法》第一百七十条第二项及《最高人民法院关于民事诉讼证据的若干规定》第二条之规定，判决如下：

一、撤销北京市高级人民法院（2015）高民初字第26号民事判决。

二、驳回新兴产业株式会社破产财产管理人官下正某的诉讼请求。

一审案件受理费人民币1655060元、保全费5000元及二审案件受理费人民币1655060元，共计人民币3315120元，均由新兴产业株式会社破产财产管理人官下正某负担。

本判决为终审判决。

审判长：陆效龙；审判员：奚向阳、杨弘磊；书记员：许英林

二〇一六年十二月二十三日

违约金的调整应兼顾合同实际履行情况、当事人的过错程度以及实际损失等，根据公平原则和诚实信用原则予以衡量

——唐某与海南赛伯乐公司、经济学院股权转让纠纷

【裁判观点】

违约金的调整应兼顾合同实际履行情况、当事人的过错程度以及实际损失等，根据公平原则和诚实信用原则予以衡量，对违约金计算基数、标准等进行适当调整。

中华人民共和国最高人民法院

民 事 判 决 书

案号　（2017）最高法民终641号

上诉人（原审原告、反诉被告）：唐某。

委托诉讼代理人：李宁，北京市中伦（上海）律师事务所律师。

委托诉讼代理人：卢宇浩，北京市中伦（上海）律师事务所律师。

上诉人（原审被告、反诉原告）：海南赛伯乐公司。

法定代表人：曹成某，该公司董事长。

委托诉讼代理人：肖某，北京大成（海口）律师事务所律师。

委托诉讼代理人：张晋项，北京大成（海口）律师事务所律师。

上诉人（原审被告、反诉原告）：经济学院。

法定代表人：曹成某，该学院董事长。

委托诉讼代理人：肖某，北京大成（海口）律师事务所律师。

委托诉讼代理人：张晋项，北京大成（海口）律师事务所律师。

上诉人唐某因与上诉人海南赛伯乐公司（以下简称赛伯乐公司）、经济学院股权转让纠纷一案，不服海南省高级人民法院（2014）琼民二初字第5号民事判决，向本院提起上诉。本院于2017年8月14日立案后，依法组成合议庭，开庭进行了审理。上诉人唐某的委托诉讼代理人李宁、卢宇浩，上诉人赛伯乐公司、经济

学院的委托诉讼代理人肖某、张晋项到庭参加诉讼。本案现已审理终结。

唐某上诉请求：一、撤销一审判决第二项，改判赛伯乐公司、经济学院共同向唐某支付违约金、罚金135798993.37元（其中迟延搬离校区及教工住宅周转房的违约金700万元，海睿教育公司管理权移交前的债务18798993.37元，延期办理股权变更登记的罚金11000万元）；二、撤销一审判决第四项，改判限赛伯乐公司、经济学院于判决生效之日起六个月内将原塑料工业公司海口市国用（籍）字第J0××8号国有土地使用证项下3.61亩土地及上丹经济社一、三、五队海口市集建（籍）字第J0××0号集体土地建设用地使用证项下16.19亩土地过户至经济学院名下，上述两块土地办证至经济学院名下后，赛伯乐公司、经济学院须于三个月内办至海南工商职业学院（以下简称工商学院）名下；三、撤销一审判决第五项，改判赛伯乐公司、经济学院向唐某支付自2014年10月1日起至工商学院现有范围内教学用地土地使用权证办至工商学院名下之日止的逾期办证违约金（以3.9亿元为基数，按中国人民银行发布的同期银行贷款利率的两倍计算）；四、撤销一审判决第六项，改判赛伯乐公司、经济学院按政府相关部门要求向唐某提供工商学院尚未办证物业（行政大楼、艺术大楼、交流中心、大礼堂、第二及第三教学楼、教工周转楼第10、12栋、学生宿舍第6—7、8—9、10—11、12—13、15—16、17—18栋及第三、第四学生食堂）的补报建资料；五、由赛伯乐公司、经济学院承担本案诉讼费。事实和理由：（一）一审判决对赛伯乐公司、经济学院迟延搬离校区及教工住宅周转房违约行为的事实认定错误。双方均认可工商学院管理权移交时间为2012年8月25日，根据《股权转让框架协议》第五条、《股权转让合同》第二条第2.6款之约定，经济学院最迟应于2013年2月25日前搬离现工商学院校区，教工住宅周转房最迟于2014年2月25日前搬离，而经济学院和教工住宅周转房的搬离日期均发生了延迟。一审法院对赛伯乐公司、经济学院的该项违约事实未予认定，存在明显的事实认定错误。（二）一审判决对赛伯乐公司、经济学院应承担债务的数额认定错误。《股权转让（股东内部调整）合同》（以下简称《股权转让合同》）第四条第4.6款约定，海睿教育公司于管理权移交前发生的债务合计18798993.37元，应由赛伯乐公司、经济学院承担，而一审法院仅认可其中的8732880.55元，存在事实认定错误。（三）一审判决对赛伯乐公司、经济学院逾期办理海睿教育公司股东变更登记应承担的违约责任，存在事实认定和法律适用错误。根据唐某与赛伯乐公司、经济学院的相关约定，赛伯乐公司、经济学院最迟应于2013年5月办理完毕海睿教育公司的股东变更，而赛伯乐公司、经济学院在延迟近一年后才于2014年3月4日将该公司的股东变更完毕，已构成违约。一审法院对该违约事实并未认定，属事实认定错误。根据唐某与赛伯乐公司、经济学院于2012年8月20日签订的《备忘录》第一条的约定，赛伯乐公司、经济学院自愿在其逾期办理海睿教育公司股权变更登记的情况下承担1.1亿元罚金，一审法院在赛伯乐公司、经济学院不存在法定或约定免责事由的情况下，免除其对逾期办理海睿教育公司股权变更登记应承担的违约责任，属法律适用错误。（四）一审判决对赛伯乐公司、经济学院未能提供补报建材料违约责任的认定，存在适用法律错误。根据《股权转让合同》第二条第2.2款约定和《最高人民法院关于民事诉讼证据的若干规定》第五条第二款的规定，赛伯乐公司、经济学院需对其已按政府相关部门要求提供完整的补报建材料进行举证，但其并未就此举示充分证据，而唐某已完成举证义务，证明赛伯乐公司、经济学院移交资料不全、所移交的资料存在盖章不全等问题。一审法院错误分配了双方的举证责任，并驳回唐某要求赛伯乐公司、经济学院提供补报建资料的诉讼请求，存在法律适用错误。（五）一审判决对赛伯乐公司、经济学院逾期办理土地使用权证应承担违约金的认定，存在适用法律错误。一审判决在唐某严格履约的情况下，大幅调减违约金计算基数，减半适用违约金计算标准，严重违反了双方意思自治的基本原则，损害了唐某的合法权益。

赛伯乐公司、经济学院辩称：（一）一审法院未支持唐某主张的迟延搬离校区及教工住宅周转房违约金700万元正确。1.2012年8月25日，唐某接管经济学院，其认可完成教工住宅周转房搬离截止日期为2014年2月25日，学院搬离截止日为2013年2月25日。经济学院已按期搬离，赛伯乐公司和经济学院不存在任何违约行为，唐某提交的曹业某办公室资产交接清单不能证明经济学院逾期搬离的事实。2.唐某提交的证据材料不是雷兆某本人签名，没有证明力。而且，迟延满一个月才是合同约定的违约金支付条件，唐某主张100万元违约金无事实和法律依据。（二）对于管理权移交前的债务承担问题，双方当事人已有结算，且经双方财务人员签字确认，唐某对2014年4月8164980.55元对账结果是认可的。唐某要求赛伯乐公司、经济学院承担购买摩托车、校内招生补贴等费用，无事实和合同依据。（三）唐某主张延期办理股权变更登记罚金11000万元，无事实和法律依据。案涉股权转让需办理手续较多，不可能在一个月内完成，对此，双方当事人是明知的。因此，合同约定赛伯乐公司、经济学院承担违约责任的前提是赛伯乐公司、经济学院有意不将海睿教育公司全部股权过户给唐某。事实上，唐某拖欠4000万元股权转让款达8个月之久，而海睿教育公司法定代表人已于2012年6月7日变更为唐某，其也接管海睿教育公司，表明赛伯乐公司、经济学院一直在积极办理股权变更登记事宜，不存在任何拖延，不应承担违约责任。（四）唐某主张赛伯乐公司、经济学院提供工商学院尚未办证物业的补报建资料，不应得到支持。赛伯乐公司、经济学院已将相应建筑物的建设资料全部作为档案移交给唐某，其多年来并未就此提出异议。庭审期间，其也认可赛伯乐公司、经济学院已提供资料，仅认为资料不齐全、不符合政府规定要求等，但未要求赛伯乐公司、经济学院提供资料的具体名称和明确政府相应要求。（五）对于塑料工业公司3.61亩土地和上丹村16.19亩土地，虽然赛伯乐公司、经济学院已获得相应用地权属，但该两块地均登记在第三方名下，且因唐某原因出现办证障碍或迟延，办证速度不能由赛伯乐公司、经济学院控制。唐某主张赛伯乐公司、经济学院在本案判决生效之日起六个月内完成上述两块土地的过户工作，无事实和法律依据。（六）唐某主张赛伯乐公司、经济学院支付自2014年10月1日起至土地证办至工商学院名下之日止的逾期办证违约金，违反合同约定，无事实和法律依据。即使赛伯乐公司、经济学院应承担违约金，但合同约定的违约金过高，有违公平原则。

赛伯乐公司、经济学院上诉请求：一、撤销一审判决第五项，改判驳回唐某要求赛伯乐公司、经济学院承担工商学院现有范围内教学用地土地使用权证办至工商学院名下逾期办证违约责任的诉讼请求；二、本案一、二审诉讼费用全部由唐某承担。事实和理由：（一）一审判决漏查唐某接管工商学院校园后违反政府规划，在校内未经报建建设大量非教育用途建筑的事实。该行为给赛伯乐公司、经济学院办理教育用地土地使用权证造成极大障碍，唐某无权要求赛伯乐公司、经济学院承担逾期办证的违约责任。（二）一审判决漏查唐某具有双重身份的事实。即使其内地身份合法，在未经法定部门确认有效之前，赛伯乐公司、经济学院无法自行判断合同是否有效，也无法继续履行合同。该情形是唐某自身原因造成，其无权要求赛伯乐公司、经济学院承担逾期办证的违约责任。退一步讲，即使法院判决赛伯乐公司、经济学院承担违约责任，且不考虑唐某违约行为对逾期办证的影响，违约责任的起算时间也至多从2015年8月12日唐某内地身份被法定部门确定有效之日起开始计算。（三）一审判决判令赛伯乐公司、经济学院承担逾期办证违约金，违反合同约定条件。根据《补充合同》的约定，双方确认承担违约责任的前提是赛伯乐公司、经济学院有意逾期拖延不办，而本案是唐某自身原因导致办证延误。

唐某辩称，一审法院对唐某身份的认定准确，唐某具有内地居民合法身份，有权签署股权转让协议及相关协议，所签署的协议合法有效。唐某身份问题属于行政管理范畴，赛伯乐公司、经济学院就此多次提起行政诉讼，但被法院驳回，唐某身份已被法院确认，其具有合法居民身份。

唐某向一审法院起诉请求：1. 判令赛伯乐公司、经济学院共同向唐某支付违约金、罚金等共计135798993.37元（其中迟延搬离校区及教工住宅周转房的违约金700万元，海睿教育公司管理权移交前的债务18798993.37元，延期办理股权变更登记的罚金11000万元）；2. 判令赛伯乐公司、经济学院向唐某提供工商学院尚未办证物业（行政大楼、艺术大楼、交流中心、大礼堂、第二及第三教学楼、教工周转楼第10、12栋、学生宿舍第6—7、8—9、10—11、12—13、15—16、17—18栋及第三、第四学生食堂）的补报建资料；3. 判令赛伯乐公司、经济学院将经济学院国兴校区坐标内、编号为201551239的《海口经济学院土地权属示意图》标明范围内的面积为239662.25平方米的土地使用权（201551239示意图上面积260251.19平方米－海南省农科院合作用地20588.94平方米＝239662.25平方米）过户到工商学院名下；4. 判令赛伯乐公司、经济学院向唐某支付自2014年7月1日起至土地证办理到工商学院名下之日止的逾期办证违约金，暂计至2014年7月15日为195万元；5. 由赛伯乐公司、经济学院承担本案全部诉讼费。

赛伯乐公司、经济学院向一审法院反诉请求：1. 依法确认赛伯乐公司、经济学院与唐某签订的《股权转让框架协议》《股权转让合同》《补充合同》（以下简称《股权转让补充合同》）、《备忘录》《备忘录（二）》《补充合同》（以下简称系列股权转让合同）均为无效（其中转让给杭州赛伯乐公司的资产除外）；2. 依法判令唐某返还海睿教育公司100%股权及工商学院管理权，返还占有的土地、房屋、车辆、图书资料、教学设备设施等资产，恢复签订合同前的状态；3. 请求依法判令唐某赔偿如不能按原状返还财产给赛伯乐公司、经济学院造成的经济损失人民币490000000元（以司法鉴定或司法审计、司法评估为准）；4. 对唐某的双重身份确认为单一合法有效的身份不是人民法院民事诉讼受案范围，请求法庭驳回唐某的起诉；5. 对唐某的双重身份确认为单一合法有效的身份超出了唐某本诉诉讼请求范围，请求法庭驳回唐某的起诉；6. 本案诉讼费用全部由唐某承担。

一审法院认定事实：2011年12月1日，赛伯乐公司、经济学院作为转让方，唐某作为受让方签订《股权转让框架协议》，约定主要内容为：1. 转让标的物。转让标的物系转让方共同设立的海睿教育公司股权。股权价值包括海睿教育公司现在实际使用的资产即原经济学院国兴校区的（除集资建房部分及教工第10栋土地房产外）所有土地使用权及地上所有附属物、教学设备设施（含图书及办公用品）所有权；教学品牌（工商学院及附属幼儿园）无形资产和经济学院附属中专无形资产等管理权和收益权（工商学院附属艺校除外）。同时转让方承诺将上述资产所有权、使用权或管理权、收益权由转让方享有变更为海睿教育公司享有。2. 股权转让价及付款方式。转让方与受让方约定按照转让方原投入的资产原值（不溢价、不折旧）确定转让价，双方以合同方式确认海睿教育公司股权转让价为7.3亿元人民币；转让方办理完海睿教育公司股权变更及工商学院管理权移交后7日内，受让方承接转让方在海南省农村信用社（以下简称农信社）的贷款1亿元的还本付息（另行协议确定）。3. 资产管理权实现。受让方依股权转让合同约定支付转让价款（包括银行贷款）5亿元人民币后，转让方应将股权涵盖的资产所有权、使用权或管理权、收益权及相关事宜转交受让方享有。受让方接管上述权利6个月内，经济学院（不含教工住宿）应全部搬离原校区。教工住房周转房部分经济学院根据实际需要最长可继续使用1年半，到期后原则上应全部交还给受让方，如果到时转让方确定有困难，双方可另行协商。4. 其他事项。转让方在宿舍区集资修建并出售给老师的宿舍楼及配套土地不在此次转让范围，其产权证等手续由转让方负责办理并承担费用。本次转让前所有债务由转让方承担（本协议约定的1亿元银行债务除外）。5. 本框架协议之法律效力。本框架协议经转让方和受让方签字生效，其约定作为股权转让合同原则性约定，正式的转让合同受其约束，一经签订即具有法律效力。曹成某、唐某在该合同上签字，唐某注明其身份证号，赛伯乐公司、经济学院均分别在该合同上盖章。

2012年5月3日，经济学院提供资产账目明细清单，该明细清单中载明所移交资产的名称、类别、入账日期以及资产原值。该资产账目明细清单中的《海口经济学院土地付款情况汇总表》载明，经济学院国兴校区土地付款面积合计为319.59亩，入账金额83572523.98元。

2012年5月9日，赛伯乐公司作为甲方（转让方）、经济学院作为乙方（转让方）、唐某作为丙方（受让人）签订《股权转让合同》，合同约定：第一条转让标的。1.1本合同转让标的为海睿教育公司100%股权及其投资开办的工商学院及附属中专所有权。其股权价值包括：(1)海睿教育公司现在实际使用的原经济学院国兴校区的所有土地及地上所有附属建筑物（已建及在建的教职员工集资房除外）、教学设备设施、图书、资料、办公用品、交通工具等所有权［详见2012年5月3日转让方提供的资产账目明细清单（包含两辆大巴车）］。(2)工商学院、附属中专资产所有权（详见资产账目明细清单）、管理权和收益权。(3)转让方承诺将上述资产所有权、使用权及管理权、收益权由转让方所有变更为海睿教育公司所有。1.2转让方与受让方约定按照转让方账面明细资产原值（不溢价、不折旧），确定转让价格为7.3亿元。第二条转让方义务。2.1转让方应提供相应的文件证明，经济学院国兴校区内土地及地上建筑物、教学设备、设施、图书资料、办公用品、交通工具等属其所有的资产；工商学院、附属中专的相关批准证书等证明文件。2.2转让方应自合同签字生效后2个月内提供上述资产账目明细清单，经双方核对确认，作为本合同不可分割的书面资料。转让方提供的资产账目明细清单包括以下内容：①已取得土地使用权面积及四至；尚未办证的土地面积及四至。②已办证的房屋内部管理确定的名称及面积；尚未办证的房屋内部管理确定的名称及面积，另按政府相关部门要求提供完整的补报建资料。③其他资产名称、数量、原价值、使用现状说明。2.4转让方在法定期间（以行政管理机关办结期限为准）办结工商学院、附属中专法定代表人（人员由受让方支付定金时指定）变更及海睿教育公司股东变更登记手续。2.6变更后的海睿教育公司接管工商学院等机构后6个月内，转让方必须将原经济学院搬至新校址。所有教工住宅周转房部分可有偿使用1年半，届期必须移交受让方。2.7转让方应自本合同签字生效后一年半内，将原经济学院国兴校区内的土地（租用地及农科院合作用地除外）确权并办至工商学院或海睿教育公司名下，同时向受让方移交相关产权证书及资料。但农信社贷款抵押的房屋不受本款时间的约束，待抵押解除后 15 天内，由转让方向政府相关部门提交变更登记手续，并负责将该房屋过户到工商学院或海睿教育公司名下。2.11 受让方接管海睿教育公司、工商学院、附属中专之前，转让方以上述资产进行了其他的抵押担保，必须在受让方支付第三期转让金（第 3.4 款确定的转让金）前解除；另转让方存在隐形债务未处理完结，受让方均可在转让款中扣除，扣除后债务由受让方承担。第三条受让方义务。3.1 受让方自本合同签字生效后 15 日内，支付转让方 1 亿元作为定金。3.2 受让方自转让方履行本合同第二条第 2.1 款、第 2.2 款、第 2.3 款约定的义务后 15 日内，支付转让方 1 亿元。3.3 受让方自办结工商学院、附属中专法定代表人变更手续后 30 日内与转让方共同签订受让方承担农信社 1 亿元贷款还本付息义务的协议；确定 19000 万元转让款的支付方式。3.4 受让方接管海睿教育公司、工商学院及附属中专后 3 个月内，支付转让方 8000 万元，支付方式另行确定。受让方支付该笔转让金之前，受让方重新组建海睿教育公司、工商学院董事会时，应保证转让方 2 人进入董事会，1 人进入监事会。受让方若处分上述资产（股份）或以上述资产（股份）作为抵押物等，均需转让方委派董事同意。该笔转让金到位后，转让方应在 7 天内向工商行政管理机关提交相关法律文件，将海睿教育公司及工商学院股权全部变更给受让方；同时所派人员全部退出董、监事会。3.5 自转让方将原经济学院国兴校区的土地（租用地及农科院合作用地除外）确权并办到工商学院或海睿教育公司名下，并向受让方提供产权证书（农信社贷款抵押的房屋除外）之日起 15 日内，付清尾款 13000 万元。第四条其他约定。4.6 海睿教育公司于管理权移交前所有发生的债权债务由转让方享有和承担。管理权移交后发生的所有债权债务，由受让方享有和承担。第五条违约责任。5.2 受让方依约支付 1 亿元定金后，转让方未依本合同第二条第 2.1 款、第 2.2 款、第 2.3 款履行承诺，或未经受让方同意逾期履行，致使本合同终止履行，转让方应双倍返还定金。转让方依上述约定履行了承诺，而受让方无正当理由拒绝接收资产证明和确认资产明细清单，转让方不承担违约责任。5.5 转让方未按第二条第 2.6 款履行其义务，每延迟一个月支付受让方 100 万元违约金。5.7 转让方未按本合同第二条第 2.7 款约定的期限履行承诺，超过 3 个月，每延迟一日，按受让方已付转让款计算，比照按中国人民银行同期贷款 2 倍利率计算违约金。第八条合同生效、变更。8.1 本合同经转受各方法定代表人签字盖章并在受让方支付定金后生效。8.2 本合同生效后，任何一方不得擅自变更合同条款。如确需修改和补充，必须经过各方协商一致达成书面协议。第九条附则。9.2 甲乙丙各方于2011 年12 月10 日签订的《股权转让框架协议》与本合同具有同等法律效力；《股权转让框架协议》与本合同不一致或有冲突的地方以本合同约定的为准。曹成某、唐某在该合同上签字，唐某注明其身份证号，赛伯乐公司、经济学院均分别在该合同上盖章。

2012 年5 月11 日，唐某向赛伯乐公司支付2000 万元；2012 年5 月14 日，唐某向赛伯乐公司支付500 万元；2012 年5 月15 日，唐某通过银拓公司向赛伯乐公司支付2500 万元；同日，赛伯乐公司与唐某签订《借款转为定金协议》约定，唐某同意将借给赛伯乐公司人民币5000 万元借款本金转为支付赛伯乐公司转让海睿教育公司股权的定金。赛伯乐公司于2012 年5 月16 日向唐某开具收到该1 亿元股权转让定金的收据。

2012 年6 月7 日，海睿教育公司的法定代表人变更为唐某。

2012 年7 月14 日，经济学院再次向唐某出具《海口经济学院移交资产原值分类表》《海口经济学院移交无形资产——土地明细表》《海口经济学院移交房屋——融资租赁（社会投资）资产原值明细表》《海口经济学院移交房屋、构筑物、管道沟槽——自有资产资产原值明细表》，经济学院的工作人员在上述表格中移交方一栏签字，接收方签字一栏为空白。

2012 年7 月26 日，赛伯乐公司作为甲方、经济学院作为乙方、唐某作为丙方、杭州赛伯乐公司作为丁方签订《股权转让补充合同》约定，杭州赛伯乐公司有意受让附属中专股权（股权所含资产原经济学院国兴校区的部分土地及其地上建筑物）；杭州赛伯乐公司或其关联方将设立海睿文化投资公司（以工商登记名称为准），并拟将上述股权直接确认权属或变更权属至海睿文化投资公司名下。2.1 四方同意，按照主合同约定应当转入海睿教育公司的全部资产分为两部分，由甲方和乙方负责分别转入海睿教育公司和海睿文化投资公司；其中应当转移给海睿文化投资公司的为目标资产。第三条价款及支付方式：3.1 丁方按约定受让附属中专股权及所含的目标资产后，与丙方共同履行主合同第三条第3.3 款约定的义务，其中丁方支付人民币26000 万元。3.2 上述16000 万元由丁方或丁方指定第三方于本补充合同签订后15 日内直接向甲方支付，作为丙方按照主合同第3.3 款应当向甲方和乙方支付的19000万元转让款的一部分；甲方收款后应立即通知丙方，丙方应当向丁方出具收款确认函。3.3 剩余1亿元价款由丁方或丁方指定的公司以承担债务的方式支付。自办结附属中专法定代表人变更手续后30日内，由海睿文化投资公司与原借款人乙方共同签订承担农信社1亿元贷款［海口联社2011年（项）社团固借（诚）字第55号《海南省农村信用社固定资产社团贷款合同》］还本付息义务的协议。丙方不再按照主协议承担该债务。丁方同意从2012年8月1日起承担该笔贷款利息，待丙方承担主合同第3.2款1亿元付款义务后，甲乙方同意实施管理权移交；丙方同意向丁方支付100万元利息。如到时不按合同约定承接贷款，本合同涉及的丁方资产管理权和使用权不予移交。3.4 丁方支付上述价款后，丙方仍按主合同第三条第3.3款约定支付剩余的3000万元（支付方式另行商定)。曹成某、唐某、朱某分别在该合同上签字，唐某注明其身份证号，赛伯乐公司、经济学院、杭州赛伯乐公司均分别在该合同上盖章。该合同附录的《海睿文化收购土地一览表》中第5行塑料工业公司3.61亩住宅用地的备注栏载明“本地块不包含在本次资产收购范围内，但丙方承诺，将来根据丁方的需要，丁方提供土地，丙方同意置换该地块使用权”。

2012年7月27日，唐某分别通过海南银拓房地产开发有限公司、海南海商院后勤服务有限公司分三笔向赛伯乐公司支付1亿元。同日，赛伯乐公司向唐某开具收到唐某1亿元股权转让款的收据。

2012年8月20日，赛伯乐公司、经济学院作为甲方，唐某作为乙方签订《备忘录》，约定：一、除去杭州赛伯乐公司另行支付的26000万元，乙方应付甲方转让款总计为44000万元，现乙方已经支付转让款约23000万元。乙方同意将后续付款方式调整为：在本备忘录签订后3日内支付7000万元（含乙方转让的铧联公司股权转让金4000万元)；在甲方办理完工商学院法定代表人变更手续后3日内再支付4000万元。1. 乙方支付7000万元后，甲方立即办理工商学院法定代表人变更，明确工商学院的董事长由乙方担任，同时将海睿教育公司和工商学院管理权全部移交给乙方。2. 乙方在甲方办理完工商学院法定代表人变更手续3日内再支付4000万元后，甲方将海睿教育公司的股权全部过户给乙方。4. 如果乙方支付7000万元后，甲方不能按约定办理工商学院法定代表人变更和将海睿教育公司及工商学院管理权全部移交给乙方，甲方每月按乙方已付转让款总额的3%支付罚金给乙方；乙方在甲方办理完工商学院法定代表人变更后3日内支付4000万元后，如甲方在1个月内有意不将海睿教育公司的股权全部过户给乙方，甲方应支付乙方罚金11000万元，乙方有权请司法机关判决强制办理变更登记手续。二、在2012年9月30日前，甲乙双方应当结算原合作项目收益分配；结算2012年8月25日前工商学院决定维修改造的费用及结算主合同约定的维修费用（该项费用打包承担350万元）；结算经济学院继续使用学生宿舍的住宿费用；结算主合同约定的学生宿舍补偿费用。如甲方在约定时间内不与乙方办理上述结算，每超过1个月，甲方向乙方支付罚金30万元。（结算分歧不能达成一致除外。）三、转让方按主合同第三条第3.5款约定履行义务后，受让方付清尾款1亿元。四、由于补充合同已明确，附属中专及相应资产归属杭州赛伯乐公司，并且由甲方直接向其交付，因此，拟移交的管理权和资产仅限于归属海睿教育公司和工商学院。五、本备忘录一式四份，自双方签字盖章之日起生效，与主合同和补充合同具有同等法律效力。本备忘录有关与主合同和补充合同不一致的地方，以本备忘录为准。曹成某、唐某在该合同上签字，赛伯乐公司、经济学院均分别在该合同上盖章。

2012年8月20日，唐某通过银拓公司分两笔向赛伯乐公司支付2000万元。同日，赛伯乐公司开具两张共收到唐某受让海睿教育公司股权转让款2000万元的收据。

2012年8月21日，唐某向赛伯乐公司支付580万元股权转让款；通过海南银拓房地产开发有限公司向赛伯乐公司支付420万元。同日，赛伯乐公司开具两张共收到唐某1000万元股权转让款的收据。

2012年8月，申正集团公司作为甲方与唐某作为乙方签订《股权转让协议书》，约定：一、乙方同意将其在铧联公司拥有的32%的股权全部转让给甲方，转让价格为人民币4000万元，甲方同意按上述价格受让该部分股份。转让后，乙方不再持有铧联公司股份，甲方持有铧联公司32%的股份。二、本协议签订后，赛伯乐公司、经济学院即确认乙方已按8月签订的备忘录第一条的相关约定支付了4000万元的转让金。三、本协议签订后，乙方应积极配合甲方，尽快办理股东变更的工商登记。曹成某、唐某在该合同上签字，申正集团公司、赛伯乐公司、经济学院均分别在该合同上盖章。

2012年8月24日，赛伯乐公司开具收到唐某4000万元股权转让款的收据。

2012年8月25日，赛伯乐公司、经济学院向唐某移交海睿教育公司、工商学院的管理权。

2012年12月29日，经海南省民政厅批准，工商学院的法定代表人由曹成某变更为唐某。

2013年2月1日，赛伯乐公司、经济学院作为甲方，唐某作为乙方签订《备忘录（二）》，约定：一、唐某应付赛伯乐公司、经济学院本期转让款人民币4000万元，由唐某直接付给申正集团公司或其指定的个人（李某女士）。二、本期转让款的支付方式为：1. 2013年2月9日前支付1000万—2000万元；2. 剩余款项在2013年3月31日前付清。三、2013年3月31日为本期款的付款截止日，唐某如逾期，按2012年8月20日《备忘录》第一条第3款的约定承担违约责任。曹成某、唐某在该合同上签字，赛伯乐公司、经济学院均分别在该合同上盖章。在该《备忘录（二）》曹成某手写注明：到今天为止，已收到人民币750万元，加币150万元，美金140万元，余款在4月15日前付清即可，视同正常履行合同。落款日期为4月1日。

2013年3月30日，海南瑞衡资产评估有限公司就赛伯乐公司为资产移交之目的而委估其移交给工商学院的相关资产出具0307号资产评估报告书。该报告书中载明赛伯乐公司移交给工商学院相关资产在2012年8月25日所表现出来的市场价值的评估结果为513608066元。该资产评估报告书中列表载明的土地情况为：1. 上丹村集体地151.32亩；2. 中丹村集体地16.55亩；3. 上丹村五队集体用地11.42亩；4. 上丹村二、四队集体用地30亩；5. 上丹村二、四队集体用地0.53亩；6. 海南省农科院33.59亩；7. 上丹村自留地16.2亩；8. 塑料工业公司用地3.61亩；合计263.52亩。(1) 关于原塑料工业公司用地海口市国用（籍）字第J0278号国有土地使用证项下土地使用权，根据海南省海口市中级人民法院于2006年12月29日出具的（2005）海中法民一初字第36号《民事调解书》显示：塑料工业公司与经济学院双方达成调解协议：一、经济学院向塑料工业公司支付人民币210万元（包括经济学院应负担的诉讼费16779元在内），分两期支付：第一期限于本调解书送达之日起7天内支付110万元；第二期余款100万元在2007年9月30日前全部付清。如逾期未付，则按未付金额的每日千分之六向塑料工业公司支付违约金。二、上述款项付清之日，塑料工业公司放弃其海口市国用（籍）

字第J0278号国有土地使用证项下的土地使用权，并有义务配合经济学院向海口市人民政府主管机关申请办理土地使用权有关变更登记手续。办理过程所发生的相关税费或其他费用由经济学院负担。《民事调解书》生效后，经济学院已向塑料工业公司付清上述地价款和相关费用，但尚未办理过户手续，经济学院目前正在办理土地证过户手续。本次评估设定经济学院为该宗地的产权人（或产权持有者）。（2）土地权益：①经济学院自2003年起通过与海口市国土资源局（以下简称海口市国土局）签订征用土地协议书，陆续征用上丹村、中丹村经济合作社的上表相关土地用于校区建设，应付村经济合作社的征地补偿款等已基本付清，但应上交国家的相关费用尚未结清，由于征地行为及手续并未全部完成，故截至估价基准日尚未取得相应的《国有土地使用证》，土地已纳入校区内并已建设使用。②原经济学院与海南省农科院分别于2003年和2006年签订《合作合同》及补充合同，双方进行合作。由海南省农科院提供其具有的、毗邻经济学院校园的土地使用权合作兴建研究生公寓和学生公寓楼，经济学院为主要出资兴建方，双方目的主要是"在教学科研领域进行广泛合作，经济学院聘用海南省农科院人员为教师，开设农学类相关专业，为海南培养农业技术人才；经济学院为海南省农科院提供相应培训及学术交流场所；海南省农科院可作为经济学院学生的实习培训基地；双方共同承担相关课题，并通过海南省农科院将课题研究成果推广，转化。在同等条件下，可优先考虑安排海南省农科院职工的亲属或子女就业"。合同约定，合作期限为50年，合作期间海南省农科院土地权属不变，合作期满后，地上附着物归海南省农科院所有，如果经济学院愿意继续合作，可以享有优先权，但需另行签订合作合同。根据双方签订的上述《合作合同》的补充合同约定，经济学院给海南省农科院50年承包金后（备注：已付完），合作期内经济学院实际拥有该土地及地上建筑物的使用权及经营权。上表33.59亩地为海南省农科院提供用于合作的土地总面积中的大部分土地，土地现为校园内已建设使用的土地。为取得该土地用于学校建设的权益，经济学院已共计投入了9976541.42元（不含房屋建设费）。0307号资产评估报告书中载明的上丹村自留地16.2亩土地实为振东区[①]白龙乡上丹经济社一、三、五队（现海口市琼山区国兴街道上丹经济合作社

① 现海口市美兰区。

一、三、五队，以下简称上丹经济社一、三、五队）土地，该评估报告书第二册中附录的关于该16.19亩土地的合同有：（一）2003年3月30日经济学院与上丹村经济合作社签订的《征地补偿协议》中载明，经海口市人民政府批准，国土局征用上丹村经济合作社土地100926.23平方米（合151.39亩）给经济学院作为校园建设用地。经充分协商，双方就有关征地事宜达成如下协议：……三、上丹村经济合作社留用地16.2亩，因处于经济学院征用土地的中心位置，双方同意对该地在上述选址范围内置换，由经济学院负责办理一切有关合法手续和费用。留用地一定安排在规划路的30米或50米旁边，给经济学院平整后确定位置。（二）2005年8月3日经济学院与拓顺公司签订《委托合同》，委托拓顺公司负责协调上丹经济合作社将经济学院已使用的上丹经济社自留地16.2亩，置换到上丹经济社的上丹路青云桥旁的鱼塘位置，土地面积16.2亩，委托费用为210万元。唐某作为拓顺公司代表人在该合同上签字。经双方当事人核实确认，该置换地后因唐某与案外人合作盖住宅楼，未能完成置换。0307号资产评估报告书中附录的《无形资产——土地使用权/土地权益评估明细表》载明，原经济学院国兴校区土地面积合计为263.52亩，账面价值合计为60759375.24元，评估价值合计为65747850元。

2013年4月22日，赛伯乐公司开具收到唐某4000万元股权转让款的收据。

2013年6月9日，海南中联中力信资产评估有限公司接受赛伯乐公司的委托，对海睿教育公司所属资产及相关负债出具中联资评报字〔2013〕第0602号整体资产项目资产评估报告，该评估报告中载明，截至评估基准日2012年8月31日，公司资产总额为8656.07万元，负债总额为3645.10万元，净资产额为5010.97万元，实现业务收入0万元，净利润约－195.08万元。海睿教育公司长期对外投资情况为：对海睿文化传媒公司投资比例为60%、对申正地产公司投资比例为80%、对工商学院投资比例为100%。该评估报告中附录赛伯乐公司于2013年4月10日给海南中联中力信资产评估有限公司出具的资产评估委托方承诺函。

唐某接管工商学院后，在工商学院校园内修建实训楼、教工宿舍楼等建筑物，2013年6月14日，因唐某在工商学院校园内幼儿园西侧未经规划许可，建设框架6层房屋，海口市琼山区城市管理行政执法局开具海管法停字Q2（2013）第A3086号责令停止违法（章）行为通知书，责令停止违法行为。

2013年6月16日，赛伯乐公司、经济学院作为甲方，唐某作为乙方签订《补充合同》，约定：鉴于工商学院校区已由乙方全权管理，在校区内工商学院正在进行实训楼、教工集资房等项目的建设，与原来海口市规划局批复的该校区的总体规划已有很大改变，造成甲方很难按原规划补办产权手续。为尽快完成该校区的补办证的工作，顺利推进工商学院的发展，甲乙双方经过充分协商，在《股权转让合同》及相关补充协议、备忘录的基础上，形成如下协议：一、甲方继续负责办理工商学院现有范围内教学用地（租用地及农科院合作用地除外）的土地证并办到工商学院名下，在办证过程中需要上丹村及工商学院配合并出具相关手续的由乙方负责协调，在一个星期内出具。由于前期因上丹村的原因已耽误半年以上时间，整个土地证办证完成时间顺延到2014年6月底，如果甲方有意逾期拖延不办，按原合同约定违约条款（5.7款）执行。乙方尚未支付的1亿元转让款，在2013年12月31日支付5000万元；在甲方办完土地证并移交给乙方后乙方支付余款5000万元，如果乙方逾期不付，甲方自动占有海睿教育公司及工商学院30%的股份，并由甲方出任董事长。六、本《补充合同》内容与原《股权转让合同》及此前的所有补充合同、备忘录不一致的地方，以本《补充合同》为准。曹成某、唐某在该合同上签字，赛伯乐公司、经济学院均分别在该合同上盖章。

2013年12月27日，工商学院向赛伯乐公司转账支付3000万元；2013年12月28日，赛伯乐公司开具收到工商学院代唐某支付的3000万元股权转让款的收据。

2013年12月28日，海南海商院后勤服务有限公司向赛伯乐公司分两笔支付2000万元；同日，赛伯乐公司开具两张共收到海南海商院后勤服务有限公司代唐某支付的2000万元股权转让款的收据。

2014年1月6日，海睿教育公司持股的申正地产公司经海南省工商行政管理局核准注销；2014年1月8日，海睿教育公司持股的海睿文化传媒公司经海南省海口市工商行政管理局核准注销。

2014年3月4日，海睿教育公司的股东由赛伯乐公司、经济学院变更为唐某。

2014年3月11日，赛伯乐公司将海睿教育公司变更后的企业法人营业执照正副本、核准变更登记通知书及税务登记证正副本的原件移交给海睿教育公司。

2014年4月24日，赛伯乐公司的财务人员肖某与工商学院的财务人员冯万某对账确认，工商学院应收赛伯乐公司款项为8403216.25元，应付赛伯乐公司款项为238235.7元，差额（应收-应付）8164980.55元。

2014年5月20日，工商学院给赛伯乐公司发催款函，该函记载："截至2014年4月30日，我单位账面尚有贵公司欠款8164980.55元（大写人民币捌佰壹拾陆万肆仟玖佰捌拾元零伍角伍分整）。此款系双方达成共识应付工商学院的结算款，此款项已拖欠近2年之久。因此，特请贵公司能够在近期内及时向我学院支付上述款项。"赛伯乐公司的财务人员肖某于2014年5月28日签收该催款函。工商学院聘请的海南兴平会计师事务所于2015年及2016年对该公司财务报表进行审计及复核账目时，按照国家相关法律法规的规定和《中国注册会计师审计准则》的要求，询证赛伯乐公司尚欠工商学院的8164980.55元，赛伯乐公司分别于2015年4月1日及2016年4月11日在"数据证明无误"处签章。

2015年12月18日，经济学院向工商学院移交了房屋建筑工程竣工资料，《海南工商职业学院房屋建筑工程竣工资料查实移交表》载明，移交资料包括：二教学楼工程竣工资料15本1袋、施工图6本；三教学楼工程竣工资料8本1袋、施工图3本；艺术楼工程竣工资料7本1袋、施工图4盒；图书馆工程竣工资料8本1袋、施工图7本；6—13学生宿舍施工图2盒；培训大楼工程竣工资料9本1袋、施工图1套；第三食堂结构图1盒；大礼堂工程竣工资料36本1袋、施工图4本；教工12栋工程竣工资料14本1袋、施工图1本；第四食堂监理资料1盒+1袋、施工图1套；专家楼10栋工程竣工资料6本1袋、施工图1本；体育场施工图2盒；幼儿园检测资料1盒；二教学楼、三教学楼连廊图1份。说明：学生15—16、17—18宿舍属唐某承建工程，竣工时竣工资料未交学校。唐某认可上述资料为其诉讼请求中所主张移交的资料。2016年6月3日唐某方交给经济学院工作人员田亚某一份经济学院尚未移交的《竣工图》清单，该清单中载明：1. 教工12号楼：设计院章签名不全，无图审章。2. 第二教学楼：设计院章签名不全，无图审章。3. 图书馆、综合楼：部门图纸没有4章，图标设计单位未签名。4. 艺术大楼：图纸未装订、无竣工章、无图审章。5. 幼儿园：图标签名不完善，部分图纸无3章。6. 第四食堂图纸无装订，无4章。7. 专家楼无图审章、无竣工图章。8. 6—13#栋结构图：无图审章，竣工图章格式不对，无监工单位，签名不全。9. 10—13#栋建施、水施、电施无图审、竣工章。10. 大礼堂：消防竣工图设计单位章签名不完善，部分图纸少3章。11. 培训中心：部分图纸无图审、竣工图章。12. 艺术大楼：部分图纸无装订、无竣工图章、无图审章。13. 第二、第三教学楼结施图无图审章、无竣工图章、无装订。

另查明：经济学院前身为海口经济职业技术学院，2008 年经教育部批准，同意在海口经济职业技术学院基础上设立经济学院。2008 年经海口市规划局批复，海口经济职业技术学院位于琼山区美舍河东侧，红城湖路以北，国兴大道以南，学校总体规划用地面积 37.43 公顷，一期规划用地面积为 31.25 公顷，项目用地性质为高等学校用地。经济学院 2008 年至 2012 年多次给海口市人民政府及海口市国土局发函请示要求办理土地使用证。海口市国土局 2013 年 8 月发函同意将琼山区下洋片攀丹村 65718.67 平方米土地划拨给经济学院作为学院一期项目用地。2013 年 8 月 19 日，经济学院取得土地证号为海口市国用（2013）009697 号的土地使用权，该土地坐落于海口市琼山区下洋片攀丹村，面积为 65718.67 平方米，地类用途为科教用地。经济学院 2013 年 9 月要求海口市国土局补办二期用地手续。为查明案件事实，一审法院给海口市国土局去函要求核实唐某起诉时请求过户至工商学院名下的海口市国用（2008）第 000203 号土地使用证以及工商学院所使用土地的有关情况。2015 年 11 月 20 日，海口市国土局向一审法院函复的海土资籍字［2015］394 号函载明，海口市国用（2008）第 000203 号为无效土地证号。海口市国土局随函移送了 201551239 号权属示意图，该图载明现工商学院所有用地面积为 260251.19 平方米（合 390.38 亩）。

2017 年 1 月 22 日，海口市国土局向一审法院函复的海土资用字［2017］38 号《关于海口经济学院国兴校区土地办理情况的复函》，载明：“一、经查，海南工商职业学院（原海口经济学院国兴校区）教学用地名下的土地使用权证共有 6 宗地，地块详细情况如下：1. 1992 年 12 月核发 Q0162 号土地证，于 2015 年 8 月海口职业大学经两次批复将该宗地更名为海口经济学院，核发 2015007410 号土地证，面积为 19091 平方米，使用权类型为出让。2. 2013 年 8 月核发了 2013009697 号土地证，面积 65718.67 平方米，使用权类型为划拨。3. 2016 年 11 月核发了琼（2016）海口市不动产权第 0008875 号、0008877 号、0009190 号、0009192 号不动产权证，面积分别为 5817.59 平方米、5874.26 平方米、20435.14 平方米和 6664.02 平方米，使用权类型均为划拨。二、划拨地补转让问题。办理流程为：办理完权籍调查后，征询住建、规划等相关部门意见，分局审核若符合办理条件上报市政府审批；市政府批准后，如需补办出让手续，则与受让人签订出让合同，缴纳土地出让金、税费等；作出划拨地转让批复；进行供地结果公告。承诺期限为14个工作日，不包括补正材料、征询意见、论证评审、上报审批、缴纳费用的时间。受让人取得用地批复后，向不动产登记中心申请登记制证。”

经双方当事人核实确认，海口市国土局海土资用字［2017］38号复函中所载明的第一块面积为19091平方米的2015007410号土地证不在工商学院校园范围内，剩余的五块土地均在案涉股权转让的土地范围内。工商学院现有教学用地范围内一共包含八块土地：1.（2013）009××7号土地使用证，面积为98.58亩；2. 琼（2016）海口市不动产权第0008××5号不动产权证，面积为8.73亩；3. 琼（2016）海口市不动产权第0008××7号不动产权证，面积为8.81亩；4. 琼（2016）海口市不动产权第0009××0号不动产权证，面积为30.65亩；5. 琼（2016）海口市不动产权第0009××2号不动产权证，面积为10亩；6. 海南省农科院合作用地，面积为33.59亩；7. 土地证号为海口市国用（籍）字第J0××8号国有土地使用证，土地使用者为塑料工业公司，面积为3.61亩，土地用途为住宅用地；8. 土地证号为海口市集建（籍）字第J0××0号集体土地建设用地使用证，土地使用者上丹经济社一、三、五队，面积为16.19亩。除上述（2013）009××7号国有土地使用证、琼（2016）海口市不动产权第0008××5号不动产权证、琼（2016）海口市不动产权第0008××7号不动产权证、琼（2016）海口市不动产权第0009××0号不动产权证、琼（2016）海口市不动产权第0009××2号不动产权证项下的土地外，剩余三块土地的使用权尚不属于经济学院：1. 海南省农科院合作用地；2. 塑料工业公司3.61亩土地；3. 上丹经济社一、三、五队16.19亩土地。双方当事人确认，海南省农科院的合作用地不在案涉股权转让合同所约定经济学院的办证范围内，塑料工业公司3.61亩土地及上丹经济社一、三、五队16.19亩土地的土地使用权证仍可以办至经济学院名下。

赛伯乐公司成立于1999年10月21日，股东为申正集团公司（持股50.812%）、环球旅游学习网控股有限公司（持股24.396%）、铧联公司（持股17.124%）、中国教育工会海口经济学院委员会（持股7.668%）。铧联公司成立于2010年6月7日，股东为浙江聚能投资有限公司（持股34%）、曹业某（持股34%）、唐某（持股32%）。海睿教育公司成立于2008年，2014年3月4日前海睿教育公司的股东为赛伯乐公司（持股97%）、经济学院（持股3%）。海睿教育公司为工商学院的全资控股单位。

再查明：唐某的户籍登记机关为美兰公安分局，2014年10月24日赛伯乐公司、经济学院以美兰公安分局为被告，诉至龙华法院，请求判令美兰公安分局注销唐某内地户籍并收缴其内地居民身份证（号码为×××）。在该案诉讼过程中，因美兰公安分局于2014年10月21日注销唐某的内地户籍，龙华法院遂于2014年12月25日作出（2014）龙行初字第26号行政判决，驳回赛伯乐公司、经济学院的诉讼请求。2015年3月16日，赛伯乐公司、经济学院以海南省工商行政管理局为被告，诉至龙华法院，请求判令海南省工商行政管理局对海睿教育公司作出变更企业类型登记的决定，即将海睿教育公司企业类型由“有限责任公司”变更登记为“有限责任公司（台港澳自然人独资)”，赛伯乐公司、经济学院于2015年12月15日向龙华法院提出撤诉申请，龙华法院于同日作出（2015）龙行初字第28号行政裁定，准许赛伯乐公司、经济学院撤回起诉。2015年8月12日，美兰公安分局为唐某重新办理了户口本及身份证（身份证号码为×××）。2015年9月6日，赛伯乐公司、经济学院再次以美兰公安分局为被告，诉至龙华法院，请求判令撤销美兰公安分局于2015年8月12日给唐某签发的内地户籍和号码为×××的内地居民身份证的行政行为。龙华法院于2015年12月18日作出（2015）龙行初字第43号行政裁定，驳回赛伯乐公司、经济学院的起诉。赛伯乐公司、经济学院不服，向海口市中级人民法院提起上诉，该院于2016年6月16日作出（2016）琼01行终46号行政裁定，驳回赛伯乐公司、经济学院的上诉，维持原裁定。

一审法院认为，本案的争议焦点为：1. 唐某的起诉是否应予受理；2. 本案的系列股权转让合同是否有效，唐某是否应向赛伯乐公司、经济学院返还财产或赔偿损失；3. 赛伯乐公司、经济学院是否应向唐某支付违约金、罚金135798993.37元；4. 赛伯乐公司、经济学院是否负有向唐某提供工商学院尚未办证物业的补报建资料的义务；5. 赛伯乐公司、经济学院是否负有将土地过户至工商学院名下的义务；6. 赛伯乐公司、经济学院是否应支付逾期办证的违约金。

一、关于唐某的起诉是否应予受理的问题

赛伯乐公司、经济学院于第二次开庭时增加了两项反诉请求：1. 对唐某的双重身份确认为单一合法有效的身份不是人民法院民事诉讼受案范围，请求法庭驳回被反诉人唐某的起诉；2. 对唐某的双重身份确认为单一合法有效的身份超出了唐某的本诉的诉讼请求范围，请求法庭驳回被反诉人唐某的起诉。一审法院认为，尽管唐某在本诉中并未提出确认其身份的诉讼请求，但本案为股权转让合同纠纷，故首先必须对合同的效力作出评价和判断，赛伯乐公司、经济学院诉讼中一直主张因唐某非我国内地居民身份，故而双方所签的系列股权转让合同无效。因此要对本案系列股权转让合同的效力进行确认，就必须首先对唐某的身份作出认定。经审理，唐某具有合法的我国内地居民身份，亦是本案合同的一方当事人，且其在本案中提出了明确的诉讼请求、事实和理由，也列出了明确的被告，故人民法院依法应立案受理本案。赛伯乐公司、经济学院反诉主张驳回唐某起诉的理由不能成立，一审法院不予支持。

二、关于本案的系列股权转让合同是否有效，唐某是否应向赛伯乐公司、经济学院返还财产或赔偿损失的问题

赛伯乐公司、经济学院与唐某在签订《股权转让框架协议》《股权转让合同》《股权转让补充合同》等合同时，唐某作为受让方在上述协议中签字时均载明其身份证号，可见其是以内地居民身份签订合同，虽然唐某的内地居民身份曾被注销，但美兰公安分局于2015年8月12日恢复了唐某的内地居民身份，为其办理了户口本及内地居民身份证。2011年12月1日，唐某持合法有效的内地居民身份与赛伯乐公司、经济学院签订《股权转让框架协议》，后经充分协商又签订了《股权转让合同》《股权转让补充合同》《备忘录》，上述合同签订后，唐某于2012年8月25日接管了海睿教育公司及工商学院。2013年2月1日、2013年6月16日，唐某与赛伯乐公司、经济学院为了履行《股权转让合同》又分别签订了《备忘录（二）》及《补充合同》，调整了后续股权转让款的付款方式及土地证的办证完成时间。合同签订后，双方也依约实际履行了合同。可见，案涉系列股权转让合同系双方当事人的真实意思表示，内容没有违反法律、行政法规的强制性规定，应合法有效。赛伯乐公司、经济学院反诉主张唐某非我国内地居民身份，双方所签订的系列股权转让合同违反了《中华人民共和国外资企业法》《中华人民共和国中外合作办学条例》等相关法律、行政法规的规定，应为无效合同的理由不能成立，一审法院不予支持。由于赛伯乐公司、经济学院诉请确认案涉系列股权转让合同无效的反诉请求不能成立，其基于合同无效的理由，主张唐某向其返还财产

或赔偿损失，并申请对应返还的相关财产进行鉴定的反诉请求亦不能成立，一审法院不予支持。

三、关于赛伯乐公司、经济学院是否应向唐某支付违约金、罚金135798993.37元的问题

唐某起诉主张赛伯乐公司、经济学院共同向其支付违约金、罚金135798993.37元，内容包括：1. 迟延搬离校区及教工住宅周转房的违约金700万元；2. 管理权移交前的债务18798993.37元；3. 延期办理股权变更登记的罚金11000万元。

（一）关于经济学院是否迟延搬离校区及教工住宅周转房的问题。《股权转让合同》第二条第2.6款约定："变更后的海睿教育公司接管工商学院等机构后6个月内，转让方必须将原经济学院搬至新校址。所有教工住宅周转房可有偿使用1年半，届时必须移交受让方。"据此，经济学院搬离校区的时间应从唐某接管工商学院等机构后开始起算。如前所述，海睿教育公司、工商学院的管理权于2012年8月25日移交给唐某，故经济学院搬离校区的时间应从2012年8月25日起算，赛伯乐公司、经济学院抗辩2014年3月4日办理海睿教育公司股权变更登记时才是计算搬迁时间起点，与合同约定不符，一审法院不予支持。根据上述约定，经济学院最迟应在2013年2月25日前搬离现工商学院校区，唐某为此提供了曹业某院长办公室移交清单拟证明经济学院系2013年8月19日才搬离校区，但该清单仅能证明曹业某办公室系2013年8月19日交接，不能证明整个校区2013年8月19日才搬离，故唐某所提供的曹业某院长办公室移交清单不足以证明经济学院迟延搬离校区，更不能证明经济学院迟延搬离校区的时间，一审法院对唐某关于经济学院迟延搬离工商学院校区的主张不予支持。为证明经济学院教工住宅周转房实际搬离的时间为2014年3月3日，唐某提供了教工住宅使用情况登记表中雷兆某的搬离记录作为证据，该记录中雷兆某一栏系"漆桥某"代签，唐某未能提供出证明漆桥某身份以及漆桥某是否有权代雷兆某签字的相关证据，因此，唐某所提供的该证据同样不能证明其有关经济学院教工住宅周转房迟延搬离工商学院校区的主张。此外，依《股权转让合同》第二条第2.6款的约定，所有教工住宅周转房从2012年8月25日起可有偿使用1年半，亦即教工住宅周转房的搬离时间应截至2014年2月25日，因此，即使按照唐某主张的教工住宅周转房系于2014

年3月3日才搬离，也仅是迟延了六天，不足一个月，同样不符合合同第5.5款所约定的每迟延一个月支付违约金100万元的条件。综上，唐某有关赛伯乐公司、经济学院应支付迟延搬离校区及教工住宅周转房违约金共计700万元主张的理由不能成立，一审法院不予支持。

（二）关于管理权移交之前的债务负担问题。《股权转让框架协议》约定："本次转让前所有债务由转让方承担"，《股权转让合同》第四条第4.6款中约定："海睿教育公司于管理权移交前所有发生的债权债务由转让方享有和承担；管理权移交后发生的所有债权债务，由受让方享有和承担。"2012年8月25日，海睿教育公司和工商学院的管理权移交给唐某。因此，唐某主张由赛伯乐公司、经济学院负担的海睿教育公司管理权移交之前的债务应为海睿教育公司及其开办的工商学院在2012年8月25日移交之前所负各种借款、应付和预收账款等。唐某主张海睿教育公司管理权移交前的债务为18798993.37元，具体包括：①2014年4月24日，赛伯乐公司的财务人员肖某与工商学院的财务人员冯万某对账确认的工商学院应收赛伯乐公司款项8164980.55元；②保卫处购摩托车51900元；③招生校内接待补贴41600元；④计提及收取的工会经费143947.35元；⑤计提的职工教育经费510052.13元；⑥经济学院学生住宿费4450950元；⑦公摊费用4177000元；⑧2012年奖金794600元；⑨2012年第13个月工资463963.34元。（1）关于已经双方财务人员对账形成的8164980.55元。因双方当事人对赛伯乐公司的财务人员肖某与工商学院的财务人员冯万某于2014年4月24日对账的事实予以认可，工商学院应收赛伯乐公司款项为8403216.25元，应付赛伯乐公司款项为238235.7元，差额（应收－应付）8164980.55元，即赛伯乐公司尚欠工商学院8164980.55元。工商学院2014年5月20日曾给赛伯乐公司发出了催款函，赛伯乐公司的财务人员肖某已经签收，海南兴平会计师事务所2015—2016年曾连续两年就该笔债权向赛伯乐公司发送询证函，赛伯乐公司均分别于2015年4月1日及2016年4月11日在"数据证明无误"处签章，唐某主张赛伯乐公司、经济学院应向其支付管理权移交前8164980.55元的债务，有事实依据，依法应予支持。赛伯乐公司、经济学院关于该笔债权尚未经双方领导签字确认，不应认定为管理权移交之前的债务的抗辩理由不能成立，一审法院不予支持。（2）关于保卫处购摩托车51900元。该笔费用系唐某自行签字，且从证据内容来看，保卫处移交后，原警用摩托车已随经济学院搬迁至新校区，唐某签字购买的警用摩托车由移交后的工商学院使用，应属于移交后公司的财产，并不属于工商学院管理权移交之前的债务，故唐某主张购买摩托车的51900元为管理权移交前的债务，一审法院不予支持。（3）关于招生校内接待补贴41600元。唐某提供了2012年3月22日院领导工作会议记录以及《关于校内接待工作的相关说明》《海南工商职业学院2012年秋季招生校内接待工作量汇总表》，拟证明工商学院2012年秋季招生校内接待补贴共花费41600元，发生于管理权移交前，应由赛伯乐公司、经济学院承担。由于唐某没有提供会议记录的原件，且记录内容不完整，记录中亦没有关于该笔费用由赛伯乐公司、经济学院负担的相关内容。《关于校内接待工作的相关说明》《海南工商职业学院2012年秋季招生校内接待工作量汇总表》均为唐某单方出具，没有任何单位签章，真实性亦无法确认，故一审法院对唐某的上述主张不予支持。（4）关于计提、收取的工会经费143947.35元及计提的职工教育经费510052.13元。唐某主张截至2012年8月，海睿教育公司、工商学院计提、收取的工会经费为143947.35元，计提的职工教育经费为510052.13元，应由赛伯乐公司、经济学院负担。唐某为证明其主张，提供了一份《关于海南海睿教育投资有限公司及海南工商职业学院工会经费及职工教育经费的有关说明》以及海睿教育公司和工商学院的明细账，经费说明以及两份明细账均为唐某单方出具，没有任何人或单位的签章，亦没有其他相关证据予以佐证，故对该说明及两份明细账不予采信。双方在合同中未约定工会经费及职工教育经费为管理权移交之前的债务，亦未约定工会经费及职工教育经费应由赛伯乐公司、经济学院负担，故唐某主张工会经费及职工教育经费应由赛伯乐公司、经济学院负担的理由不能成立，一审法院不予支持。（5）关于经济学院学生住宿费4450950元及住宿期间产生的公摊费用4177000元。唐某为证明其主张，提供了学生住宿异动综合表及经济学院国兴校区住宿情况明细表的复印件作为证据。2016年7月22日及7月27日，一审法院组织双方当事人进行对账过程中，经济学院财务处负责人邢碧某对该两份证据的真实性没有异议，对该两份证据中载明的学生住宿人数4177人没有异议，但认为住宿学生中还包含有部分学生为附属中专的学生，经济学院也仅有部分学生住宿，扣除上述学生住宿费后应付的住宿费仅为442500元，对于该部分学生应付的公摊费用应按50元/人计算，其应付的金额仅为125400元，故对经济学院自认的应付款项567900元应予支持。由于唐某所提供的证据不足以证明剩余的8060050元应由赛伯乐公司、经济学院负担，对除经济学院自认的部分之外的费用，一审法院不予支持。(6) 关于2012年奖金794600元及2012年第13个月工资463963.34元。唐某为证明其主张，提供了发放奖金及第13个月工资的请示及发放情况表等四份证据，但该四份证据为唐某单方出具，费用产生于2012年8月25日的管理权移交之后，唐某也没有提供教职工领款或转账的银行凭证等证据予以证明。唐某主张该两笔费用系其与曹成某口头协商由赛伯乐公司及经济学院负担，赛伯乐公司、经济学院对此不予认可，唐某亦未能提供证据予以证明，故唐某的该项诉讼请求缺乏事实依据，一审法院不予支持。

（三）关于赛伯乐公司、经济学院是否应向唐某支付延期办理股权变更登记罚金11000万元的问题。2012年8月20日签订的《备忘录》中第一条第4项约定："如乙方支付柒仟万元后，甲方不按约定办理工商学院法定代表人变更和将海睿教育公司及工商学院管理权全部移交给乙方，甲方每月按乙方已付转让款总额的3%支付罚金给乙方；乙方在甲方办理完工商学院法定代表人变更后3日内支付肆仟万元后，如甲方在1个月内有意不将海睿教育公司的股权全部过户给乙方，甲方应支付乙方罚金壹亿壹仟万元，乙方有权请司法机关判决强制办理变更登记手续。"据此，赛伯乐公司、经济学院办理股权变更登记手续的前提是唐某依约在工商学院法定代表人变更后3日内支付4000万元。合同签订后，唐某依约支付7000万元，工商学院的法定代表人于2012年12月29日变更为唐某，唐某应依照合同约定于2013年1月2日前付清4000万元，但唐某直至2013年2月1日之前仍未付清该笔款项，双方遂签订《备忘录（二）》，调整该笔4000万元的支付时间和支付方式。在履行《备忘录（二）》的过程中，曹成某4月1日手写注明："到今天为止，已收到人民币750万元，加币150万元，美金140万元，余款在4月15日前付清即可，视同正常履行合同。"唐某再次逾期支付4000万元，直至2013年4月22日，赛伯乐公司才向唐某开具了收到4000万元的收据。而唐某自2012年6月7日起已经担任海睿教育公司的法定代表人，并于2012年8月25日接管海睿教育公司，唐某已经实际控制了海睿教育公司。赛伯乐公司提供证据证明其已于2013年4月10日委托海南中联中力信资产评估有限公司对所转让的海睿教育公司的全部资产和负债进行评估，注销海睿教育公司原持股的申正地产公司、海睿文化传媒公司，不存在有意不办理股权过户手续的情形。故唐某请求赛伯乐公司、经济学院向其支付11000万元罚金的理由不能成立，一审法院不予支持。

四、关于赛伯乐公司、经济学院应否向唐某提供工商学院尚未办证物业的补报建资料的问题

《股权转让合同》第2.1条约定："转让方应提供相应的文件证明，经济学院国兴校区内土地及地上建筑物、教学设备、设施、图书资料、办公用品、交通工具等属其所有的资产；工商学院、附属中专的相关批准证书等证明文件。2.2转让方应自合同签字生效后2个月内提供上述资产账目明细清单，经双方核对确认，作为本合同不可分割的书面资料。转让方提供的资产账目明细清单包括以下内容：①已取得土地使用权面积及四至；尚未办证的土地面积及四至。②已办证的房屋内部管理确定的名称及面积；尚未办证的房屋内部管理确定的名称及面积，另按政府相关部门要求提供完整的补报建资料。③其他资产名称、数量、原价值、使用现状说明。"唐某起诉主张赛伯乐公司、经济学院应向其提供工商学院尚未办证的行政大楼、艺术大楼、交流中心、大礼堂、第二及第三教学楼、教工周转楼第10、12栋、学生宿舍第6—13、15—16、17—18栋及第三、第四学生食堂的补报建资料。赛伯乐公司、经济学院提供了2015年12月18日《海南工商职业学院房屋建筑工程竣工资料查实移交表》，抗辩其已向唐某交付了资料，不应承担违约责任。经查，经济学院已经于2015年12月18日向唐某移交了行政大楼、艺术大楼、交流中心、大礼堂、第二及第三教学楼、教工周转楼第10、12栋、学生宿舍第6—13栋及第三、第四学生食堂的工程竣工资料及施工图，唐某认可所移交的上述资料为其诉讼请求中所主张的补报建资料。在《海南工商职业学院房屋建筑工程竣工资料查实移交表》说明部分载明，学生15—16、17—18宿舍属唐某承建工程，竣工时竣工资料未交学校，唐某对此亦予以认可。但是，唐某认为经济学院所移交的资料存在不齐全以及不符合政府相关部门要求的情形，并提供了经济学院尚未移交的《竣工图》清单予以证明。对此，一审法院认为，该《竣工图》清单中载明的内容仅指出经济学院所移交资料存在盖章不全、装订不全等问题，并未明确经济学院仍未向唐某移交资料的具体名称，唐某亦未能提供证明经济学院所提供资料不符合政府要求的相关证据。根据《最高人民法院关于适用〈中华人民共和国民事诉讼法〉的解释》第九十条"当事人对自己提出的诉讼请求所依

据的事实或者反驳对方诉讼请求所依据的事实，应当提供证据加以证明，但法律另有规定的除外。在作出判决前，当事人未能提供证据或者证据不足以证明其事实主张的，由负有举证证明责任的当事人承担不利的后果”的规定，唐某应承担举证不能的不利后果。因此，唐某起诉主张赛伯乐公司、经济学院向其提供工商学院范围内的行政大楼；艺术大楼；交流中心；大礼堂；第二及第三教学楼；教工周转楼第10、12栋；学生宿舍第6—13、15—16、17—18栋；第三、第四学生食堂的物业报建资料的诉讼请求不能成立，一审法院不予支持。

五、关于赛伯乐公司、经济学院是否负有将土地过户至工商学院名下的义务的问题

案涉系列股权转让合同签订时，工商学院所占用的土地没有统一的土地使用权证，唐某原起诉主张赛伯乐公司、经济学院将海口市国用（2008）第00××03号土地使用证项下的土地过户至工商学院名下，但经一审法院向海口市国土局核实，海口市国用（2008）第00××03号为无效土地证号。唐某变更诉讼请求为判令赛伯乐公司、经济学院将经济学院国兴校区坐标内、编号为201551239的《海口经济学院土地权属示意图》标明范围内的面积为239662.25平方米的土地使用权（201551239示意图上面积260251.19平方米－海南省农科院合作用地20588.94平方米=239662.25平方米）过户到工商学院名下。双方于2013年6月16日签订的《补充合同》约定：“一、甲方继续负责办理工商学院现有范围内教学用地（租用地及农科院合作用地除外）的土地证并办到工商学院名下，在办证过程中需要上丹村及工商学院配合并出具相关手续的由乙方负责协调，在一个星期内出具。由于前期因上丹村的原因已耽误半年以上时间，整个土地证办证完成时间顺延到2014年6月底，如果甲方有意逾期拖延不办，按原合同约定违约条款（5.7款）执行。”据此，本案赛伯乐公司、经济学院所负有的办证义务是办理工商学院现有范围内教学用地的土地证，并办至工商学院名下。经双方当事人核实确认，工商学院现有范围内教学用地一共有八块土地，其中权属属于经济学院的土地使用权证号为（2013）009××7号土地使用证、琼（2016）海口市不动产权第0008××5号不动产权证、琼（2016）海口市不动产权第0008××7号不动产权证、琼（2016）海口市不动产权第0009××0号不动产权证、琼（2016）海口市不动产权第0009××2号不动产权证，使用权类型均为科教划拨用地，因此，

赛伯乐公司、经济学院应当按照合同约定将上述五块土地的土地使用权证办至工商学院名下。根据海口市国土局的复函，经济学院名下的五块划拨用地由经济学院转让至工商学院名下，还需要赛伯乐公司、经济学院向国土部门提出申请，并由国土部门完成权籍调查、征询意见、论证评审、上报审批、缴纳费用等程序，国土部门承诺期限为 14 个工作日，故一审法院酌定赛伯乐公司、经济学院在三个月内将上述五块土地的土地使用权证过户至工商学院名下。

根据合同约定并经双方当事人确认，与海南省农科院的合作用地不在案涉系列股权转让合同所约定赛伯乐公司、经济学院的办证范围内。现工商学院教学用地范围内权属不属于经济学院的有两块土地：一是塑料工业公司 3.61 亩土地，二是上丹经济社一、三、五队 16.19 亩土地。经一审法院向双方当事人核实，该两块土地目前还可以办至经济学院名下。塑料工业公司 3.61 亩土地，唐某主张该土地位于工商学院教学范围内，经济学院应负责将该地的土地使用权过户至工商学院名下。赛伯乐公司、经济学院抗辩该 3.61 亩土地已列明于《股权转让补充合同》的附件中，其不负有办证义务。一审法院认为，虽然塑料工业公司的 3.61 亩土地列于《股权转让补充合同》附录的《海睿文化收购土地一览表》中，但在备注中也已经说明了该土地不包含在海睿文化投资公司资产收购范围内，唐某承诺的是其将来根据海睿文化投资公司的需要，与海睿文化投资公司置换该地块的建设用地使用权指标。可见该备注中的约定系唐某与海睿文化投资公司之间的约定，与赛伯乐公司、经济学院无关，赛伯乐公司、经济学院的该项抗辩理由不能成立，一审法院不予支持。赛伯乐公司、经济学院对塑料工业公司 3.61 亩土地位于工商学院教学用地范围内并无异议，且已有法院生效调解书确认经济学院为合法土地使用权人，依照合同约定，赛伯乐公司、经济学院应负责将该 3.61 亩土地过户至工商学院名下。至于上丹经济社一、三、五队 16.19 亩土地，虽然原来经济学院曾与上丹经济社约定置换该地块，但经济学院与上丹经济社之间的置换合同签订于案涉系列股权转让合同之前，而赛伯乐公司、经济学院与唐某在签订的《补充合同》中已经明确约定由赛伯乐公司、经济学院负责将工商学院教学用地范围内的土地证办至工商学院名下。该 16.19 亩土地位于工商学院教学用地范围内的中心地带，列明于 0307 号资产评估报告书中载明的校区土地一览表中，双方当事人亦未就该 16.19 亩土地的办证问题另行约定。因此，赛伯乐公司、经济学院关于该16.19亩土地不在其应办理土地证范围内的抗辩理由不能成立，一审法院不予支持。综上，赛伯乐公司、经济学院应当依照合同约定，于判决生效之日起30个工作日内启动将塑料工业公司3.61亩土地及上丹经济社一、三、五队16.19亩土地办至经济学院名下的办证工作。上述两块土地办至经济学院名下后，三个月内办至工商学院名下。

由于工商学院校园范围内的土地情况属历史遗留问题，情况复杂，《补充合同》亦约定，在土地证办证过程中，需要上丹村及工商学院配合并出具相关手续的，由唐某负责协调，在一个星期内出具。本案中，双方当事人已经实际履行案涉系列股权转让合同的大部分内容，唐某已经实际接管海睿教育公司及工商学院，海睿教育公司、工商学院的相关资料也已经移交给唐某，在土地证的办理过程中，唐某应当按规定履行相应的协助义务。

六、关于赛伯乐公司、经济学院是否应支付逾期办证违约金的问题

根据《股权转让合同》第5.7条"如转让方未按本合同第2.7条款约定的期限履行承诺，超过三个月，每延迟一日，按受让方已付转让款计算，比照按中国人民银行同期贷款2倍利率计算违约金"的约定，唐某起诉主张赛伯乐公司、经济学院有意逾期拖延不将原经济学院国兴校区内的土地过户至工商学院名下，应向其支付自2014年7月1日起至土地证办至工商学院名下之日止的逾期办证违约金。赛伯乐公司、经济学院抗辩称土地证办证困难，其不存在有意拖延不办的情形，不构成违约。一审法院认为，经济学院于2008年起向政府部门申请办理原经济学院国兴校区范围的土地使用权证，并于2013年8月19日取得海口市国用(2013)009××7号国有土地使用证，赛伯乐公司、经济学院十分清楚办证过程中需要办理的手续、办理完成时间，应当能预见土地证办证过程中存在的困难，却仍在2013年6月16日签订的《补充合同》中承诺于2014年6月底前将土地证办至工商学院名下。此外，经济学院自2013年8月19日取得现工商学院校区教学用地范围内的海口市国用（2013）009××7号土地使用证，2016年11月取得琼(2016)海口市不动产权第0008××5号不动产权证、琼（2016）海口市不动产权第0008××7号不动产权证、琼（2016）海口市不动产权第0009××0号不动产权证、琼（2016）海口市不动产权第0009××2号不动产权证之后，至今没有将上述土地过户至工商学院名下，显然已经构成违约，依约应承担违约责任。唐某

主张赛伯乐公司、经济学院承担相应的违约责任，有事实和法律依据，一审法院予以支持。赛伯乐公司、经济学院应按《补充合同》的约定，于2014年6月底将土地证办至工商学院名下，但至今没有依约履行，依据《股权转让合同》第5.7条的约定，超过三个月，每迟延一日就应支付违约金，故违约金应自2014年10月1日起计付，唐某关于违约金应从2014年7月1日起计付的主张，与合同约定不符，一审法院不予支持。

如上所述，按照合同约定，赛伯乐公司、经济学院迟延将土地证办至工商学院名下，应按唐某已付转让款计算，按中国人民银行同期贷款2倍利率计算违约金。本案中，股权转让款总额为4.4亿元，唐某已支付的股权转让款为3.9亿元，从《股权转让合同》第一条转让标的的内容来看，唐某所支付的股权转让款包含了案涉土地及地上所有附属建筑物以及工商学院校园内的教学设备设施、图书、资料、交通工具等资产所有权、管理权和收益权，并不仅仅是土地的转让款。唐某在本案中主张的违约金也是土地证迟延办至工商学院名下的逾期办证违约金，赛伯乐公司、经济学院亦抗辩合同约定按已付股权转让款为基数计收违约金明显过高，故违约金的计算应以案涉系列股权转让合同签订时的土地价值作为基数较为合理。根据0307号资产评估报告书中附录的《无形资产——土地使用权/土地权益评估明细表》载明，转让时工商学院校区土地面积合计为263.52亩，账面价值合计为60759375.24元，评估价值合计为65747850元，即一亩土地的评估价值为249498.52元/亩（65747850元÷263.52亩）。在本案诉讼过程中，经双方当事人核实确认，现工商学院校区内教学用地包含八块土地，除了与海南省农科院的合作用地不在案涉系列股权转让合同所约定赛伯乐公司、经济学院的办证范围内之外，赛伯乐公司、经济学院应过户给工商学院的剩余七块土地面积共计176.57亩=156.77亩（已办证土地面积）+3.61亩（塑料工业公司土地）+16.19亩（上丹经济社一、三、五队土地），上述土地在案涉股权转让之时的价值为44053953.68元（176.57亩×249498.52元/亩）。根据《中华人民共和国合同法》第一百一十四条第二款和《最高人民法院关于适用〈中华人民共和国合同法〉若干问题的解释（二）》第二十九条的规定，约定的违约金过分高于造成的损失的，可以适当减少。可见，我国法律规定违约金的主要功能在于弥补损失，其次才是惩罚性的。本案中，赛伯乐公司、经济学院确实存在未按约定期限办理工商学院现有范围内教学用地土地证之事实，但唐某在全面管理工商学院校区后，在校区内进行实训楼、教工集资房等项目的建设，改变了原海口市规划局批复的该校区的总体规划，造成赛伯乐公司、经济学院很难按照原规划补办产权手续。上丹经济社一、三、五队16.19亩土地亦因唐某与案外人合作建房，导致经济学院无法完成与上丹村约定的置换手续，进而影响赛伯乐公司、经济学院履行将土地证办至工商学院名下的义务，因此，土地证的迟延办理，并不能完全归责于赛伯乐公司和经济学院。案涉系列股权转让合同签订后，唐某已于2012年8月25日实际接管工商学院及海睿教育公司，海睿教育公司的股权已经变更登记至唐某名下，工商学院的相关资料也已经移交给唐某。虽然工商学院教学范围内的土地证未办至工商学院名下，对唐某办学造成一定的影响，但唐某在本案诉讼中并未提供证据证明土地证没有办至工商学院名下给其造成具体的损失，赛伯乐公司、经济学院也提出合同约定的逾期办证违约金过高，请求予以调整。综合考虑案涉土地权属证书办理逾期的主观、客观因素，兼顾合同实际履行情况、当事人的过错程度以及实际损失等，根据公平原则和诚实信用原则予以衡量，对违约金进行适当调整，酌定为按中国人民银行同期一年期一般流动资金贷款利率计付违约金。因此，本案唐某起诉主张的经济学院逾期将土地使用权证办至工商学院名下的违约金应以44053953.68元为基数，按中国人民银行发布的同期一年期一般流动资金贷款基准利率计算，支付自2014年10月1日起计至土地使用权证办理至工商学院名下之日止。

综上，唐某的诉讼请求部分有事实和法律依据，一审法院予以支持，赛伯乐公司、经济学院的反诉请求缺乏事实和法律依据，一审法院不予支持。一审法院经审判委员会讨论决定，依照《中华人民共和国合同法》第四十四条、第六十条、第一百零七条、第一百一十四条，《最高人民法院关于适用〈中华人民共和国合同法〉若干问题的解释（二）》第二十九条，《中华人民共和国民事诉讼法》第一百一十九条，《最高人民法院关于适用〈中华人民共和国民事诉讼法〉的解释》第九十条的规定，判决：一、确认唐某与赛伯乐公司、经济学院所签订的《股权转让框架协议》《股权转让合同》《股权转让补充合同》《备忘录》《备忘录二》《补充合同》有效。二、由赛伯乐公司、经济学院于一审判决生效之日起十五日内向唐某支付管理权移交之前的债务款8732880.55元，逾期则依照《中华人民共和国民事诉讼法》第二百五十三条之规定，加倍支付迟延履行期间的债务利息。三、限赛伯乐公司、经济学院于一审判决生效之日起三个月内将（2013）009××7号国有土地使用证、琼（2016）海口市不动产权第0008××5号不动产权证、琼（2016）海口市不动产权第0008××7号不动产权证、琼（2016）海口市不动产权第0009××0号不动产权证、琼（2016）海口市不动产权第0009××2号不动产权证办至工商学院名下，唐某按规定履行相应协助义务。四、限赛伯乐公司、经济学院于一审判决生效之日起30个工作日内启动将塑料工业公司海口市国用（籍）字第J0××8号国有土地使用证项下3.61亩土地及振东区白龙乡上丹经济社（现海口市琼山区国兴街道上丹经济合作社）一、三、五队海口市集建（籍）字第J0××0号集体土地建设用地使用证项下16.19亩土地过户至经济学院名下的办证工作。上述两块土地办证至经济学院名下后，赛伯乐公司、经济学院须于三个月内办至工商学院名下，唐某按规定履行相应协助义务。五、赛伯乐公司、经济学院向唐某支付自2014年10月1日起至工商学院现有范围内教学用地土地使用权证办至工商学院名下之日止的逾期办证违约金（以44053953.68元为基数，按中国人民银行发布的同期一年期一般流动资金贷款基准利率计算）。六、驳回唐某的其他诉讼请求。七、驳回赛伯乐公司、经济学院的反诉请求。本诉案件受理费972344.96元，由唐某负担680641.47元，赛伯乐公司、经济学院共同负担291703.49元；反诉案件受理费2420900元，由赛伯乐公司、经济学院共同负担。

本院对一审查明的事实予以确认。

本院认为，根据本案双方上诉及答辩意见，本案二审争议焦点为：一、一审法院对案涉系列股权转让合同的效力认定是否正确；二、一审法院对违约金、罚金的认定是否正确；三、一审法院对赛伯乐公司、经济学院应承担债务的认定是否正确；四、一审法院关于赛伯乐公司、经济学院应否向唐某提供工商学院尚未办证物业补报建资料的认定是否正确。

（一）一审法院对案涉系列股权转让合同的效力认定是否正确

在案涉系列股权转让合同签订时，唐某具有内地居民身份，且其系以该身份与赛伯乐公司、经济学院签订合同。虽然唐某的内地居民身份曾于2014年10月21日被注销，但该身份已于2015年8月12日恢复，目前，唐某具有合法的内地居民身份。案涉系列股权转让合同系双方当事人的真实意思表示，不违反法律、行政法规的效力性强制规定，一审法院认定其为合法有效合同，适用法律正确，双方当事人均应依法履行合同义务。并且，在合同签订后，赛伯乐公司、经济学院也已依约履行部分合同义务，此后其又以唐某身份问题影响合同效力，并进而影响合同履行为由，主张不应承担违约责任，显然不能成立。

（二）一审法院对违约金、罚金的认定是否正确

其一，关于经济学院是否迟延搬离校区及教工住宅周转房的问题。对于经济学院搬离校区及教工住宅周转房的条件和时间，《股权转让合同》第二条第2.6款作了明确约定。根据该条约定，经济学院搬离校区应在海睿教育公司“变更后”及其“接管”工商学院等机构后6个月内进行，而搬离教工住宅周转房应在满足上述条件后1年半内进行。鉴于《股权转让合同》签订后，海睿教育公司的法定代表人已于2012年6月7日变更为唐某，赛伯乐公司、经济学院亦于2012年8月25日将海睿教育公司、工商学院的管理权移交给唐某，故经济学院搬离校区及教工住宅周转房的时间应从2012年8月25日起算。对此时间点的认定，唐某也予认可。唐某主张经济学院逾期搬离校区，并提供曹业某院长办公室移交清单加以证实，但该证据材料系唐某单方制作，仅能表明曹业某办公室于2013年8月19日发生交接，在无其他证据相佐证的情况下，不足以证明经济学院迟延搬离校区。并且，即使存在曹业某办公室逾期搬离的情况，但相对于整个原经济学院校区而言，该办公室仅占需搬离校区面积非常小的一部分，其未搬离并不影响唐某合同目的的实现，不应因此认定经济学院迟延搬离校区。在唐某已实际占有并控制工商学院的情况下，如因此认定赛伯乐公司、经济学院违约，亦有违公平公正原则。另外，唐某还主张经济学院迟延搬离教工住宅周转房，并提交教工住宅使用情况登记表予以证实，但根据本案已查明的事实，该登记表中雷兆某一栏并非雷兆某本人签字确认，是由“漆桥某”代签，而唐某并未提交证据证明“漆桥某”身份及其是否有权代雷兆某在该表上签字，故该证据不能证明经济学院迟延搬离教工住宅周转房。根据《股权转让合同》第二条第2.6款、第5.5款的约定，经济学院教工住宅周转房可有偿使用1年半；每迟延一个月应向唐某支付违约金100万元。因此，即使雷兆某确于2014年3月3日方才搬离教工住宅周转房，自2012年8月25日开始计算，至雷兆某搬离教工住宅周转房也仅迟延数天，尚不足一个月，同样不符合合同约定的违约金支付条件。唐某主张赛伯乐公司、经济学院迟延搬

离校区及教工住宅周转房并要求支付违约金，无事实依据。

其二，关于赛伯乐公司、经济学院是否逾期办理海睿教育公司股权变更登记的问题。根据2012年8月20日《备忘录》第一条第4款的约定，唐某在赛伯乐公司、经济学院办理完工商学院法定代表人变更后3日内向赛伯乐公司、经济学院支付4000万元，如果此后1个月内赛伯乐公司、经济学院有意不将海睿教育公司的全部股权过户给唐某，则应向唐某支付1.1亿元罚金。从本案事实看，在《备忘录》签订后，工商学院的法定代表人已于2012年12月29日变更为唐某。按照《备忘录》的约定，唐某应于2013年1月2日前向赛伯乐公司、经济学院支付4000万元股权转让款，但其直至2013年2月1日前仍未付清该笔款项，已违约在先。此后，赛伯乐公司、经济学院又与唐某签订《备忘录（二）》，调整了该笔4000万元款项的付款方式及时间。在《备忘录（二）》签订后，唐某依然未能在约定期限内支付该笔4000万元款项，再次违约迟延支付，并直至2013年4月22日方才收到赛伯乐公司出具的4000万元收据。对于唐某在支付上述4000万元后1个月内赛伯乐公司、经济学院是否有意不将海睿教育公司股权予以变更，唐某并未提交证据加以证实。从赛伯乐公司、经济学院于唐某违约支付上述4000万元款项前即已委托海南中联中力信资产评估有限公司对海睿教育公司全部资产及负债情况进行评估等事实看，赛伯乐公司、经济学院已在依约履行海睿教育公司股权变更事宜，不存在有意不办理该公司股权变更登记的情形。而且，唐某已于2012年担任海睿教育公司法定代表人并接管该公司，该公司股权于2014年完成变更登记。上述事实表明，公司股权未按照最先约定的时间完成变更登记，双方均有原因，《备忘录》约定的1.1亿元罚金支付条件并未成就，唐某主张赛伯乐公司、经济学院逾期办理股权变更登记并要求支付1.1亿元罚金，无事实依据。

其三，关于逾期办理土地使用权证违约金的问题。《股权转让合同》第二条第2.7款、第五条第5.7款对原经济学院国兴校区土地确权、过户及违约金问题作了明确规定，在该合同履行过程中，赛伯乐公司、经济学院又与唐某于2013年6月16日签订《补充合同》，对上述事项变更约定为赛伯乐公司、经济学院负责办理工商学院现有范围内教学用地（租用地及农科院合作用地除外）的土地证并办至工商学院名下，整个办证时间顺延到2014年6月底。从本案事实看，经济学院于2013年8月19日即已取得海口市国用（2013）009××7号国有土地使用权证，

2016年11月取得琼（2016）海口市不动产权第0008××5号、0008××7号、0009××0号、0009××2号不动产权证，但其至一审判决前仍未将上述土地依约过户登记至工商学院名下，显然已构成违约，应承担相应的违约责任。一审法院根据法律规定和合同约定认定赛伯乐公司、经济学院应自2014年10月1日起计付违约金正确。赛伯乐公司、经济学院主张其不承担逾期办证违约责任，缺乏事实依据。根据《中华人民共和国合同法》第一百一十四条第二款和《最高人民法院关于适用〈中华人民共和国合同法〉若干问题的解释（二）》第二十九条的规定，约定的违约金过分高于造成的损失的，当事人可以请求人民法院予以适当减少。人民法院应当以实际损失为基础，兼顾合同的履行情况、当事人的过错程度以及预期利益等综合因素，根据公平原则和诚实信用原则予以衡量，并作出裁决。可见，法律规定违约金的主要功能在于填补损害，如果约定的违约金过分高于实际损失的，当事人有权请求予以调整。本案中，案涉系列股权转让合同已实际履行，唐某已实际支付3.9亿元转让款。虽然《股权转让合同》第五条第5.7款约定应以唐某已支付的转让款并按照中国人民银行同期贷款2倍利率计算违约金，但赛伯乐公司、经济学院转让的资产不仅包括案涉土地权益，还包括地上建筑物、教育教学设施、图书等相关各类资产，而对于除土地外的其他案涉转让资产，唐某已实际占用并控制，海睿教育公司的股权也已办至其名下。虽然赛伯乐公司、经济学院确实存在逾期办证违约行为，亦给唐某经办工商学院造成一定程度上的影响，但对因此而遭受的实际损失数额，唐某并未提交证据证明。并且，从本案已查明的事实看，唐某在全面接管工商学院后，存在违反规划在学院范围内进行项目建设的行为，给赛伯乐公司、经济学院办证造成困难。对于上丹经济社一、三、五队的16.19亩土地，经济学院之所以未能按时完成土地置换工作，并将该土地证顺利办至工商学院名下，亦有唐某违约与案外人合作建房的原因。从以上情况看，案涉土地证的迟延办理并不能完全归责于赛伯乐公司和经济学院，唐某自身也存在一定过错。在案涉系列股权转让合同已实际履行，双方当事人对逾期办证均存在过错，因违约办证所致实际损失无法确定的情形下，本案若以唐某已实际支付的3.9亿元转让款为基数并按照中国人民银行同期贷款利率的2倍计算违约金，显然既有违违约金设立的初衷，也有违公平原则。因此，在赛伯乐公司、经济学院抗辩违约金过高的情况下，一审法院综合考虑案涉土地权属证书办理逾期的主观、客观因素，兼顾合同实际履行情况、当事人的过错程度以及实际损失等，根据公平原则和诚实信用原则予以衡量，对违约金计算基数、标准等进行适当调整，并无不当。

（三）一审法院对赛伯乐公司、经济学院应承担债务的认定是否正确

根据《股权转让合同》第四条第4.6款的约定，海睿教育公司于管理权移交前所有发生的债权债务由赛伯乐公司、经济学院享有和承担；管理权移交后发生的所有债权债务，由唐某享有和承担。因海睿教育公司管理权移交给唐某的时间为2012年8月25日，故应从该日起划分双方的债权债务。对于2014年4月24日赛伯乐公司财务人员肖某与工商学院财务人员冯万某对账确认的移交前债务8164980.55元，因双方当事人对对账事实予以确认，且有唐某提交的催款函、询证函等证据相佐证，一审法院对该笔款项予以确认符合法律规定。对于经济学院学生住宿费及住宿期间的公摊费用，除经济学院自认的应付款项567900元外，唐某提交的证据不足以证明该项费用其余部分应由赛伯乐公司、经济学院负担，一审法院对此未予支持，符合法律规定。对于接待补贴、计提及收取的工会会费、职工教育经费，因唐某主张该项费用所依据的证据材料均为其单方出具，在无其他证据相佐证的情况下，不足以证明该项费用已实际发生并应由赛伯乐公司、经济学院负担。对于购买摩托车的费用，因摩托车由移交后的工商学院使用，属移交后工商学院的财产，且系唐某自行签字购买，故该项费用不属于工商学院移交前的债务，不应由赛伯乐公司、经济学院负担。对于2012年奖金及第13个月工资，虽然唐某主张其与曹成某口头协商由赛伯乐公司、经济学院负担，但并未提交相应证据证实，赛伯乐公司、经济学院亦对此予以否认，且该项费用产生于工商学院管理权移交后，故一审法院认定其不应由赛伯乐公司、经济学院负担，亦无不妥。

（四）一审法院关于赛伯乐公司、经济学院应否向唐某提供工商学院尚未办证物业补报建资料的认定是否正确

唐某主张赛伯乐公司、经济学院应向其提供工商学院尚未办证的行政大楼、艺术大楼、交流中心、大礼堂、第二及第三教学楼、教工周转楼第10栋、12栋、学生宿舍第6—13栋、15—16栋、17—18栋及第三、第四学生食堂的补报建资料，但根据本案已查明的事实，经济学院已于2015年12月18日向唐某移交了行

政大楼、艺术大楼、交流中心、大礼堂、第二及第三教学楼、教工周转楼第10栋、12栋、学生宿舍第6—13栋及第三、第四学生食堂的工程竣工资料及施工图，唐某也认可赛伯乐公司、经济学院所移交的上述资料为其诉讼请求中所主张的补报建资料。对于学生宿舍第15—16栋和17—18栋，根据《海南工商职业学院房屋建筑工程竣工资料查实移交表》的记载，该部分建筑属唐某自己承建，竣工时竣工资料并未移交学校，而唐某对此也予认可。从以上事实可以看出，除唐某自己承建并持有的资料外，赛伯乐公司、经济学院已依约将其余未办证物业补报建资料移交给唐某。虽然唐某提供《竣工图》，欲证明赛伯乐公司、经济学院移交的资料存在不齐全、不符合政府相关部门要求的情形，但其并未明确赛伯乐公司、经济学院未移交资料的具体名称及政府相关部门的具体要求，因此，其该项主张难以得到支持。在本案二审庭审期间，赛伯乐公司、经济学院表示在政府相关部门明确工商学院尚未办证物业需要何种补报建资料等情况时，其愿意配合唐某完成该项工作，故在出现上述情况且唐某需要的情形下，赛伯乐公司、经济学院应积极配合唐某完成此项工作。

此外，关于唐某提出塑料工业公司及上丹经济社一、三、五队土地的办证时间问题。根据本案已查明的事实，该两块土地位于工商学院教学用地范围内，属于合同约定的赛伯乐公司、经济学院应办证至工商学院名下的土地范围内。经一审法院向双方当事人核实，该两块土地目前还可以办至经济学院名下。因赛伯乐公司、经济学院存在逾期办证违约行为，一审法院已判决其对此承担向唐某支付违约金的责任，在此情形下，一审法院又综合考量合同履行情况等案件本身因素及土地权属证书办理涉及案外人的配合等赛伯乐公司、经济学院不能控制的因素，酌定该两块土地的办证启动时间及办至工商学院名下的时间，既符合本案实际情况，也有利于本案矛盾纠纷的化解，并无不当。唐某对此所提上诉请求，不能得到支持。

综上，唐某、赛伯乐教育公司、经济学院的上诉请求均不能成立，应予驳回；一审判决认定事实清楚，适用法律正确，应予维持。本院依照《中华人民共和国民事诉讼法》第一百七十条第一款第一项之规定，判决如下：

驳回上诉，维持原判。

二审案件受理费1170305.4元，由上诉人唐某负担1119158.56元，由上诉人赛伯乐公司、经济学院共同负担51146.84元。

本判决为终审判决。

审判长：张勇健；审判员：王毓莹、钱小红；法官助理：盛强；书记员：潘海蓉

二〇一七年十一月十四日

（二）股权转让合同

对争议的合同条款进行解读时，应当根据案件具体情况进行实质性解释

——安特利公司等与王官某等股权转让纠纷

【裁判观点】

当事人对合同条款的理解有争议的，应当按照合同所使用的词句、合同的有关条款、合同的目的、交易习惯以及诚实信用原则，确定该条款的真实意思。对争议的合同条款进行解读时，应当根据案件具体情况进行实质性解释。

中华人民共和国最高人民法院

民事裁定书

案号　（2015）民申字第892号

再审申请人（一审被告、二审上诉人）：王官某。

委托代理人：张联军，广东财富东方律师事务所律师。

再审申请人（一审被告、二审上诉人）：优合公司。

法定代表人：王官某，该公司董事长。

委托代理人：张联军，广东财富东方律师事务所律师。

被申请人（一审原告、二审被上诉人）：安特利公司。

法定代表人：王绥某，该公司总经理。

委托代理人：肖某，北京大成（海口）律师事务所律师。

委托代理人：舒梅，北京市鼎鉴律师事务所律师。

被申请人（一审原告、二审被上诉人）：黄小某。

委托代理人：肖某，北京大成（海口）律师事务所律师。

委托代理人：张晋项，北京大成（海口）律师事务所律师。

被申请人（一审原告、二审被上诉人）：刘其某。

委托代理人：肖某，北京大成（海口）律师事务所律师。

委托代理人：张晋项，北京大成（海口）律师事务所律师。

再审申请人王官某、优合公司因与被申请人安特利公司、黄小某、刘其某股权转让纠纷一案，不服海南省高级人民法院（2014）琼民二终字第29号民事判决，向本院申请再审。本院依法组成合议庭对本案进行了审查，现已审查终结。

王官某、优合公司申请再审称：（一）原判决对判定王官某支付2100万元转让款的条件是否成就的关键证据即农业国用（1992）字第018号《国有土地使用权证》和安特利公司、黄小某、刘其某向王官某移交上述权证的书面证据未予质证。该证据足以推翻原判决，依法应视为新证据。2100万元转让款的支付条件已成就无事实依据。（二）安特利公司、黄小某、刘其某隐瞒农业国用（1992）字第018号《国有土地使用权证》原件文本存放于中国华融资产管理股份有限公司海口办事处未能取回的事实。在权证于2011年4月21日被海南省三亚市国土环境资源局注销后，安特利公司并未将权证原件交回海南省三亚市国土环境资源局。上述欺诈和违约行为属安特利公司、黄小某、刘其某单方面变更《关于（2010年2月11日）的补充协议》（以下简称《补充协议》）第4条约定的付款条件。（三）原判决违背当事人达成的关于合同变更、解除以及终止的特别约定，另行确定交易和付款条件，将支付条件变更为“优合公司70%的股权变更登记到王官某名下，并将优合公司法定代表人变更为王官某以及把农业国用（1992）字第018号《国有土地使用权证》正式收回并由王官某持有”，属滥用自由裁量权。安特利公司、黄小某、刘其某从来没有将权证原件文本移交给王官某持有。（四）原判决认定事实缺乏证据证明，虚构基本事实，导致裁判错误。优合公司取得及持有三土房（2011）字第012424号《土地房屋权证》，与《转让协议书》《补充协议》约定王官某支付2100万元转让款的支付（交易）条件没有事实和法律上因果关系及关联性。王官某依约取得优合公司70%股权并取得法定代表人身份以及优合公司取得土地使用权的原因、过程和结果，与《转让协议书》《补充协议》约定王官某支付2100万元转让款的条件没有事实和法律上因果关系及关联性。（五）王官某对在原审诉讼中提出“涉案土地使用权过户到王官某名下”作为2100万元转让款支付条件和“愿意放弃合同约定的付款条件以换取合同的继续履行”予以更正及反悔。王官某、优合公司依据《中华人民共和国民事诉讼法》第二百条第一项、第二项、第四项及第六项的规定请求再审本案。

安特利公司、黄小某、刘其某提交意见称：原判决不存在将未当庭出示、未经质证的关键证据作为认定事实的依据的情形，王官某关于2100万元转让款的支付条件的说法，是对双方协议真实意思的曲解，根本不能成立。王官某关于安特利公司、黄小某与刘其某故意隐瞒土地使用权证原本文件存于案外人处未能取回事实真相的主张没有事实依据。请求驳回王官某、优合公司的再审申请。

本院认为：王官某、优合公司申请再审所依据的事实及理由，主要集中在本案所争议2100万元付款条件是否成就的问题上。该问题实质是如何解释《补充协议》中关于“当国有土地使用证（证号：农业国用〈1992〉字第018号）正式收回由王官某持有后”的约定。根据王官某与优合公司于2009年7月20日订立的框架性协议《合作合同书》关于“优合公司愿意出用自己的公司，王官某出资金共同收购安特利公司名下的401亩国有农用地［证号：农业国用（1992）字第018号］进行共同经营开发……纯利分成，优合公司占20%，王官某占80%”的概括性约定，应当认定王官某订立本案所涉各合同的目的在于通过控制优合公司并使用该公司名义获取安特利公司名下土地使用权。这与后续王官某与优合公司、安特利公司所订立的《转让协议书》以及《补充协议》中优合公司与安特利公司股权分批转让、王官某相对应地分批支付土地转让款的表述以及实际履行情况可相互印证，亦符合房地产开发市场通行的由项目公司享有土地使用权、实际控制人则通过持有项目公司股权间接控制土地使用权这一核心资产的经营模式。因此，在安特利公司将土地使用权过户至优合公司名下、优合公司70%股权变更至王官某名下使之基于多数决控股地位已实际掌握优合公司的情况下，应当认定王官某控制土地使用权的合同目的已经实现，其应根据诚实信用原则履行后续2100万元的付款义务。王官某虽主张严格按照合同约定判断付款条件是否成就，但因合同所约定的国有土地使用证（证号：农业国用〈1992〉字第018号）已被注销并为王官某所控制的优合公司名下新的三土房（2011）字第012424号《土地房屋权证》所取代，已不具有任何法律效力，王官某是否如合同约定持有该权证亦不再具有任何意义，结合前述关于合同目的已经实现的分析，本案无须再审查王官某收回并持有该证的事实是否存在。退言之，该证原本虽为他人持有，但根据《中华人民共和国物权法》相关规定，并不能对本案所涉401亩土地使用权形成新的物权，不可能对王官某造成侵害并产生或有债务。更何况根据《补充协议》第5

条关于“该土地如不能收回或不能开发等一切责任均由王官某承担”、第6条关于“王官某、优合公司、安特利公司三方确认，王官某在履行主协议和本补充协议约定支付款项的前提下，由王官某代替安特利公司行使其与金泉公司签订联合开发合同和联合开发补充协议的所有权利和义务”以及第8条关于“安特利公司在签订主协议前的一切债权、债务（海口华融托管公司处置的债权、土地补偿费、青苗补偿费除外），由优合公司和安特利公司负责”的约定，上述可能的物上负担以及或有债务所形成的风险本就应由王官某承担，因此即便国有土地使用证（证号：农业国用〈1992〉字第018号）原件不能收回，既不影响王官某合同目的的实现，也未加重其负担和义务。因此，根据《中华人民共和国合同法》第一百二十五条第一款关于“当事人对合同条款的理解有争议的，应当按照合同所使用的词句、合同的有关条款、合同的目的、交易习惯以及诚实信用原则，确定该条款的真实意思”的规定，原判决关于国有土地使用证（证号：农业国用〈1992〉字第018号）已收回由王官某持有的实质性解释并无不当。原判决认定王官某、优合公司在原审期间提出的需将土地使用权过户至王官某个人名下的抗辩理由缺乏事实依据正确。王官某、优合公司在申请再审时所提关于应按合同字面表述判断付款条件是否成就、无证据证明付款条件已成就以及土地使用权过户与本案所涉合同无关等新的理由，则属机械理解合同条款及其目的、刻意割裂本案合同之间的实际联系，本院不予支持。另外，王官某、优合公司申请再审时提出的原判决认定2100万元转让款的支付条件已成就无事实依据、移交土地使用权证的书面证据未予质证、行使自由裁量权违反当事人关于变更和解除合同的特别约定以及认定事实缺乏证据证明、虚构基本事实等理由既无事实根据亦无法律依据而不能成立。

综上，王官某、优合公司的再审申请不符合《中华人民共和国民事诉讼法》第二百条第一项、第二项、第四项及第六项规定的情形。本院依照《中华人民共和国民事诉讼法》第二百零四条第一款之规定，裁定如下：

驳回王官某、优合公司的再审申请。

审判长：汪治平；审判员：黄金龙、高晓力；法官助理：董俊武；书记员：陈丽诗

二〇一五年六月二日

控股股东以个人名义从事与公司有关的商行为属于代表行为，所产生的法律后果应由公司承担

——三乐公司与美联公司等股权转让纠纷

【裁判观点】

控股股东基于多数决的股权优势具有控制公司的事实和法律基础，其以个人名义从事与公司有关的商行为属于代表行为，所产生的法律后果应由该公司承担。

中华人民共和国最高人民法院
民事裁定书

案号　（2015）民申字第412号

再审申请人（原审原告）：三乐公司。

法定代表人：张金某，该公司董事长。

委托代理人：张德明，海南海大平正律师事务所律师。

被申请人（原审被告）：美联公司。

法定代表人：陈明某，该公司董事长。

委托代理人：肖玲，北京大成（海口）律师事务所律师。

被申请人（原审被告）：陈明某，香港特别行政区居民。

委托代理人：肖玲，北京大成（海口）律师事务所律师。

被申请人（原审被告）：邢某，住北京市。

被申请人（原审被告）：邢某，住海南省。

委托代理人：徐伟奇，上海徐伟奇律师事务所律师。

被申请人（原审被告）：海联公司。

法定代表人：邢某（海南省），该公司董事长。

委托代理人：徐伟奇，上海徐伟奇律师事务所律师。

被申请人（原审第三人）：罗耀某，香港特别行政区居民。

委托代理人：张晋项，北京大成（海口）律师事务所律师。

被申请人（原审第三人）：陈福某，香港特别行政区居民。

委托代理人：张晋项，北京大成（海口）律师事务所律师。

再审申请人三乐公司因与被申请人美联公司、陈明某、邢某（住北京市，以下称北京邢某）、邢某（住海南省，以下称海南邢某）、海联公司、罗耀某、陈福某确权纠纷一案，不服海南省高级人民法院（2013）琼民三初字第2号民事判决，向本院申请再审。本院依法组成合议庭对本案进行了审查，现已审查终结。

三乐公司申请再审称：一、原判决认定事实的主要证据《告知书》是伪造的。该《告知书》不仅没有原件，而且其中所盖的"三龄股份公司"公章是伪造的，"三龄股份公司"企业名称此时已经变更为"三龄实业股份公司"。另外，该《告知书》内容虚假，北京邢某的身份证号码在当时没有18位数，且三龄股份公司的承包人是康中某而非北京邢某。二、原判决认定事实缺乏证据证明。（一）原判决认定三乐公司未取得时代广场项目800万元投资权益与证据不符。三龄股份公司与三乐公司于1992年6月30日共同向海联公司发出的《函》中明确三龄股份公司将其与海联公司签订的《合作建设海南外贸大厦项目合同书》中的权利义务及债权债务全部转移至三乐公司名下。《1995年海联公司第七次董事会决议》明确写明三乐公司投入800万元并有陈明某和陈世某的代表等人的签字。（二）原判决认定康中某未承包三龄股份公司与证据不符。根据《企业承包经营责任书》《银行印鉴卡》《三龄股份公司工商登记资料》，康中某承包三龄股份公司并投入800万元有事实根据。（三）原判决关于本案所争议的四份协议（以下简称四协议）效力及美联公司与陈明某、陈世某受让时代广场投资项目权益与《告知书》无关的认定与证据不符。四协议与《告知书》的时间吻合、内容一致，存在因果关系，故四协议是以《告知书》为基础签订的。（四）原判决关于北京邢某以三龄股份公司名义投入800万元并取得投资权益的认定与证据不符。北京邢某从未承认或证实过其以三龄股份公司名义投资项目或承包三龄股份公司。各方当事人确认本案所涉投资权益原属三龄股份公司，但无证据证明已转让给北京邢某。海南邢某在担任海联公司法定代表人期间同时担任美联公司副总经理，故海联公司确认本案所涉投资权益由北京邢某享有体现了美联公司的意志。（五）原判决认定合同条款有效是错误的。北京邢某作为无权处分人所签署的合同无效，对三乐公司也不发生法律效力。美联公司串通他人损害三乐公司权益，涉及处分本案投资权益的合同条款无效。(六）原判决认定本案所涉投资权益不对应时代广场7%的权益和房产产权与证据不符。800万元投资权益的性质是对时代广场项目产权的共有，享有投资权益就享有产权。三乐公司享有的产权比例应以其投资比例占总投资的比例予以确定。三乐公司依据《中华人民共和国民事诉讼法》第二百条第二项、第三项之规定请求再审本案。

美联公司、陈明某提交意见称：一、三乐公司关于原判决认定事实的主要证据是伪造的说法不能成立，北京邢某一直作为三龄股份公司的代表参与本案所涉项目的开发，相关证据已由北京邢某在另案中提交。因此北京邢某是投资权益的权利人，《告知书》即便不存在也不影响上述事实。二、三乐公司对本案所涉项目不享有投资权益，其证据明显缺乏证据效力，本案所涉项目十多年开发的事实并不能证明三乐公司关于受让取得了康中某承包三龄股份公司期间所享有投资权益的主张。北京邢某与三乐公司存在人格混同。三、原判决认定三乐公司所诉四协议相关条款不存在无效情形，适用法律正确。四协议并非以《告知书》为基础而签订，是各方当事人的真实意思表示，不违反法律、行政法规的禁止性规定。三乐公司在无法证明获得投资权益的情况下，与本案四协议无直接利益关系，无权对合同效力提出主张。四、原判决关于800万元投资权益不能对应时代广场7%的权益和房产产权的认定是正确的。三乐公司将本案所涉项目亏损停工之前的原始资金投入简单等同于多年后的房产产权没有事实和法律依据。五、陈明某、陈世某与北京邢某签订的《股权转让协议》是合法有效的，陈明某、陈世某合法取得了三龄股份公司在本案所涉项目中的投资权益。六、三乐公司的起诉已超过诉讼时效。请求驳回三乐公司的再审申请。

北京邢某提交意见称：一、原判决关于北京邢某是三龄股份公司的法定代表人及承包经营人没有事实依据。二、北京邢某是三乐公司股东，康中某是三龄股份公司的承包经营人。三、北京邢某移民阿根廷期间没有参与本案所涉项目的运作过程，停工后没有参加项目管理，对项目有关具体运作及权益人之间的关系不清楚。四、因三龄股份公司调整改制、康中某无法继续承包，三龄股份公司将康中某在承包经营期间的对外投资权益转移至康中某作为股东的三乐公司。五、《海南美联置业有限公司董事会决议》没有法律依据，北京邢某从未成为该公司股东。

六、《告知书》应由美联公司交陈明某和陈世某存档，但本案诉讼中陈明某和陈世某没有提交原件，也不知《告知书》从何而来。《告知书》从复印件表面来看也是虚假的。综上，北京邢某的转让行为是受到了误导和欺骗。如果没有《告知书》，北京邢某就无权转让投资权益，与陈明某和陈世某所签订的转让合同无效。

海南邢某与海联公司提交意见称：同意三乐公司申请再审的理由及请求。1996年6月30日的函是真实的。海联公司第七次董事会决议也是真实的。《告知书》是虚假的，我们直到本案一审才知道，基于错误的理解而做出了错误的表示，导致北京邢某和海南邢某以低价放弃了权益。

罗耀某、陈福某同意美联公司及陈明某的意见。

经本院询问，海联公司及海南邢某表示于2006年方见到《告知书》复印件。

针对三乐公司申请再审所依据的事实及理由，本院认为：

关于《告知书》的证明力问题。根据《中华人民共和国民事诉讼法》第七十条第一款关于“书证应当提交原件。物证应当提交原物。提交原件或者原物确有困难的，可以提交复制品、照片、副本、节录本”以及《最高人民法院关于民事诉讼证据的若干规定》第六十九条第四项关于“无法与原件、原物核对的复印件、复制品”不能单独作为认定案件事实的依据的规定，《告知书》作为复印件不能单独地证明本案所争议投资权益已由三龄股份公司转移至北京邢某名下。但该证据不具有证明力或者如三乐公司所称系伪造也不能达到三乐公司主张四协议无效的证明目的，其理由在于：经本院询问，海联公司法定代表人海南邢某明确表示于2006年方知晓《告知书》的存在。三乐公司也没有提交证据证明美联公司、陈明某（陈文某）、陈世某在此之前已知晓此事。三乐公司诉请确认部分无效的《协议书》、《海南外贸大厦项目确权协议书》及《合作协议书》分别签订于2004年4月1日、2005年5月20日及2005年7月18日，均在各方当事人知晓《告知书》之前，故以常理推断，各方当事人不可能基于一个尚未发生的事实即《告知书》来订立相互确认投资权益并予以转让的三份合同，所以，《告知书》不是上述三份合同的缔约原因。而第四份协议《股权转让协议》从其内容及逻辑联系上看，系经上述三份合同确认北京邢某享有投资权益后再协商转让的合理结果，无须以内容相同的《告知书》为基础或事实依据，故《股权转让协议》亦与《告知书》无关。因此，三乐公司关于本案所涉四份协议基于虚假《告知书》签订而无效的主张没有事实根据不能成立。

关于原判决认定事实是否缺乏证据证明的问题。三乐公司虽主张取得三龄股份公司800万元投资权益，但并未提交充分的证据证明康中某承包三龄股份公司并在承包期间形成本案争议投资权益，故在没有三龄股份公司与三乐公司就投资权益转让订立协议以及支付对价等证据予以佐证的情况下，三乐公司关于其已获得投资权益的主张缺乏充分及合理的依据，仅凭1996年6月30日《函》这单一证据不足以认定本案所涉投资权益已由三龄股份公司转移至三乐公司名下这一基本事实。由于本案争议投资权益的归属问题涉及北京邢某、三龄股份公司和三乐公司，如何认定应考量以下情形：一、三者关系。北京邢某虽非《企业承包经营责任书》所载的三龄股份公司承包人，但其在三龄股份公司与海联公司所签署的《合作建设、项目合同书》上“法定代表”处签名的行为，表明北京邢某实际控制或代表三龄股份公司投资本案所涉项目并形成投资权益。另外，北京邢某作为持有三乐公司50%股权的控股股东，基于多数决的股权优势亦具有控制三乐公司的事实和法律基础，而其以个人名义从事与三乐公司有关的商行为属于代表行为，所产生的法律后果应由该公司承担。也就是说，即便本案所争议投资权益由三龄股份公司转移至三乐公司名下，北京邢某也可以控股股东身份通过公司内部治理机制和外部的代表行为来实际享有及处分该投资权益。因此，在三龄股份公司承包期限届满、投资权益需及时转出的情况下，本案所涉800万元投资权益无需转让合同及对价支付即可在形式上转移至三乐公司名下，其关键原因在于本案所争议的投资权益实质上属于北京邢某。二、项目管理人的意思。本案外贸大厦项目建设所需资金均由海联公司作为招商发起人分别与三龄股份公司、皇冠公司和邢氏公司签订合作合同引入，合同均约定“认股各方一致委托海南海联工贸有限公司作为共同权益代理人”。因此，海联公司作为项目的实际管理人和各投资方的利益协调人，应当更了解本案所争议投资权益的变动及归属等事实，其意思也是认定本案争议投资权益的主要依据。如前所述，海联公司于2006年方知晓《告知书》一事，在此之前也从未向陈明某、陈世某表示本案所涉投资权益已由三乐公司享有，尤其是在明知1992年6月30日《函》关于三龄股份公司投资权益转移至三乐公司的内容、北京邢某代表三乐公司参加第七次董事会并确认各自投资权益的情况下，仍签订了《协议书》和《海南外贸大厦项目确权协议书》确认北京邢某享有本案所争议投资权益，进一步表明了在签订四协议时海联公司关于认可800万元投资权益实质上由北京邢某享有、三龄股份公司及三乐公司并不享有投资权益的真实意思。海联公司于本案诉讼中所做因受虚假《告知书》影响做出错误意思表示的主张，因与事实不符而不能成立。三、相对人是否为善意。陈明某与陈世某虽在记载有“海口三乐股份有限公司”享有本案争议投资权益的《第七次董事会决议》上签字，但“海口三乐股份有限公司”与本案当事人三乐公司名称并不相符合，三乐公司也未提交证据证明“海口三乐股份有限公司”即为本案当事人三乐公司，因此前述签字行为不足以成为认定陈明某与陈世某知晓并认可三乐公司享有本案争议投资权益的事实依据。退言之，即便三乐公司已受让投资权益，亦因北京邢某为其控股股东并代表该公司参与会议，结合项目管理人海联公司对北京邢某实际享有投资权益的认可，陈明某与陈世某有理由相信本案所争议投资权益实际上归属于北京邢某、北京邢某有权处分投资权益而与之交易，所支付价款350万元在当时海南房地产市场低迷的大环境下亦属于合理对价，故应认定陈明某与陈世某为善意合同相对人，并无恶意缔约乃至恶意串通的情形，其就四协议的信赖利益已经形成并应受到法律保护。故基于上述理由，由于本案所涉当事人关系的复杂性和项目交易模式的特殊性，原审法院综合全案事实并结合常理以及本案所涉项目的经营模式，做出关于北京邢某实际享有本案争议投资权益并合法转让陈明某和陈世某以及四协议有效的认定并无不妥。三乐公司关于原判决认定事实证据不足、本案所争议权益应由其享有以及四协议部分无效的主张因无充分的事实根据和法律依据而不能成立。

综上，三乐公司的再审申请不符合《中华人民共和国民事诉讼法》第二百条第二项、第三项规定的情形。本院依照《中华人民共和国民事诉讼法》第二百零四条第一款之规定，裁定如下：

驳回三乐公司的再审申请。

审判长：汪治平；审判员：刘敏、孙祥壮；书记员：陈丽诗

二〇一五年六月一日

（三）建设工程合同

建设工程合同双方之间关于税款是否扣除的争议，直接关系到双方之间的工程款项数额，法院判决扣减税款并非以审判权代替行政管理权

——中兴建设公司与润扬公司建设工程分包合同纠纷

【裁判观点】

建设工程合同双方之间关于税款是否扣除（或应否提供相应完税凭证）的争议，直接关系到双方之间的工程款项数额，对双方的民事权利义务产生重要影响，法院判决扣减税款并非以审判权代替行政管理权。

中华人民共和国最高人民法院

民事判决书

案号　（2017）最高法民再168号

再审申请人（一审原告、反诉被告，二审被上诉人）：中兴建设公司。

法定代表人：倪道某，该公司董事长。

委托诉讼代理人：王登山，北京大成律师事务所律师。

委托诉讼代理人：王晓慧，北京大成律师事务所律师。

被申请人（一审被告、反诉原告，二审上诉人）：润扬公司。

法定代表人：杨某，该公司总经理。

委托诉讼代理人：第马喜，江苏江淮盛律师事务所律师。

一审第三人：纳黔公司。

法定代表人：蔚某，该公司董事长。

委托诉讼代理人：代伟，该公司办公室主任。

委托诉讼代理人：刘泽超，四川秉和律师事务所律师。

再审申请人中兴建设公司（以下简称中兴公司）因与润扬公司、一审第三人纳黔公司建设工程分包合同纠纷一案，不服四川省高级人民法院（2013）川民终

字第507号民事判决，向本院申请再审。本院经审查作出（2015）民申字第577号民事裁定，提审本案。本院依法组成合议庭，开庭审理了本案。再审申请人中兴公司的委托诉讼代理人王登山、王晓慧，被申请人润扬公司的委托诉讼代理人第马喜，一审第三人纳黔公司的委托诉讼代理人代伟、刘泽超到庭参加诉讼。本案现已审理终结。

中兴公司申请再审称：1. 请求撤销二审判决第1项；2. 请求依法改判，增加判决，责令润扬公司给付下欠款项人民币1171170元和自2010年6月30日至实际清偿之日止期间的资金占用损失费；3. 请求撤销二审判决第3项，并依法改判驳回润扬公司主张的提供相应金额的发票的诉讼请求。事实和理由：（一）二审判决认定事实的主要证据未经质证。二审法院在庭审结束一个月后告知中兴公司，称润扬公司要补交工程款税款有关证据，中兴公司当日提交了《中兴公司不同意开庭后组织质证的意见》，认为该材料不是新证据，也未在举证期限届满前提交，不应当作为二审新证据使用，拒绝对该材料质证，但二审法院未经质证最终认定该份证据系补强证据，并据此认定润扬公司在工程款中扣除税款的理由成立。（二）二审法院改判在工程款中扣除1171170元税款错误。1. 根据《终止协议书》载明内容，中兴公司主张的4916420.85元是扣除了税款后，润扬公司最终拖欠的债务金额。二审法院再次扣减税款1171170元是错误的。2. 润扬公司一审反诉请求和二审上诉请求仅为索要发票，并无扣减税款的主张，二审法院主动扣减税款，明显超越了其审理范围，且中兴公司主张的债权金额中并不包括工程款。同时，征收税款是税务部门的行政管理权。二审法院强行扣减税款明显越权，是以审判权代行行政管理权。（三）二审法院判令中兴公司向润扬公司提供发票错误。只有到税务部门缴纳税款才能开出相应发票。二审法院既判令从润扬公司下欠的款项中扣减税款，又判令中兴公司向其提供相应金额发票，是给中兴公司双倍负担，有失公平。且开具发票属税务部门行政管理范畴，不属于法院的裁判范围。

润扬公司辩称，二审判决程序合法，事实认定清楚，适用法律正确，中兴公司再审申请没有事实和法律依据，应裁定驳回其申请。

纳黔公司述称，根据再审申请人的意见和被申请人的答辩，本案再审不涉及纳黔公司，三方关于一、二审法院对纳黔公司的处理均没有异议。

中兴公司向一审法院起诉请求：一、润扬公司给付中兴公司下欠款项

4916420.85元；二、润扬公司按约定自2010年6月30日起按日2‰支付资金占用损失费至实际清偿之日（计算至起诉之日为6047196元）；三、纳黔公司对润扬公司的上述债务承担共同清偿责任；四、由润扬公司承担诉讼费用。

润扬公司提起反诉请求：一、中兴公司向润扬公司返还多收的工程款项计人民币10万元；二、中兴公司立即向润扬公司交付其完工工程价款相应金额的发票；三、诉讼费用由中兴公司承担。

一审法院经审理查明：2008年11月26日经纳黔公司招标，润扬公司中标获得四川省石坝（黔川界）至纳溪公路工程项目C6标段土建施工工程承包权，中标价为280382737.00元。2008年12月，纳黔公司与润扬公司签订了《合同协议书》《工程廉政建设合同》等，双方约定由润扬公司承包施工四川省石坝（黔川界）至纳溪公路工程项目C6标段土建工程。嗣后，润扬公司与中兴公司广州分公司于2008年12月3日签订《合同协议书》，协议约定，润扬公司将其承包的C6标段工程的一半转包给中兴公司广州分公司施工。双方在合同中约定，合同计价按照中兴公司实际的完成量经业主、政府审计机构批准计量的工程量乘以业主批准的计量单价的总额（含税）作为最终的合同总价；双方还约定，润扬公司提取中兴公司广州分公司管理费按每月业主实际计量支付金额提取3%至满250万元止，中兴公司广州分公司承包范围内的税费由中兴公司广州分公司缴纳。双方还约定了质量标准、双方职责、项目部的组成及费用负担、工程价款的计量支付和结算、违约责任等。合同签订后，中兴公司广州分公司进场施工，后因为资金困难，施工进度缓慢，中兴公司广州分公司完全处于亏损状态施工，2010年1月12日，中兴公司广州分公司向润扬公司发函要求终止《合作协议书》，双方于2010年1月21日又签订《补充协议书》，双方补充约定润扬公司免除中兴公司广州分公司原《合作协议书》约定收取的全部费用等。2010年3月26日，润扬公司的法定代表人杨某向其本单位职工颜秀某出具《授权委托书》，委托颜秀某全权代表润扬公司处理与中兴公司广州分公司在纳黔高速公路C6标段工程中的纠纷，直至签署终止该合同等有关事宜。润扬公司作为授权人在委托书上加盖了印章，杨某作为润扬公司法定代表人，颜秀某作为委托代理人同时在该委托授权书上签名。2010年3月30日，颜秀某作为润扬公司的委托代理人与中兴公司广州分公司的代理人李新某签订了《终止协议书》。双方在《终止协议书》中确认了双方终止执行纳黔高速公路C6标段施工合作协议书的原因以及移交原则，明确终止执行双方于2008年12月3日签订的《合作协议书》和2010年1月12日签订的《补充协议书》。双方在《终止协议书》第三条载明："中兴公司广州分公司实际完成实物工程量（包含未计价部分）总价格约为2850万元；临建设施、现场施工设施和设备共同评估价格为860万元；工程材料共同评估作价为440万元"，双方在《终止协议书》第四条的第1款载明："甲方应支付乙方款项总额"中约定："甲乙双方决定采用评估测算的方式，并最后协商确定，甲方支付乙方款项如下：乙方完成实物工程量总额（2850万元）+甲乙双方认可的临建设施和机械设备费（860万元）+乙方移交甲方工程材料费（440万元）+甲方退还乙方所交的保证金（525万元，含业主退还的资金利息）+甲方补退乙方的其他费用（68万）=合计（4743万元）。扣除甲方已支付乙方各种款项总和3443万元，甲方应退还乙方款项总和为1300万元，甲方支付乙方款项总和为甲乙双方的决算支付金额，双方已不存在其他资金拖欠事项"。双方在《终止协议书》第四条的第2款"付款支付方式"中约定"甲乙双方决算余款，办理完相关决算手续后，甲方在七个工作日内支付乙方不低于500万元人民币现金，剩余800万元人民币现金，扣除甲方代替乙方支付乙方的外欠款部分后，甲方分两次（每期各50%）支付给乙方，第一期在2010年6月30日前支付余款的50%，第二期在2010年9月30日前支付余款的另外50%，上述每笔款项，如甲方不能按期支付乙方时，甲方承诺逾期后，甲方在支付乙方款项的本金的同时，甲方自愿按每逾期一天2‰的比例给乙方计算并支付资金占用损失费"；双方在《终止协议书》中还约定了中兴公司广州分公司外欠款的处理、工地移交方式及移交时间等内容。2010年4月29日，颜秀某与中兴公司代表张洪某签订了《江苏润扬交通工程集团有限公司（甲方）代付江苏中兴建设有限公司广州分公司（纳黔高速C6标二处）（乙方）外欠款明细》，该明细载明了欠款单位、内容、金额，共计29笔，金额2883579.15元，双方在明细表中说明该明细表作为终止协议书的附件。颜秀某还以润扬公司的负责人的名义分别与明细表中的29家欠款单位的代表和个人签订了《协议书》，中兴公司代表张洪某也分别在《协议书》上签名，《协议书》中润扬公司均承诺其承担完全支付中兴公司广州分公司所欠该29家单位和个人的款项，同时《协议书》中还明确了欠款名称及金额。因纳黔高速C6标段梁场施工队周某欠中兴公司广州分公司

30万元，2010年5月14日，润扬公司纳黔路C6合同段项目经理部与乙方代表张洪某以及周某签订《协议书》，协议约定：由润扬公司代周某履行其30万元，与《终止协议书》中约定的剩余欠款合并，并按此协议中的付款日期一同支付给中兴公司广州分公司。嗣后，润扬公司按《终止协议书》内容分三次（2010年4月9日付200万、2010年4月16日付300万、2010年8月31日付50万）向中兴公司支付了550万元。2010年7月8日，润扬公司向中兴公司广州分公司发函要求中兴公司广州分公司对梁场施工队30万元的事与纳黔路C6合同段项目部联系，同时要求中兴公司广州分公司对润扬公司已付款和未付款开具发票。2010年8月9日，润扬公司再次向中兴公司广州分公司发函要求其开具发票并承诺在该月底争取向中兴公司广州分公司支付100万元，函件还提出若在2010年10月1日前，未提交发票，将扣留中兴公司广州分公司应纳税额相当的款项。

一审法院另查明，截至2012年5月17日，纳黔公司已经支付润扬公司工程款212342873.88元，代扣代缴税费7047159.12元，占合同价款的87.5%，已按合同约定支付完应付工程款。

一审法院还查明，中兴公司广州分公司系中兴公司内设分支机构，未办理工商登记。

一审诉讼中，润扬公司向一审法院申请调取颜秀某银行卡交易记录，并提供了颜秀某银行卡号，一审法院依法委托成都铁路运输中级人民法院调取颜秀某银行卡2010年3月25日至2010年11月30日的交易记录，据银行提供的交易记录显示，在此期间，仅有2次银行的结息记录。

一审法院判决：一、润扬公司在判决生效后十日内支付中兴公司工程款、材料款、机械设备款等共计4916420.85元及资金占用损失（其中2010年6月30日至2010年8月31日以2708210.43元为基数按人民银行同期同类贷款利率计付资金占用损失，从2010年9月1日至2010年9月30日以2208210.43元为基数按人民银行同期同类贷款利率计付资金占用损失，2010年10月1日起以4916420.85元为基数按人民银行同期同类贷款利率计付资金占用损失至还清之日止）；二、驳回中兴公司其他诉讼请求；三、驳回润扬公司的反诉请求。

润扬公司不服一审判决，上诉请求：1. 撤销原审判决，依法改判驳回中兴公司的诉讼请求；2. 判决中兴公司返还多收的工程款10万元，交付完工工程相应价款的发票。主要上诉理由：一、润扬公司的委托代理人颜秀某与中兴公司恶意串通签订《终止协议书》，多计算了中兴公司完成的工程量价款，应属无效。润扬公司在不知情情况下作出的回函，不能认定润扬公司认可了《终止协议书》。一审法院不同意对中兴公司完成的合格工程量、材料等进行鉴定，导致本案工程量及价款认定错误。二、润扬公司被业主扣除的应由中兴公司缴纳的营业税、城市维护建设税、教育费附加等120万元，中兴公司应依法全额补偿给润扬公司，并向润扬公司履行交付完工工程价款等正式发票。三、中兴公司应承担因施工质量问题返工造成的损失105.4万元，工伤劳动纠纷经济损失7万元，合计112.4万元。

二审法院查明的事实与一审法院查明的事实基本一致。

二审中，润扬公司提交了中兴公司广州分公司于2010年8月1日向润扬公司出具的函件一份，用以证明中兴公司广州分公司认可了没有纳税的工程款数额。中兴公司对于润扬公司提交的该份证据材料，认为系开庭后提交，不属于新证据不予质证。二审法院认为因该份证据系补强证据，具有真实性、合法性和关联性，应予采信。

2010年8月1日，中兴公司广州分公司向润扬公司出具的上述函件载明："贵司2010年7月25日来函已经收悉。关于开具工程款发票一事我们经过调查和咨询答复如下：根据贵我双方2010年3月28日终止协议财务决算，实物工程量2850万元+双方认可的临设和机械设备费860万元+现场移交贵司材料费440万+贵司应退保证金525万+贵司补退的费用68万元=合计应付我司4743万。决算总额中我们不应纳税的有：贵司退还保证金525万+现场移交贵司的材料费440万元（提供购货发票给贵司）+固定资产（购买的搅拌机和实验仪器已移交给贵司，可向贵司提供发票）约60万元=1025万。我方应纳税的金额为3718万元。经查证，到贵我双方终止合作协议前，我方的工程计量款中已由业主代扣代缴营业税、城市建设税和教育费附加及地方教育附加825785.13元（业主计量审批单为证，可以进一步核实)，可由此数得出我们已经完成多少工程额的营业税、城市建设税和教育费附加缴纳及地方教育附加的缴纳，剩余的为没有完成纳税的工程额部分，可以根据税率计算出来，在贵司支付给我司的决算款中扣除。"

二审法院另查明，润扬公司称没有向公安机关反映颜秀某情况。颜秀某曾是润扬公司员工，是润扬公司四川片区工作人员，现颜秀某已不是润扬公司的员工。

纳黔公司与润扬公司签订的第7期、第8期、第9期《四川省石坝（黔川界）至纳黔公路工程项目计量支付审核表》载明，纳黔公司代扣代缴的建筑工程建安营业税税率3%，城市建设税为营业税的1%，教育费附加为营业税的3%，四川地方教育费附加为营业税的1%。

二审法院认为，润扬公司主张其委托代理人颜秀某与中兴公司恶意串通签订《终止协议书》，并提交了颜秀某出具的书面材料，颜秀某在该书面材料中称因中兴公司答应事后给予回报，故在本案工程量计量过程中对工程量价款、机器设备等进行高估。润扬公司以此为由在一审中提交了颜秀某的账号，并申请法院调取该账户的资金情况。一审法院依职权调取了该账号的资金情况，该账户中除利息结算外，并没有其他款项转入。虽然润扬公司上诉主张中兴公司在签订《终止协议书》之前向颜秀某支付了20万元，但没有提交证据证明。本案中除颜秀某本人书写的材料外，润扬公司没有提交其他证据证明中兴公司向润扬公司委托代理人颜秀某支付任何款项作为签订《终止协议书》的回报，故润扬公司提供的现有证据尚不能证明中兴公司与颜秀某在签订《终止协议书》时恶意串通，损害润扬公司利益的上诉主张。一审判决认定润扬公司没有证据证明颜秀某与中兴公司恶意串通，并无不当。润扬公司与中兴公司签订的《终止协议书》应属有效。在双方签订《终止协议书》后，润扬公司履行了该协议向中兴公司陆续支付了550万元，还按双方约定承接了中兴公司的债务，润扬公司的上述行为表明其知道并认可双方签订的《终止协议书》。润扬公司关于《终止协议书》无效的上诉理由不能成立，二审法院不予支持。

因双方在《终止协议书》中对中兴公司完成的工程量、临时设施设备及移交材料进行估价确认，是双方的真实意思表示。润扬公司未提供证据证明该《终止协议书》对上述事项的确认有误，其申请对中兴公司在本案工程施工中完成的计量合格工程量、临时设施、设备费、移交材料等费用进行鉴定不符合应予鉴定的法定事由，二审法院未予准许。本案中，中兴公司已完工工程的工程价款、临时设施设备费、移交材料等价值应以双方在《终止协议书》中确认的数额为准。

中兴公司广州分公司在其向润扬公司发出的函件自认尚有3718万元工程款尚未缴纳营业税、城市维护建设税、教育费附加，虽然中兴公司拒绝对该证据质证并核实工程款纳税情况，但中兴公司广州分公司在该函件中加盖了印章，中兴公司未对印章的真实性提出质疑或申请鉴定，故应确认该函件的真实性。按照纳黔公司代扣代缴的建安营业税、城市建设税、教育费附加、四川地方教育费附加的纳税税率，故润扬公司主张中兴公司广州分公司完成的工程量应缴纳的营业税、城市维护建设税、教育费附加等应纳税额为1171170元，润扬公司上诉主张应在工程款中扣除税款的理由成立。润扬公司应支付中兴公司工程款为3745250.85元(4916420.85元-1171170元)。

润扬公司请求中兴公司承担因施工存在质量问题返工造成润扬公司损失105.4万元，工伤劳动纠纷经济损失7万元，超出了润扬公司一审反诉请求，不属于二审审查范围，应不予审查。

根据《中华人民共和国合同法》第六十条“当事人应当按照约定全面履行自己的义务。当事人应当遵守诚实信用原则，根据合同的性质、目的和交易习惯履行通知、协助、保密等义务”的规定，向润扬公司开具发票是中兴公司的附随义务。润扬公司上诉主张中兴公司向其提供已收工程款相应金额发票的理由成立，二审法院予以支持。

二审法院判决：一、撤销四川省泸州市中级人民法院（2012）泸民初字第14号民事判决；二、由润扬公司在判决生效之日起十日内支付中兴公司工程款、材料款、机械设备款等共计3745250.85元及资金占用损失（从2010年6月30日至2010年8月30日以2122625.43元为基数按中国人民银行同期同类贷款利率计付资金占用损失；从2010年8月31日至2010年9月30日以1622625.43元为基数按中国人民银行同期同类贷款利率计付资金占用损失；从2010年10月1日起至本判决确定的应付款之日止以3745250.85元为基数按照中国人民银行同期同类贷款利率计付资金占用损失)；三、中兴公司应在其收到全部工程款之日起十日内向润扬公司提供相应金额的发票；四、驳回中兴公司其他诉讼请求；五、驳回润扬公司的其他反诉请求。

本院对一、二审法院查明的基本事实予以确认。

本院认为，本案争议的焦点问题是：1. 二审判决认定事实的主要证据是否未经质证；2. 二审法院应否在欠付款项中抵扣1171170元税款；3. 二审法院判令中兴公司提供全部工程款相应金额的发票是否正确。

（一）关于二审判决认定事实的主要证据是否未经质证的问题。

本院认为，虽然润扬公司在二审庭审结束后一个月补交相关函件作为证据，超过了举证期限，但根据《中华人民共和国民事诉讼法》第六十五条的规定，当事人逾期提供证据的，并不必然导致该证据的失权。人民法院此时应当责令其说明理由，并根据具体情形判定是否采纳该证据。中兴公司以二审法院在开庭一个月后接收该补充证明材料程序不合法为由，在接到二审法院明确通知后拒绝质证，应视为中兴公司自行放弃质证的权利。故中兴公司主张二审法院认定事实的主要证据未经质证的理由不能成立，本院不予支持。中兴公司虽拒绝对该证据质证并核实工程款纳税情况，但中兴公司广州分公司在该函件中加盖印章，中兴公司未质疑印章真实性或申请鉴定，故二审法院经审查认为润扬公司提交的该证据具备真实性、合法性和关联性，应予以采信并无不当。

（二）关于二审法院应否在欠付款项中抵扣1171170元税款的问题。

本院认为，润扬公司上诉请求第一项为“撤销原判决，依法改判驳回中兴公司的诉讼请求”，表明润扬公司对一审判决书主文是概括否定的，其中包含了一审法院对欠款数额的认定。润扬公司在上诉理由中也明确提出“润扬公司被业主扣除的应由中兴公司缴纳的营业税、城市维护建设税、教育费附加等120万元，中兴公司应依法全额补偿给润扬公司，并向润扬公司履行交付完工工程价款等正式发票”。因此，二审法院判决在润扬公司欠付款项中抵扣相应税款并未超过润扬公司上诉请求。同时，二审法院从欠付款项中扣除相关税款并未超出人民法院裁判范围。纳税义务人和税收征管机关之间的权利义务关系属于行政管理范畴，中兴公司和润扬公司作为平等的民事主体，按照双方关于工程款项支付方式的约定和有关承诺享有权利、履行义务，他们之间关于税款是否扣除（或应否提供相应完税凭证）的争议，直接关系到润扬公司实际支付中兴公司的工程款项数额，对双方的民事权利义务产生重要影响。因此，中兴公司认为二审法院扣减税款是以审判权代替行政管理权的主张不能成立，本院不予支持。

根据二审法院查明的事实，2010年8月1日中兴公司广州分公司向润扬公司出具的函件中，中兴公司广州分公司作为施工方，自认尚有3718万元工程款项未扣除相应的营业税、城市建设税、教育费附加及地方教育费附加。该函件是在双方2010年3月的《终止协议书》之后出具的，中兴公司未能提供相应证据证明润扬公司就上述工程款项已先行扣除有关税费，故中兴公司关于4916420.85元是扣除税款后润扬公司最终拖欠的债务金额的主张不能成立，本院不予支持。同时，中兴公司广州分公司在该函件中还明确，“……剩余的为没有完成纳税的工程额部分，可以根据税率计算出来，在贵司支付给我司的决算款中扣除”。根据纳黔公司代扣代缴的上述四类征税科目的税率，以中兴公司广州分公司自认的应税工程款3718万元为税基，中兴公司广州分公司对于该部分工程款的应纳税额（四类征税科目）为1171170元，该部分税款应从润扬公司欠付款项中予以抵扣。

综上，二审法院在一审法院认定案涉工程欠付款项基础上扣减1171170元税款并无不当，本院予以维持。

（三）关于二审法院判令中兴公司提供全部工程款相应金额的发票是否正确的问题。

润扬公司在一、二审中均请求中兴公司“交付完工工程相应价款的发票”。本院认为，依照我国《税收征收管理法》的要求，税款应由纳税人直接缴纳，或由扣缴义务人代扣代缴或代收代缴，并且只有向税务机关缴纳税款后才能获得相应的完税凭证。本案诉争的1171170元税款或由中兴公司自行缴纳后提供相应发票，或由业主纳黔公司代扣代缴后从税务机关开具发票。二审法院判决将3718万元款项的营业税、城市建设税、教育费附加及四川省地方教育费附加共计1171170元税款在润扬公司欠付款项中予以抵扣，同时又判令中兴公司向润扬公司提供该部分金额发票，相当于让中兴公司承担双重税负。因此对于该3718万元工程款项的营业税、城市建设税、教育费附加及四川省地方教育费附加的纳税发票，润扬公司应向纳黔公司收取，而不应再要求中兴公司提供。中兴公司关于二审法院判决其向润扬公司提供发票错误的主张成立，本院予以支持。二审法院在抵扣1171170元税款同时判令中兴公司提供相应金额的发票属适用法律错误，本院予以纠正。由于润扬公司在本案中对其请求的完工工程相应价款发票的范围并未明确，各方在合同中约定从工程款项中代扣代缴的仅为建安营业税、城市建设税、教育费附加及地方教育费附加，对于工程款项涉及的其他应税科目并无涉及。润扬公司在本案中也并未提供相应证据证明中兴公司应交付的其他发票的具体类别和数额，故本院在本案中对此不作处理，润扬公司和中兴公司应严格按照国家发票管理的相关法律、法规办理有关事项。

综上所述，中兴公司的部分再审请求成立，本院予以支持。二审判决适用法律存在错误，本院予以纠正。根据《中华人民共和国民事诉讼法》第二百零七条第一款、第一百七十条第一款第二项规定，判决如下：

一、维持（2013）川民终字第507号民事判决第一项、第二项、第四项；

二、撤销（2013）川民终字第507号民事判决第三项、第五项；

三、驳回润扬公司的反诉请求。

如果未按本判决指定的期间履行给付金钱义务，应当按照《中华人民共和国民事诉讼法》第二百五十三条之规定，加倍支付迟延履行期间的债务利息。

一审本诉案件受理费87581.7元，由中兴公司负担35032.68元，润扬公司负担52549.02元；反诉案件受理费2300元，由中兴建设有限公司负担920元，润扬公司负担1380元。二审案件受理费87581.7元，由中兴公司负担30032.68元，润扬公司负担57549.02元。

本判决为终审判决。

审判长：宋春雨；代理审判员：赵风暴、王渊；书记员：李颖

二〇一八年三月十九日

建设工程转包合同的预约因违反法律强制性规定而无效

——上海三友公司、宁夏三友公司与太钢公司合同纠纷

【裁判观点】

法律法规虽未直接禁止订立建设工程转包合同，但是订立建设工程转包合同的预约与转包合同一样，是为了最终实施承包人将其承包的建设工程转包给第三人的行为，而该种行为为法律所禁止，订立转包合同的预约也同样因违反法律强制性规定而无效。

中华人民共和国最高人民法院

民事裁定书

案号　（2015）民申字第2955号

再审申请人（一审原告、二审被上诉人）：上海三公司。

法定代表人：王仙某，该公司董事长。

委托代理人：李本森，北京市康达律师事务所律师。

委托代理人：常亚春，北京市康达律师事务所律师。

再审申请人（一审原告、二审被上诉人）：宁夏三友公司。

法定代表人：高兴某，该公司董事长。

委托代理人：常亚春，北京市康达律师事务所律师。

委托代理人：王仙某，该公司职员。

被申请人（一审被告，二审上诉人）：太钢公司。

法定代表人：周宜某，该公司董事长。

委托代理人：张念春，北京大成律师事务所律师。

委托代理人：马光钦，北京大成律师事务所律师。

再审申请人上海三友公司、宁夏三友公司因与被申请人太钢公司合同纠纷一案，不服宁夏回族自治区高级人民法院（2015）宁民商终字第31号民事判决，向本院申请再审。本院依法组成合议庭对本案进行了审查，现已审查终结。

上海三友公司与宁夏三友公司申请再审称：（一）二审判决在判定宁夏三友公司、上海三友公司与太钢公司签署的《协议书》《合作协议书》等合同真实、合法与有效的前提下，仍然曲解合同条款，判定太钢公司不存在违约行为，认定事实与适用法律错误。（二）太钢公司与新疆中泰矿冶有限公司（以下简称中泰公司）签署的60万吨/年电石项目石灰窑装置EPC总承包合同的有关条款只对合同当事人有约束力，不能对抗太钢公司与宁夏三友公司、上海三友公司之间的合作合同条款，总承包合同中的约定不能免除太钢公司在中泰公司工程项目上履行《协议书》和《合作协议书》项下有关设备完成的承诺义务。二审判决援引EPC总承包合同条款，为太钢公司违约进行抗辩，属于适用法律错误。（三）二审判决认为宁夏三友公司、上海三友公司作为合作协议项下的设备采购人应当具有设备生产商的经营范围和认证资质，违背基本商业常识，缺乏合同和法律依据。（四）二审判决援用《建设单位会议纪要》作为主要证据为太钢公司的违约行为抗辩，不仅违反民事诉讼证据规则，而且存在适用法律错误。宁夏三友公司、上海三友公司对太钢公司向法庭提交的《建设单位会议纪要》的真实性、有效性和证明目的均不认可。即便《建设单位会议纪要》真实可信，其内容也不能构成太钢公司违反《协议书》和《合作协议书》约定的法定免责事由。（五）太钢公司不仅没有将全部设备交由宁夏三友公司、上海三友公司完成，也未将具有相应经营范围与认证资质的设备交由宁夏三友公司、上海三友公司完成。二审判决以太钢公司仅将少部分除尘设备交由宁夏三友公司、上海三友公司采购，就错误判定太钢公司没有违约。（六）二审判决以宁夏三友公司、上海三友公司不具有建筑施工企业的施工资质证书为由，判定太钢公司不存在违约，在适用法律和认定事实方面存在严重错误。（七）二审法院不顾太钢公司在原审诉讼中多次要求对违约金予以调整的事实，已经直接或间接地自认其存在违约行为，仍然判定太钢公司不存在违约，违背诉讼当事人意思自治的法律原则。太钢公司既然主张违约金数额过高，必然是因为其存在违约的事实，已经通过辩解违约金数额的方式直接或间接地自认其存在违约行为。二审法院在太钢公司已自认违约的情况下，仍然判定太钢公司不存在违约，违背民事诉讼活动中当事人诉权自治的原则，适用法律严重错误。上海三友公司、宁夏三友公司依据《中华人民共和国民事诉讼法》（以下简称民事诉讼法）第二百条第一项、第二项、第六项之规定，申请再审。

太钢公司提供答辩意见称：（一）生效判决认定的基本事实无误，证据确实充分。1. 宁夏三友公司、上海三友公司不具备工程特殊设备经营范围和质量认证资质，其再审中提交的三份《质量管理体系认证证书》认证范围均是“除尘设备的设计、生产与服务”，再次证明了其不具备工程特殊设备的质量认证资质。2. 宁夏三友公司、上海三友公司不具备工程施工资质。3. 宁夏三友公司、上海三友公司与太钢公司之间是工程项目总承包与转包的关系而非设备买卖关系。（1）宁夏三友公司和上海三友公司一直主张其有相关工程施工资质而太钢公司未将整个工程承包给他，因此主张违约赔偿，其与太钢公司之间是工程项目上的合作关系。但在本案二审阶段，宁夏三友公司和上海三友公司无法提供工程施工资质以后，就转而主张各方之间是普通的设备买卖关系。（2）《协议书》和《合作协议书》第2条重点是明确宁夏三友公司和上海三友公司系总承包合同的实际执行者，同时指明总承包合同的执行包括全部设备，但绝不表明宁夏三友公司和上海三友公司仅负责全部设备供应。(3)《协议书》《合作协议书》第3条说明建筑施工、安装是宁夏三友公司和上海三友公司的义务。（4）《协议书》第4条约定的对价条款说明宁夏三友公司和上海三友公司负责整个工程的施工和安装。（5）各方签署《联合体协议书》，宁夏三友公司和上海三友公司交纳投标保证金的事实再次证明各方之间并非设备买卖关系。（二）二审判决适用法律正确。1. 宁夏三友公司、上海三友公司与太钢公司之间属于工程项目总承包与转包的法律关系，而宁夏三友公司、上海三友公司不具备工程施工资质，违反了法律强制性规定。太钢公司不将EPC总承包项目施工工程分包给宁夏三友公司、上海三友公司并不违约。2. 宁夏三友公司、上海三友公司无特种设备的经营范围，太钢公司拒绝将全部设备交由宁夏三友公司、上海三友公司完成，并无违约行为。宁夏三友公司和上海三友公司的再审申请缺乏事实与法律依据，请求予以驳回。

本院审查查明，上海三友公司、宁夏三友公司提交了四份《质量管理体系认证证书》。第一份证书主要内容为“兹证明上海三友宝发环保工程技术有限公司质量管理体系符合标准GB/T19001－2008idtISO9001：2008，认证覆盖范围：密闭炉净化、除尘设备设计、制造和服务，发证日期：2010年03月17日，证书有效期：2013年03月17日”。第二份证书主要内容为“兹证明宁夏三友环保设备制造有限公司质量管理体系符合标准GB/T19001－2008idtISO9001：2008，认证覆盖范围：环保除尘设备的生产和服务，发证日期：2010年07月06日，证书有效期：2013年07月05日”。第三份证书主要内容为“兹证明宁夏三友环保设备制造有限公司质量管理体系符合标准GB/T19001－2008idtIS09001：2008，认证覆盖范围：密闭炉净化、除尘设备设计、制造和服务，发证日期：2009年07月03日，证书有效期：2012年07月02日”。第四份证书为第二份证书的英文版本。

本院认为，本案焦点问题有三：一是《协议书》《合作协议书》的性质与效力；二是太钢公司是否违约；三是宁夏三友公司与上海三友公司是否提供了足以推翻原判决的新证据。

（一）关于《协议书》《合作协议书》性质与效力的问题

关于《协议书》《合作协议书》的性质。本案中，太钢公司作为甲方，上海三友公司（宁夏三友公司）作为乙方，签订了《协议书》与《合作协议书》。上述两份合同签订于太钢公司中标中泰公司60万吨/年电石项目石灰窑装置EPC总承包合同之前，均载明：“双方对合作范围、合作内容及取费办法进行了探讨并最终达成如下意向”，《合作协议书》将双方进行合作的项目具体确定为“意欲在‘新疆中泰矿业有限公司60万吨/年电石项目石灰窑装置’项目上进行合作”。两份协议记载了双方当事人就石灰窑项目合作所进行的磋商及合意，以签订意向书的方式约定将来在石灰窑项目上签订相关合同，进行合作，虽然对于合作的具体内容、履行方式、权利义务以及具体的违约行为没有明确约定，但约定了合同主要条款，表明了将来缔约的义务，性质为预约合同。

关于《协议书》《合作协议书》的效力。《协议书》第五条约定：“双方有合作条约的发包方有后期石灰窑工程甲方承包后必须承包给乙方”；第六条约定：“双方有合作条约的项目中标后全部承包给乙方。”上述两条款结合《协议书》第一条“由甲方负责与发包方签订总承包合同”之约定，实为双方对于将来订立建设工程转包合同之约定。《中华人民共和国建筑法》第二十八条规定：“禁止承包单位将其承包的全部建筑工程转包给他人，禁止承包单位将其承包的全部建筑工程肢解以后以分包的名义分别转包给他人。”《中华人民共和国合同法》（以下简称合同法）第二百七十二条第二款规定：“总承包人或者勘察、设计、施工承包人经发包人同意，可以将自己承包的部分工作交由第三人完成。第三人就其完成的工作成果与总承包人或者勘察、设计、施工承包人向发包人承担连带责任。承包人不得将其承包的全部建设工程转包给第三人或者将其承包的全部建设工程肢解以后以分包的名义分别转包给第三人。”上述法律明确禁止了承包人将其承包的建设工程转包给第三人的行为。而根据合同法第五十二条“违反法律、行政法规的强制性规定”合同无效之规定，建设工程转包合同无效。虽然法律法规没有直接禁止订立建设工程转包合同，但是订立建设工程转包合同的预约与转包合同一样，是为了最终实施承包人将其承包的建设工程转包给第三人的行为，而该种行为为法律所禁止，订立转包合同的预约也同样因违反法律强制性规定而无效。因此，本案争议的《协议书》第五条、第六条约定无效。

合同法第五十六条规定：“无效的合同或者被撤销的合同自始没有法律约束力。合同部分无效，不影响其他部分效力的，其他部分仍然有效。”《协议书》第五条、第六条约定无效，不影响合同其他部分的效力。《协议书》《合作协议书》系各方当事人真实意思表示，《协议书》除第五条、第六条外，其余部分不违反法律、行政法规的强制性规定，《合作协议书》内容不违反法律、行政法规的强制性规定，应为有效。双方需要受合同约束。

（二）关于太钢公司是否违约的问题

本案中，《协议书》第二条约定：“工程总承包合同的执行由太钢公司承包给上海三友公司、宁夏三友公司全部设备进行完成。执行期限至该项目竣工验收结束。太钢公司负责项目的设计与工程管理过程的监督及调试启动”，《合作协议书》第二条约定内容除个别用词外与之基本相同。上海三友公司、宁夏三友公司与太钢公司对该约定内容理解存在分歧，无法确定本条内容应为上海三友公司、宁夏三友公司主张的总承包合同的执行就是由其在工程建设中负责采购所有设备，还是太钢公司主张的上海三友公司、宁夏三友公司负责总承包合同的具体执行，也即双方约定的是建设工程转包行为。结合太钢公司在《建设单位会议纪要》中曾就由宁夏三友公司提供全部设备的问题与发包方中泰公司讨论过，因此，可以推定双方当事人的真实意思为上海三友公司、宁夏三友公司主张的，太钢公司签订总承包合同后，应当将总承包合同中确定的设备购置款全部交给上海三友公司、宁夏三友公司，由其负责工程所需全部设备的采购、安装等事项。

根据《协议书》与《合作协议书》的约定，采购、安装中泰公司 60 万吨/年电石项目石灰窑装置工程所需全部设备，是在执行工程总承包合同的前提下进行的，是建设工程总承包合同执行的重要部分，应为总承包合同权利、义务之一。根据合同法第八十八条“当事人一方经对方同意，可以将自己在合同中的权利和义务一并转让给第三人”之规定，太钢公司将其与中泰公司签订的总承包合同中的部分权利义务概括转移给上海三友公司、宁夏三友公司，应当经合同相对方同意。宁夏三友公司、上海三友公司与太钢公司在订立预约时对此就应当知晓。而太钢公司与中泰公司签订的总承包合同中也明确约定承包商不得将工程整体转包，在设备采购方面不得分包，确定设备供应商应经业主批准。合同履行中形成的《建设单位会议纪要》中记载了太钢公司征求了中泰公司意见，中泰公司不同意将所有设备交由宁夏三友公司供货，同意将石灰窑除尘设备交由宁夏三友公司制作。太钢公司进行了缔约磋商的努力，但由于宁夏三友公司、上海三友公司以及太钢公司意志以外的因素，导致转让协议没有达成，不属于不履行订立合同义务的情况，太钢公司没有违约。而太钢公司对于违约金调整的请求，不能作为其承认违约的证据使用，宁夏三友公司、上海三友公司的该项再审申请事由没有事实与法律依据，本院不予支持。

综上，二审判决关于太钢公司无需承担违约金的认定并无不当，不存在认定的基本事实缺乏证据证明或适用法律确有错误的问题，宁夏三友公司和上海三友公司的再审申请不符合民事诉讼法第二百条第二项、第六项规定情形。

（三）关于是否存在足以推翻原判决的新证据的问题

关于再审审查中宁夏三友公司和上海三友公司作为新证据提交的《质量管理体系认证证明》。第一，从证据来源和提供时间看，宁夏三友公司和上海三友公司提供的《质量管理体系认证证明》系该两公司持有和保管的证据，一审审理时宁夏三友公司和上海三友公司就应提供且也可以提供，但其在一、二审过程中均未提供。第二，从证据内容看，上海三友公司持有的《质量管理体系认证证书》认证覆盖范围为“密闭炉净化、除尘设备设计、制造和服务”，宁夏三友公司持有的《质量管理体系认证证书》认证覆盖范围为“密闭炉净化、除尘设备设计、制造和服务”及“环保除尘设备的生产和服务”。二审判决认定宁夏三友公司与上海三友公司的经营范围中无热电阻、耐火材料、低压开关柜、罗茨风机等设备材料，也不具备相应质量认证。而现有《质量管理体系认证证书》也无法证明二审判决认定的上述事实错误。第三，从证明目的看，太钢公司是否违约的认定与上海三友公司与宁夏三友公司是否有相应的质量认证体系证书并无直接关系。因此，宁夏三友公司和上海三友公司提供的该证据不属于民事诉讼法第二百条中规定的新证据，其再审申请不符合民事诉讼法第二百条第一项规定的情形。

综上所述，宁夏三友公司、上海三友公司的再审申请不符合《中华人民共和国民事诉讼法》第二百条第一项、第二项、第六项规定的情形。依照《中华人民共和国民事诉讼法》第二百零四条第一款之规定，裁定如下：

驳回上海三友公司、宁夏三友公司的再审申请。

审判长：毛宜全；代理审判员：潘勇锋、葛洪涛；书记员：杜圣杰

二〇一五年十二月三十日

管辖权阶段对证据的形式审查阶段应以当事人主张的诉讼标的额为准而非合同标的额

——江苏建工与恼包村委会建设工程施工合同纠纷

【裁判观点】

管辖权阶段对证据进行形式审查，应以当事人主张的诉讼标的额为准，若以双方的建设工程施工合同显示的合同价款作为结算依据，实际上系对双方究竟应当以合同约定价款还是实际工作量结算作了实体上的判断，不符合形式审查的要求。

中华人民共和国最高人民法院
民 事 裁 定 书

案号　（2018）最高法民辖终75号

上诉人（原审原告）：江苏建工。

法定代表人：陈迪某，该公司董事长。

委托诉讼代理人：王登山，北京大成律师事务所律师。

委托诉讼代理人：王晓慧，北京大成律师事务所律师。

被上诉人（原审被告）：恼包村委会。

负责人：邢永某，该村村委会主任。

委托诉讼代理人：常延平，经世律师事务所律师。

委托诉讼代理人：邵祖望，经世律师事务所律师。

上诉人江苏建工因与被上诉人恼包村委会建设工程施工合同纠纷一案，不服内蒙古自治区高级人民法院（2017）内民初63号民事裁定，向本院提起上诉。本院依法组成合议庭审理了本案。

江苏建工上诉称，第一，本案依法应当由内蒙古自治区高级人民法院管辖。江苏建工起诉请求恼包村委会支付工程款197777990元和利息若干，该诉讼请求是据实结算已完成工程量减去已支付工程款得出的。但一审法院却错误地认为，依据江苏建工提交的2013年8月《建设工程施工合同》显示的合同价款2.4亿元，减去已付工程款，尚欠7000万元左右工程款，并以该7000万元认定应当由呼和浩特市中级人民法院管辖。双方如何结算工程价款，最终工程结算总价款应该是多少，均系实体审理的内容，一审法院不应在管辖权阶段对实体问题进行审理。本案诉讼标的额符合内蒙古自治区高级人民法院一审民商事管辖标准，本案应由内蒙古自治区高级人民法院管辖。第二，本案与恼包村委会在呼和浩特市中级人民法院另案起诉的案件，并非同一案件，两案诉讼当事人、诉讼请求、案件事实均不相同。一审法院适用《最高人民法院关于适用〈中华人民共和国民事诉讼法〉的解释》第三十六条将案件移送是错误的。第三，江苏建工2017年8月14日先到内蒙古自治区高级人民法院立案，但该院拖延不立。一审法院认定本案于2017年8月30日立案是错误的。本案立案日期至迟应认定为2017年8月16日，早于呼和浩特市中级人民法院2017年8月21日的立案时间。第四，内蒙古自治区高级人民法院径自决定将案件移送呼和浩特市中级人民法院审理，违反了《中华人民共和国民事诉讼法》第三十八条第一款的规定。综上，请求撤销一审裁定，裁定本案由内蒙古自治区高级人民法院审理。

恼包村委会答辩称：首先，恼包村委会早在2017年8月15日就向呼和浩特市中级人民法院提交起诉材料，恼包村委会的起诉时间早于江苏建工向内蒙古自治区高级人民法院的起诉时间。其次，呼和浩特市中级人民法院对案件具有管辖权。江苏建工的诉讼请求可以通过反诉解决，无须另行起诉。此外，根据《最高人民法院关于适用〈中华人民共和国民事诉讼法〉的解释》第三十九条的规定，即使江苏建工的反诉标的额超过呼和浩特市中级人民法院的受理案件的诉讼标的额，也并不改变本案管辖。第三，考察人民法院立案的事实，应当以人民法院的受理通知为准。呼和浩特市中级人民法院受理时间早于内蒙古自治区高级人民法院，故内蒙古自治区高级人民法院将案件移送先立案的法院，完全符合民事诉讼法的规定。综上，请求维持一审裁定。

本院认为：移送管辖主要有三种情形：第一种是人民法院受理当事人起诉后，认为案件不属于该院管辖范围，依据《中华人民共和国民事诉讼法》第三十六条的规定移送至有管辖权的法院。第二种是受理法院对案件有管辖权，但在立案后发现其他有管辖权的法院已经立案，依据《最高人民法院关于适用〈中华人民共和国民事诉讼法〉的解释》第三十六条的规定，裁定将案件移送给先立案的法院。第三种是当事人分别就同一法律关系或同一事实以不同诉讼请求分别向两个有管辖权的法院提起诉讼，后立案的法院在得知有关法院先立案的情况后，依据《最高人民法院关于在经济审判中严格执行〈中华人民共和国民事诉讼法〉的若干规定》裁定将案件移送给先立案的法院合并审理。对以上三种情形，第一种和第二种针对的是一方当事人提起诉讼的情况，第三种则是针对双方当事人均提起诉讼且属于宜合并审理的情况。需要注意的是，鉴于民事诉讼法及司法解释对上下级法院之间的案件移交问题作了严格限定，包括：上级人民法院只有在属于三种"确有必要"情形下，才能将案件移交下级人民法院；下级人民法院认为需要由上级人民法院审理的，可以报请上级人民法院审理。故上述三种移送管辖只能在同一审级、不同地域的法院之间移送，不能突破级别管辖的规定。如果两个法院不属于同一审级，仍应当按照民事诉讼法关于上下级法院案件移交的规定执行。

具体到本案中，首先应判断的是内蒙古自治区高级人民法院对案件是否有管辖权。如果内蒙古自治区高级人民法院对案件有管辖权，则应当根据《中华人民共和国民事诉讼法》第三十八条和《最高人民法院关于适用〈中华人民共和国民事诉讼法〉的解释》第四十二条的规定，由内蒙古自治区高级人民法院报请其上级人民法院批准后，才能移送下级人民法院。如果内蒙古自治区高级人民法院对案件不具有管辖权，则应当根据《中华人民共和国民事诉讼法》第三十六条的规定移送管辖。

在确定案件管辖权阶段，人民法院判断级别管辖的标准，通常以起诉人主张的诉讼请求标的额作为依据，至于诉讼请求是否能够得到支持或者部分支持，则应进入实体审理阶段后依法裁判。本案中，江苏建工起诉主张的诉讼请求标的额为197777990元，并提交了《呼市新城区保合少镇恼包村新农村改造项目工程结算汇总表》《恼包项目甲方已付工程款明细》等证据予以证明。通过对上述证据的初步审查，可以确定江苏建工诉讼标的请求额为197777990元。本案一方当事人住所地不在内蒙古，根据《最高人民法院关于调整高级人民法院和中级人民法院管辖第一审民商事案件标准的通知》，内蒙古自治区高级人民法院对案件有管辖权。一审法院径行以双方《建设工程施工合同》显示的合同价款作为结算依据，实际上系对双方究竟应当以合同约定价款还是实际工作量结算作了实体上的判断，并以此将当事人主张的诉讼标的额197777990元降低至7000万元，不符合管辖权阶段对证据形式审查的要求，应当予以纠正。此外，在内蒙古自治区高级人民法院对本案有管辖权的情况下，其不能以该案应当与呼和浩特市中级人民法院受理案件合并审理为由，突破级别管辖的规定，未报请上级人民法院批准直接将案件交由下级人民法院审理。

综上所述，一审法院适用法律错误，江苏建工上诉主张成立。依照《中华人民共和国民事诉讼法》第一百七十条第一款第二项、第一百七十一条规定，裁定如下：

一、撤销内蒙古自治区高级人民法院（2017）内民初63号民事裁定；

二、本案由内蒙古自治区高级人民法院管辖。

本裁定为终审裁定。

审判长：姜启波；审判员：周其濛、李惠清；书记员：席林林

二〇一八年四月二十三日

合同无效后的不当得利返还之债独立于原合同

——苏中建设集团与水清木华公司建设工程施工合同纠纷

【裁判观点】

合同无效后的不当得利返还之债，尽管其产生是基于法律规定及无效合同的履行，但并不妨碍当事人在该债务产生后对其履行期限、违约责任另行作出约定，即不当得利返还之债独立于无效合同。

中华人民共和国最高人民法院

民事判决书

案号　（2016）最高法民终733号

上诉人（原审原告）：苏中建设集团。

法定代表人：笪鸿某，该公司董事长。

委托诉讼代理人：王登山，北京大成律师事务所律师。

委托诉讼代理人：王晓慧，北京大成律师事务所律师。

上诉人（原审被告）：水清木华公司。

法定代表人：丁永某，该公司董事长。

委托诉讼代理人：纪月华，北京市盈科律师事务所律师。

委托诉讼代理人：张某，北京市盈科（银川）律师事务所律师。

上诉人苏中建设集团因与上诉人水清木华公司建设工程施工合同纠纷一案，不服新疆维吾尔自治区高级人民法院（2014）新民一初字第27号民事判决，向本院提起上诉。本院于2016年11月8日立案后，依法组成合议庭，开庭进行了审理。苏中建设集团的委托诉讼代理人王登山、王晓慧，水清木华公司的委托诉讼代理人纪月华、张某到庭参加诉讼。本案现已审理终结。

苏中建设集团上诉请求：一、在一审判决基础上增加判决水清木华公司支付利息及赔偿经济损失26559919.37元；二、由水清木华公司承担一、二审诉讼费用。事实和理由：一、双方于2006年1月4日、2006年10月12日及2007年11

月14日签订的三份协议书（以下简称三份协议书），系双方对水清木华公司应付工程款到期债务的确认，上述协议书明确约定了还款时间及逾期还款责任，是具有债权债务清算性质的协议，与案涉建设工程施工合同之间相互独立，不因建设工程施工合同的无效而无效。一审判决认定上述协议书无效是错误的。二、由于上述协议书有效，水清木华公司迟延支付工程款的违约责任即应按照上述协议书约定的标准认定，一审判决以人民银行同期贷款利率计算利息，适用法律错误。

水清木华公司辩称：一、三份协议书中，前两份协议书系双方在施工过程中签订的关于工程进度款的履行期限、违约责任及以房屋折抵工程款的协议，第三份协议书则是案涉工程竣工验收之后、决算之前就工程款的履行期限及其违约责任签订的协议，均系施工合同的组成部分。三份协议书签订之时，案涉工程款尚未决算，三份协议约定的付款数额均需以工程款决算为前提，并非债权债务的清算协议。所以，施工合同无效，该三份协议书亦应无效。一审判决对此认定正确。二、即使三份协议书有效，第一份协议因水清木华公司法定代表人未签字而不生效，且约定的进度款远远超出实际的工程量，并且该协议系苏中建设集团以停工为由胁迫水清木华公司签订，不应采信。第二份协议书因未约定违约金责任，苏中建设集团请求违约责任无合同依据。第三份协议预估的工程总价高于决算价、约定的“已付工程款”错误且与事实不符，亦不能作为苏中建设集团请求违约责任的依据。三、苏中建设集团出具的说明，具有免除水清木华公司违约责任的效力。四、即使前述说明无免除违约责任的效力，亦应参照第三份协议第三条的约定，于决算时间2009年1月7日起三个月届满之后计算利息，利息应为175892.27元。综上，请求驳回苏中建设集团的上诉请求。

水清木华公司上诉请求：一、撤销一审判决，改判驳回苏中建设集团的全部诉讼请求；二、由苏中建设集团承担全部诉讼费用。事实和理由：一、苏中建设集团以三份协议书约定的进度款支付时间为起算点，以同期银行贷款利率为标准主张利息损失4509530.83元，该主张以三份协议书有效为前提，但一审判决在认定三份协议书无效的前提下支持其利息请求，适用法律错误。二、苏中建设集团主张的利息损失无具体计算方法，一审法院未组织双方质证迳行认定，违反法定程序。三、苏中建设集团向水清木华公司出具的说明，是在与水清木华公司协商承包后者开发的丽都国际项目的背景下出具的，应视为苏中建设集团放弃利息的承诺。苏中建设集团又提起本案诉讼请求赔偿利息损失，不应得到支持。

苏中建设集团向一审法院起诉请求：一、水清木华公司向苏中建设集团支付工程欠款利息及违约赔偿金合计31069450.20元；二、本案诉讼费用由水清木华公司承担。

一审法院认定事实：2004年12月20日，苏中建设集团向水清木华公司出具《关于承建新疆水清木华精品社区工程的承诺书》，其中：三、我公司不要求贵公司在该工程项目上预付工程款，同时我公司愿意贵公司工程款采取以下方式支付：1. 垫资施工至主体结构封顶时，支付已完工程量70%的工程款；2. 以上均按每月支付实际完成工程量70%的工程款；3. 工程竣工时工程款支付至工程总价的80%时交付使用；4. 工程竣工后一年内，工程款支付至工程总价的95%，留5%的余款作为工程保修金。五、我公司承诺筹划部分资金作为该工程的施工备用金，在贵公司工程款暂不到位的情况下，一个月之内我公司保证做到工程不停，工期不延，整体工程按时竣工。七、若我公司能够中标承建该工程项目，我公司将把该工程列为我公司的重点项目，在“人、财、物”等方面给予充足的保障和支持。

2005年4月9日，水清木华公司（甲方）与苏中建设集团（乙方）签订《水清木华精品社区项目施工承包补充协议书》。约定：1. 由苏中建设集团承建水清木华公司开发建设的位于新疆乌鲁木齐市南湖路府南巷的水清木华精品社区底商住宅楼及综合楼项目，建筑面积120000平方米，总投资额1.5亿元。项目按照工程进度支付工程款，乙方施工至主体框架结构封顶后开始支付工程款，乙方施工至单位工程主体结构封顶后三日内，甲方支付单位工程已完工程量80%的工程款，单位工程主体框架结构封顶后甲方按月工程进度支付乙方实际完成工程量80%的工程款，每月25日乙方向甲方报送当月完成工程量，甲方于次月5日前支付上月进度款，主体工程以外的工程量，2005年12月底以前按实际完成工程量支付80%的工程款。3. 单位工程竣工后20日内工程款支付至工程总价的85%，乙方在竣工后向甲方上报决算文件；甲方在接到乙方决算文件28天内审定完决算；在审定完决算后28天内甲方将工程款支付至工程审定决算价的95%，5%的余款作为工程保修金，保修金分5次返还给乙方，每年返还五分之一，待保修期满后28日内，付清保修金。4. 甲方如不能按约定时间支付工程款，需延期支付的每延误一天，甲方支付给乙方应付工程款5‰的赔偿金。

2005年5月24日至2005年6月7日，水清木华公司（甲方）与苏中建设集团（乙方）签订《水清木华精品社区A0、A1、A2建设工程施工合同》《水清木华精品社区B组团建设工程施工合同》《水清木华精品社区C组团建设工程施工合同》《水清木华精品社区D1、D2建设工程施工合同》。以上四份合同均约定：合同专用条款第24条：开工前七日内，甲方向乙方预付工程总价20%的预付款，合同第26条工程款支付规定，执行合同通用条款第26条，甲方在收到乙方当月工程量报表五日内审核完毕，并在次月五日内以转账方式支付实际工程量80%的进度款到乙方指定的账户；工程竣工后20日内，支付至工程总价的85%；工程结算完毕留3%的保修金，其余在竣工结算后28日内一次性付清。通用条款第24条：实行工程预付款的，双方应当在专用条款内约定发包人向承包人预付工程款的时间和数额，开工后按约定的时间和比例逐次扣回。预付时间应不迟于约定开工日期前7天。发包人不按约定预付，承包人在约定预付时间7天后向发包人发出要求预付的通知，发包人收到通知后仍不能按要求预付，承包人可在发出通知后7天停止施工，发包人应从约定应付之日起向承包人支付应付款的贷款利息，并承担违约责任。专用条款第35.1条：本合同通用条款第24条（预付工程款）约定发包人违约应承担的违约责任：执行合同通用条款第24条。通用条款第26.4款（进度款支付）约定发包人违约应承担的违约责任：执行合同通用条款第26.4条，造成停工、窝工等按实际影响天数赔偿承包人一切损失且工期顺延，另按银行同期贷款支付应付工程款的利息并按每日万分之五支付滞纳金。通用条款第33.3款：发包人收到竣工结算报告及结算资料后28天内无正当理由不支付工程竣工结算价款，从第29天起按承包人同期向银行贷款利率支付拖欠工程款的利息，并承担违约责任。通用条款第33.3款（决算款支付）约定发包人违约应承担的违约责任：执行合同通用条款第33条，从甲方收到乙方竣工结算报告及完整的结算资料第57日起，支付应付工程款的同期银行贷款利息和每日万分之五的滞纳金。

2006年1月4日，水清木华公司（甲方）与苏中建设集团（乙方）签订《付款协议》（以下简称第一份协议书），约定：甲方必须按双方合同约定在2005年12月30日支付乙方已完工程量80%的工程款，现双方暂定为8000万元（实际工程款以竣工结算为准）。现甲方资金困难，采取分期付款，甲方保证在2006年3月20日前支付乙方工程款8000万元，扣除已支付的700万元，尚未付款7300万元，甲、乙双方商定，具体分期付款如下：1. 甲方于2006年1月10日前支付乙方1000万元，2006年1月20日前再支付乙方1000万元，2006年1月25日前支付给乙方工程款1000万元。如甲方资金困难，阶段性每期付款不少于商定数的80%，但甲方2006年1月25日前必须保证给乙方支付工程款3000万元，如甲方2006年1月25日前付不足3000万元，差额部分甲方自2006年1月25日起按每日千分之五的日息赔偿乙方的经济损失，直至甲方付足3000万元。2. 甲方必须在2006年2月20日前再支付乙方工程款3000万元，在2006年3月20日前再支付乙方工程款1300万元，该条款总计4300万元的工程款甲方必须按月息1.2%付给乙方，计息时间从2006年1月25日到2006年3月20日前甲方实际付款时间。3. 如甲方2006年3月20日前工程款付不足8000万元，差额部分甲方自2006年3月20日起按每日千分之五的日息赔偿乙方的经济损失，直至甲方付足8000万元。

2006年6月20日，水清木华公司与苏中建设集团签订了《水清木华精品社区建筑装饰工程施工合同》。水清木华公司将水清木华精品社区建设项目外装修工程承包给苏中建设集团施工建设。

2006年6月30日，苏中建设集团将各单位工程施工至主体框架结构封顶，2006年12月4日涉案所有工程竣工验收合格，双方办理工程交付手续。

2007年11月14日，水清木华公司（甲方）与苏中建设集团（乙方）签订《协议书》（以下简称第三份协议书），约定：1. 双方一致同意在工程决算未完成之前主体工程部分约13万平方米暂以1200元每平方米预结算，预结算工程总价暂定15600万元。售楼处、14号楼、写字楼外装及其他工程预估未付款暂定1000万元。截至2007年11月14日，甲方已付款11418万元，预结算尚欠工程款5182万元。2. 双方一致同意对甲方尚欠款按照如下约定进行支付：（1）预结算总价款16600万元（暂定）在决算之前按照90%付款计14940万元，已付工程款11418万元，应付款3522万元。加上原协议乙方向甲方支付的现款1500万元，合计5022万元。在2008年1月25日之前支付1500万—2000万元，在2008年3月31日之前支付1000万—2000万元，2008年5月31日之前结清余款。按上述付款后乙方按付款比例逐步解除2006年10月12日协议中的有关手续，付完5022万元后全部解除。解除手续后余款由甲方提供双方认可的担保付款手续。（2）逾期付款则按同期银行贷款利率的1.5倍支付乙方利息。3. 双方一致同意在2008年5月31

日前将工程决算完毕。工程总价款97%的余款及其他约定款项在决算完成后三个月内结清。

2008年12月17日，水清木华精品社区项目全部工程决算完毕，审定价为161036741.4元。

2009年12月24日，苏中建设集团出具授权委托书，内容为苏中建设集团委托该公司所属子公司新疆苏中公司全权办理苏中建设集团在新疆的所有业务，包含但不限于项目洽谈、项目施工、项目保修、结算和收款等业务。

苏中建设集团出具说明，我公司施工的水清木华精品社区工程款截至2013年6月21日最后一笔付款143万元，所有工程款基本付清。

2015年5月4日，水清木华公司出具证明，苏中建设集团施工的水清木华精品社区决算总额为144627933.02元，工程款已全部付清。具体付款情况为：1.2005年10—12月付816万元；2.2006年1—3月付3706.30元；3.2006年4—6月付2214.6万元；4.2006年7—9月付1909.04531万元；5.2006年10—12月付2087.06818万元；6.2007年1—3月付570.34094万元；7.2007年4—6月付321.128万元；8.2007年7—9月付600万元；9.2007年10—12月付1700万元；10.2008年4—6月付220.22746万元；11.2009年10—12月付318.083412万元。

苏中建设集团出具水清木华公司付款情况：2006年1月25日付款954万元；2006年2月9日付款500万元；2006年3月13日付款500万元；2006年3月29日付款100万元；2006年3月31日付款2477.3万元；2006年4月7日付款50万元；2006年4月10日付款100万元；2006年4月11日付款50万元；2006年4月20日付款500万元；2006年4月27日付款100万元；2006年4月30日付款100万元；2006年5月9日付款100万元；2006年5月15日付款100万元；2006年5月17日付款100万元；2006年5月19日付款100万元；2006年5月22日付款45万元；2006年5月23日付款80万元；2006年5月25日付款150万元；2006年5月30日付款139.6万元；2006年6月13日付款200万元；2006年6月21日付款25万元；2006年6月23日付款200万元；2006年6月27日付款100万元；2006年7月3日付款100万元；2006年7月10日付款232.67万元；2006年7月18日付款200万元；2006年7月24日付款200万元；2006年7月31日付款687622.75元；2006年8月3日付款400万元；2006年8月4日付款52万元；2006年8月

14日付款100万元；2006年8月23日付款200万元；2006年8月24日付款100万元；2006年8月29日付款100万元；2006年9月1日付款2323753.10元；2006年9月4日付款1729240.98元；2006年9月5日付款100万元；2006年9月8日付款100万元；2006年9月12日付款240万元；2006年9月14日付款100万元；2006年9月18日付款100万元；2006年9月26日付款200万元；2006年9月28日付款44万元；2006年9月29日付款100万元；2006年10月9日付款456722.59元；2006年10月12日付款1512889元；2006年10月18日付款50万元；2006年10月31日，付款－850万元；2006年11月3日付款613800元；2006年11月8日付款100万元；2006年11月9日付款40万元；2006年12月18日付款40万元；2006年12月31日付款102540.15元；2007年1月15日付款4852875.73元；2007年1月26日付款1149122元；2007年4月3日付款100万元；2007年5月14日付款3万元；2007年5月28日付款1711280元；2007年6月6日付款50万元；2007年6月8日付款100万元；2007年6月16日付款200万元；2007年7月2日付款100万元；2007年7月23日付款7万元；2007年8月20日付款139600元；2007年9月17日付款500万元；2007年11月12日付款1000万元；2007年12月24日付款100万元；2007年12月31日付款8017500元；2008年4月30日付款150万元；2008年5月20日付款70万元；2008年6月6日付款2274.60元；2008年9月9日付款16560992.80元；2008年9月28日付款50万元；2009年3月31日付款50万元；2009年11月1日付款712256.30元；2010年1月27日付款100万元；2010年3月15日付款100万元；2010年9月13日付款100万元。

2015年5月27日苏中建设集团出具付款明细，至2010年9月13日，水清木华公司付款额达156478170元。

克拉玛依市大路公司于2006年11月9日变更为新疆大路公司，新疆大路公司于2007年12月10日变更为新疆苏中公司。

苏中建设集团认为，施工项目的工程款虽已全部付清，但根据双方自2005年4月9日至2007年11月14日所签各项协议中，水清木华公司应承担的欠款违约赔偿金及应付利息至今未付，经催要无果，遂提起诉讼。苏中建设集团提交《水清木华项目应付赔偿金及利息汇总》，主张严格按照双方所签的各项协议约定的违约责任，水清木华公司应向其支付欠款违约赔偿金及应付利息 82369534. 66 元。现依照双方签订的建设工程施工合同（备案合同）中关于发包人违约应承担应付工程款的银行同期贷款利息并按每日万分之五支付滞纳金的违约责任，其仅向水清木华公司主张欠款违约赔偿金及应付利息 31069450. 20 元，其中利息损失 4509530. 83 元，应付滞纳金 6741679. 33 元，应付赔偿金 19818240. 05 元。

一审法院认为，《中华人民共和国招标投标法》第四十三条规定："在确定中标人前，招标人不得与投标人就投标价格、投标方案等实质性内容进行谈判。"本案争议工程依照法律规定，应当公开进行招投标。2004 年 12 月 20 日，苏中建设集团向水清木华公司出具承诺书，做出该公司若能够中标将保障"人、财、物"等方面的承诺；2005 年 4 月 9 日，水清木华公司与苏中建设集团对工程实质性内容进行谈判后签订补充协议书；2005 年 5 月 24 日至 2005 年 6 月 7 日，水清木华公司与苏中建设集团陆续签订了四份建设工程施工合同；2005 年 11 月，水清木华公司向苏中建设集团发出中标通知书。从双方当事人订立合同的过程分析，在涉案工程确定中标人之前，苏中建设集团向水清木华公司作出承诺，双方对工程实质性内容进行谈判，另行签订补充协议并最终订立建设工程施工合同。双方签订的补充协议及建设工程施工合同排挤其他投标人的公平竞争，损害其他投标人的合法权益，违反了法律的禁止性规定，当属无效。双方当事人分别签订的《付款协议书》及《协议书》，系对双方之间的建设工程施工合同的付款方式进行的约定，属于建设工程施工合同的组成部分，因建设工程施工合同无效而亦当属无效。

虽然双方之间订立的建设工程施工合同及付款协议违反了法律的禁止性规定因而无效，但建设工程的发包人及承包人仍然应当遵守诚实信用的民法原则，在合理谨慎的范围内从事民事行为。苏中建设集团依约按时履行了施工义务，向水清木华公司交付了经验收合格的工程，水清木华公司应当及时足额履行支付工程款的义务。2006 年 1 月 25 日起至 2010 年 9 月 13 日，水清木华公司陆续向苏中建设集团支付 78 笔工程款，对每一笔支付工程款的时间、金额双方经核实后均无异议，可以认定水清木华公司作为工程发包人，存在违背诚实信用原则，未及时足额向苏中建设集团支付工程款的行为。苏中建设集团向水清木华公司主张的利息损失是基于水清木华公司未及时足额向其支付工程款，占用资金期间给其造成的损失，该利息损失是工程款的法定孳息，属于工程款的组成部分。苏中建设集团应当获得的工程款利息损失与水清木华公司未及时支付工程款之间有必然的因果关系，水清木华公司应当向其支付。根据苏中建设集团提交的水清木华项目应付赔偿金及利息汇总，其主张水清木华公司向其支付逾期付款利息为4509530.83元，该利息以水清木华公司向苏中建设集团欠付款项为基数，以人民银行同期贷款利率计取，符合法律规定，予以支持。对苏中建设集团主张要求水清木华公司支付逾期付款滞纳金、赔偿金的诉求，因违约责任应当依据合法有效的合同，双方订立的合同违反了法律的禁止规定，当属无效，苏中建设集团主张违约责任丧失合同依据。综上，对苏中建设集团主张水清木华公司支付其违约赔偿金及利息损失31069450.20元中的利息损失4509530.83元，予以支持，其余部分丧失合同依据，亦无法律依据，不予支持。

水清木华公司提出苏中建设集团曾出具承诺书，承诺对涉案工程进行垫资，不应支持其垫资利息。因苏中建设集团向水清木华公司主张所欠工程款的利息损失，而并非垫资利息，且水清木华公司未能提供证据证实苏中建设集团曾明确放弃主张欠付工程款利息的请求，对其辩称，不予支持。2012年9月13日，水清木华公司向苏中建设集团支付最后一笔工程款，当日，苏中建设集团以工作函的方式向水清木华公司主张逾期付款责任，水清木华公司于当日回函，称核实后由双方领导协商解决。本案的诉讼时效应从苏中建设集团向水清木华公司发出工作函，水清木华公司给予回函的2012年9月13日中断，新的诉讼时效重新开始计算。苏中建设集团于2014年9月10日提起本案诉讼，其并未超过两年的诉讼时效，水清木华公司关于苏中建设集团超过诉讼时效的抗辩理由与事实不符，不予支持。综上，依照《中华人民共和国合同法》第五十二条第一款第五项、第五十八条之规定，判决：一、水清木华公司于判决生效之日起十五日内向苏中建设集团公司支付利息损失4509530.83元；二、驳回苏中建设集团其他诉讼请求。案件受理费197147.25元，由苏中建设集团负担167575.16元，水清木华公司负担29572.09元。

本院二审期间，当事人围绕上诉请求依法提交了证据。本院组织当事人进行了证据交换和质证。二审中，当事人未提交新证据。

除一审法院认定的事实外，本院二审查明，2006年10月12日，双方当事人签订一份《协议书》（以下简称第二份协议书），约定的主要内容是：水清木华公司将“水清木华精品社区”项目第C幢的第一层和第二层总计4497.63平方米的房产作价人民币6000万元折抵水清木华公司拖欠苏中建设集团工程款4500万元，超出抵款部分的1500万元，苏中建设集团同意以现金方式向水清木华公司支付，支付办法在该协议中另行约定。双方另行签订销售合同，并办理商品房预销售登记备案手续。水清木华公司尚欠苏中建设集团的其他工程款（具体金额以决算为准）仍按双方工程承包协议执行。苏中建设集团同意水清木华公司在2007年10月31日前，有权将该批房屋以6000万元回购。回购时需支付给苏中建设集团6000万元本金，利息从到款之日起按月支付，利率计算标准为按同期银行贷款基准利率上浮20%。苏中建设集团收到抵款房屋后，以该房抵押办理贷款手续。苏中建设集团必须在6000万元贷款到位后的两个工作日内给付水清木华公司1500万元房款。庭审中双方当事人均确认，双方并未按该协议书约定另行签订房屋销售合同，该协议其他部分亦未实际履行。

本院认为，本案的争议焦点是：一、双方当事人于2006年1月4日、2006年10月12日以及2007年11月14日签订的三份协议书的效力应如何认定。二、如果上述协议有效，则水清木华公司迟延支付工程款的赔偿责任应如何计算。三、2013年6月21日苏中建设集团提交的说明，是否具有免除水清木华公司债务的效力。

一、关于三份协议书的效力问题

2006年1月4日双方当事人签订的第一份协议书是关于案涉工程当时已完工程量的工程款的支付协议，该协议是在水清木华公司就已完工程的工程进度款陷于迟延履行的情况下签订的。而2006年10月12日双方当事人所签订的第二份协议书，是在水清木华公司就新产生的已完工程进度款陷于迟延的情况下签订。该协议书的主要内容是水清木华公司就当时迟延履行的新产生的4500万元工程进度款以案涉项目的部分在建工程作价6000万元予以清偿（但苏中建设集团应支付差价1500万元），并约定水清木华公司在约定期间内以6000万元回购时应按照同期银行贷款利率上浮20%的标准按月支付利息。双方在庭审过程中均明确承认，该协议所约定的另行签订销售合同、办理商品房预售登记备案手续等内容并未实际履行。2007年11月14日双方当事人之间的第三份协议书，系在案涉工程竣工验收之后尚未决算时签订的，主要内容是对案涉工程的工程价款作出了预结算并约定了相应的还款日期及违约责任。

本院认为：上述三份协议书是对已完工程进度款或者已竣工验收工程的价款数额、给付时间和违约责任的约定。在性质上，它可以脱离于建设工程施工合同而独立存在，应认定为有效协议。其理由在于：

第一，各协议书签订时，协议书所约定的工程款所对应的工程已经完工。在此情形下，各协议书在形式上可以看作与双方的建设工程施工合同相互独立的协议。

第二，招标投标法主要调整建设工程施工合同缔约过程，但针对已完工程价款的数额、给付期限及违约责任的约定，显然已经超出了招标投标法的调整范围。尤其是，即使认定该类协议书无效，招标投标法的规范目的也不能因此而实现，因此，从招标投标法的规范目的和调整范围来看，案涉三份协议书不应因违反招标投标法而无效。

第三，在建设工程施工合同有效的场合，如果当事人针对已完工程的工程款数额、履行期限等达成新的合议，就可以解释为新的协议而与建设工程施工合同相互独立。同理，根据《中华人民共和国合同法》第五十八条的规定，因建设工程施工合同无效，承包人已经完成的部分工程或全部工程就成为发包方的不当得利，因已完工程难以返还，因此应返还相应的价款，在性质上就成为发包方的不当得利返还之债。于此，尽管当事人在订立此类协议时建设工程施工合同的效力尚未被人民法院确定无效，当事人主观上也是按照有效合同来履行，但因为双方对已完工程价款的数额和履行期限及违约责任达成了新的合意，因此就可以解释为与建设工程施工合同相互独立的协议，在性质上就具有解释为双方当事人对不当得利之债的内容、履行期限及违约责任的约定的可能。

第四，从《最高人民法院关于审理建设工程施工合同纠纷案件适用法律问题的解释》第二条的规定来看，建设工程施工合同无效但建设工程经竣工验收合格，可以参照合同约定确定工程价款，其实质是参照当事人的约定确定不当得利的返还范围。如果说实际施工前无效合同所约定的价款可以作为不当得利返还范围的依据，则双方于工程部分完工或全部完工后所确认的工程款，更应可以成为不当得利返还范围或期限的依据。

第五，合同无效后的不当得利返还之债，尽管其产生是基于法律规定及无效合同的履行，但并不妨碍当事人在该债务产生后对其履行期限、违约责任另行作出约定。换言之，不当得利返还之债于此独立于无效合同。《最高人民法院关于审理民事案件适用诉讼时效制度若干问题的规定》第八条规定，返还不当得利请求权的诉讼时效期间从当事人知道或者应当知道不当得利事实及对方当事人之日起计算，这即是将不当得利之债作为独立于无效合同债权债务的明证。

第六，案涉协议均是在发包方已经陷于履行迟延的情况下签订的，将该协议解释为当事人关于未来被人民法院认定无效合同后的不当得利返还范围、履行期限及违约责任的协议，尽管有拟制的成分，但并不违反当事人订立协议时的规划和预期。

第七，从双方当事人利益状态看，发包人陷于迟延并就已经迟延的工程款约定给付期限和违约责任的情况下，认定该协议有效并使违约方承担相应的违约责任，不仅是对不当得利之债守约方损失的填补，而且有利于实现当事人的利益平衡，同时也是诚实信用原则的体现。

综上所述，案涉工程部分完工时或工程竣工验收后双方订立的工程款的支付协议，在合同无效的情况下，应被解释为双方关于合同无效后不当得利返还范围、期限及违约责任的约定，不属于招标投标法的调整范围，在性质上独立于无效的建设工程施工合同，不受建设工程施工合同无效的影响，应认定为有效。一审判决对此认定不当，本院予以纠正。

二、关于三份协议约定的支付期限及迟延履行所造成的损失计算方法问题

双方的第一份协议约定了分批支付的时间和数额，其中约定水清木华公司于2006年1月25日前支付3000万元，否则差额部分分别自2006年1月25日起按每日千分之五的标准赔偿苏中建设集团的经济损失，直至付足3000万元；在2006年2月20日前再支付3000万元，2006年3月20日前再支付1300万元，该部分工程款按月息1.2%从2006年1月25日计算至2006年3月20日前水清木华公司实际付款；如果水清木华公司2006年3月20日前工程款付不足8000万元，则差额部分从2006年3月20日起按每日千分之五的标准赔偿苏中建设集团。本院认为，上述每日千分之五的损失赔偿标准显然过高，经本院当庭释明，水清木华公司亦主张调低。本院认为，应按照前述约定中的月息1.2%的标准计算苏中建设集团因对方迟延履行所造成的损失，具体如下表所示：

序号	应付款（元）	已付款（元）	欠款/累计欠款（元）	计算起止时间付款日—应付款日		月息 1.2%	天数	经济损失（元）
1	3000万	2450000	27550000	2006－1－25	2006－2－8	1.2%	15	165300
2		5000000	22550000	2006－2－9	2006－3－12	1.2%	32	288640
3		5000000	17550000	2006－3－13	2006－3－19	1.2	7	49140
4	4300万		43000000	2006－1－25	2006－3－20	1.2%	55	946000
5	8000万	1945万累计付款含协议前700万	60550000	2006－3－20	2006－3－28	1.2%	9	217980
6		1000000	59550000	2006－3－29	2006－3－30	1.2%	2	47640
7		24773000	34777000	2006－3－31	2006－4－6	1.2%	7	97376
8		500000	34277000	2006－4－9	2006－4－9	1.2%	3	41132
9		1000000	33277000	2006－4－10	2006－4－10	1.2%	1	13311
10		500000	32277000	2006－4－11	2006－4－19	1.2%	9	117997
11		5000000	27777000	2006－4－20	2006－4－26	1.2%	7	77776
12		1000000	26777000	2006－4－27	2006－4－29	1.2%	3	32132
13		1000000	25777000	2006－4－30	2006－5－8	1.2%	9	92797
14		1000000	24777000	2006－5－9	2006－5－14	1.2%	6	59465
15		1000000	23777000	2006－5－15	2006－5－16	1.2%	2	19022
16		1000000	22777000	2006－5－17	2006－5－18	1.2%	2	18222
17		1000000	21777000	2006－5－19	2006－5－21	1.2%	3	26132
18		450000	21327000	2006－5－22	2006－5－22	1.2%	1	8531
19		800000	20527000	2006－5－23	2006－5－24	1.2%	2	16422
20		1500000	19027000	2006－5－25	2006－5－29	1.2%	5	38054
21		1396000	17631000	2006－5－30	2006－6－12	1.2%	14	98734
22		2000000	15631000	2006－6－13	2006－6－20	1.2%	8	50019
23		250000	15381000	2006－6－21	2006－6－22	1.2%	2	12305
24		2000000	13381000	2006－6－23	2006－6－26	1.2%	4	21410
25		1000000	12381000	2006－6－27	2006－7－2	1.2%	6	29714
26		1000000	11381000	2006－7－3	2006－7－9	1.2%	7	31867
27		2326700	9054000	2006－7－10	2006－7－17	1.2%	8	28974
28		2000000	7054300	2006－7－18	2006－7－23	1.2%	6	16930

续表

序号	应付款（元）	已付款（元）	欠款/累计欠款（元）	计算起止时间付款日—应付款日		月息1.2%	天数	经济损失（元）
29		2000000	5054300	2006－7－24	2006－7－30	1.2%	7	14152
30		687623	4366677	2006－7－31	2006－8－2	1.2%	3	5240
31		4000000	366677	2006－8－3	2006－8－3	1.2%	1	147
合计								2682559
1.《付款协议》中第一条约定：2006年1月25日之前应付工程欠款3000万元，逾期按日千分之五赔偿苏中建设集团的损失，直至付足3000万元。 2.《付款协议》第2段约定“扣除已支付的700万元；2006年1月25日，水清木华已付款945万元，其中包括2006年1月4日签订《付款协议》之前水清木华公司已支付的700万元。因此，《付款协议》签订之日至2006年1月25日，水清木华公司仅支付了245万元。 3.《付款协议》中第二条约定：应付工程款4300万元，按月息1.2%计算，计息时间从2006年1月25日至2006年3月20日前水清木华公司实际付款时间。 4.《付款协议》中第三条约定：如水清木华公司在2006年3月20日前，工程款付不足8000万元，差额部分自2006年3月20日起按每日千分之五日息赔偿经济损失，直至付清8000万元止。								

双方的第二份协议书系以水清木华公司对当时新产生的4500万元工程款以房屋抵债且附有回购条款。该协议实质上是以买卖合同担保当时所欠4500万元工程款。因庭审中双方均承认既未另行签订销售合同，亦未办理商品房预售登记备案手续，因此，前述协议就仍应解释为是对所欠工程款的清偿时间及违约责任的约定。进而，该协议中“甲方（水清木华公司）回购时需支付给乙方6000万元本金，利息从到款之日起按月支付，利率计算标准为按同期银行贷款基准利率上浮20%”的约定，应当作如下解释：一是在苏中建设集团依约支付房屋价格与4500万元工程款之间的差价1500万元的前提下，则6000万元就应当从苏中建设集团支付1500万元时计算利息，此即所谓“利息从到款之日起”的含义。二是如果双方未实际签订买卖合同、苏中建设集团亦未支付1500万元差价亦即买卖合同未实际订立及履行的情况下，则4500万元作为所欠工程款仍应支付利息。因双方订立该协议时水清木华公司已经陷于迟延状态，因此，该4500万元的欠付工程款应从该协议订立之日即2006年10月12日起按照同期银行贷款基准利率上浮20%的标准计算利息。具体如下表所示：

序号	已付款（元）	欠款/累计欠款（元）	计算起止时间		银行利率1—3年	利率上浮20%	天数	经济损失（元）
1	0	45000000	2006－10－12	2006－10－17	6.30%	7.56%	6	56700
2	500000	44500000	2006－10－18	2006－11－2	6.30%	7.56%	16	149520
3	613800	43886200	2006－11－3	2006－11－7	6.30%	7.56%	5	46081
4	1000000	42886200	2006－11－8	2006－11－8	6.30%	7.56%	1	9006
5	400000	42486200	2006－11－9	2006－12－17	6.30%	7.56%	39	347962
6	400000	42086200	2006－12－18	2006－12－30	6.30%	7.56%	13	114895
7	102540	41983660	2007－12－31	2007－1－14	6.30%	7.56%	15	132249
8	4852875	37130785	2007－1－15	2007－1－25	6.30%	7.56%	11	85772
9	1149122	35981663	2007－1－26	2007－3－17	6.30%	7.56%	51	385354
10		35981663	2007－3－18	2007－4－2	6.57%	7.88%	16	126080
11	1000000	34981663	2007－4－3	2007－5－13	6.57%	7.88%	41	314100
12	30000	34951663	2007－5－14	2007－5－18	6.57%	7.88%	5	38272
13		34951663	2007－5－16	2007－5－27	6.75%	8.10%	9	70777
14	1711280	33240383	2007－5－28	2007－6－5	6.75%	8.10%	9	67312
15	500000	32740383	2007－6－6	2007－6－7	6.75%	8.10%	2	14733
16	1000000	31740383	2007－6－8	2007－6－15	6.75%	8.10%	8	57133
17	2000000	29740383	2007－6－16	2007－7－1	6.75%	8.10%	16	107065
18	1000000	28740383	2007－7－2	2007－7－20	6.75%	8.10%	19	122865
19		28740383	2007－7－21	2007－7－22	7.02%	8.42%	2	13450
20	70000	28670383	2007－7－23	2007－8－19	7.02%	8.42%	28	187848
21	139600	28530783	2007－8－20	2007－8－21	7.20%	8.42%	2	13352
22		28530783	2007－8－22	2007－9－14	7.20%	8.64%	24	164337
23		28530783	2007－9－15	2007－11－11	7.47%	8.96%	2	14208
24	5000000	23530783	2007－9－17	2007－11－11	7.47%	8.96%	56	328113
25	10000000	13530783	2007－11－12	2007－11－14	7.47%	8.96%	3	10107
合计								2977303

说明：

1. 根据2006年10月12日《协议书》中第一条约定：甲方拖欠乙方工程款4500万元；第二条约定：利率计算标准为同期银行贷款基准利率上浮20%；

2. 利息起算日为2006年10月12日《协议书》签订之日，协议书签订之日，双方确定水清木华公司尚欠4500万元工程进度款的事实。截止日为2007年11月14日《协议书》签订之日。

双方的第三份协议书约定该协议签订之日尚欠5022万元，2008年1月25日之前，水清木华公司支付1500万—2000万元，在2008年3月31日之前支付1500万—2000万元，2008年5月31日之前结清余款。如果逾期付款则须按照同期银行贷款利率的1.5倍支付苏中建设集团利息。双方一致同意在2008年5月31日前将工程决算完毕，工程总价款97%的余款及其他约定款项在决算完成后三个月内结清。由此，水清木华公司欠付工程款的利息如下表所示：

序号	应付款（元）	已付款（元）	欠款/累计欠款（元）	计算起止时间		银行利率1—3年	利率上浮50%	天数	经济损失（元）
1	15000000	1000000	14000000						
2		8017500	5982500	2008-1-25	2008-3-30	7.56%	11.34%	66	124376
3	10000000		15982500	2008-3-31	2008-4-29	7.56%	11.34%	30	151035
4		1500000	14482500	2008-4-30	2008-5-19	7.56%	11.34%	20	91240
5		700000	13782500	2008-5-20	2008-5-30	7.56%	11.34%	11	47756
6	25220000		39002500	2008-5-31	2008-6-5	7.56%	11.34%	6	73715
7		2274	39000226	2008-6-6	2008-9-8	7.56%	11.34%	95	1167082
8		16560993	22439233	2008-9-9	2008-9-15	7.56%	11.34%	7	49479
9			22439233	2008-9-16	2008-9-27	7.29%	10.94%	12	81791
10		500000	21939233	2008-9-28	2008-10-8	7.29%	10.94%	11	73304
11			21939233	2008-10-9	2008-10-29	7.02%	10.53%	21	134762
12			21939233	2008-10-30	2008-11-26	6.75%	10.13%	28	172771
13			21939233	2008-11-27	2008-12-22	5.67%	8.51%	26	137762
14			21939233	2008-12-23	2009-3-30	5.40%	8.10%	98	483760
15		500000	21439233	2009-3-31	2009-4-6	5.40%	8.10%	7	33767
16	3439725		3439725	2009-4-7	2009-10-31	5.40%	8.10%	208	160979
17		712256	2727469	2009-11-1	2020-1-26	5.40%	8.10%	87	53390
18		1000000	1727469	2010-1-27	2010-3-14	5.40%	8.10%	47	18268
19		1000000	727469	2010-3-15	2010-9-12	5.40%	8.10%	182	29790
20	1000000		2010-9-10						
合计									3082026

续表

说明： 1. 根据2007年11月14日《协议书》第2条（1）约定2008年1月25日前水清木华公司应付1500万元，故从该日计息；约定2008年3月31日前应付1000万元，故从该日计息；约定2008年5月31日前付清余款，故从该日计息。 2. 根据2007年11月14日《协议书》中第2条（2）约定逾期付款按同期银行贷款利率的1.5倍计息。 3. 工程结算总价为：161036741.40元，按工程总价款的97%计算，水清木华公司总额为156205639.16元；截至2009年4月7日，已付款总额为152765913.7元，尚欠3439725元。 4. 2007年11月14日《协议书》中第3条约定，工程结算总价的97%在结算完成后3个月内结清，双方实际结算日期为2009年1月7日，因此，从2009年4月7日起计息。

综上所述，水清木华公司应向苏中建设集团赔偿因迟延履行给付工程款给后者所造成的经济损失共计2682559+2977303+3082026=8741888元，一审法院以上述三份协议无效为理由并按照同期银行贷款利率计算逾期付款利息，适用法律不当，应予纠正。

三、关于2013年6月21日苏中建设集团提交的《说明》是否产生免除水清木华公司迟延履行违约责任效果的问题。本院认为，免除债务，系债权人对自己利益的放弃，其意思表示应以明示为限，除非当事人另有约定。从该《说明》的内容来看，只是苏中建设集团对水清木华公司于2013年6月21日清偿最后一笔143万元工程款的说明，并无免除苏中建设集团迟延履行违约责任的意思表示。因此，水清木华公司以此主张苏中建设集团已经免除其迟延履行违约责任的理由不能成立。

综上所述，苏中建设集团的上诉请求部分成立，应予支持；水清木华公司的上诉请求不成立，应予驳回。根据《中华人民共和国合同法》第五十八条、《最高人民法院关于审理民事案件适用诉讼时效制度若干问题的规定》第八条、《最高人民法院关于审理建设工程施工合同纠纷案件适用法律问题的解释》第二条、《中华人民共和国民事诉讼法》第一百七十条第一款第二项规定，判决如下：

一、撤销新疆维吾尔自治区高级人民法院（2014）新民一初字第27号民事判决第二项。

二、改判新疆维吾尔自治区高级人民法院（2014）新民一初字第27号民事判决第一项为：水清木华公司于本判决生效之日起十五日内向苏中建设集团赔偿损失 8741888 元。

三、驳回苏中建设集团的其他诉讼请求。

四、驳回水清木华公司的上诉请求。

一审案件受理费 197147.25 元，由苏中建设集团负担 141676.71 元，水清木华公司负担 55470.54 元。二审案件受理费 217475.85 元，由苏中建设集团负担 146776.93 元，水清木华公司负担 70698.92 元。

本判决为终审判决。

审判长：姚爱华；代理审判员：于蒙、姜强；书记员：王慧娴（兼）

二〇一七年六月二十八日

法院可由另案生效判决确认的事实认定本案的有关事实

——深雕公司与太阳城公司装饰装修合同纠纷

【裁判观点】

根据《最高人民法院关于民事诉讼证据的若干规定》第九条第一款第四项规定，已为人民法院发生法律效力的裁判所确认的事实无需当事人举证证明。因此，法院亦可由另案生效判决确认的事实径行认定本案的有关事实。

中华人民共和国最高人民法院
民事裁定书

案号　（2018）最高法民申3953号

再审申请人（一审被告，二审上诉人）：深雕公司。

法定代表人：陈志某，该公司总经理。

委托诉讼代理人：李砚，该公司员工。

被申请人（一审原告，二审被上诉人）：太阳城公司。

负责人：吉某，该公司总经理。

委托诉讼代理人：葛仲彰，北京大成（长春）律师事务所律师。

再审申请人深雕公司因与被申请人太阳城公司（以下简称太阳城）装饰装修合同纠纷一案，不服吉林省高级人民法院（2017）吉民终496号民事判决，向本院申请再审。本院依法组成合议庭进行了审查，现已审查终结。

深雕公司申请再审称：1. 另案中，吉林省长春市中级人民法院（2014）长民一初字第48号民事判决、吉林省高级人民法院（2016）吉民终15号民事判决和最高人民法院（2017）最高法民申595号民事裁定，认定事实有误，不应作为本案证据采信。双方签订的《太阳家居外立面装饰工程合同书》中并无“《太阳家居方案设计文本》仅是效果图”的约定，本案中四家鉴定机构出具的专业鉴定意见，确认《太阳家居方案设计文本》是施工图。深雕公司作为新证据，再次向法院提交。《太阳家居外立面装饰工程合同书》第三条第3项约定，深雕公司应提供施工图纸，该条款实际是按照太阳城的设计意图，由深雕公司完善细节图纸。“合同附件”与“合同条款”具有同等法律效力，用“合同第三条第3项的细节图纸”否定“合同附件四整体施工图纸”的证明效力，违背装饰行业的常识和合同约定。且案涉合同签订的目的为“拆旧建新”，由此理解A、C座建筑施工面积，更为准确。消防门是典型的增加项目，而非原合同约定的装修项目。另案中，鉴定不能并非深雕公司不配合，而是吉林中信工程公司不具备现场测量工程量的资质，更不具备现场测量的能力，其出具的《鉴定委托退回函》未经庭审质证，不应作为认定案件事实的依据。2. 本案中，瑞德公司对未完工项目的造价鉴定不合法。案涉工程质量问题是由太阳城使用不当造成的，吉林省建筑科学研究设计院作出的修复鉴定，程序不合法。本案并不存在超期完工的情形，判决深雕公司承担违约金，于法无据。另案和本案为关联案件，应当合并审理。深雕公司依据《中华人民共和国民事诉讼法》第二百条第一项、第二项、第四项、第六项的规定申请再审。

太阳城提交意见称，深雕公司的再审申请缺乏事实与法律依据，请求予以驳回。

本院经审查认为，本案的焦点问题是：一审、二审法院依据另案生效裁判认定案涉工程施工范围是否有误；案涉工程未完成部分鉴定是否有误；对案涉工程质量问题的认定是否有误；一审、二审判决深雕公司承担违约金是否有误。

关于一审、二审法院依据另案生效裁判认定案涉工程施工范围是否有误的问题。太阳城与深雕公司签订的《太阳家居外立面装饰工程合同书》约定，案涉工程施工范围为“太阳家居A、C座外立面现状面积”。对案涉工程施工范围及工程质量问题双方产生争议。太阳城于2014年5月7日提起本案诉讼，认为深雕公司违约，请求赔偿其经济损失；深雕公司于2014年5月28日递交反诉状，其后于2014年6月11日申请撤回了反诉。深雕公司于2014年9月1日提起另案诉讼，请求判决撤销《太阳家居外立面装饰工程合同书》，继续履行双方的口头约定，由太阳城支付变更工程和增加工程的工程款、违约金并赔偿经济损失。另案作出的吉林省长春市中级人民法院（2014）长民一初字第48号民事判决和吉林省高级人民法院（2016）吉民终15号民事判决确认，案涉工程施工范围为A、C座建筑外立面的全部现状面积。深雕公司就另案向本院申请再审，本院经审查已于2017年

4月25日作出（2017）最高法民申595号民事裁定予以驳回。另案中，深雕公司申请对装修工程的工程量和工程造价进行鉴定，双方当事人通过抽签选定吉林中信工程公司作为鉴定单位。由于深雕公司未按照《太阳家居外立面装饰工程合同书》第三条第3项的约定提供施工图纸，导致鉴定不能。在工程造价鉴定上，深雕公司亦不同意按国家定额标准进行鉴定，故另案生效判决确认由深雕公司承担举证不能的不利后果。根据《最高人民法院关于民事诉讼证据的若干规定》第九条规定："下列事实，当事人无需举证证明：……（四）已为人民法院发生法律效力的裁判所确认的事实……"本案中，太阳城与深雕公司签订的《太阳家居外立面装饰工程合同书》的施工范围为A、C座建筑外立面的全部现状面积，该事实已由另案生效判决确认。因此，一审、二审法院依据另案生效裁判认定本案案涉工程施工范围，有事实和法律依据。

关于案涉工程未完成部分鉴定是否有误的问题。本案中，经一审法院委托，瑞德公司作出《太阳家居外立面装饰工程（未施工项目）工程造价鉴定意见书》（吉瑞建造鉴字［2015］第007号），鉴定结论为太阳家居外立面装饰工程未施工项目造价为1549954元。深雕公司主张瑞德公司鉴定结论不合法，但未提供证据予以证明，本院不予支持。

关于对案涉工程质量问题的认定是否有误的问题。本案中，经太阳城书面申请，由一审法院委托，建大公司作出《司法鉴定意见书》，吉林省建筑科学研究设计院作出《太阳家居外立面工程修复设计》，长春金石建元工程咨询有限责任公司作出《太阳家居外立面修复工程鉴定报告》。最终形成鉴定结论：修复费用造价为215110元。深雕公司主张案涉工程质量问题系太阳城不当使用造成，吉林省建筑科学研究设计院的鉴定程序不合法，因其未提供证据予以证明，本院不予支持。一审、二审法院将上述修复费用从太阳城已付工程款中扣除，并无不当。案涉工程是包死价，原则上不增不减。对于增项工程款，双方经协商在《太阳家居装修工程增项结算》中已确定为1795152元，深雕公司认为消防门属于增加项目，太阳城应另行支付，没有合同依据。

关于一审、二审判决深雕公司承担违约金是否有误的问题。本案中，双方签订的合同中明确约定，工期自2013年6月6日至2013年8月31日，并约定每逾期一天，深雕公司向太阳城支付2000元违约金。经查，案涉工程存在未完成部分，深雕公司未按照合同约定按时完工，应承担违约责任。因案涉工程存在增加项目，故一审、二审法院酌定以深雕公司擅自停工之日，即2014年3月30日起，至太阳城通知深雕公司解除合同之日，即2014年5月13日止，按每日2000元计算，深雕公司应支付违约金88000元，并无明显不当。

综上，深雕公司的再审申请不符合《中华人民共和国民事诉讼法》第二百条第一项、第二项、第四项、第六项规定的情形。依照《中华人民共和国民事诉讼法》第二百零四条第一款、《最高人民法院关于适用〈中华人民共和国民事诉讼法〉的解释》第三百九十五条第二款的规定，裁定如下：

驳回深雕公司的再审申请。

审判长：武建华；审判员：张代恩、潘杰；法官助理：马赫宁；书记员：隋欣

二〇一八年九月二十九日

（四）借贷合同

法定代表人变更后，变更前的法定代表人是否还有代表权，不应仅凭工商登记来认定，还应审查公司是否仍由行为人实际控制经营、是否有权决定公司对外担保等

——工商银行星海支行与大连华通凯路金融借款合同纠纷

【裁判观点】

（1）法定代表人变更后，变更前的行为人还是否有代表权，不应仅凭工商登记来认定，还应审查公司是否仍由行为人实际控制经营、是否有权决定公司对外担保。对这一问题的认定，须结合该公司法定代表人和股东变更的原因以及公司的经营情况等方面予以综合分析判断。

（2）公章是公司对外从事经营活动的身份代表，公司对行为人使用公章的限制，表明行为人对公司的经营管理权限已受到限制。

中华人民共和国最高人民法院

民 事 判 决 书

案号　（2018）最高法民终 36 号

上诉人（原审被告）：科技学院。

法定代表人：高小某，该学院董事长。

委托诉讼代理人：张鑫辉，辽宁同方律师事务所律师。

委托诉讼代理人：王云慧，辽宁同方律师事务所律师。

上诉人（原审被告）：华通凯路公司。

法定代表人：王某，该公司执行董事及经理。

委托诉讼代理人：李爱文，北京大成律师事务所律师。

委托诉讼代理人：贾可，北京大成律师事务所律师。

被上诉人（原审原告）：中国工商银行股份有限公司大连星海支行。

负责人：张某，该支行行长。

委托诉讼代理人：时洪武，辽宁瑾宸律师事务所律师。

委托诉讼代理人：刘文健，辽宁瑾宸律师事务所律师。

原审被告：阳光投资公司。

法定代表人：梁建某，该公司总经理。

委托诉讼代理人：张鑫辉，辽宁同方律师事务所律师。

委托诉讼代理人：王云慧，辽宁同方律师事务所律师。

原审被告：华通夕阳红公司。

法定代表人：周生某，该公司总经理。

委托诉讼代理人：张鑫辉，辽宁同方律师事务所律师。

委托诉讼代理人：王云慧，辽宁同方律师事务所律师。

原审被告：阳光投资公司。

法定代表人：高小某，该公司总经理。

委托诉讼代理人：张鑫辉，辽宁同方律师事务所律师。

委托诉讼代理人：王云慧，辽宁同方律师事务所律师。

原审被告：华通物业公司。

法定代表人：赵某，该公司总经理。

委托诉讼代理人：张鑫辉，辽宁同方律师事务所律师。

委托诉讼代理人：王云慧，辽宁同方律师事务所律师。

原审被告：成大置业公司。

法定代表人：高小某，该公司总经理。

委托诉讼代理人：张鑫辉，辽宁同方律师事务所律师。

委托诉讼代理人：王云慧，辽宁同方律师事务所律师。

上诉人科技学院、华通凯路公司因与被上诉人中国工商银行股份有限公司大连星海支行（以下简称工行星海支行）及原审被告阳光投资集团、华通夕阳红公司、阳光投资公司、华通物业公司、成大置业公司金融借款担保合同纠纷一案，不服辽宁省高级人民法院（以下简称辽宁高院）（2015）辽民三初字第12号民事判决，向本院提起上诉。本院于2018年1月3日立案后，依法组成合议庭，开庭进行了审理。上诉人科技学院委托诉讼代理人王云慧，上诉人华通凯路公司法定代表人王某及委托诉讼代理人李爱文、贾可，被上诉人工行星海支行委托诉讼代理人时洪武，原审被告阳光投资集团、华通夕阳红公司、阳光投资公司、华通物业公司、成大置业公司共同委托诉讼代理人王云慧到庭参加诉讼。本案现已审理终结。

科技学院上诉请求：1. 撤销一审判决第二项，改判科技学院无需支付罚息并按照欠款余额支付利息；2. 上诉费用由工行星海支行承担。事实和理由：（一）一审判决认定本金余额错误，对利息计算方式的判定缺少合同及法律依据。一审法院对2017年4月20日科技学院偿还工行星海支行的200万元本金未予认定错误，截至一审判决作出之日，本金余额应当为3.74亿元，利息计算应当以此基数计算。（二）科技学院不应支付罚息，一审判决科技学院自2015年11月21日起支付逾期罚息，属认定事实错误。从2015年5月14日起，借贷双方一直按照另行达成一致的利率标准履行合同。从原审科技学院提交的证据可以看出，2015年5月14日科技学院向工行星海支行递交了《关于科技学院下调贷款利率的申请》，工行星海支行于2015年5月21日出具的业务回执单显示工行星海支行接受了科技学院的申请方案，按照基准利率执行。科技学院提交的新证据转款明细单及转款银行凭证能够证明，自2015年8月6日到2017年9月13日期间，科技学院按照账户监管协议的要求将收取的学费共计34118万元转至工行星海支行暂收户内，由该行按照应还款额自行从上述款项中进行扣划，上述款项足够该行进行扣划。2014年5月至2017年12月21日的还款明细及银行扣款凭证证明，工行星海支行主动扣划应划款时，仍按贷款基准利率乘以欠款本金余额的方式进行扣划，这表明该行认可科技学院不用支付罚息。截至科技学院提起上诉之日止，该学院均不欠息。

工行星海支行辩称，（一）科技学院在一审中未提交2015年4月20日偿还的200万元本金的证据，一审关于本金的认定正确。（二）工行星海支行与科技学院就合同约定的利率未另行达成一致意见，科技学院提交的《关于科技学院下调贷款利率的申请》是其单方制作的，工行星海支行并未同意。2015年5月21日至2015年11月20日，工行星海支行宣布贷款提前到期，其间按照约定的利率计算利息与科技学院实际支付的利息差额部分，工行星海支行有权保留追索、延迟支付或减免的权利，不代表工行星海支行已与科技学院就利率条款达成了变更合意。

华通凯路公司、阳光投资集团、华通夕阳红公司、阳光投资公司、华通物业公司、成大置业公司不发表意见。

华通凯路公司上诉请求：1. 撤销一审判决，改判驳回工行星海支行对华通凯路公司的全部诉讼请求；2. 一、二审诉讼费用、鉴定费由工行星海支行承担。事实和理由：（一）高某不是华通凯路公司的实际控制人。在张明某、于学某将其合法持有的华通凯路公司股权质押给信邦典当公司后，高某不再是华通凯路公司的实际控制人，一审法院依据华通凯路公司的工商档案及张明某、于学某在信邦典当公司与华通凯路公司、阳光投资集团等民间借贷纠纷一案中向北京市延庆县人民法院及北京市第一中级人民法院出具的说明，认定高某为华通凯路公司实际控制人，依据不足。华通凯路公司的工商档案仅能说明高某自华通凯路公司设立登记之日至2013年10月21日担任法定代表人，案涉华通凯路公司签订的《担保合同》的时间为2014年4月28日，高某已不再担任法定代表人，且法定代表人不等同于实际控制人。张明某、于学某出具的情况说明不能证明华通凯路公司在完成股权质押后，高某仍为该公司的实际控制人。高某在《保证合同》上加盖虚假公章，亦能反映高某不是华通凯路公司实际控制人。工行星海支行没有证据证明高某和华通凯路公司股东之间有协议或其他安排，使高某能够实际控制华通凯路公司，能够对华通凯路公司的重大决策及高级管理人员的任命产生实质影响。（二）即使认定高某为华通凯路公司的实际控制人，实际控制人的意思表示也不能等同于公司的意思表示。公司和实际控制人是相互独立的民事主体，一审法院将实际控制人和公司的人格混同，违反公司法关于公司人格独立的规定。公司的意志通过法定代表人或代理人作出，高某既非法定代表人也非经华通凯路公司授权，高某在案涉《保证合同》上的签名不是华通凯路公司的意思表示。（三）高某签订《保证合同》属无权代理，华通凯路公司对此毫不知情，对华通凯路公司不发生法律效力。根据《中华人民共和国合同法》第四十八条规定，高某以华通凯路公司的名义对外签署《保证合同》，该《保证合同》对华通凯路公司不发生效力，应由高某自行承担责任。

工行星海支行辩称，（一）华通凯路公司认为高某不是该公司实际控制人与事实不符。华通凯路公司自成立时除高某以外的其他注册股东均是高某安排的员工代持，其他股东并未实际出资，在2013年10月22日股东变更为张明某、于学某时，华通凯路公司的股东为阳光投资集团和刘学某，刘学某的股权由高某安排无偿转让的事实证实了华通凯路公司股东实为高某一人，张明某和于学某出具的情况说明亦证实了华通凯路公司的唯一股东是高某。在张明某和于学某代持华通凯路公司股权期间，高某仍为华通凯路公司的实际控制人及唯一真实股东，实际投资经营者未发生变化，股权质押担保并不影响股东或实际控制人行使对公司经营管理决策的任何权利和行为，质押担保是为实现债权的一种担保。高某作为华通凯路公司的实际控制人，其作出的意思表示代表了华通凯路公司的意思表示。（二）高某在案涉《保证合同》上签字构成表见代理。即使华通凯路公司认为高某系无权代理，工行星海支行基于高某是华通凯路公司的实际控制人，完全有理由相信高某有代理权，其代理行为有效。另外，《保证合同》正本一式两份，双方各持一份，华通凯路公司对高某以其名义签订合同并未反对，系默示授权。（三）案涉《保证合同》合法有效。《保证合同》上加盖了华通凯路公司的公章并有高某的签名，华通凯路公司在《保证合同》上加盖的公章与该公司成立时的初始印章不符，不影响该合同效力，工行星海支行相信该公章的真实性，工行星海支行没必要也没能力去鉴别该公章的真伪。综上，华通凯路公司的上诉理由不能成立，请求二审法院驳回上诉，维持原判。

科技学院、阳光投资集团、华通夕阳红公司、阳光投资公司、华通物业公司、成大置业公司不发表意见。

工行星海支行向一审法院起诉请求：1. 判令科技学院立即偿还工行星海支行借款本金3.8 亿元；2. 判令科技学院按照合同约定偿还自2015 年3 月21 日起至还清欠款之日止的借款利息、罚息及复利；3. 确认工行星海支行的质押权合法有效，工行星海支行对科技学院、阳光投资集团提供的质押物享有优先受偿权；4. 华通凯路公司、阳光投资集团、华通夕阳红公司、阳光投资公司、华通物业公司、成大置业公司对科技学院的欠款承担连带清偿责任；5. 诉讼费及保全费由科技学院、华通凯路公司、阳光投资集团、华通夕阳红公司、阳光投资公司、华通物业公司、成大置业公司承担。

本案在一审审理过程中，科技学院偿还了部分借款本金100 万元及截至2015 年11 月20 日之前的利息。一审开庭审理中，工行星海支行当庭变更诉讼请求为：1. 判令科技学院立即偿还工行星海支行借款本金3.79 亿元；2. 判令科技学院按照合同约定偿还自2015 年11 月21 日起至还清欠款之日止的借款利息、罚息及复利；3. 确认工行星海支行的质押权合法有效，工行星海支行对科技学院、阳光投资集团提供的质押物享有优先受偿权；4. 阳光投资集团、华通凯路公司、阳光投资公司、华通夕阳红公司、华通物业公司、成大置业公司对科技学院的欠款承担连带清偿责任；5. 诉讼费及保全费由科技学院、华通凯路公司、阳光投资集团、华通夕阳红公司、阳光投资公司、华通物业公司、成大置业公司承担。

一审法院认定事实：2014 年 4 月 25 日，工行星海支行与科技学院签订了一份编号为工银大银固借字 2014 年 001 号《固定资产借款合同》，合同约定的主要内容是：借款金额为 4 亿元，借款期限为 6 年；借款利率为浮动利率，借款利率以基准利率加浮动幅度确定，与约定的借款期限相对应档次的中国人民银行基准贷款利率，浮动幅度为上浮 20%；借款人提款后，借款利率以 12 个月为一期，一期一调整，分段计息；第二期利率确定日为提款日满一期之后的对应日，如果调整当月不存在与提款日对应的日期，则以该月最后一日为对应日，其他各期依此类推；逾期罚息利率在原借款利率基础上加收 50% 确定；10.1 发生下列情形之一的，构成借款人违约：(1) 借款人未按约定偿还本合同项下借款本息及其他应付款项；(2) 本合同项下的担保发生了不利于贷款人债权的变化；(3) 借款人任何其他债务在到期（包括被宣布提前到期）后未能清偿，或者不履行或者违反在其他协议项下的义务，已经或可能影响到其在本合同项下义务的履行的；(5) 借款人股权结构、生产经营、对外投资等发生重大不利变化，已经或可能影响到其在本合同项下义务的履行；(6) 借款人涉及或可能涉及重大经济纠纷、诉讼、仲裁，或资产被查封、扣押或被强制执行，或被司法机关或行政机关依法立案查处或依法采取处罚措施，或因违反国家有关规定或政策被媒体曝光，已经或可能影响到其在本合同项下义务的履行的；(7) 借款人主要投资者个人、关键管理人员异常变动、失踪或被司法机关依法调查或限制人身自由，已经或可能影响到其在本合同项下义务的履行的；10.2 借款人违约，贷款人有权采取下列一项或多项措施：(3) 宣布本合同和贷款人与借款人之间其他合同项下未偿还的借款和其他融资款项立即到期，立即收回未偿还款项；10.3 借款到期（含被宣布立即到期）借款人未按约偿还的，贷款利息自逾期之日起按本合同约定的逾期罚息利率计收罚息，按逾期罚息利率计收复利。

2014 年 4 月 25 日，工行星海支行与科技学院签订一份编号为工银大星质字

2014年001号《质押合同》。合同约定的主要内容是：该份质押合同担保的主债权为工行星海支行依据其与科技学院于2014年4月25日签订的《固定资产借款合同》而享有的对债务人的债权；质押担保的范围包括主债权本金、利息、复利、罚息、违约金、损害赔偿金、汇率损失、质物保管费用以及实现质权的费用。6.1发生下列情形之一的，工行星海支行有权实现质权：A. 主债权到期（包括提前到期）债务人未予清偿的，工行星海支行有权实现质权；6.2工行星海支行实现质权时，可通过与科技学院协商，将质物拍卖、变卖或兑现、提现后以所得价款优先受偿。该《质押合同》所附的质物清单载明质物名称为：科技学院收费权；权属证明或权利凭证：12139-1、12139-2；价值为100037万元；出质人为科技学院；中国人民银行征信中心动产权属统一登记——初始登记证明编号为：01351912000166053336，该初始登记证书载明本登记为应收账款质押普通贷款业务登记，出质人为科技学院；质押财产描述：科技学院收费权。

2014年5月28日，工行星海支行与阳光投资集团签订一份编号为工银大星质字2014年第004号《质押合同》，合同约定的主要内容是：该份质押合同担保的主债权为工行星海支行依据其与科技学院2014年4月25日签订的《固定资产借款合同》而享有的对债务人的债权；质押担保的范围包括主债权本金、利息、复利、罚息、违约金、损害赔偿金、汇率损失、质物保管费用以及实现质权的费用。6.1发生下列情形之一的，工行星海支行有权实现质权：A. 主债权到期（包括提前到期）债务人未予清偿的。阳光投资集团将其持有的阳光投资公司的价值3500万元的股权，质押给工行星海支行，并于2014年11月25日在工商行政管理机关办理了股权出质登记，工商行政管理机关出具了［2014］第87号《股权出质设立登记通知书》。

2014年4月28日，工行星海支行分别与阳光投资集团签订了编号为工银大星保字2014年004号《保证合同》；与华通夕阳红公司签订编号为工银大星保字2014年第001号《保证合同》；与华通凯路公司签订编号为工银大星保字2014年第005号《保证合同》，该份合同的乙方盖章处盖有“华通凯路公司”的印章，并有高某的签名；与阳光投资公司签订编号为工银大星保字2015年005号《保证合同》；与华通物业公司签订编号为工银大星保字009号-1《保证合同》；与成大置业公司签订编号为工银大星保字008号-1《保证合同》，上述六份保证合同约定的主要内容均为：各保证人（乙方）所担保的主债权为工行星海支行依据其与科技学院2014年4月25日签订的主合同（名称：《固定资产借款合同》，编号为工银大星固借字2014年001号）而享有的债权；承担保证责任的方式为连带责任保证；担保的范围包括主债权本金、利息、复利、罚息、违约金、损害赔偿金、汇率损失以及实现债权的费用；保证期间为自主合同项下的借款期限届满之次日起两年；甲方（工行星海支行）宣布借款提前到期的，则保证期间为借款提前到期日之次日起两年；6.4发生下列情形之一，自接到甲方通知之日起5个工作日内，无条件履行本合同项下的保证责任：A.主债权到期（包括提前到期）债务人未予清偿的；甲方（工行星海支行）主债权存在物的担保的，不论该物的担保是由债务人提供还是由第三人提供，甲方有权要求乙方先承担保证责任，乙方承诺不因此而提出抗辩。甲方放弃、变更或丧失其他担保权益的，乙方的保证责任仍持续有效，不因此而无效或减免。

2011年4月7日，中华人民共和国教育部通知辽宁省人民政府，同意大连交通大学信息工程学院转设为科技学院。科技学院为独立设置的民办普通本科学校。2012年1月9日，辽宁省民政厅向科技学院颁发民办非企业单位登记证书。科技学院章程规定的主要内容有："学院性质：民办普通高等学校，学院的审批机关是教育部，学院的登记管理机关是辽宁省人力资源和社会保障厅，举办者不要求取得合理回报"等内容。

2015年4月8日，工行星海支行因借款合同纠纷以阳光投资集团、科技学院等为被告向辽宁高院提起诉讼，要求阳光投资集团立即偿还工行星海支行借款本金14400万元及利息，科技学院对上述借款本金和利息承担连带责任。辽宁高院于2015年12月14日作出（2015）辽民三初字第13号民事判决，判令科技学院对阳光投资集团欠付工行星海支行的本金14400万元及利息不能偿还部分承担二分之一的赔偿责任。该判决已发生法律效力，工行星海支行已申请强制执行。2015年6月8日，大连市中级人民法院作出（2015）大民三初字第00145号民事判决，判令科技学院对阳光投资公司欠付的3500万元借款及相应利息的债务承担连带偿还责任。2015年6月25日，河北省泊头市人民法院作出（2015）泊民初字第1530号民事裁定书，裁定冻结科技学院存款105万元并扣划科技学院存款1023344元至泊头市收费管理局收费科。2015年8月20日，大连市中级人民法院作出（2015）大执字第618号协助冻结存款通知书，冻结科技学院存款4000万元；2015年12月15日，大连市西岗区人民法院作出（2015）西执字第1585号协助冻结存款通知书，冻结科技学院存款35265778元。科技学院的法定代表人高某在工行星海支行提起本案诉讼前已死亡。

按照合同约定，科技学院应按下列日期和金额偿还借款本金：1. 2014年10月20日，偿还借款本金2000万元；2. 2015年4月20日，偿还借款本金2000万元；3. 2015年10月20日，偿还借款本金2000万元……于2020年4月24日偿还借款本金4500万元；2014年4月25日，工行星海支行向科技学院发放了贷款4亿元。科技学院仅在2014年10月20日偿还借款本金2000万元、2015年10月20日偿还本金100万元、在本案审理期间的2016年4月20日偿还本金100万元、2016年10月20日偿还本金200万元，共计偿还本金2400万元。自2015年11月21日至2016年10月，科技学院共计偿还利息20483063.2元。

另查明，华通凯路公司于2007年4月29日登记设立，设立时的股东分别为高某、赵某、吴高某，法定代表人为高某；2010年2月11日，股东变更为高某、赵某、吴高某、邹宝某；2010年7月28日，股东变更为大连世界和平公园有限公司、赵某、吴高某、邹宝某；2011年9月6日，股东变更为阳光投资集团、刘学某、邹宝某；2013年10月22日，股东变更为张明某、于学某，同日法定代表人由高某变更为王某。

在信邦典当公司与华通凯路公司、阳光投资集团、大连科技学院、高小某等一系列民间借贷纠纷案件中，华通凯路公司的股东张明某、于学某向北京市延庆县人民法院及北京市第一中级人民法院出具书面情况说明："就持有华通凯路公司股权事宜说明如下：2013年10月，经投融资各方协议，高某同意以其实际控制的华通凯路公司股权向出借方信邦典当公司提供质押担保，为便于质权的实现，双方决定由第三方代持华通凯路公司股权，并办理质押手续，在上述背景下，张明某、于学某代持了华通凯路公司的股权，张明某、于学某受让华通凯路公司股权未支付对价，也未参与公司经营及各项决策；如果股权质押所担保的债权全部清偿，张明某、于学某将所代持的股权转让给高某或其指定主体，如股权质押所担保的债权未清偿，张明某、于学某将配合信邦典当公司实现质权，将股权拍卖、变卖或其他方式处置，以处置所得优先偿还信邦典当公司欠款，如有余款则返还高某。"对上述情况说明，华通凯路公司无异议。

本案在一审审理期间，华通凯路公司申请对签订日期为2014年4月28日、合同编号为工银大星保字2014年第005号《保证合同》上加盖的“华通凯路公司”的公章进行鉴定，经一审法院委托辽宁大学司法鉴定中心进行鉴定，该中心作出辽大司鉴［2016］文鉴字第0234号《文书鉴定意见书》，鉴定结论为：鉴材第9页乙方盖章处的“华通凯路公司”公章印文与样本上的“华通凯路公司”公章印文不是同一枚印章盖印。本案鉴定产生鉴定费302000元。

一审法院认为，工行星海支行与科技学院签订的编号为工银大银固借字2014年第001号《固定资产借款合同》、编号为工银大星质字2014年第001号《质押合同》均是双方当事人真实意思表示，并不违反法律、行政法规的强制性规定，合法有效。双方当事人均应按照约定履行合同义务。工行星海支行已依约发放了贷款，履行了合同约定的义务。案涉《固定资产借款合同》10.1约定：“发生下列情形之一的，构成借款人违约：（1）借款人未按约定偿还本合同项下借款本息及其他应付款项；（2）本合同项下的担保发生了不利于贷款人债权的变化；(3) 借款人任何其他债务在到期（包括被宣布提前到期）后未能清偿，或者不履行或者违反在其他协议项下的义务，已经或可能影响到其在本合同项下义务的履行的；(5) 借款人股权结构、生产经营、对外投资等发生重大不利变化，已经或可能影响到其在本合同项下义务的履行；(6) 借款人涉及或可能涉及重大经济纠纷、诉讼、仲裁，或资产被查封、扣押或被强制执行，或被司法机关或行政机关依法立案查处或依法采取处罚措施，或因违反国家有关规定或政策被媒体曝光，已经或可能影响到其在本合同项下义务的履行的；(7) 借款人主要投资者个人、关键管理人员异常变动、失踪或被司法机关依法调查或限制人身自由，已经或可能影响到其在本合同项下义务的履行的。”结合本案查明的事实，科技学院的法定代表人高某死亡属于合同约定的主要投资者个人、关键管理人员的异常变动情况；科技学院涉及的多起债务违约情形未能按期偿还；科技学院涉及多起重大诉讼，其大量财产被多家人民法院采取冻结、扣划的执行措施，科技学院未能在合同约定的期限内按期偿还借款本金及利息。工行星海支行认为科技学院上述情形的发生可能影响借款合同项下义务的履行，并认为已经符合了借款合同约定的借款人存在违约情形的主张依据充分，一审法院予以支持。根据《固定资产借款合同》第10.2条约定：“借款人违约，贷款人有权采取下列一项或多项措施：（3）宣布本合同和贷款人与借款人之间其他合同项下未偿还的借款和其他融资款项立即到期，立即收回未偿还款项”，因科技学院已经构成借款合同约定的违约情形，工行星海支行有权依据合同约定宣布借款立即到期，立即收回未偿还款项。虽然科技学院收到工行星海支行宣布借款立即到期的起诉状是在2015年10月22日，但工行星海支行当庭主张借款合同立即到期日为2015年11月20日，并未损害科技学院的利益，故一审法院对工行星海支行的该项主张予以支持。《中华人民共和国合同法》第二百零七条规定：“借款人未按照约定的期限返还借款的，应当按照约定或者国家有关规定支付逾期利息。”工行星海支行宣布提前到期日为2015年11月20日，在该日前科技学院已偿还借款本金为2100万元，应自2015年11月21日起偿还3.79亿元本金。根据《固定资产借款合同》第10.3条约定：“借款到期（含被宣布立即到期）借款人未按约偿还的，贷款利息自逾期之日起按本合同约定的逾期罚息利率计收罚息”，科技学院应按合同约定的逾期罚息利率支付相应利息。在工行星海支行宣布借款提前到期后，科技学院分别于2016年4月20日偿还本金100万元、2016年10月20日偿还本金200万元，对于科技学院偿还的上述300万元本金，工行星海支行予以认可，应在本金中予以扣除。工行星海支行主张复利的诉讼请求没有合同依据，不予支持。

《中华人民共和国物权法》第二百零八条第一款规定：“为担保债务的履行，债务人或者第三人将其动产出质给债权人占有的，债务人不履行到期债务或者发生当事人约定的实现质权的情形，债权人有权就该动产优先受偿。”第二百二十三条规定：“债务人或者第三人有权处分的下列权利可以出质……（六）应收账款……”第二百二十八条第一款规定：“以应收账款出质的，当事人应当订立书面合同。质权自信贷征信机构办理出质登记时设立。”第二百二十九条规定：“权利质权除适用本节规定外，适用本章第一节动产质权的规定。”本案中，因科技学院的收费权系基于招生产生的将来金钱债权，依其性质可纳入依法可出质的“应收账款”的范畴。工行星海支行与科技学院签订编号为工银大星质字2014年001号书面《质押合同》，科技学院将12139－1、12139－2收费许可证的收费权质押给工行星海支行，以科技学院的收费权提供质押担保，并在中国人民银行征信中心动产权属统一登记处办理了初始登记，符合物权法相关规定，工行星海支行对科技学院的收费权的质权已经设立，工行星海支行有权就该质押的应收账款享有优先受偿权。

工行星海支行与阳光投资集团签订了编号为工银大星质字2014年第004号《质押合同》，阳光投资集团将其持有的阳光投资公司的价值3500万元的股权质押给工行星海支行，并于2014年11月25日在工商行政管理机关办理了股权出质登记，工商行政机关出具了［2014］第87号《股权出质设立登记通知书》。《质押合同》第6.1条约定："发生下列情形之一的，工行星海支行有权实现质权：A. 主债权到期（包括提前到期）债务人未予清偿的。"当科技学院不能清偿所欠工行星海支行借款时，工行星海支行对阳光投资集团出质的股权出让、变卖、折价所得，享有优先受偿权。

《中华人民共和国合同法》第三十二条规定："当事人采用合同书形式订立合同的，自双方当事人签字或者盖章时合同成立。"第四十四条第一款规定："依法成立的合同，自成立时生效。"本案中，工行星海支行与阳光投资公司、华通物业公司、成大置业公司、华通夕阳红公司各自签订了《保证合同》，并加盖了上述公司的单位公章及法定代表人名章，上述公司对单位公章及名章的真实性均没有异议，因此该《保证合同》均已成立并生效。上述公司虽辩称公章系无权盖章人加盖，但其并没有举证加以证明，而且，加盖公章前是否经过有效内部程序审批亦不影响公章的对外效力，故上述公司辩称《保证合同》无效的主张，无事实依据，一审法院不予支持。另，《保证合同》签订时间虽晚于其担保的债权成立时间，但早于主债务到期时间，《保证合同》约定的保证期间为自主合同项下的借款期限届满之次日起两年，该约定并未违反法律行政法规的强制性规定，应为合法有效。《中华人民共和国担保法》第六条规定："本法所称保证，是指保证人和债权人约定，当债务人不履行债务时，保证人按照约定履行债务或者承担责任的行为。"案涉《保证合同》均约定"发生下列情形之一，自接到甲方（工行星海支行）通知之日起5个工作日内，无条件履行本合同项下的保证责任：A. 主债权到期（包括提前到期）债务人未予清偿的"。因此，当工行星海支行已经宣布案涉借款立即到期，科技学院不清偿对工行星海支行借款本金及相应利息的欠款时，工行星海支行主张阳光投资公司、华通物业公司、成大置业公司、华通夕阳红公司按照《保证合同》约定承担连带保证责任，应予支持。

本案中，华通凯路公司与工行星海支行签订了《保证合同》，但在庭审中华通凯路公司对该合同中盖有的"华通凯路公司"的印章申请鉴定，经鉴定《保证合同》上的公章印文与样本上的“华通凯路公司”公章印文不是同一枚印章盖印，因此华通凯路公司认为其不应当承担保证责任。但根据华通凯路公司现登记股东张明某、于学某的书面说明及华通凯路公司工商档案的登记表明，高某自华通凯路公司设立登记之日起一直担任该公司的法定代表人，直到2013年10月华通凯路公司为融资需要便于质权的实现，才由登记股东张明某、于学某代持华通凯路公司的股份，并且张明某、于学某受让股份并未支付对价，也未参与公司经营及各项决策，上述事实表明虽然华通凯路公司变更了股东，但股东变更并非是各方当事人之间股权转让的真实意思表示，股东及法定代表人的变更仅是为了方便实现质权而采取的表面方式，张明某、于学某在上述说明中明确如在实现质权后有剩余财产应将剩余财产交付高某，以上表明华通凯路公司的实际控制人、实际权利人仍应为高某。华通凯路公司对于张明某、于学某的上述陈述均予认可且无异议，因此华通凯路公司对于其实际控制人为高某应为明知。虽然案涉《保证合同》上加盖的印章与样本上的“华通凯路公司”公章印文不是同一枚印章，但华通凯路公司并未否认该《保证合同》上高某的签名，因此高某代表华通凯路公司与工行星海支行签订的《保证合同》系华通凯路公司的真实意思表示，合法有效，华通凯路公司应承担相应的保证责任。鉴于华通凯路公司明知其登记股东张明某、于学某为代持，高某为实际控制人并在《保证合同》上签字的情况下，仍申请对印章进行鉴定，产生的鉴定费用应由华通凯路公司负担。

综上，一审法院根据《中华人民共和国合同法》第三十二条、第四十四条、第五十二条、第二百零七条，《中华人民共和国物权法》第一百七十六条、第二百零八条、第二百二十三条、第二百二十八条、第二百二十九条，《中华人民共和国担保法》第六条、第九条、第三十一条，《中华人民共和国民办教育促进法》第三条、第五条，《最高人民法院关于适用〈中华人民共和国担保法〉若干问题的解释》第七条规定，判决：一、科技学院于判决生效之日起十日内向工行星海支行偿还欠款3.76亿元；二、科技学院于判决生效之日起十日内向工行星海支行偿还欠款本金所产生的利息（利息的计算：自2015年11月21日起至2016年4月20日止，以3.79亿元为基数按借款合同约定的逾期罚息利率即中国人民银行同期贷款利率上浮50%计付利息；自2016年4月21日起至2016年10月20日止，以3.78亿元为基数按借款合同约定的逾期罚息利率即中国人民银行同期贷款利率上浮50%计付利息；自2016年10月21日起至全部欠款还清之日止，以3.76亿元为基数按借款合同约定的逾期罚息利率即中国人民银行同期贷款利率上浮50%计付利息；上述利息中应扣除科技学院已经偿还的部分利息20483063.2元)；三、工行星海支行对科技学院向其质押的科技学院（12139-1、12139-2收费许可证项下的）收费权（应收账款）享有质权，当科技学院不偿还上述一、二项债务时，工行星海支行（实现质权的费用应首先从质物处置所得中扣除）对收费权应收账款优先受偿；四、工行星海支行对阳光投资集团出质的阳光投资公司3500万元的股权（［2014］第87号《股权出质设立登记通知书》）拍卖、变卖、折价所得，享有优先受偿权；五、阳光投资集团、阳光投资公司、华通物业公司、成大置业公司、华通夕阳红公司、华通凯路公司对科技学院所负的上述一、二项债务承担连带保证责任，承担保证责任后有权向科技学院追偿；六、驳回工行星海支行的其他诉讼请求。案件受理费1941800元、保全费5000元，共计1946800元，由工行星海支行负担164215元，由科技学院、阳光投资集团、阳光投资公司、华通物业公司、成大置业公司、华通夕阳红公司、华通凯路公司共同负担1782585元。鉴定费302000元，由华通凯路公司负担。

本院二审期间，当事人围绕上诉请求依法提交了证据。本院组织当事人进行了证据交换和质证。

科技学院针对欠款本金及利息问题新提交的证据如下：证据一，科技学院及科技学院语言培训中心向尾号为4345的工行星海支行“其他应付款待转利息暂收户”转款的明细单，其中科技学院于2015年8月6日转款6272万元；科技学院语言培训中心从2015年9月25日至2017年9月13日向上述账户共转款8笔计27846.352146万元。该份证据拟证明自2015年8月6日至2017年9月13日，科技学院按照账户监管协议的要求将收取的学费转至工行星海支行暂收户内，共计转款34118.352146万元，由工行星海支行按照应还款额度自行从上述款项中进行扣划，上述款项足够工行星海支行进行扣划，工行星海支行亦按照基准利率乘以本金余额扣划每月利息，科技学院具有足够的还款能力，根本不欠付利息，工行星海支行宣布借款提前到期及支付罚息没有任何依据。证据二，2014年5月至2017年12月科技学院还4亿元贷款利息本金明细及2017年4月20日银行转账凭证，拟证明除本案一审判决认定的还款外，科技学院还于2017年4月20日偿还案涉借款本金200万元。

工行星海支行质证意见：证据一，真实性无异议。但科技学院语言培训中心具有独立的法人资格，不是科技学院的下设机构，工行星海支行无权划扣科技学院语言培训中心的存款，该份证据与本案无关联性。证据二，真实性无异议，认可科技学院2017年4月20日偿还欠款本金200万元。

华通凯路公司未发表质证意见。

本院认证意见：本院对科技学院在二审中提交的两组新证据的真实性、合法性予以确认。对证据一与待证目的的关联性及证明力，在本判决下文中予以认定。因工行星海支行质证认可科技学院于2017年4月20日还款200万元本金的事实，本院对证据二依法予以采信。

华通凯路公司针对担保责任问题提交如下证据：证据一，高某向信邦典当公司出具的承诺函一份。内容为：高某向信邦典当公司申请融资2.4亿元，其中以高某名义申请典当借款9000万元，以阳光投资集团的名义申请典当借款9000万元，以高某配偶周广某名义申请典当借款6000万元，高某同意以其本人实际控制的华通凯路公司股权为上述融资提供担保。具体方案：1. 高某同意将阳光投资集团持有的华通凯路公司95%股权及刘学某持有的华通凯路公司5%股权转让给信邦典当公司指定的主体（该股权转让系股权担保的一部分，不需要受让人支付股权转让对价）。2. 高某同意由新受让的华通凯路公司股东（信邦典当公司指定）将所持有的华通凯路公司股权100%质押给信邦典当公司作为2.4亿元融资担保。3. 如不能如约偿还借款，高某同意信邦典当公司对华通凯路公司的股权进行处置，高某及阳光投资集团、刘学某不持任何异议。4. 如按约偿还借款本息，则信邦典当公司安排华通凯路公司股权持有人将所持有股权转让至高某指定主体。证据二，张明某证言。张明某于2013年10月22日受信邦典当公司委托，取得华通凯路公司股权，为该公司合法股东，张明某本人从未与高某或高某持股、实际控制的公司就控制华通凯路公司的经营权达成任何协议或作出任何安排。张明某不会按照高某的指令作出华通凯路公司经营方面的重大决策或任免该公司董事、监事、高级管理人员及其他主要管理人员。证据三，华通凯路公司印章、证照使用登记表。该登记表显示使用华通凯路公司印章、证照需由现法定代表人王某的签字同意。证据四，张明某、于学某股权代持协议，张明某、于学某受信邦典当公司委托持有华通凯路公司股权，不会按照高某指令影响华通凯路公司经营管理。以上四份证据拟证明自华通凯路公司股东变更为信邦典当公司委托的股东后，高某不再是华通凯路公司的实际控制人，其不能实际控制华通凯路公司。

工行星海支行质证意见：证据一、二、四证明，华通凯路公司的股东变更为信邦典当公司委托持股的股东张明某、于学某后，高某仍是实际控制人，高某与信邦典当公司是融资借款关系，张明某、于学某代持股的目的是方便债权人实现债权而作出的代持安排，如果借款按期偿还，需要将华通凯路公司的股权转至高某指定的主体名下，华通凯路公司的股权未发生实质性变化，并不影响公司管理、经营决策，故对华通凯路公司的证明观点不予认可。证据三，与本案无关联性。

科技学院对华通凯路公司提交的新证据无意见。

本院认证意见：本院对华通凯路公司提交的四份新证据的真实性、合法性予以确认，对证据与本案的关联性及证明力在本判决下文中予以认定。

工行星海支行新提交的证据如下：证据一，阳光投资集团股东及持股比例变更明细。拟证明该公司股东为高某及周广某夫妇，高某持股比例从2002年5月16日起由80%提高至90%，华通凯路公司的股东在变更为张明某、于学某之前，阳光投资集团持股95%，故高某系华通凯路公司的实际控制人。证据二，工行星海支行于2018年1月25日出具的证明一份，主要内容为：除一审判决认定的科技学院已偿还的2400万元本金外，科技学院于2017年4月20日、2017年10月20日分别偿还200万元，共计400万元，截至2018年1月20日，科技学院尚欠案涉借款本金3.72亿元。2015年11月21日至2018年1月20日，科技学院实际支付利息41551102.79元，尚欠利息34412260.78元。

华通凯路公司质证意见：证据一真实性、合法性无异议，关联性及证明力不予认可。在2013年10月22日华通凯路公司的股东、法定代表人变更之前，高某是否为实际控制人与本案无关，不能证明其在签约时是华通凯路公司法定代表人、股东以及公司的实际控制人，通过华通凯路公司使用公章的程序亦能够说明高某不是该公司的实际控制人。华通凯路公司对工行星海支行提交的证据二未发表质证意见。

科技学院质证意见：科技学院对工行星海支行提交的证据一未发表质证意见。证据二，对工行星海支行出具的证明中记载的欠款本金及实际支付利息的数额予以认可，对其他内容不予认可。

本院认证意见：本院对工行星海支行在二审中提交的证据一的真实性、合法性予以确认。证据二工行星海支行出具的证明是工行星海支行对案件事实的陈述、说明，属于当事人陈述，不属于证明案件事实的证据，但因该行在其出具的证明中认可科技学院分别于2017年4月20日、2017年10月20日偿还400万元本金、尚欠本金3.72亿元、科技学院实际支付利息41551102.79元的事实，作出了不利于己方的陈述，且科技学院质证认可工行星海支行出具的证明中记载的欠款本金及实际支付利息的数额；二审庭审后，科技学院与工行星海支行经对账又向本院确认科技学院的上述还款、付息事实。因此，本院对工行星海支行再审提交的证据二予以采信。

综合上述新证据，本院二审查明以下事实：除一审法院已经查明的科技学院偿还工行星海支行借款本金2400万元外，科技学院于2017年4月20日及2017年10月20日分别偿还借款本金200万元，以上共计偿还本金2800万元，尚欠本金3.72亿元。自2015年11月21日至2018年1月20日，科技学院共支付利息41551102.79元。科技学院于2015年8月6日向尾号为4345的工行星海支行“其他应付款待转利息暂收户”转款6272万元，科技学院语言培训中心从2015年9月25日至2017年9月13日向以上同一账户共转款8笔共计27846.352146万元。

另查明，华通凯路公司的股东于2011年9月6日变更为阳光投资集团、刘学某、邹宝某时，阳光投资集团持股83%，其中阳光投资集团的股东为高某和周广某夫妇，高某持股90%，周广某持股10%。华通凯路公司于2013年10月法定代表人变更为王某后，该公司的公章使用需由王某在印章、证照使用登记表上签字同意。

本院二审查明的其他事实与一审查明事实相同。

本院认为：综合本案各方当事人的诉辩情况，经征得各方当事人的同意，本案争议焦点为：一、案涉欠款本金、利息及逾期罚息应如何认定？二、华通凯路公司应否承担连带保证责任？

一、关于案涉欠款本金、利息及逾期罚息应如何认定的问题

关于案涉欠款本金数额的认定。工行星海支行与科技学院签订的《固定资产借款合同》约定借款金额为4亿元，该合同签订后，工行星海支行按约向科技学院发放了4亿元贷款。科技学院于2014年10月20日、2015年10月20日、2016年4月20日、2016年10月20日分别偿还本金2000万元、100万元、100万元、200万元，上述还款共计2400万元，一审判决已予以认定。此外，科技学院与工

行星海支行在本院二审中共同确认科技学院于2017年4月20日、2017年10月20日分别偿还借款本金200万元，其中，科技学院上诉主张了2017年4月20日的200万元，而对2017年10月20日偿还的200万元在上诉状中未提及，其原因是该笔200万元的偿还发生在科技学院提起本案上诉之后，在本案二审庭审后经双方共同确认，工行星海支行对2017年10月20日的200万元还款亦予以认可，故本院对上述两笔共计400万元本金的偿还予以认定。据此，至2017年10月20日，科技学院共计偿还借款本金2800万元，尚欠本金3.72亿元。科技学院关于欠款本金数额的上诉主张，有事实依据，本院予以支持。

关于欠款利息、逾期罚息应否支持的问题。工行星海支行起诉主张的利息为2015年11月21日宣布借款到期起自还清欠款之日止的借款利息、罚息及复利。一审法院查明科技学院已经偿还了2015年11月20日之前的借款利息（借期内利息），故判令科技学院自2015年11月21日起支付欠款本金产生的逾期罚息，依据《固定资产借款合同》第10.3条约定的逾期罚息利率按中国人民银行同期贷款利率上浮50%计息，对工行星海支行主张的复利不予支持。现科技学院上诉主张其不应支付上浮50%的罚息，只应支付按中国人民银行同期贷款利率计算的欠款利息，故本院二审针对科技学院应否支付上浮50%的罚息问题予以审理。

案涉《固定资产借款合同》第10.3条约定：借款到期（含被宣布立即到期）借款人未按约偿还的，贷款利息自逾期之日起按本合同约定的逾期罚息利率计收罚息。《固定资产借款合同》第3.4条约定：本合同项下逾期罚息利率在原借款利率基础上加收50%确定。关于原借款利率的标准，该《固定资产借款合同》第3.1（2）款约定：借款利率为浮动利率，借款利率以基准利率加浮动幅度确定，与约定的借款期限相对应档次的中国人民银行基准贷款利率，浮动幅度为上浮20%；借款人提款后，借款利率以12个月为一期，一期一调整，分段计息。依据科技学院在本案一审中提交的《关于科技学院下调贷款利率的申请》以及2015年5月21日和同年6月21日工行星海支行扣划科技学院利息的业务回单，可以认定在实际履行过程中，双方对借款利率进行了调整，借款利率按中国人民银行基准贷款利率计算，不再上浮20%。据此，依据《固定资产借款合同》第3.4条的约定，逾期罚息利率应在双方实际履行的借款利率的基础上，上浮50%计算。

案涉借款自2015年11月20日被宣布到期时，科技学院尚有欠款本金未还，依据《固定资产借款合同》第10.3条关于“借款到期（含被宣布立即到期）借款人未按约偿还的，贷款利息自逾期之日起按本合同约定的逾期罚息利率计收罚息”的约定，科技学院应向工行星海支行支付逾期罚息，以欠款本金为基数，按照中国人民银行同期贷款利率上浮50%计算。据此，一审判决科技学院以中国人民银行同期贷款利率上浮50%的利率标准向工行星海支行支付逾期罚息有事实和合同依据，并无不当。至2015年11月20日，科技学院偿还借款本金2100万元，尚欠本金3.79亿元。其后，科技学院分别于2016年4月20日偿还本金100万、于2016年10月20日、2017年4月20日及2017年10月20日分别偿还借款本金200万元。因此，逾期罚息应按实际欠款数额分段计息，即：自2015年11月21日起至2016年4月20日止，以3.79亿元为基数按中国人民银行同期贷款利率上浮50%计付逾期罚息；自2016年4月21日起至2016年10月20日止，以3.78亿元为基数按中国人民银行同期贷款利率上浮50%计付逾期罚息；自2016年10月21日起至2017年4月20日止，以3.76亿元为基数按中国人民银行同期贷款利率上浮50%计付逾期罚息；自2017年4月21日起至2017年10月20日止，以3.74亿元为基数按中国人民银行同期贷款利率上浮50%计付逾期罚息；自2017年10月21日起至全部欠款还清之日止，以3.72亿元为基数按中国人民银行同期贷款利率上浮50%计付逾期罚息。另，本案二审中，经科技学院和工行星海支行核对，双方共同确认科技学院自2015年11月21日起至2018年1月20日止，已实际支付利息41551102.79元，本院对此予以认定，故上述逾期罚息应当相应扣除科技学院已经支付的利息41551102.79元。

科技学院上诉主张其与科技学院语言培训中心向尾号为4345的工行星海支行“其他应付款待转利息暂收户”有过多次转款，其中科技学院于2015年8月6日转款6272万元，科技学院语言培训中心从2015年9月25日至2017年9月13日共转款8笔，金额共计27846.352146万元，工行星海支行按应还款额自行从上述款项中扣划，故科技学院不欠利息，不应当支付罚息。对此，本院认为，其一，工行星海支行主张科技学院支付逾期罚息的依据是该学院逾期还款，而非逾期支付利息，在借款到期后科技学院存在逾期付款的情况下，无论该学院是否已支付完毕借款利息，其都应依据合同约定基于逾期还款事实支付逾期罚息。其二，科技学院与科技学院语言培训中心是两个不同的法人主体，并无证据证明科技学院语言培训中心打入工行星海支行“其他应付款待转利息暂收户”的款项系科技学院的还款以及工行星海支行有权扣划。结合双方以往的还款流程看，科技学院偿还利息的习惯方式是将该“其他应付款待转利息暂收户”（借方）的相关款项转至科技学院自己的账户（贷方），再由工行星海支行在科技学院自己的账户上扣划利息，无证据证明工行星海支行直接从“其他应付款待转利息暂收户”中扣划过款项抵偿案涉借款本息。据此，科技学院关于其不应支付罚息的上诉主张，理据不足，本院不予支持。

综上，科技学院关于欠款本金问题的上诉请求成立，本院予以支持；关于逾期罚息问题的上诉请求不成立，本院不予支持。

二、关于华通凯路公司应否承担连带保证责任的问题

案涉编号为工银大星保字2014年第005号的《保证合同》系由高某以华通凯路公司的名义与工行星海支行签订，该合同上加盖的华通凯路公司公章经鉴定与该公司备案印章不一致，但有高某真实签字。上述担保行为应否归属于华通凯路公司，应从高某是否有权代表华通凯路公司、工行星海支行签约时是否有理由相信高某有代表权等方面予以分析认定。

其一，高某是否有权代表华通凯路公司。根据一审查明的事实，高某系华通凯路公司原法定代表人、原大股东阳光投资集团的控股股东，在2013年10月22日之前，其对华通凯路公司享有实际控制权，有权处分包括另两名原股东刘学某、邹宝某持有的华通凯路公司全部股权。自2013年10月22日起，华通凯路公司的股东由阳光投资集团、刘学某、邹宝某变更为张明某、于学某，法定代表人由高某变更为王某。因此，2014年4月28日高某以华通凯路公司的名义签订案涉《保证合同》时，其已不是工商登记上记载的法定代表人，对外不具有代表华通凯路公司的身份。但是，鉴于高某此前是华通凯路公司法定代表人，此后仍是实际投资人和公司股权的实际所有人，故不应仅凭工商登记来认定高某有无代表权的问题，还应审查华通凯路公司是否仍由高某实际控制经营、是否有权决定公司对外担保。对这一问题的认定，须结合该公司法定代表人和股东变更的原因以及公司的经营情况等方面予以综合分析判断。

首先，华通凯路公司变更法定代表人和股东，系由于高某以华通凯路公司全部股权及其派生权益作为当物向信邦典当公司借款，为便于信邦典当公司质权的

实现，双方决定由第三方代持华通凯路公司股权，并办理了股权出质登记，在此背景下，华通凯路公司的股权由信邦典当公司委托的张明某、于学某代持，法定代表人也由此发生变更。可见，股权代持人和新法定代表人代表的是信邦典当公司的利益，该公司通过股权代持、更换法定代表人及股权质押登记对高某处分华通凯路公司股权设置了限制，防止其作出损害信邦典当公司债权实现的行为。但是，债权人对公司实际投资人、大股东处分公司股权的限制，是否必然也限制了其对公司的经营决策和财产处分，还要结合股权的性质作进一步分析。股权是一种具有复杂内容的权利，其转让不同于简单的物的买卖，还涉及公司管理、投资、经营等多项权利的转换，公司全部股权的转让，不仅意味着股权归属的变更，也意味着与公司经营决策有关的各种权利、义务也随之移转。从本案查明的事实看，股权代持和法定代表人变更后高某已无权自行决定公章的使用，高某或者华通凯路公司用章须经现法定代表人王某在《公司印章、证照使用登记表》上签字同意。案涉《保证合同》上加盖的华通凯路公司公章与备案印章不一致，且无证据证明该公司同时使用多枚公章的情况，亦印证了高某未经新任法定代表人同意无权使用公司公章的事实。公章是公司对外从事经营活动的身份代表，华通凯路公司对高某使用公章的限制，足以表明高某对公司的经营管理权限已受到限制，亦即高某不得以华通凯路公司名义从事损害公司利益和债权人信邦典当公司利益的经营行为。基于以上分析，本案一审判决认定在股权代持后高某仍是华通凯路公司的实际控制人，证据不足，认定不当。

其次，公司实际投资人、大股东以公司财产为其控制的其他公司提供连带保证，属于涉及公司重大利益的财产处分事项，必然会影响公司其他股东利益以及债权人的利益，故公司法对公司对外担保的决策机构有限制性规定，法定代表人、实际控制人以及公司大股东均无权自行决定以公司财产对外进行担保。《中华人民共和国公司法》第十六条第一款规定：“公司向其他企业投资或者为他人提供担保，依照公司章程的规定，由董事会或者股东会、股东大会决议；公司章程对投资或者担保的总额及单项投资或者担保的数额有限额规定的，不得超过规定的限额。”第二款规定：“公司为公司股东或者实际控制人提供担保的，必须经股东会或者股东大会决议。”第三款规定：“前款规定的股东或者受前款规定的实际控制人支配的股东，不得参加前款规定事项的表决。该项表决由出席会议的其他股东所持表决权的过半数通过。”

依据上述规定，公司法定代表人、实际控制人不享有公司对外担保的决策权，更何况是已不具备法定代表人身份、经营管理权受到限制的高某。因此，高某未经华通凯路公司授权以该公司财产为科技学院的债务提供担保，其行为构成无权代表、无权代理，一审判决认定其行为属于职务行为，认定事实和适用法律有误。

其二，工行星海支行是否有理由相信高某有代表权或代理权。《中华人民共和国合同法》第四十九条规定："行为人没有代理权、超越代理权或者代理权终止后以被代理人名义订立合同，相对人有理由相信行为人有代理权的，该代理行为有效。"第五十条规定："法人或者其他组织的法定代表人、负责人超越权限订立的合同，除相对人知道或者应当知道其超越权限的以外，该代表行为有效。"《最高人民法院关于适用〈中华人民共和国担保法〉若干问题的解释》第十一条规定："法人或者其他组织的法定代表人、负责人超越权限订立的担保合同，除相对人知道或者应当知道其超越权限的以外，该代表行为有效。"以上条文是关于表见代理以及表见代表制度的规定。依据上述规定，高某的无权代表、无权代理行为是否对华通凯路公司发生法律效力，应审查工行星海支行是否有理由相信高某有代表权或代理权。本案中，高某在签订案涉保证合同时未向工行星海支行出具华通凯路公司的企业法人营业执照、法定代表人授权委托书、华通凯路公司同意担保的股东会决议等证明高某有对外担保签约权的文件，缺乏使合同相对人有理由相信高某有代表权或代理权的权利外观。同时，《中华人民共和国公司法》第十六条对公司对外担保的决策权和决策机构作出了明确规定，任何接受公司担保的相对人都应尽到谨慎注意义务，工行星海支行作为专业金融机构，更应尽到必要注意义务。案涉保证合同签订时，华通凯路公司的工商登记资料以及企业法人营业执照已经进行了变更登记，高某已不是该公司法定代表人，上述工商登记信息具有公示公信力，工行星海支行能够查询知晓。而且，按照银行贷款担保的通行做法，银行一般应对担保人进行核保。但是，该行在签订案涉保证合同时并未要求高某提供相关证明文件，事后也未进行核保，未尽到审慎注意义务，主观上存在过失。因此，高某以华通凯路公司的名义签订案涉保证合同的行为，不符合表见代表或表见代理的特征。

综上两方面分析，高某以华通凯路公司的名义与工行星海支行签订保证合同的行为不构成职务行为，亦不构成表见代表或表见代理，案涉《保证合同》应认定为无效合同，华通凯路公司对科技学院的借款债务不应承担连带保证责任。同时，华通凯路公司对保证合同无效不存在过错，而债权人工行星海支行对此存在过错，故华通凯路公司也不应对《保证合同》的无效向工行星海支行承担赔偿责任。一审判决认定华通凯路公司应承担连带保证责任，理据不足，本院依法予以纠正；华通凯路公司的上诉理由成立，本院予以支持。

综上所述，科技学院的上诉请求部分成立，本院对其成立部分予以支持，华通凯路公司的上诉请求成立，本院予以支持。本院依照《中华人民共和国民事诉讼法》第一百七十条第一款第二项规定，判决如下：

一、维持辽宁省高级人民法院（2015）辽民三初字第12号民事判决第四项，即："四、中国工商银行股份有限公司大连星海支行对大连阳光世纪投资集团有限公司出质的大连阳光世纪教育产业投资有限公司3500万元的股权（［2014］第87号《股权出质设立登记通知书》）拍卖、变卖、折价所得，享有优先受偿权"；

二、撤销辽宁省高级人民法院（2015）辽民三初字第12号民事判决第一项、第二项、第三项、第五项、第六项；

三、科技学院于本判决生效之日起十日内向中国工商银行股份有限公司大连星海支行偿还欠款3.72亿元；

四、科技学院于本判决生效之日起十日内向中国工商银行股份有限公司大连星海支行偿还欠款本金所产生的利息（利息的计算：自2015年11月21日起至2016年4月20日止，以3.79亿元为基数按借款合同约定的逾期罚息利率即中国人民银行同期贷款利率上浮50%计付利息；自2016年4月21日起至2016年10月20日止，以3.78亿元为基数按借款合同约定的逾期罚息利率即中国人民银行同期贷款利率上浮50%计付利息；自2016年10月21日起至2017年4月20日止，以3.76亿元为基数按借款合同约定的逾期罚息利率即中国人民银行同期贷款利率上浮50%计付利息；自2017年4月21日起至2017年10月20日止，以3.74亿元为基数按借款合同约定的逾期罚息利率即中国人民银行同期贷款利率上浮50%计付利息；自2017年10月21日起至全部欠款还清之日止，以3.72亿元为基数按借款合同约定的逾期罚息利率即中国人民银行同期贷款利率上浮50%计付利息；上述利息中应扣除大连科技学院已经偿还的部分利息41551102.79元）；

五、中国工商银行股份有限公司大连星海支行对科技学院向其质押的大连科技学院（12139－1、12139－2收费许可证项下的）收费权（应收账款）享有质权，当科技学院不偿还上述三、四项债务时，中国工商银行股份有限公司大连星海支行（实现质权的费用应首先从质物处置所得中扣除）对收费权应收账款优先受偿；

六、阳光投资公司、阳光投资公司、华通物业公司、成大置业公司、华通夕阳红公司对科技学院所负的上述三、四项债务承担连带保证责任，承担保证责任后有权向科技学院追偿；

七、驳回中国工商银行股份有限公司大连星海支行的其他诉讼请求。

如未按本判决确定的给付日期履行，应当依照《中华人民共和国民事诉讼法》第二百五十三条的规定加倍支付迟延履行期间的债务利息。

一审案件受理费1941800元、保全费5000元，共计1946800元，由中国工商银行股份有限公司大连星海支行负担35957元，科技学院、阳光投资公司、阳光投资公司、华通物业公司、成大置业公司、华通夕阳红公司共同负担1910843元；鉴定费302000元，由中国工商银行股份有限公司大连星海支行负担。二审案件受理费1893305元，由大连科技学院负担87920元，中国工商银行股份有限公司大连星海支行负担1805385元。

本判决为终审判决。

审判长：潘杰；审判员：骆电、李桂顺；法官助理：汪传海；书记员：马之恒

各自独立的公司，一方通过资产转让取得另一方的资产，不应认定为转移资产恶意逃债

——瑞阳公司与辽宁外贸总公司等金融不良债权追偿纠纷

【裁判观点】

企业资产转让或企业出售过程中给付对价的方式并非仅限定于货币资金，承担安置职工的相关费用及对外债务也是支付对价的一种方式，因此，各自独立的公司，一方通过资产转让取得另一方的资产，即使未支付货币资金，但有实质支付对价的，符合法律规定，不应认定为借改制之机转移优质资产、恶意逃废债务的行为。

中华人民共和国最高人民法院

民 事 判 决 书

案号　（2015）民二终字第53号

上诉人（原审被告）：辽宁外贸总公司。

法定代表人：王少某，该公司总经理。

委托代理人：李青，辽宁崇光律师事务所律师。

委托代理人：于知渊，辽宁崇光律师事务所律师。

上诉人（原审被告）：辽宁轻工公司。

法定代表人：张文某，该公司总经理。

委托代理人：王乃胜，该公司清欠办主任。

委托代理人：杨志国，辽宁海星律师事务所律师。

上诉人（原审被告）：汇明公司。

法定代表人：陈某，该公司董事长。

委托代理人：王恩群，辽宁恒信律师事务所律师。

委托代理人：车燕华，辽宁恒信（上海）律师事务所律师。

上诉人（原审被告）：万融公司。

法定代表人：沈庆某，该公司董事长。

委托代理人：张东，北京大成律师事务所律师。

委托代理人：崔晓晨，辽宁华夏律师事务所律师。

被上诉人（原审原告）：瑞阳公司。

法定代表人：王劲某，该公司总经理。

委托代理人：孙赫，辽宁万嘉律师事务所律师。

委托代理人：潘莹莹，辽宁万嘉律师事务所律师。

原审被告：辽宁五矿公司。

法定代表人：丛某，该公司总经理。

委托代理人：孙旭，辽宁澄宇律师事务所律师。

委托代理人：陈光，辽宁澄宇律师事务所律师。

原审被告：首钢矿业公司。

法定代表人：吴某，该公司总经理。

委托代理人：葛锦标，北京市天银律师事务所律师。

委托代理人：周一麟，北京市天银律师事务所律师。

上诉人辽宁外贸总公司、辽宁轻工公司、汇明公司、万融公司因与被上诉人瑞阳公司及原审被告辽宁五矿公司、首钢矿业公司金融不良债权追偿纠纷一案，不服辽宁省高级人民法院（2013）辽民二初字第00006号民事判决，向本院提起上诉。本院依法由主审法官郑学林担任审判长，与主审法官董华、汪国献组成合议庭，法官助理党国华协助办案，书记员黄婷婷担任记录，公开开庭审理了本案。上诉人辽宁外贸总公司的委托代理人李青、于知渊，辽宁轻工公司的委托代理人王乃胜、杨志国，汇明公司的委托代理人王恩群、车燕华，万融公司的法定代表人沈庆某及委托代理人张东、崔晓晨，被上诉人瑞阳公司的委托代理人孙赫、潘莹莹，原审被告辽宁五矿公司的法定代表人丛某及委托代理人孙旭、陈光，首钢矿业公司的委托代理人葛锦标、周一麟到庭参加诉讼。本案现已审理终结。

瑞阳公司一审起诉称：辽宁外贸总公司自1992年起与中行辽宁分行相继签订五份借款合同，分别由辽宁轻工公司、辽宁五矿公司和首钢矿业公司提供保证担保。中行辽宁分行多次催收，辽宁外贸总公司未偿还借款，各保证人亦未履行保证责任。后中行辽宁分行将其对辽宁外贸总公司共计10笔债权（包括一切从权利）转让给东方公司大连办，东方公司大连办将上述借款债权转让给东信公司，东信公司又将上述借款债权转让给瑞阳公司。辽宁外贸总公司于1999年改制设立汇明公司，将巨额优质资产投入汇明公司，导致辽宁外贸总公司大量借款债务未偿还。汇明公司作为辽宁外贸总公司改制设立的新公司，应就辽宁外贸总公司的借款债务在其接收财产范围内承担连带偿还责任。辽宁轻工公司于2002年改制为万融公司，将巨额优质资产投入万融公司，导致辽宁轻工公司不能履行担保人义务。万融公司作为辽宁轻工公司改制设立的新公司，应就辽宁轻工公司的担保责任在其接收财产范围内承担连带偿还责任。请求判令：1. 辽宁外贸总公司偿还借款本金人民币87824082元及利息21289148.36元，合计109113230.36元；2. 辽宁外贸总公司偿还借款本金6122343.23美元及利息3016528美元，合计9138871.23美元（按外汇管理部门2013年1月15日汇率折算人民币为57292497.6元）；3. 辽宁轻工公司对第一项诉请中的借款本金人民币84856120元及利息16586321.36元，合计101442441.36元的部分（利息计算至2003年12月31日）承担连带保证责任；4. 辽宁五矿公司对第一项诉请中借款本金人民币2967962元及利息4702827元，合计7670789元的部分承担连带保证责任；5. 首钢矿业公司对第二项诉请中的借款本金6122343.23美元及利息3016528美元（利息计算至2003年12月31日）承担连带保证责任；6. 汇明公司对辽宁外贸总公司应偿还的人民币及美元借款本息承担连带责任；7. 万融公司对辽宁轻工公司应连带偿还辽宁外贸总公司共计人民币101442441.36元的借款本息承担连带责任。本案诉讼费用由被告承担。

辽宁外贸总公司一审答辩称：本案合并审理违反级别管辖的规定。辽宁外贸总公司未收到案涉债权转让给瑞阳公司的书面通知，转让行为对辽宁外贸总公司没有法律效力，辽宁外贸总公司无需对瑞阳公司承担还款义务。瑞阳公司及东信公司均非金融资产管理公司，该两公司仅采用公告通知方式，不应认定为已依法履行通知义务。没有证据证明瑞阳公司履行了公告、评估、拍卖等债权转让必备的手续，其债权转让行为无效。即使东信公司、瑞阳公司的转让行为有效，瑞阳公司的请求已经超过诉讼时效，依法应予驳回。即使瑞阳公司的请求没有超过诉讼时效，其主张的本金及利息数额也与事实不符。没有证据证明转让的美元贷款合同就是1992年7月4日的美元贷款合同。

辽宁轻工公司一审答辩称：同意辽宁外贸总公司关于合并审理问题的答辩意

见。东信公司为资产管理公司处置不良资产的受让人和再行转让人，瑞阳公司不是金融资产管理公司，东信公司、瑞阳公司和东方公司大连办2011年1月25日发布的公告不产生保证合同诉讼时效中断的效力。瑞阳公司的诉讼请求超过诉讼时效，应驳回其对辽宁轻工公司的诉请。

辽宁五矿公司一审答辩称：辽宁五矿公司在本案中的担保额为400万元，根据级别管辖的规定并非一审法院的管辖范围。瑞阳公司与东信公司并非金融机构，不能以公告的方式进行通知，因此，其并未履行相关的通知义务，不能引起诉讼时效中断。瑞阳公司的诉讼标的额与事实不符。

首钢矿业公司一审答辩称：首钢矿业公司与中行辽宁分行之间不存在保证关系。即使首钢矿业公司与中行辽宁分行之间存在保证关系，主债务已经超过诉讼时效。即使主债务没有超过诉讼时效，没有证据证明中行辽宁分行在法定期间内向首钢矿业公司主张权利。首钢矿业公司不应该作为本案被告。请求驳回瑞阳公司对首钢矿业公司的起诉。

汇明公司一审答辩称：《最高人民法院关于审理与企业改制相关的民事纠纷案件若干问题的规定》第五条规定的是企业整体改造时的法律适用，汇明公司并非辽宁外贸总公司整体改造而是部分改制设立的公司，符合改制当时的法律及政策规定，并已履行了必要的审批及登记程序，不应适用该条规定。辽宁外贸总公司以货币资金人民币273万元出资设立汇明公司，并未投入其他财产，不存在“将优质资产投入汇明公司，而将债务留到辽宁外贸总公司”的情形。辽宁外贸总公司于2003年6月12日已将其持有的汇明公司全部股权转让给利盟公司，辽宁外贸总公司并非汇明公司的股东，汇明公司也没有接收辽宁外贸总公司其他出资及资产。瑞阳公司没有提供证据证明辽宁外贸总公司违反法律及政策规定，将优质资产投入汇明公司。故瑞阳公司要求汇明公司对辽宁外贸总公司的债务承担连带责任，没有事实及法律依据。

万融公司一审答辩称：本案是辽宁外贸总公司借款，辽宁轻工公司提供连带保证的纠纷，至今没有生效法律文书确认辽宁轻工公司应该对该笔债权承担法律责任，辽宁轻工公司的债务至今是不确定的。瑞阳公司依据《最高人民法院关于审理与企业改制相关的民事纠纷案件若干问题的规定》的任何规定都没有理由将作为独立民事主体的万融公司加入本次诉讼，追加万融公司没有法律依据。万融公司是由辽宁轻工公司及职工持股会在2000年6月27日设立的公司，并不是所谓的辽宁轻工公司改制形成的公司，并且万融公司至今并未无偿接收辽宁轻工公司的任何实物资产，按照《最高人民法院关于审理与企业改制相关的民事纠纷案件若干问题的规定》，万融公司不应该对辽宁轻工公司的任何债务承担责任。

辽宁省高级人民法院一审审理查明：（一）1992年7月4日及2000年3月16日至9月14日，中行辽宁分行作为贷款方与借款方辽宁外贸总公司先后签订了五份《借款合同》。分别为：1. 1992年7月4日签订的《借款合同》（外汇贷款和配套人民币贷款）。合同约定：借款金额650万美元，用于进口汽车散件；还款时间为从第一笔后第三个月开始还款，共分四次还清。本合同项下的借款本息由首钢矿业公司作为担保人，并由担保人按中行辽宁分行的要求出具担保函。一旦辽宁外贸总公司不能按期偿还贷款本息，由担保单位承担还款付息责任。1992年3月26日，首钢矿业公司出具两份《不可撤销担保书》，记载：根据（借款方和文号空白）的申请，贵行同意向其提供外汇贷款5084586美元及2148650美元。配套人民币贷款31015900元及13106700元。本保证人愿意为该项贷款担保。特此本保证书。向贵行保证：本保证书为无条件不可撤销的保证书，担保金为5084586美元及2148650美元和贷款项下所发生的借款利息和费用等。1992年10月22日至1993年4月19日，中行辽宁分行先后向辽宁外贸总公司发放十笔共计6122343.23美元贷款，借款期限均自贷款发放之日起至1993年10月22日，并约定了借款利率。

2. 2000年3月16日签订的“辽中银贷字20000068号”《借款合同》（以下简称68号借款合同）。合同约定：借款金额为不超过400万元人民币；年利率为6.435%；借款期限从合同生效之日起11个月；本合同项下的全部债务由辽宁五矿公司提供连带责任还款保证等；同日，辽宁五矿公司与中行辽宁分行签订了“辽中银保字20000068号”《保证合同》，约定保证范围为基于68号借款合同发生的全部债务，保证责任为连带责任保证；保证期间自借款合同约定的债务履行期间（包括展期后）届满之日起两年等。

3. 2000年7月28日签订的“辽中银贷字20000276号”《借款合同》（以下简称276号借款合同）。合同中除约定的借款金额为不超过人民币8000万元，借款期限为12个月外，其他约定与68号借款合同一致。276号借款合同签订当日，辽宁轻工公司作为保证人与中行辽宁分行签订“辽中银保字20000276号”《保证合同》，为276号借款合同发生的全部债务提供连带责任保证，其他约定亦均与“辽中银保字20000068号”《保证合同》约定的内容相同。

4. 2000年9月11日签订的“辽中银贷字20000322号”《借款合同》（以下简称322号借款合同）。该合同中约定的借款金额为不超过400万元人民币；借款期限从合同生效之日起11个月。其他约定亦与上述合同约定一致。同日，辽宁轻工公司作为保证人与中行辽宁分行签订了“辽中银保字20000322号”《保证合同》，该保证合同除约定担保的本金不超过人民币400万元外，其余约定亦均与前述各保证合同内容相同。

5. 2000年9月14日签订的“辽中银贷字20000323号”《借款合同》（以下简称323号借款合同）。该合同中约定的借款金额为不超过400万元人民币，借款期限为从合同生效之日起12个月。其他约定与前述各借款合同一致。同日，辽宁轻工公司作为保证人与中行辽宁分行签订了“辽中银保字20000323号”《保证合同》，约定为323号借款合同项下不超过400万元本金提供连带责任保证。其他约定亦均与前述各份保证合同内容一致。

上述四份合同签订当日，中行辽宁分行依约发放了合计9200万元贷款。

（二）1. 1998年10月15日，中行辽宁分行向辽宁外贸总公司发出《催收贷款通知书》，内容为：你单位于1993年1月8日向我行所借贷款美元612万元，期限287天，截至1998年10月15日已逾期1819天，逾期金额美元6122343.23元。该贷款由首钢矿业公司提供担保。接到通知后，请借款单位和担保人抓紧筹措资金，尽快归还我行贷款本息。1998年10月20日，辽宁外贸总公司在该通知书上签字盖章予以确认。2000年12月19日、2002年11月22日，中行辽宁分行再次向辽宁外贸总公司发出《催收贷款利息通知书》，内容与前述催收通知基本一致。辽宁外贸总公司亦均在该通知书上加盖公章及法定代表人名章予以确认。

2001年10月8日，中行辽宁分行向辽宁外贸总公司发出《催收通知书》，要求辽宁外贸总公司和辽宁轻工公司尽快筹措资金，偿还276号借款合同项下的8000万元借款本金及利息。辽宁外贸总公司、辽宁轻工公司及其法定代表人分别在该通知书上签字、盖章予以确认。2003年6月24日，中行辽宁分行再次就276号借款合同项下的债权向辽宁外贸总公司和辽宁轻工公司主张权利，辽宁外贸总公司、辽宁轻工公司及其法定代表人再次在催收通知书上签字、盖章予以确认。

2001年3月27日，中行辽宁分行向辽宁外贸总公司发出《催收贷款通知书》，内容为：你单位于2000年3月16日向我行所借贷款人民币400万元，期限337天，截至2001年3月27日，已逾期39天，此贷款由辽宁五矿公司提供担保。要求辽宁外贸总公司和辽宁五矿公司尽快归还上述贷款本息。辽宁外贸总公司、辽宁五矿公司及其法定代表人分别在该通知书上签字、盖章予以确认。2001年10月8日，中行辽宁分行再次就上述债权向辽宁外贸总公司和辽宁五矿公司进行催收，辽宁外贸总公司、辽宁五矿公司及其法定代表人再次在《催收贷款通知书》上签字、盖章予以确认。2003年9月24日，中行辽宁分行向辽宁外贸总公司发出《催收通知书》，要求辽宁外贸总公司及辽宁五矿公司尽快偿还68号借款合同项下尚欠的贷款本金300万元及相应利息。辽宁外贸总公司和辽宁五矿公司分别在该通知书上加盖公章予以确认。

2. 2003年3月5日，中行辽宁分行就322号借款合同项下的150万元本金及利息部分提起诉讼，向辽宁外贸总公司及辽宁轻工公司主张权利。经大连市中山区人民法院调解，双方自愿达成调解协议：辽宁外贸总公司于2003年5月1日前付清150万元借款本金；自2000年9月11日起至欠款付清之日止，按年利率6.435%给付150万元的借款利息。辽宁轻工公司对上述应付款项承担连带清偿责任。至此，322号借款合同项下辽宁外贸总公司尚欠的借款本金余额为250万元。

2003年3月11日，中行辽宁分行就323号借款合同项下的150万元本金及利息部分提起诉讼，向辽宁外贸总公司及辽宁轻工公司主张权利。该案亦经大连市中山区人民法院调解，双方达成调解协议：辽宁外贸总公司于2003年5月1日前付清150万元本金；自2000年9月14日至欠款付清之日按年利率6.435%给付150万元的借款利息。辽宁轻工公司对上述应付款项承担连带清偿责任。2004年1月1日至2004年8月17日，辽宁外贸总公司偿还了该合同项下143880元借款本金。

（三）2004年9月7日，中行辽宁分行作为甲方与作为乙方的东方公司大连办签订《债权转让协议》（编号：LNS031），约定：一、中行辽宁分行将其对债务人辽宁外贸总公司截至2003年12月31日本金人民币90967962.00元，利息24037001.69元；本金美元6122343.23元，利息3016528.00元的共计10笔债权（详见附件《中国银行债权转让项目分户清单》）（以下简称主债权）转让给东方公司大连办。二、主债权之从属权利，包括但不限于与该主债权对应的保证、抵押、质押等一切担保权利，随主债权一同转让给东方公司大连办。四、前述债权自2003年12月31日起（不含本日）产生的孳息及中行辽宁分行收回的现金及非现金资产归东方公司大连办所有。本协议附件《中国银行债权转让项目分户清单》，构成本协议不可分割的组成部分，等等。《中国银行债权转让项目分户清单》记载了截至2003年12月31日借款人辽宁外贸总公司及各保证人所欠的各笔借款，其中1—2项记载由首钢矿业公司担保的美元贷款本金6122343.23美元，利息3016528美元。第4—10项分别为辽宁轻工公司担保的322号借款合同项下借款本金余额400万元，利息751961.07元；辽宁五矿公司担保的68号借款合同项下的借款本金余额2967962元，利息636242.12元；辽宁轻工公司担保的276号借款合同项下借款本金余额8000万元，利息15097534.83元；辽宁轻工公司担保的323号借款合同项下本金余额400万元，利息760031.05元等。

2005年1月27日，中行辽宁分行、东方公司大连办在《辽宁日报》上发布了《债权转让通知暨债务催收、转让联合公告》，就上述转让给东方公司大连办的债权向辽宁外贸总公司、首钢矿业公司、辽宁轻工公司及辽宁五矿公司进行转让通知和催收。2007年1月17日及2009年1月9日，东方公司大连办在《辽宁日报》上再次分别就上述受让的债权发出《债务催收暨债权转让公告》，公告通知辽宁外贸总公司、首钢矿业公司、辽宁轻工公司及辽宁五矿公司立即向其履行相应合同约定的还本付息义务或相应的担保责任。

2009年7月13日，东方公司大连办与东信公司签订《债权转让协议》（编号：[COAMCDL27]），东方公司大连办将其受让自中行辽宁分行的对辽宁外贸总公司的上述共计10笔借款合同项下截至2003年12月31日的债权转让给东信公司。

2009年9月3日，东方公司大连办和东信公司在《辽宁日报》上联合发布《债权转让暨催收公告》，对上述转让的债权向辽宁外贸总公司、首钢矿业公司、辽宁轻工公司及辽宁五矿公司进行转让通知及债务催收。

2010年11月18日，东信公司与瑞阳公司签订《单户资产转让协议》[编号：东信联合001－（791）]，东信公司将其对辽宁外贸总公司及担保人首钢矿业公司、辽宁轻工公司、辽宁五矿公司的债权项下享有的全部权益转让给瑞阳公司。

2011年1月25日，东方公司大连办、东信公司及瑞阳公司在《辽宁日报》

上联合发布《债权转让暨催收公告》，就上述转让的债权向辽宁外贸总公司、首钢矿业公司、辽宁轻工公司及辽宁五矿公司发出转让通知，并要求上述债务人尽快履行合同义务。

（四）1. 1998年10月16日，国家对外贸易经济合作部（以下简称外经贸部）向辽宁省对外贸易经济合作厅（以下简称辽宁省外贸厅）下发《关于原则同意辽宁省对外贸易总公司改制为内部职工持股的有限责任公司的批复》[（1998）外经贸计财改函字第835号]，内容为：一、原则同意你厅所属的辽宁外贸总公司部分改制为内部职工持股的有限公司，改制设立的公司为辽宁外贸总公司的控股子公司；公司名称暂定为汇明公司。二、原则同意汇明公司由辽宁外贸总公司、内部职工持股会共同出资成立，双方均以现金入股。三、原则同意汇明公司的股本设置方案。辽宁外贸总公司所认购的股份加上内部职工持股会认购的股份为总股本，内部职工股占总股本比例的49%。辽宁外贸总公司投入汇明公司的资产形成的股份，作为国有法人股，由辽宁外贸总公司持有并代行股东权利，承担股东义务，收取股利。四、原则同意设立汇明公司内部职工持股会及内部职工股管理方案。批复最后要求按此批复精神，组织辽宁外贸总公司做好名称预先核准、组织职工持股会以及有限责任公司的有关文件起草、组织机构设置、股本落实等各项准备工作等。

1998年11月16日，辽宁外贸总公司向辽宁省工商行政管理局（以下简称辽宁省工商局）提交上述（1998）外经贸计财改函字第835号批复及辽宁省外贸厅辽外经贸（1998）企字第163号文件，申请拟设汇明公司。1998年11月27日工商行政管理部门作出《企业名称预先核准通知书》，预先核准有限公司名称为汇明公司。

1999年5月20日，辽宁顺达会计师事务所向辽宁省工商局出具《验资报告》，载明：汇明公司申请的注册资本为536万元。根据审验，截至1999年5月20日，汇明公司已收到其股东投入的资本536万元，其中实收资本536万元。与上述法人股东投入资本相关的资产总额为174370000元，其中货币资金3418万元，实物资产140190000元。该《验资报告》所附《投入资本（金）明细表》记载：辽宁外贸总公司以货币资金出资273万元，占出资总额的51%；职工持股会以货币资金出资263万元，占出资总额的49%。该明细表“累计对外投资占净资产比例”一项中记载辽宁外贸总公司对外投资占净资产比例为75%。1999年5月21日，汇明公司在工商行政管理部门依法登记设立，法定代表人为陈某。

2. 1985年4月19日，辽宁外贸总公司拨入固定资金230.47万元、流动资金20万元，合计250.47万元，成立了全资子公司运输公司。1986年，运输公司接受大连市出租汽车客运管理处无偿拨付的四个出租车劳动号牌。1993年5月30日，运输公司在拍卖行购到4组共20块营运号牌，后因资金困难将其中60226号牌按原价转卖给马某某。2002年6月19日，辽宁外贸总公司向运输公司出具《授权书》，授权运输公司代理辽宁外贸总公司中山区中南路山岭巷10号、中山区麒麟西巷3号闲置房屋的租赁权。2002年12月2日，大连北方资产评估事务所接受运输公司委托，为其拟实行改制为有限责任公司作出《关于辽宁省对外贸易总公司汽车运输公司拟改制为有限责任公司项目资产评估报告》[大北评报字（2002）15号]。该报告的评估范围为运输公司申报需评估的全部资产及相关负债，评估结论为：资产总计539.26万元，负债总计21.94万元，净资产价值517.32万元。2003年5月6日，辽宁省国有资产管理委员会大连协调组（以下简称辽宁省国资委大连协调组）作出《对辽宁外贸总公司汽车运输公司企业改制资产评估项目予以核准的函》[辽国资协办（2003）23号]，函复辽宁外贸总公司：本项目对应的经济行为已经省国资委批准；本项目评估报告格式和内容基本符合规定要求。评估基准日为2002年8月31日，评估报告所揭示的评估结论仅对运输公司企业改制项目有效，自2003年8月30日失效等。5月16日，辽宁省国资委再次作出《关于辽宁外贸总公司汽车运输公司企业改制有关问题的批复》[辽国资协发（2003）30号]：原则同意《辽宁外贸总公司汽车运输公司改制方案》；同意将运输公司全部国有净资产以517.32万元的价格出售给汇明公司，将运输公司改制为有限责任公司，原运输公司的债权、债务由改制后的企业承担等。2003年5月19日，辽宁外贸总公司向辽宁省国资委大连协调组提交《关于核定辽宁省对外贸易总公司汽车运输公司国有净资产的请示》，内容为：根据辽国资协发（2002）23号文件精神，辽宁外贸总公司实施了二级公司的改制工作，拟对所属运输公司进行整体出售。按2002年8月31日资产评估值计算，出售价格为517万元。由于资产评估后运输公司进行了并轨工作，已支付职工并轨款1594960元[其中：（1）工龄补偿金1542400元；（2）拖欠工资24560元；（3）独生子女补助金28000元]。

另外，还需预留退休职工安置费15万元。扣除已支付的职工并轨款和退休职工安置费后，运输公司的国有净资产额应为3428241.95元。2003年5月26日，辽宁省国资委大连协调组对该请示予以核定。2003年5月14日，辽宁外贸总公司与汇明公司签订《辽宁省对外贸易总公司汽车运输公司出售协议书》，约定：辽宁外贸总公司作为出售方和作为购买方的汇明公司对运输公司经资产评估审核后的净资产值3428241.95元予以认可；双方同意以运输公司经资产评估审核后的净资产值3428241.95元出售和购买；双方正式签署协议后，汇明公司须以现金方式支付；企业出售后，购买方需重新验资并共同出资将运输公司改建为有限责任公司，改制后的有限责任公司承继运输公司的全部债权、债务；接收运输公司的在册职工等。2003年7月31日，辽宁外贸总公司为汇明公司出具4张发票，认可其收到合计342万元转让款。2003年6月5日，运输公司更名为汇明储运有限公司。

3. 1992年8月15日，辽宁外贸总公司成立全资子公司三道沟仓库，该公司经营场所面积合计41000平方米。1999年1月29日，大连环宇联合会计师事务所出具了辽宁外贸总公司以实物资产折价100万元作为缴付资本的《验资报告》。该实物资产包括辽宁外贸总公司所有的位于大连市甘井子区南关岭街道大盐村354号及南关岭街道大盐路358号的合计46257.10平方米的土地使用权，坐落于大连市甘井子区大盐路358－1至－9号及坐落于大连市甘井子区大盐路354－1至－2号的合计12921.58平方米的房地产。

2003年12月15日，辽宁外贸总公司向辽宁省国资委大连协调组递交《关于向辽宁汇明国际贸易有限公司借款并将三道沟仓库抵押给汇明公司的报告》[（2003）辽宁外贸总公司办字第032号]，内容为：根据省国资委要求公司进行了改制并轨工作，共有155名职工参加并轨，需企业自筹并轨资金695万元；根据省高法2003年12月11日作出的辽民三合初字第75号民事调解书辽宁五矿公司与东方公司大连办借款合同纠纷事，我公司承担连带责任，经协商应于2004年6月末付给东方公司大连办200万元方可解除对三道仓库的查封，此两项事由共需资金895万元。由于总公司已停业，资金短缺故需向有关单位借款，经与汇明公司协商同意借款给我公司895万元。但如果到期不能还款，公司需将三道沟仓库抵押转让给汇明公司抵偿债务。同时汇明公司要承担：一是总公司62名离退休人员的医疗费、统筹外项目补贴、取暖费、管理费等费用；二是总公司、三道沟仓库全部在岗职工的安置费用；三是承担三道沟仓库的全部债权、债务。次日，辽宁省国资委大连协调组批示同意。

2004年8月31日，汇明公司（甲方）与辽宁外贸总公司（乙方）签订《还款协议》，约定：甲乙双方共同确认，截至2004年8月31日，乙方共欠甲方人民币200万元，经双方协商，就乙方偿还欠款事宜达成如下协议：一、乙方将三道沟仓库的房产转让给甲方抵偿债务，甲方同意接受。二、甲方受让三道沟仓库的房产后，应当承担三道沟仓库的全部债权债务。三、三道沟仓库系乙方的全资子公司，乙方目前没有能力安置其职工。甲方同意，甲方受让三道沟仓库的房产后，三道沟仓库现有职工全部由甲方负责妥善安置。四、乙方确认，三道沟仓库的房产的所有权属于乙方。五、乙方保证房产的权属不存在任何争议，并承诺在2005年6月30日前将三道沟仓库的房产过户到甲方名下。六、本协议履行完毕后，甲乙双方之间的债务全部了结。

2007年1月26日，汇明公司以2004年8月31日其与辽宁外贸总公司签订名为《还款协议》的企业转让协议，合同签订后汇明公司履行了合同义务，但辽宁外贸总公司未按协议约定将三道沟仓库的房产过户到其名下，该行为给其造成巨大经济损失为由诉至大连市中级人民法院，请求判令辽宁外贸总公司立即履行企业转让协议中确定的义务，如不履行判令辽宁外贸总公司偿还人民币2000万元并承担诉讼费用。2007年6月25日，汇明公司递交《变更诉讼请求申请书》，因三道沟仓库目前市值已超过4000万元，故变更诉讼请求为：判令辽宁外贸总公司立即履行协议中约定的义务，如不履行，判令辽宁外贸总公司偿还人民币4000万元。并在该诉讼中提供证据证明其为履行《还款协议》，分别为辽宁外贸总公司承担人员费用为1847.5万元、支付“并轨款”6939896.57元、支付“法院扣划退税款”共计4039666.85元。2007年7月19日，根据辽宁外贸总公司委托，大连泰和房地产估价有限公司针对位于大连市甘井子区南关岭街道大盐村354号及南关岭街道大盐路358号的房地产（建筑面积合计为12921.58平方米、土地面积合计为46257.10平方米），作出《房地产估价报告》[泰和房地估字（2007）第012号]，结论为：于估价时点2007年7月17日，上述房地产可能实现的市场价值合计为人民币4014.47万元。2007年8月1日，大连市中级人民法院作出（2007）大民合初字第57号民事调解书，协议如下：一、辽宁外贸总公司于调解书生效之日起15日内将坐落于大连市甘井子区大盐路354－1－2、大盐路358号－1至－9共计11处房屋，产权证号为2××××××××8至2××××××××0转让给汇明公司。二、逾期履行第一项，辽宁外贸总公司一次性给付汇明公司人民币4000万元。

自2003年12月起，汇明公司为辽宁外贸总公司离退休人员、辽宁外贸总公司及其三道沟仓库的在岗人员制作发放工资、各类补助及医药费表，按表格发放相关款项，并为上述人员缴存住房公积金、社会保障基金、医药费等。

2007年7月9日，辽宁外贸总公司制作了《辽宁外贸总公司人员费用支付一览表》，并对该表出具说明：一、预计公司再存在10年计算，在岗人员16名10年期间的工资、社会保险金、住房公积金、取暖费及管理费用等合计最低约需565万元；二、离休人员6名的取暖费、医疗费、管理费，按照20年预算，预计必要项目费用约546万元；三、退休人员56人，按照25年支付预算，应支付的取暖费、统筹项目外养老金、管理费等费用约612.5万元；四、临时工费用：临时工11人的工资、社会保险金10年期间预计需124万元。各类人员必须的费用，按照预计年限计算合计约需1847.5万元。

（五）1.1999年4月16日，辽宁省外贸厅下发《关于将辽宁轻工公司部分改制为内部职工持股的有限责任公司的批复》［辽外经贸（1999）企字第56号］，原则同意辽宁轻工公司的改制申请报告，并要求辽宁轻工公司首先在做好资产评估基础上，将设计好的改制方案与主债银行沟通取得理解和支持等。1999年12月28日，辽宁轻工公司改制企业名称经辽宁省工商局预先核准为万融公司，投资人分别为辽宁轻工公司投资355万元，占投资总额的51%，辽宁轻工公司工会投资345万元，占投资总额的49%。2000年6月27日，万融公司依法成立。

2002年3月28日，辽宁轻工公司作出《辽宁轻工公司改制方案》。第一条“公司现状”记载：辽宁轻工公司现有资产总额44919万元，其中固定资产2494万元，流动资产40558万元。三、具体做法：1.实行投资主体改变，完善内部机制：进行业务部室的调整和职能部室的改革；2.实行和落实资产清理和清算：改制后原辽宁轻工公司留守5人，在国资委的指导下，对债权债务进行清理和清算，偿还银行贷款和债务。四、改制目标：1.今年从4月1日起到12月完成投资主体改变，组建符合现代企业制度要求的有限责任公司，按照公司法建立充满生机与活力的运行机制。2. 公司改制后，要建立以效益为中心的管理体制，做到规模和效益同步增长。五、改制内容：1. 有限责任公司出资比例：辽宁轻工公司出资20%。辽宁轻工公司职工持股（工会）出资64.4%，有限责任公司的创始人员以自然人合计出资15.6%。2. 组建有限责任公司的总出资额：从现在辽宁轻工公司的实际可运营资金中共计拿出153.775万元人民币，投给有限责任公司，职工的出资总额也将是615.1万元人民币，每个职工的出资额从5万元至40万元，平均在6万元左右。该方案在最后一条的几点说明中再次强调：有限责任公司建立后，辽宁轻工公司保留5人留守，主要任务是清理、清算原公司债权债务，按照先预留退离休人员和留守人员工资、福利等资金，其余按完税、还贷、还债的顺序处理好遗留事务。

2002年9月9日，辽宁省国资委大连协调组作出《关于对〈万融公司及辽宁轻工二级公司改制情况汇报〉的批复》[辽国资协发（2002）16号]：同意辽宁轻工公司的改革重组方案，有关事项进一步明确为：1. 同意变更万融公司的股本设置方案，国有股占总股本的20%。由沈庆某负责万融公司的运作。退出的国有股，原则上应转让给万融公司的领导和业务骨干，具体持股比例，报协调组备案。2. 同意将辽宁轻工公司的部分资产抵押给银行，万融公司和银行签订贷款协议，由万融公司偿还贷款本息。3. 在操作过程中应严格遵循国家相关的法律法规，认真搞好资产清理和资产评估，防止国有资产流失。4. 按照省政府要求积极稳妥地做好职工并轨工作。5. 确保离退休干部原有各项待遇不受影响。6. 对二级公司进行认真清理，同意撤销辽轻商务社、伯爵名店、轻工经贸中心、宁顺磨具公司和金港木器公司。金弘橡胶公司、柏盛公司、经贸储运公司、轻工储运贸易分公司实行租赁经营。其他二级公司转让、民营或出售。

同日，中行辽宁分行与万融公司签订《人民币借款合同（短期）》（编号：2002年辽中银贷字0127号），约定借款金额为3000万元，借款期限为12个月，用途为收购出口产品。对该借款合同项下的借款，辽宁轻工公司以其所有的位于大连市中山区兴和街2号的480平方米的土地使用权和位于该处的5347.91平方米的房屋所有权为万融公司向中行辽宁分行提供抵押担保。在上述两份合同中，万融公司和辽宁轻工公司的公司住所地均为大连市中山区兴和街，法定代表人均为沈庆某，联系方式均为同一个电话号码。同年12月24日，中行辽宁分行向万融公司发放了3000万元贷款。同日，万融公司将该笔款项付给辽宁轻工公司。对该款项，万融公司的记账凭证中记载为“付辽宁轻工公司款”。2002年10月14日，中行辽宁分行还分别向万融公司发放3500万元、1500万元两笔合计5000万元贷款。万融公司在收到该贷款的同时，将该两笔款项付给辽宁轻工公司，万融公司对该5000万元款项在记账凭证中均记载为“还辽宁轻工公司款”。

2002年11月6日，辽宁正大会计师事务所有限责任公司接受辽宁轻工公司委托为其企业改制所涉及的全部资产及负债提供价值参考依据，对辽宁轻工公司的全部资产及负债进行评估，作出《辽宁轻工公司资产评估报告书》[辽正会评字(2002)第80号]，根据该评估报告书，2002年8月31日辽宁轻工公司资产的评估价值分别为：流动资产37595.90万元、长期投资3708.69万元、固定资产3617.45万元；资产总计45321.37万元，负债总计39323.97万元，净资产为5997.40万元。其中，位于大连市中山区兴和街2号的土地使用权的评估价值为399.33万元；该地上物的评估价值为21926431元。该评估报告还记载：辽宁轻工公司的银行存款账面余额为6071113.93元（含2户中行信用卡34344.41元）。

2002年12月31日，辽宁省国资委大连协调组作出《关于对辽宁省轻工业品进出口公司改制的意见》：同意辽宁轻工公司改制为万融公司。另外，万融公司负担原辽宁轻工公司中行辽宁分行的8000万元人民币贷款，同时原辽宁轻工公司的办公楼的房产和土地一并转入至万融公司。同意有限责任公司的股本设置方案，要求积极稳妥做好职工并轨及认真做好改制工作等。

2003年9月28日，辽宁轻工公司和万融公司向辽宁省国资委大连协调组发出《关于万融公司及辽宁轻工公司二个公司改制有关问题的请示》：我们公司根据贵委辽国资协发（2003）21号文件精神，正在抓紧时间组织改制工作的具体落实。目前万融公司已与辽宁轻工公司签订了关于辽宁轻工公司位于中山区兴和街2号办公楼的转让协议，该办公楼作价转移到万融公司，该办公楼用地为划拨土地，改制后需将该土地使用权变更出让给万融公司。另根据原改制文件的批复，万融公司承担了原辽宁轻工公司的8800万元的银行贷款，而原辽宁轻工公司经贵委确认的净资产为5997.40万元，该净资产包含办公楼的房产及土地使用权价值。为加快改制进程，我公司正积极办理该办公楼房产及土地出让的变更手续，望贵委予以批准。同日，辽宁省国资委大连协调组作出《关于辽宁万融贸易有限公司及辽宁省轻工业品进出口公司二个公司改制有关问题的意见》：根据辽国资协发（2003）21号文件精神，请抓紧时间组织改制工作的具体落实。同意万融公司与辽宁轻工公司签订的关于辽宁轻工公司位于中山区兴和街2号办公楼的转让协议，将金弘橡胶厂51%的股份和辽宁轻工公司的办公楼作价转移到万融公司，该办公楼用地为划拨土地，改制后需将该土地使用权变更出让给万融公司。另根据原改制文件的批复，对并轨的职工按工龄付给安置费用，总计安置费用1181万元，安置人员243人。万融公司承担了辽宁轻工公司8800万元的银行贷款，而原辽宁轻工公司经评估确认的净资产为5997.40万元，该净资产包含办公楼的土地使用权价值为399.33万元，金弘橡胶厂51%股权的评估值为10853872.32元，因万融公司空背了4000多万元的贷款包袱，所以将以上资产按评估值转移给万融公司。为加快改制进程，请积极办理该办公楼房产及土地出让的变更手续。

2003年11月25日，辽宁轻工公司（甲方）与万融公司（乙方）签订《协议书》，约定：为落实国资委做实改制公司资产，为其发展创造良好环境和条件的精神，双方经过友好协商，达成以下一致意见：一、甲方以固定资产原值15129064.02元人民币的价格将位于中山区兴和街2号5347.91平方米的办公楼出让给乙方，以抵顶甲方所欠乙方的债务。二、甲方以固定资产原值89800元人民币的价格将位于中山区兴和街2号办公楼前的一对铜狮子出让给乙方，以抵顶甲方所欠乙方的债务。三、甲方以每个20万元人民币的价格将公司商标23个转让给乙方，总值为460万元人民币，以抵顶甲方所欠乙方的债务。四、甲方以2107554元人民币的价格将公司的其他资产转让给乙方，以抵顶甲方所欠乙方的债务等。同日，辽宁轻工公司和万融公司共同就上述约定意见向辽宁省国资委大连协调组递交《关于以资抵债的申请》。同年12月19日，辽宁省国资委大连协调组对辽宁轻工公司作出《关于〈辽宁轻工公司以资抵债申请〉的意见》，同意辽宁轻工公司以固定资产、无形资产和其他资产抵顶所欠万融公司的债务，并要求抓紧时间办理过户等相关手续。2004年3月15日，原辽宁轻工公司所有的大连市中山区兴和街2号539平方米的土地使用权转让至万融公司名下。2004年3月24日，万融公司向大连市房地产登记发证中心递交《关于房屋产权变更登记的申请》：辽宁轻工公司办公楼位于中山区兴和街2号，建筑面积为5347.91平方米。依据辽外经贸（1999）企字第56号批复文件和省国资委文件批复，现辽宁轻工公司已改制为万融公司，该用地的国有土地使用权证已变更登记完毕，现恳请贵中心批准将该办公楼房屋产权变更至万融公司名下。2004 年 4 月 7 日，经大连市房地产登记发证中心批准，辽宁轻工公司位于中山区兴和街 2 号的办公楼变更至万融公司名下。

2. 1995 年 11 月 29 日，辽宁轻工公司和日本华宁贸易株式会社向大连市工商行政管理局申请设立合资企业金弘橡胶公司。1997 年 3 月 28 日，辽宁华曦会计师事务所出具《验资报告》[辽曦会师（1997）第 005 号]，载明：金弘橡胶公司的投资总额为 1400 万元，注册资本为 1250 万元，其中辽宁轻工公司出资 637.5 万元，占注册资本的 51%；日本华宁贸易株式会社以相当于 612.5 万元人民币的美元或日元现汇出资，占注册资本的 49%。辽宁轻工公司于 1996 年 7 月至 12 月四次投资人民币 637.5 万元，已计入“实收资本”账户。根据现有证据，该公司在大连市金州区大魏家镇连丰村对 31809 平方米的土地拥有土地使用权，对 14 处共计 14840.57 平方米的房产拥有所有权。

2003 年 2 月 20 日，辽宁轻工公司与万融公司签订《股本转让协议》，约定：万融公司出资 637.5 万元购买辽宁轻工公司在金弘橡胶公司的股本，受让资金必须以现金或支票形式最迟于 2003 年 3 月底前一次性将资金存到辽宁轻工公司指定账户。2004 年 4 月，金弘橡胶公司的中方股东由辽宁轻工公司变更为万融公司。

3. 1994 年 11 月 8 日，辽宁省外贸厅向外经贸部递交《关于成立辽宁华轻国际货运有限公司的请示》，内容为：辽宁轻工公司是我省经营轻工、机电产品进出口额较大的专业公司。进出口额逐年增长，在经贸部全国 500 家外贸进出口企业中名列第 207 位。根据国务院国发（1992）64 号文件精神和外经贸部关于审批国际货运代理公司的有关规定，为适应国际贸易运输市场全面开放形势，拓宽该司的经营范围，提高经济效益。经我厅审查该司具备从事国际贸易海运、陆运货运代理条件。同意成立华轻公司，请贵部予以批复。同年 12 月 5 日，外经贸部作出《关于华轻公司经营国际货运代理业务的批复》[（1994）外经贸运函字第 204 号]：同意华轻公司经营国际货运代理业务，确定了该公司的经营范围及经营地域，并规定注册资金不少于人民币 500 万元。1995 年 2 月，辽宁轻工公司出资 400 万元、辽宁轻工公司辛寨子仓储贸易分公司出资 100 万元申请设立华轻公司。

2003年2月18日，华轻公司股东会作出决议，决定原股东辽宁轻工公司将持有的400万元股权转让给万融公司等。同日，辽宁轻工公司与万融公司签订《股本转让协议》，约定：万融公司出资400万元购买辽宁轻工公司400万元股本，受让资金必须以现金或支票形式一次性向辽宁轻工公司支付，并最迟于2003年2月20日前将资金存到辽宁轻工公司的账户上。其后，华轻公司在工商部门将股东辽宁轻工公司变更为万融公司。

上述万融公司受让辽宁轻工公司办公楼、金弘橡胶公司及华轻公司股权的三份协议签订后，万融公司没有实际支付价款，其称上述转让款以辽宁轻工公司所欠8000万元债务之一部分予以抵销。

4. 万融公司2004年12月31日的《通用记账凭证》中分6项记载了分别自中行（信用卡0××1、0××3）、交行大连分行（9×××8）收存款利息及付中行（信用卡0××3）透支利息的情况。瑞阳公司认为该证据证明了万融公司实际接收了辽宁轻工公司评估报告中记载的银行存款6071113.93元，并要求万融公司提交2002年至2004年的企业账。万融公司否认其接收了辽宁轻工公司评估报告中记载的银行存款，但拒绝提供该公司企业账。

另查明：东信公司系经中国银行业监督管理委员会办公厅批准，于2007年1月22日设立的中外合作资产管理有限公司，其股东（发起人）为东方公司大连办及银建国际资产投资有限公司。经营范围为债权资产和抵债实物资产的追偿、重组、经营管理、置换、转让和出售，以提升资产处置回收价值为目的，运用现金对其所管理的抵债实物进行追加投资。

还查明：瑞阳公司对于辽宁外贸总公司作为借款人所欠的美元贷款、276号及68号借款合同项下的贷款本息均系依2004年9月7日中行辽宁分行与东方公司大连办签订的《债权转让协议》的项目分户清单记载的截至2003年12月31日欠款本息数额主张。对于322号借款合同项下的欠款，其主张偿还的借款本金为250万元，即减去了已经诉讼的150万元本金；对于323号借款合同项下欠款，瑞阳公司主张的借款本金为2356120元，系减去已经诉讼的150万元及其认可的2004年1月1日至2004年8月17日已偿还的本金143880元所得的剩余款项。

2013年1月25日，瑞阳公司向一审法院提起诉讼。2013年2月4日，瑞阳公司申请追加汇明公司和万融公司为本案被告。一审法院依法通知汇明公司和万融公司参加诉讼。

辽宁省高级人民法院一审认为：首先，合并审理，是指将两个或两个以上相互关联的独立的诉讼，合并在一个诉讼程序中进行审理和裁判的制度。本案是瑞阳公司依照《中华人民共和国民事诉讼法》的相关规定，依法提起的并由该院立案受理的诉讼，虽然瑞阳公司据以起诉的基础法律关系涉及多份借款合同，但案涉债权系瑞阳公司以一份单户资产转让协议受让而来，本案债权人为同一方当事人，主债务人也为同一当事人，各保证人分别为主债务人不同时间的借款提供了担保。本案系同一借款担保法律关系，属于同种类诉的合并，符合合并审理条件，可作一案审理。而且，各被告在法定提交答辩状期间内也未提出异议，故对瑞阳公司依法提起的诉讼应予支持。

其次，瑞阳公司与辽宁外贸总公司、辽宁轻工公司、辽宁五矿公司签订的案涉各份借款合同及首钢矿业公司提供的不可撤销的担保，均系各方当事人的真实意思表示，内容不违反法律、法规的禁止性规定，合法有效。案涉各份债权转让协议亦系签约各方的真实意思表示，协议内容亦不违反法律、法规的效力性禁止性规定。辽宁外贸总公司虽提出东信公司与瑞阳公司间的债权转让合同无效的抗辩，但在该院依照《最高人民法院关于审理涉及金融不良债权转让案件工作座谈会纪要》第五条的规定向其释明应另行提起不良债权转让合同无效的诉讼后，在指定的期限内及至目前始终未提起诉讼。因此，对辽宁外贸总公司关于该债权转让协议无效的抗辩不予支持，案涉债权转让协议均合法有效。

再次，本案瑞阳公司的债权，系经原始债权人中行辽宁分行转让给东方公司大连办，再由东方公司大连办转让给东信公司后，自东信公司受让而来。《最高人民法院关于审理涉及金融不良债权转让案件工作座谈会纪要》第十二条规定："……在《纪要》中……金融资产管理公司包括华融、长城、东方和信达等金融资产管理公司和资产管理公司通过组建或参股等方式成立的资产处置联合体……"根据东信公司的工商档案，东信公司系经中华人民共和国商务部（以下简称商务部）批准由中国东方资产管理公司参股设立的资产处置联合体。根据《最高人民法院关于审理涉及金融不良债权转让案件工作座谈会纪要》第十条及《最高人民法院对〈关于贯彻执行最高人民法院"十二条"司法解释有关问题的函〉的答复》的相关规定，东信公司作为金融资产管理公司可以在全国或省级有影响的报纸上发布有催收内容的债权转让通知或公告。瑞阳公司与东信公司签订《单户资产转让协议》后，东信公司联合东方公司大连办及瑞阳公司通过《辽宁日报》，向本案各被告发布了《债权转让暨催收公告》，已向各被告依法履行了通知义务，瑞阳公司系本案合法债权人，具有原告主体资格。辽宁外贸总公司关于本案原告不是本案适格债权人的抗辩，缺乏事实依据。

第四，案涉68号借款合同项下债权，形成于2000年3月16日，合同约定借款期限11个月；为该债权提供保证的保证合同约定保证期间自借款合同约定的债务履行期间届满之日起两年，故该笔债权的诉讼时效届满日应为2003年2月16日。2001年3月27日中行辽宁分行就该笔债权向借款人辽宁外贸总公司及保证人辽宁五矿公司发出了《催收贷款通知书》，辽宁外贸总公司及辽宁五矿公司均在该通知书上盖具公章予以确认；2001年10月8日、2003年9月24日中行辽宁分行继续对辽宁外贸总公司和辽宁五矿公司就该笔债权进行催收，辽宁外贸总公司及辽宁五矿公司均分别在通知书上盖具公章进行了确认。案涉276号借款合同项下债权，形成于2000年7月28日，该合同约定借款期限12个月，为该债权提供保证的保证合同亦约定保证期间为债务履行期间届满之日起两年，故该笔债权的诉讼时效届满日应为2003年7月28日。2001年10月8日，中行辽宁分行即向辽宁外贸总公司发出《催收通知书》，2003年6月24日，中行辽宁分行再次就该债权向辽宁外贸总公司和辽宁轻工公司主张权利，辽宁外贸总公司和辽宁轻工公司对中行辽宁分行的两次催收行为均予以确认。案涉322号、323号借款合同项下债权，分别形成于2000年9月11日、14日，约定的借款期限分别为11个月、12个月，保证期间均为债务履行期间届满之日起两年。2003年3月5日和11日，中行辽宁分行分别就322号、323号借款合同项下的150万元本金及利息的主债权及担保债权诉至法院。《最高人民法院关于审理民事案件适用诉讼时效制度若干问题的规定》第十一条规定："权利人对同一债权中的部分债权主张权利，诉讼时效中断的效力及于剩余债权，但权利人明确表示放弃剩余债权的情形除外。"因此，中行辽宁分行对322号和323号借款合同项下150万元本金及其利息部分的债权主张权利的效力及于该合同被诉之外的案涉债权。故自2003年3月5日、11日，322号、323号借款合同项下债权的诉讼时效中断。

2004年9月7日，中行辽宁分行将含上述债权的十笔债权转让给东方公司大连办，2005年1月27日，中行辽宁分行和东方公司大连办在《辽宁日报》上联合发布债权转让通知及债务催收的联合公告，此后，2007年1月17日、2009年1月9日，东方公司大连办多次分别就上述债权向相关债务人催收债权。2009年7月13日，东方公司大连办将含上述债权的十份借款合同项下的债权转让给东信公司，并于同年9月3日，两公司在《辽宁日报》上联合发布《债权转让暨催收公告》；2010年11月18日，东信公司又将含上述债权的十份借款合同项下的债权转让给瑞阳公司，并于2011年1月25日由东方公司大连办、东信公司及瑞阳公司在《辽宁日报》上联合发布《债权转让暨催收公告》，向相关债务人发出转让通知并主张债权。由于案涉上述债权的债权人在债权转让前、转让后的每次主张权利的时间间隔均未超过两年，上述案涉四份借款合同项下的主债权及担保债权的诉讼时效因债权人的每次催收行为而中断，故至2013年1月25日瑞阳公司就案涉债权向一审法院提起诉讼，案涉上述四份借款合同项下的主债权及担保债权未超过诉讼时效期间。

由于瑞阳公司对于276号及68号借款合同项下的所欠贷款本息均系依2004年9月7日中行辽宁分行与东方公司大连办签订的《债权转让协议》的项目分户清单记载的截至2003年12月31日的欠款本息数额主张，该两份合同项下的欠款本息数额系中行辽宁分行依照合同约定计算而来，故对瑞阳公司的该相关主张予以支持；对于322号借款合同项下的欠款，瑞阳公司主张的系减去了已经诉讼的150万元本金所剩余的250万元本金及利息；对于323号借款合同项下欠款，瑞阳公司主张的借款本金2356120元，亦减去了已经诉讼的150万元及其认可的2004年1月1日至2004年8月17日已偿还的143880元本金，故瑞阳公司针对322号和323号借款合同项下的借款本金所主张的数额具有事实依据。上述322号借款合同项下欠款本金250万元的利息，应以250万元为基数，按双方在合同中约定的利率自贷款发放之日起至2003年12月31日止计付；323号借款合同项下尚欠的借款本金是2356120元，由于143880元款项系于2004年1月1日至2004年8月17日偿还的，故对贷款发放之日起至2003年12月31日前该所欠利息的本金基数亦应以250万元为基数，自贷款发放之日起至2003年12月31日止，按借款合同约定利率计付。因此，辽宁外贸总公司应对其尚欠的上述四份借款合同项下借款本金87824082元及相应利息承担清偿责任；辽宁轻工公司及辽宁五矿公司应对上述其担保的借款合同项下尚欠本金及自款项发放之日起至2003年12月31日的利息承担连带清偿责任。瑞阳公司在诉请判令借款人辽宁外贸总公司对68号借款合同项下利息偿还至2003年12月31日止的前提下，却要求判令该合同的担保人辽宁五矿公司对辽宁外贸总公司所欠该借款计算至2010年11月18日的利息承担连带清偿责任，缺乏法律依据，不予支持。

案涉本金6122343.23美元及利息的债权，形成于1992年10月至1993年4月，由十笔美元贷款组成。根据外汇贷款借款备查卡，上述十笔款项的借款期限均至1993年10月22日。因此，案涉上述美元债权的诉讼时效届满日为1995年10月22日。贷款到期后，中行辽宁分行分别于1998年10月15日、2000年12月19日及2003年2月25日就上述债权向辽宁外贸总公司及首钢矿业公司发出《催收贷款通知书》和《催收贷款利息通知书》，虽然中行辽宁分行主张催收债权的时间间隔已超出了两年的法定诉讼时效期间，但因辽宁外贸总公司在上述催收通知书上均加盖公章予以确认，故根据《最高人民法院关于超过诉讼时效期间借款人在催款通知单上签字或者盖章的法律效力问题的批复》之规定，辽宁外贸总公司该行为系其对上述美元贷款债务的重新确认。此后自2004年9月7日起，案涉债权虽经多次转让，但各个阶段的债权人均在诉讼时效期间内依法履行了通知和催收义务。故债权人对于辽宁外贸总公司的该笔美元贷款债权的诉讼时效始终连续。因瑞阳公司对该债权的主张亦系根据中行辽宁分行与东方公司大连办之间的《债权转让协议》项下分户清单记载的截至2003年12月31日欠款本息数额主张的，故辽宁外贸总公司应对该笔贷款本金美元6122343.23元及利息美元3016528元，合计美元9138871.23元承担清偿责任。但因案涉上述美元贷款主债权的诉讼时效系因辽宁外贸总公司的重新确认取得的，债权人在保证期间内未向首钢矿业公司主张权利，瑞阳公司也未能提供首钢矿业公司对上述重新确认的债务同意承担保证责任的证据，故该担保债权已超过保证期间，瑞阳公司要求判令首钢矿业公司对上述美元贷款承担保证责任缺乏事实和法律依据，不予支持。

第五，汇明公司应在其接收财产范围内对辽宁外贸总公司的案涉债务承担连带责任。首先，根据外经贸部向辽宁省外贸厅下发的《关于原则同意辽宁外贸总公司改制为内部职工持股的有限责任公司的批复》，辽宁外贸总公司申请设立汇明公司而向辽宁省工商局递交上述批复及辽宁省外贸厅辽外经贸（1998）企字第

163号文件的事实可知，汇明公司是辽宁外贸总公司部分改制设立的新公司。其次，虽然辽宁顺达会计师事务所1999年5月20日出具的《验资报告》（以下简称《验资报告》）中记载汇明公司收到辽宁外贸总公司273万元货币出资，但该《验资报告》中同时记载：与上述法人股东投入资本相关的资产总额为174370000元，其中货币资金3418万元，实物资产140190000元。同时，在《投入资本（金）明细表》中记载辽宁外贸总公司累计对外投资占净资产比例为75%。《验资报告》是有限责任公司成立时资产状况的证明文件，其不仅仅证明股东缴纳出资的情况，同时也能反映企业进行公司制改造时，对原企业财产的接收情况。上述《验资报告》记载的内容，正是在证明辽宁外贸总公司和职工持股会两股东在设立汇明公司时的出资情况的同时，还反映辽宁外贸总公司投入汇明公司的273万元实际系包含货币资金3418万元，实物资产140190000元，共计174370000元资产的事实。对此，汇明公司予以否认，但未能提供证据予以证明。因此，可以认定，汇明公司设立时实际接收了辽宁外贸总公司174370000元资产。最后，三道沟仓库是辽宁外贸总公司出资设立的二级企业，辽宁外贸总公司对该企业的投资系以辽宁外贸总公司所有的位于大连市甘井子区南关岭街道的合计46257.10平方米的土地使用权及坐落于大连市甘井子区大盐路的合计12921.58平方米的房地产折价100万元实物资产投入的。根据辽宁外贸总公司向辽宁省国资委大连协调组递交的《关于向汇明公司借款并将三道沟仓库抵押给汇明公司的报告》、汇明公司与辽宁外贸总公司签订的《还款协议》、《记账凭证》、2003年、2007年12月《工资明细》、《社会保障基金专用收据》、《住房公积金汇（补）缴书》等所反映的汇明公司承担总公司62名离退休人员的医疗费、统筹外项目补贴、取暖费、管理费；承担总公司、三道沟仓库全部在岗职工的安置费用并承担三道沟仓库的全部债权债务等证据可以看出，上述事实反映的改制行为并非单纯针对三道沟仓库的改制，而是对辽宁外贸总公司改制的继续。汇明公司虽主张其取得三道沟仓库资产是辽宁外贸总公司对所欠汇明公司债务的抵偿行为，与改制无关，但辽宁外贸总公司《关于向辽宁汇明国际贸易有限公司借款并将三道沟仓库抵押给汇明公司的报告》开篇即表述“根据省国资委要求公司进行了改制并轨工作”，该报告中明确记载汇明公司受让三道沟仓库的条件是承担辽宁外贸总公司全体离退休人员的各项费用，并安置全体在岗职工。汇明公司在协议签订后即在自己公司内为辽宁外贸总公司的包括离退休人员的全体人员制作工资表格，交付社保、医疗等相关费用的事实，亦与其主张的出借该相关款项给辽宁外贸总公司的性质截然不同。上述这种接受资产的同时接纳原公司职工的事实，超出了买卖或者抵债本身的范畴，因为抵债或买卖交易行为不能涵盖这些身份因素。而且，汇明公司在诉讼中所称的其为履行《还款协议》为辽宁外贸总公司承担人员费用1847.5万元的情况，根据《〈辽宁外贸总公司人员费用支付一览表〉的说明》，该1847.5万元是辽宁外贸总公司2007年7月9日作出的预计辽宁外贸总公司各类人员按照10年、20年、25年等年限计算所得的各类费用的总和，该笔费用在2007年汇明公司向法院提起上述诉讼之时尚未实际发生。《全民所有制工业企业转换经营机制条例》第十五条规定，全民所有制企业出售财产，需依规定进行评估及取得主管部门批准；《公司法》第七条规定，“国有企业改建为公司，必须依照法律、行政法规规定的条件和要求，转换经营机制，有步骤地清产核资，界定产权，清理债权债务，评估资产，建立规范的内部管理机构。”① 本案中，辽宁外贸总公司对其转移给汇明公司的资产没有进行评估，亦未提供证据证明其进行了清产核资，清理了债权债务。因此，综合辽宁外贸总公司在改制设立汇明公司时投入其174370000元的资产，汇明公司成立后又接收辽宁外贸总公司全体职工，却以抵债之名接收三道沟仓库价值人民币4014.47万元优质资产，仅承担三道沟仓库的债权债务，而辽宁外贸总公司依然保留的事实可以确认，双方间的上述行为既非平等主体间资产买卖支付对价的行为，亦非真正意义上的投资，而是借改制之机故意转移和抽逃企业财产的违法行为。该行为客观上造成了辽宁外贸总公司法人财产的减少，侵犯了其他债权人的权利，对其他债权人不发生效力。依据法人财产原则，汇明公司应在接收辽宁外贸总公司上述财产范围内对辽宁外贸总公司案涉债务承担连带清偿责任。《最高人民法院关于审理与企业改制相关的民事纠纷案件若干问题的规定》第七条规定：“企业以其优质财产与他人组建新公司，而将债务留在原企业，债权人以新设公司和原企业作为共同被告提起诉讼主张债权的，新设公司应当在所接收的财产范围内与原企业共同承担连带责任。”由于汇明公司因辽宁外贸总公司进行公司制改造，接收了辽宁外贸总公司价值214514700元（174370000元+40144700元）资

① 此处指2004年《公司法》。

产，辽宁外贸总公司对其上述投入取得了273万元所对应的股权，故汇明公司应在其实际接收的211784700元范围内对辽宁外贸总公司的案涉债务承担连带清偿责任。瑞阳公司追加汇明公司为本案被告，并要求其就辽宁外贸总公司的借款债务在其接收财产范围内承担连带偿还责任，具有事实和法律依据，予以支持。

第六，万融公司应当在接收辽宁轻工公司财产范围内对辽宁轻工公司的案涉债务承担连带责任。首先，辽宁轻工公司依照辽宁省外贸厅下发的《关于将辽宁省轻工业品进出口公司改制为内部职工持股的有限责任公司的批复》，于2000年6月27日设立了万融公司。随后的12月31日，辽宁省国资委大连协调组进一步明确“同意辽宁轻工公司改制为万融公司”。此后，万融公司向大连市房地产登记发证中心递交的“请求批准将辽宁轻工公司位于大连市中山区兴和街2号办公楼房屋产权变更至万融公司名下”的《关于房屋产权变更登记的申请》中，亦自称“依据辽外经贸（1999）企字第56号批复文件和省国资委文件批复，现辽宁轻工公司已改制为万融公司”。根据上述事实可知，万融公司系辽宁轻工公司公司制改造设立的新公司，其设立在前的事实不能改变其为辽宁轻工公司改制设立公司的性质，万融公司关于其非辽宁轻工公司改制公司的抗辩缺乏事实依据。其次，虽然根据工商部门的档案材料万融公司设立时辽宁轻工公司出资355万元，辽宁轻工公司的改制方案中记载“从现在辽宁轻工公司的实际可运营资金中共计拿出153.775万元人民币，投给有限责任公司”。但是，根据辽宁省国资委大连协调组作出的《关于对辽宁轻工公司改制的意见》中关于“原辽宁轻工公司的办公楼的房产和土地一并转入至万融公司”的意见及此后万融公司将辽宁轻工公司办公楼项下的土地使用权和房屋所有权、将辽宁轻工公司于1995年11月出资637.5万元设立的金弘橡胶公司的51%股权、将辽宁轻工公司于1994年11月出资400万元设立的华轻公司80%股权、23个商标权及辽宁轻工公司其他资产变更、转移至自己名下的事实可以证明，辽宁轻工公司在出资355万元设立万融公司之后，还向万融公司转移了上述大量资产。对于上述转移资产的行为，万融公司提供其与辽宁轻工公司间存在资金往来的证据及其接受上述资产的国资委批复文件和相关协议，以证明其接受上述资产不仅经过国资委批准亦通过以资抵债方式支付了对价。但是，万融公司没有提供双方间的借款协议，其提供的公司“记账凭证”中关于3000万元“付辽宁轻工公司款”及5000万元“还辽宁轻工公司款”的记载，不能证明其主张的辽宁轻工公司对其存在欠款的事实；退言之，即使存在欠款，辽宁轻工公司转移的上述资产有的根本没有进行评估，有的虽经评估却均是以原值进行了转让，其资产的转让均未依市场价格予以变现，因此，双方当事人协议约定的价格，只能约束协议各方当事人，而对于享有债权的第三人，不能发生效力。而且在转移上述资产过程中，辽宁轻工公司也未能提供证据证明其依照公司法的相关规定，进行了清产核资，清理债权债务。改制后，“辽宁轻工公司仅保留5人留守”，其存续主体成了空壳。因此，上述相关财产转移的行为，违反了《全民所有制工业企业转换经营机制条例》及公司法的相关规定，违反了法人财产原则，是辽宁轻工公司借公司制改造将债务与资产剥离，转移优质资产，恶意逃废债务的行为。根据现有证据，万融公司接收的资产中，原辽宁轻工公司位于大连市中山区兴和街2号土地使用权的评估价值为399.33万元，该地上建筑物——办公楼的评估价值为21926431元，金弘橡胶公司51%股权的评估价值为10853872.32元；其他财产瑞阳公司未能提供证据证明其评估价值，故其他财产按原值计算合计10797354元（其中：铜狮子89800元、23个商标权460万元、辽宁轻工公司其他资产2107554元、华轻公司股权400万元）。除上述土地使用权、房地产、股权及商标权外，在庭审中万融公司提供的部分会计记账凭证中反映了万融公司于2004年12月31日前收取中行及交行大连分行信用卡内的银行存款利息的情况。对此，瑞阳公司认为该证据证明万融公司实际接收了辽宁轻工公司改制时评估报告中记载的辽宁轻工公司银行存款6071113.93元，并要求万融公司提供完整的账目。万融公司对此予以否认，但对于瑞阳公司要求其提供完整账目、法院依法释明如不提供将承担不利后果的情况下，万融公司明确表示拒绝提供。因此，根据《最高人民法院关于民事诉讼证据的若干规定》第七十五条关于“有证据证明一方当事人持有证据无正当理由拒不提供，如果对方当事人主张该证据的内容不利于证据持有人，可以推定该主张成立”的规定，推定万融公司实际接收了辽宁轻工公司的上述6071113.93元的银行存款。因此，根据《最高人民法院关于审理与企业改制相关的民事纠纷案件若干问题的规定》第七条的规定，万融公司应在其接收的上述财产合计53642071.25元范围内对辽宁轻工公司应当向瑞阳公司清偿的债务承担连带给付责任，万融公司关于不应追加其为被告的抗辩缺乏事实和法律依据。

综上，辽宁省高级人民法院依照《中华人民共和国合同法》第一百九十六条、第一百九十八条、第二百零五条、第二百零六条、第二百零七条，《中华人民共和国民法通则》第一百四十条，《中华人民共和国担保法》第六条、第十八条、第三十一条，《最高人民法院关于审理涉及金融资产管理公司收购、管理、处置国有银行不良贷款形成的资产的案件适用法律若干问题的规定》第六条、第七条、第十条，《最高人民法院关于金融资产管理公司收购、处置银行不良资产有关问题的补充通知》第一条、第二条，《最高人民法院对〈关于贯彻执行最高人民法院“十二条”司法解释有关问题的函〉的答复》，《最高人民法院关于审理涉及金融不良债权转让案件工作座谈会纪要》第十一条、第十二条，《最高人民法院关于审理民事案件适用诉讼时效制度若干问题的规定》第十条第一款、第十一条、第十九条，《最高人民法院关于超过诉讼时效期间借款人在催款通知单上签字或者盖章的法律效力问题的批复》，《中华人民共和国公司法》第七条，《最高人民法院关于审理与企业改制相关的民事纠纷案件若干问题的规定》第七条、《最高人民法院关于民事诉讼证据的若干规定》第七十五条及《中华人民共和国民事诉讼法》第一百三十二条、第一百四十二条之规定，经该院审判委员会讨论决定，于2014年8月5日作出（2013）辽民二初字第00006号民事判决如下：一、辽宁外贸总公司于本判决生效之日起十日内给付瑞阳公司借款本金人民币87824082元（其中辽中银贷字20000068号借款合同项下本金为2967962元；辽中银贷字20000276号借款合同项下本金为8000万元；辽中银贷字20000322号借款合同项下本金为250万元；辽中银贷字20000323号借款合同项下本金为2356120元）及利息（其中：辽中银贷字20000068号借款合同项下利息为636242.12元；辽中银贷字20000276号借款合同项下利息为15097534.83元；辽中银贷字20000322号借款合同项下利息以250万元为基数，自2000年9月12日起至2003年12月31日止按合同约定利率计付；辽中银贷字20000323号借款合同项下利息以250万元为基数，自2000年9月15日起至2003年12月31日止按合同约定利率计付）。二、辽宁外贸总公司于本判决生效之日起十日内给付瑞阳公司所欠美元借款本金6122343.23元及利息3016528元。三、辽宁轻工公司对本判决主文第一项中辽宁外贸总公司应清偿的辽中银贷字20000276、322、323号借款合同项下本金及利息承担连带清偿责任。四、辽宁五矿公司对本判决主文第一项中辽宁外贸总公司应清偿的辽中银贷字

20000068号借款合同项下合计3604204.12元欠款（其中本金2967962元、利息636242.12元）承担连带清偿责任。五、汇明公司在211784700元范围内，对本判决主文第一、二项所确定的辽宁外贸总公司债务承担连带清偿责任。六、万融公司在53642071.25元范围内对本判决主文第三项所确认的辽宁轻工公司债务承担连带清偿责任。七、辽宁轻工公司、辽宁五矿公司承担上述担保责任后，有权向辽宁外贸总公司追偿。八、驳回瑞阳公司的其他诉讼请求。如果未按本判决指定的期间履行上述给付金钱义务，应当依照《中华人民共和国民事诉讼法》第二百五十三条的规定，加倍支付迟延履行期间的债务利息。案件受理费873829元，保全费5000元，合计878829元，由辽宁外贸总公司负担；辽宁轻工公司对其中的546273元承担连带给付责任，辽宁五矿公司对其中的35633.63元承担连带给付责任。

辽宁省高级人民法院一审判决后，辽宁外贸总公司、辽宁轻工公司、汇明公司、万融公司向本院提出上诉。

辽宁外贸总公司上诉请求：对一审判决关于三道沟仓库事实的错误认定依法改判，或发回重审。主要理由：（一）辽宁外贸总公司与汇明公司是两个平等的独立法人，双方既不存在隶属关系，亦不存在股权关系。（二）辽宁外贸总公司与汇明公司之间关于三道沟仓库的关系属于资产买卖，支付的对价包括两个部分：一是抵销辽宁外贸总公司欠汇明公司的债务，二是汇明公司承担辽宁外贸总公司无力负担而且必然要发生的债务以及仓库已有的债务。这种债务的抵销和承担也是支付对价的行为。（三）辽宁外贸总公司与汇明公司的债权债务关系已经大连市中级人民法院（2007）大民合初字第57号民事调解书依法确认，该调解书已经发生法律效力且已进入执行程序。一审法院无权在本案中对另外一个已经发生法律效力的案件作出裁判。

辽宁轻工公司上诉请求：撤销一审判决第三项，驳回瑞阳公司对辽宁轻工公司的诉讼请求；或撤销一审判决，发回重审。主要理由：（一）东信公司经商务部商资批（2006）2539号批复批准经营期限为三年，即从2007年1月22日起至2010年1月21日止。东信公司于2010年11月18日将金融不良债权转让给瑞阳公司，超过经营期限。商务部商资批（2010）1174号批复批准东信公司经营期限延长至2011年12月31日，这一具体行政行为违反了《中华人民共和国中外合作企业法》第二十四条和该法实施细则第四十七条的规定。辽宁轻工公司已于2014年3月24日诉至北京市第二中级人民法院，请求确认商务部作出的商资批(2010)1174号批复违法并予以撤销。商务部批复如果经确认违法，将影响对辽宁轻工公司保证时效和本案纠纷性质的认定，进而影响本案法律适用。因此本案应待该行政诉讼结束后，方可对民事争议作出裁判。(二)一审法院否定辽宁外贸总公司经大连市中级人民法院(2007)大民合初字第57号民事调解书依法确认将三道沟仓库抵债给汇明公司的法律效力违法。

汇明公司上诉请求：撤销一审判决第五项，一、二审诉讼费由瑞阳公司承担。主要理由：(一)一审判决认定事实错误。1. 辽宁外贸总公司仅向汇明公司出资人民币273万元。汇明公司从未接收辽宁外贸总公司174370000元资产。一审法院以《验资报告》为依据认定“辽宁外贸总公司投入到汇明公司的273万元实际包含货币资金3418万元，实物资产140190000元，共计174370000元资产”与事实不符。2. 汇明公司受让三道沟仓库资产，是辽宁外贸总公司抵偿其所欠汇明公司债务的行为，且该行为是已经生效法律文书予以确认的抵债行为。一审法院否定已生效法律文书的效力，严重违反法律程序，事实认定错误。(二)一审判决适用法律错误。1. 汇明公司接收的是辽宁外贸总公司在汇明公司的投资款273万元，并非一审法院所认定的211784700元。一审法院适用《最高人民法院关于审理与企业改制相关的民事纠纷案件若干问题的规定》第七条的规定判决汇明公司在211784700元范围内承担连带责任错误。2. 案涉的辽宁外贸总公司所欠的债务几经转让，诉讼时效已过。一审法院曲解《最高人民法院关于审理涉及金融不良债权转让案件工作座谈会纪要》中防止国有资产流失及维护社会公共利益等精神和原则，对以公告方式催收债权可产生诉讼时效中断效力的规定扩大解释，错误适用，导致对案涉辽宁外贸总公司债务的时效问题认定错误。另外，汇明公司设立及辽宁外贸总公司改制已近15年时间，瑞阳公司及原债权人从未向汇明公司主张任何权利，已超过法定的诉讼时效期间。

万融公司上诉请求：撤销一审判决，驳回瑞阳公司对万融公司的诉讼请求。主要理由：(一)万融公司不是辽宁轻工公司公司制改造新设立的公司，是辽宁轻工公司出资355万元设立的有限责任公司，辽宁轻工公司享有万融公司51%的股权。两公司至今独立存在，正常经营。(二)万融公司通过协议购买辽宁轻工公司的资产，双方签订了书面的转让协议，经过了法定评估机构评估，并经国有资产管理机构审批，且价款也已经实际支付。该出资行为及资产转让行为均不属于《最高人民法院关于审理与企业改制相关的民事纠纷案件若干问题的规定》第七条规定的情形。一审判决存在的错误之处在于：1. 要求辽宁轻工公司依据公司法的相关规定进行清产核资，清理债权债务，缺乏基本常识。2. 未明确万融公司与辽宁轻工公司签订的资产转让协议违反了什么规定。3. 认定辽宁轻工公司转移资产有的未经评估，缺乏事实依据。4. 认定万融公司接收资产的价值缺乏证据支持。万融公司取得大连市中山区兴和街2号房产土地使用权，系在支付对价取得所有权的情况下，取得该房屋土地的使用权；一审法院认定其他资产原值的价值没有依据；仅以瑞阳公司提交的一份两张银行信用卡使用记录及账户记录，推断万融公司接收了辽宁轻工公司改制时评估报告中记载的账面银行存款6071113.93元，认定事实错误。上述两张信用卡及账户的持有人均为万融公司，是万融公司在成立后向相关银行申请开设的，与辽宁轻工公司无任何关系。5. 万融公司并非无偿取得辽宁轻工公司资产。万融公司负担了辽宁轻工公司在中行辽宁分行的8000万元贷款。在万融公司对辽宁轻工公司享有8800万元债权的前提下，通过协议转让的方式，取得了辽宁轻工公司的资产。（三）一审法院判决万融公司在53642071.25元范围内对判决第三项确认的辽宁轻工公司债务承担连带清偿责任，却未判决万融公司有向实际债务人的追偿权，适用法律错误。

被上诉人瑞阳公司答辩称，辽宁外贸总公司、辽宁轻工公司、汇明公司、万融公司的上诉请求及理由均不成立，请求驳回上诉，维持原判。并分别提出答辩意见如下：

辽宁外贸总公司的上诉请求不成立。（一）汇明公司是辽宁外贸总公司改制而来的公司。在汇明公司成立时辽宁外贸总公司投入273万元净资产，其中包括了174370000元的总资产及相应的负债。（二）辽宁外贸总公司与汇明公司之间关于三道沟仓库不是资产买卖关系，是因辽宁外贸总公司改制而接收财产。辽宁外贸总公司转让国有资产时未依法进行评估，也未在依法设立的产权交易场所公开进行转让，约定的价格远远低于市价，汇明公司也未支付，只是承担了200万元的债务，给辽宁外贸总公司及三道沟仓库的职工支付相关的费用。辽宁省国资委大连协调组批准处置三道沟仓库国有资产，也是因为改制进行的国有资产的划转。

因此，汇明公司接收三道沟仓库的财产，并不是平等主体之间的买卖或抵债的行为，而是利用改制的特殊关系逃废原企业债务的一种方式。（三）大连市中级人民法院（2007）大民合初字第57号民事调解书与本案并不矛盾。本案并未否定该民事调解书的效力，调解书是辽宁外贸总公司与汇明公司自愿达成的，对其双方是有效的，但不能约束辽宁外贸总公司的其他债权人，对其他债权人不发生效力。本案债权人依照《最高人民法院关于审理与企业改制相关的民事纠纷案件若干问题的规定》要求改制后的公司在其接收财产范围内承担责任，并未主张撤销该调解书。

辽宁轻工公司的上诉请求不成立。（一）东信公司经营范围并不属国家特许经营，且东信公司处置金融不良债权的经营活动不是依法须经批准的项目，也不需要经相关部门批准后方可开展经营活动。任何主体均可以作为权利人收购、处置金融不良债权。（二）东信公司是中国东方资产管理公司参股依法设立的资产处置联合体，并经工商行政管理部门依法设立，是独立法人。东信公司在其经营期限届满前已依法向工商行政管理部门进行了申请，并获得了批准，表明东信公司申请符合规定。2010年11月18日东信公司处于登记成立状态，具备法人资格，所进行的经营活动是合法有效的。辽宁轻工公司提起的行政诉讼与本案无关，即使批复被撤销也不能说明东信公司的主体资格已不复存在。辽宁轻工公司的主张不符合法律规定的中止诉讼的情形。

汇明公司的上诉请求不成立。（一）汇明公司是辽宁外贸总公司的改制公司；汇明公司成立时在工商行政管理部门备案的《验资报告》披露，汇明公司收到股东辽宁外贸总公司273万元货币出资，与上述法人股东投入资本相关的资产总额为174370000元，其中货币资金3418万元，实物资产140190000元。（二）辽宁外贸总公司与汇明公司通过签订《还款协议》的方式将11处房产给汇明公司时并未依法评估，是通过汇明公司承担辽宁外贸总公司及其子公司所谓债务的方式进行的承接，不是真正意义上的资产抵债，实质上是通过辽宁外贸总公司改制而进行的承接。本案并未否定大连市中级人民法院（2007）大民合初字第57号民事调解书的效力。（三）本案诉讼时效是依法连续的。案涉债权虽然经过转让，但债权人均依法进行了催收，公告催收的主体也符合法律规定。

万融公司的上诉请求不成立。（一）万融公司的工商档案表明，万融公司是辽宁轻工公司依据《关于将辽宁轻工公司改制为内部职工持股的有限责任公司的批复》文件申请设立。辽宁轻工公司至今仍然登记成立，并非因其还具备经营能力，而是在处理企业的遗留问题，为企业改制逃废债务。（二）万融公司并非以协议方式购买辽宁轻工公司资产，而是因辽宁轻工公司改制，以承担辽宁轻工公司8800万元贷款的方式接收了辽宁轻工公司的资产。万融公司接收辽宁轻工公司资产时所进行的评估，目的是辽宁轻工公司企业改制，方法是重置成本法，产权交易也未在产权交易的场所公开进行。评估及交易方式已构成国有资产流失。万融公司与辽宁轻工公司之间的协议只是接收财产的一种形式，并不能否定因企业改制接收财产的本质。对于接收财产的价值，一审判决的依据是正确的。（三）万融公司在接收辽宁轻工公司财产时未支付对价，造成法人对外责任财产的减少，侵犯了债权人的权益，依据《最高人民法院关于审理与企业改制相关的民事纠纷案件若干问题的规定》第七条的规定，万融公司应当承担责任。辽宁省国资委作为辽宁轻工公司的出资人所作的批复是履行所有者义务，并不能说明所批复的行为合法有效，只有按照法律、法规以及规章规定的程序依法进行的活动才是合法有效的。本案的债权在改制前已形成，债权人也依法向债务人进行了催收，合法有效。在企业改制中对改制企业的债务承担作出的约定必须以债权人同意为生效前提，而且该约定仅对同意的债权人产生效力，其他债权人仍然可以按照法人财产原则追究转移财产所有者相应的民事责任。故本案中万融公司与辽宁轻工公司和有关债权人达成的相关债务的转让协议对合同各方当事人具有法律约束力，但对其他债权人不发生法律效力。瑞阳公司根据法人财产原则和《最高人民法院关于审理与企业改制相关的民事纠纷案件若干问题的规定》第七条的规定，要求万融公司在接收辽宁轻工公司财产范围内对辽宁轻工公司改制前债务承担偿还责任符合法律规定。（四）万融公司依法享有追偿权，一审法院未表述万融公司享有追偿权并不会造成万融公司权利无法保障。

原审被告辽宁五矿公司述称：同意各上诉人的上诉请求及事实与理由。东信公司在其公告通知债权转让及催收的时点已不具备金融管理公司的法律地位，其转让债权以及公告催收债权不具有法律效力，案涉债权已变为普通债权，已过诉讼时效。

原审被告首钢矿业公司述称：同意一审判决对于首钢矿业公司的判决内容，

首钢矿业公司不发表任何意见。

本院审理期间，各方当事人对一审判决查明的事实无异议，本院予以确认。

本院另查明，商务部2010年11月24日商资批（2010）1174号《商务部关于同意东信联合资产管理有限公司延长经营期限的批复》第二项明确：同意东信公司投资者中国东方资产管理公司与银建国际资产投资有限公司于2010年8月6日签署的公司合同修改协议和公司新章程。东信公司经营期限延长至2011年12月31日。

本院认为，根据各方当事人诉辩主张，本案争议的焦点问题为：（一）案涉债权是否已经超过诉讼时效期间；（二）汇明公司是否应对辽宁外贸总公司的案涉债务承担连带清偿责任；（三）万融公司是否应对辽宁轻工公司的案涉债务承担连带清偿责任。

（一）关于案涉债权是否已经超过诉讼时效期间的问题

辽宁轻工公司上诉主张因东信公司经营期限问题对东信公司作为金融不良债权转让主体的合法性构成影响，进而影响到本案中对辽宁轻工公司保证时效的认定及相关法律适用问题，因而主张本案应待行政诉讼终结后再行处理。辽宁轻工公司在本院二审期间提交了包括辽宁轻工公司的行政起诉状、查询函、北京市第二中级人民法院（2015）二中行初字第00680号行政裁定书、行政上诉状等证据，意图证明其上诉主张。瑞阳公司对上述证据的真实性无异议，但认为不能证明辽宁轻工公司的上诉主张。其他当事人对辽宁轻工公司上述证据的真实性未提异议。

汇明公司上诉主张一审法院对以公告方式催收债权可产生诉讼时效中断效力的规定扩大解释，且瑞阳公司及案涉原债权人从未向汇明公司主张权利，案涉债权已经超过诉讼时效期间。

本院认为，东信公司系经批准由中国东方资产管理公司与银建国际资产投资有限公司合作设立的公司。公司经营范围为“债权资产和抵债实物资产的追偿、重组、经营管理、置换、转让和出售，以提升资产处置回收价值为目的，运用现金对其所管理的抵债实物进行追加投资”。《最高人民法院关于审理涉及金融不良债权转让案件工作座谈会纪要》第十二条规定：“……金融资产管理公司包括华融、长城、东方和信达等金融资产管理公司和资产管理公司通过组建或参股等方式成立的资产处置联合体……”据此，一审法院认定东信公司符合资产处置联合体的要求，并无不当。对辽宁轻工公司在本院二审期间提交的证据，瑞阳公司及其他当事人对真实性均未提异议，本院予以采纳。但由于该相关证据证明的事实是辽宁轻工公司已提起行政诉讼，请求确认商务部延长东信公司经营期限的批复违法并应予撤销。该案经北京市第二中级人民法院裁定驳回起诉，现正处于二审审理期间。显然，辽宁轻工公司举证证明的事实并不足以证明东信公司在转让案涉债权时不具备金融不良债权转让主体经营资格，因而不足以对本案一审法院适用不良资产转让方面的相关法律法规对案涉债权转让协议的效力问题的处理及相关诉讼时效的认定产生影响。据此，辽宁轻工公司上诉主张理由不成立，本院不予支持。

因汇明公司一审期间未就案涉债权诉讼时效进行抗辩，也没有提交新的证据证明案涉债权已过诉讼时效期间，根据《最高人民法院关于审理民事案件适用诉讼时效制度若干问题的规定》第四条的规定，当事人在一审期间未提出诉讼时效抗辩，在二审期间提出的，人民法院不予支持。故对汇明公司主张案涉债权已经超过诉讼时效期间的上诉请求，本院不予支持。

（二）关于汇明公司是否应对辽宁外贸总公司的案涉债务承担连带清偿责任的问题

汇明公司上诉主张一审判决认定其在设立时辽宁外贸总公司投入174370000元资产，以及认定汇明公司取得三道沟仓库资产属于“借改制之机故意转移和抽逃财产的违法行为”，并判令汇明公司在接收的211784700元资产范围内对辽宁外贸总公司的案涉债务承担连带清偿责任，认定事实和适用法律错误。

辽宁外贸总公司上诉主张其与汇明公司之间关于三道沟仓库的关系属于资产买卖，一审判决对该部分事实认定错误，也无权否定已经发生法律效力的调解书的效力。

本院认为，一审法院认定汇明公司实际接收辽宁外贸总公司211784700元资产，并判令其在该财产范围内对辽宁外贸总公司的案涉债务承担连带清偿责任，证据不足。

1. 关于一审法院认定汇明公司设立时实际接收了辽宁外贸总公司174370000元资产的问题。一审法院认定该事实的主要依据有两个：一是根据有关文件可以证明汇明公司是辽宁外贸总公司部分改制设立的新公司。二是汇明公司设立时

《验资报告》中记载的“与上述法人股东投入资本相关的资产总额为174370000元，其中货币资金3418万元，实物资产140190000元”。同时，在《投入资本（金）明细表》中记载辽宁外贸总公司累计对外投资占净资产比例为75%。本院认为，根据本案查明的事实，外经贸部对辽宁省外贸厅下发的《关于原则同意辽宁省对外贸易总公司改制为内部职工持股的有限责任公司的批复》载明，汇明公司由辽宁外贸总公司、内部职工持股会共同出资成立，双方均以现金入股。改制设立的公司为辽宁外贸总公司的控股子公司。辽宁外贸总公司所认购的股份加上内部职工持股会认购的股份为总股本。内部职工股占总股本的比例为49%。辽宁外贸总公司投入汇明公司的资产形成的股份，作为国有法人股，由辽宁外贸总公司持有并代行股东权利，承担股东义务，收取股利。1998年11月16日，辽宁外贸总公司向辽宁省工商局提交上述批复等文件，申请设立汇明公司。汇明公司设立的《公司设立登记审核表》、《验资报告》及附表《投入资本（金）明细表》中载明：汇明公司注册资本为536万元。辽宁外贸总公司以货币资金出资273万元，占出资总额的51%；职工持股会以货币资金出资263万元，占出资总额的49%。上述汇明公司设立时登记注册载明的公司股东、持股比例、出资额及出资方式与上述有关部门批复汇明公司设立的文件内容吻合。因此可以证明汇明公司是辽宁外贸总公司出资273万元设立的有限责任公司。

对汇明公司设立时是否接收了辽宁外贸总公司174370000元资产的问题，汇明公司设立时《验资报告》记载的内容为：汇明公司申请的注册资本为536万元。根据我们的审验，截至1999年5月20日，汇明公司已收到其股东投入的资本536万元，其中实收资本536万元。与上述法人股东投入资本相关的资产总额为174370000元，其中货币资金3418万元，实物资产140190000元。基于上述内容，可以得出的无异议的意思表示为汇明公司已经收到的股东投入的资本金为536万元，并不能得出辽宁外贸总公司将174370000元资产也投入了汇明公司的结论。且附表中记载辽宁外贸总公司“累计对外投资占净资产比例75%”，而上述174370000元表述为“资产总额”而非是净资产总额。因此，在没有其他证据相佐证的情况下，仅依据该《验资报告》内容不足以认定辽宁外贸总公司投入汇明公司的273万元实际系包含货币资金3418万元，实物资产140190000元，共计174370000元资产的事实。

汇明公司在本院二审期间提交了大连连俊会计师事务所出具的两份《专项调查报告书》、辽宁恒信律师事务所沈阳分所《律师调查笔录》、辽宁利盟国有资产经营有限公司（以下简称利盟公司）《关于对辽宁省对外贸易总公司投资辽宁汇明国际贸易有限公司的说明》、辽宁天成会计师事务所出具的《验资报告》（编号32）及附件《投入资本（金）明细表》、《股权转让协议书》、李某某的《说明》及医院病例、出院证等，证明其主张的辽宁外贸总公司在汇明公司设立时仅出资273万元，未投入其他资产。瑞阳公司申请大连连俊会计师事务所出庭作证，本院依法准许并通知该事务所派员出庭作证。该所会计师刘某某出庭作证。汇明公司申请该公司设立时出具《验资报告》的会计师李某某出庭作证，本院依法准许并通知李某某出庭作证。在向李某某送达出庭通知时，其向本院表示因健康原因申请不出庭作证。本院告知其负有如实作证的义务及作伪证的法律后果，对汇明公司提交的《律师调查笔录》内容的真实性向李某某进行了核实，李某某明确表示无误，并签署了保证书。瑞阳公司对李某某因健康原因不出庭作证表示没有异议。对上述汇明公司提交的证据，瑞阳公司质证认为均不足以证明汇明公司的主张，不应采纳。其他当事人对证据的真实性未提出异议。

本院经审核认为，汇明公司提交的利盟公司的《关于对辽宁省对外贸易总公司投资辽宁汇明国际贸易有限公司的说明》，因汇明公司提交的《股权转让协议书》显示利盟公司是汇明公司的股东，且该证据形式也不符合法律规定，本院不予采纳；汇明公司提交的《专项调查报告书》，虽然大连连俊会计师事务所指派会计师出庭作证，但该《专项调查报告书》是在汇明公司单方提供资料的基础上作出的，瑞阳公司对其内容真实性不予认可；汇明公司提交的《股权转让协议书》，其内容系辽宁外贸总公司将在汇明公司的147万元国有股权转让给利盟公司，与本案争议的汇明公司设立时是否接收了辽宁外贸总公司除出资以外的其他资产没有直接关联性；汇明公司提交的案外其他公司设立时的《验资报告》（编号32），虽然与本案汇明公司设立时的《验资报告》表述相似，但与本案不具有关联性。故对汇明公司提交的上述证据拟证明事项本院不予采信。汇明公司提供的李某某的证言称，案涉《验资报告》中“与上述法人股东投入资本相关的资产总额为174370000元，其中货币资金3418万元，实物资产140190000元”表述的内容是指辽宁外贸总公司在投资当时的资产状况，证明其有投资能力，不是说将这些资产全部投入汇明公司，这样表述是当时验资报告要求的固定格式中的套话。本院认为，瑞阳公司在庭审质证中对李某某系出具汇明公司设立时《验资报告》会计师的身份未提出异议，对李某某因健康原因不出庭作证表示没有异议，本院对汇明公司提交的李某某身体健康情况的证据及《律师调查笔录》中证言内容的真实性向李某某进行了核实，李某某明确表示无误。故本院对李某某的证言予以采纳，对其证言内容予以采信。由于汇明公司提供的证人李某某系出具汇明公司设立时《验资报告》的会计师，其出具证言证明《验资报告》中当事人争议的内容并非指一审法院认定的辽宁外贸总公司将该资产投入汇明公司，据此，汇明公司在本院二审期间提供的证据，足以反驳瑞阳公司基于《验资报告》相关内容主张汇明公司接收了辽宁外贸总公司174370000元资产的事实。

瑞阳公司在本院二审期间主张汇明公司实际接收了辽宁外贸总公司174370000元资产并应在该财产范围内承担责任，除一审判决的理由外，主要提出以下两方面理由及证据：

一是瑞阳公司主张，汇明公司接收的辽宁外贸总公司174370000元资产中包含了本案中涉及的三道沟仓库和运输公司两部分资产。瑞阳公司称其在一审期间已提出该主张并经一审法院认定。本院认为，《验资报告》出具时间为1999年，汇明公司与辽宁外贸总公司签订并履行运输公司转让协议发生在2003年，关于三道沟仓库的《还款协议》和调解协议达成于2004年和2007年，二者在时间上不吻合。一审判决并未认定瑞阳公司主张的汇明公司接收的174370000元资产中包括运输公司和三道沟仓库资产。瑞阳公司在本院二审期间提交的涉及汇明公司取得运输公司及三道沟仓库资产的相关证据在一审中已经提交，且经本院审查也不足以证明瑞阳公司的主张。综上，瑞阳公司提交的证据及理由不足以证明其主张的汇明公司接收的174370000元资产范围中包括了运输公司和三道沟仓库资产。

二是瑞阳公司主张，汇明公司因改制由辽宁外贸总公司设立，接收了辽宁外贸总公司全部人员、财产，两公司人员、财产同一，人格混同，应认定汇明公司接收了辽宁外贸总公司174370000元资产，应在辽宁外贸总公司实有资产174370000元财产范围内向瑞阳公司承担责任。为证明其主张，瑞阳公司在本院二审期间提交了证明其上述主张的相关证据，主要包括三部分。第一部分证据包括：辽宁省国资委辽国资（2005）32号文件、企业名称变更核准通知书、2010年12

月1日汇明公司、万林公司、辽宁外贸总公司签订的《协议书》、2010年12月1日利盟公司与万林公司签订的《协议书》、大连市中级人民法院（2011）大执审字第35号执行裁定书。证明辽宁外贸总公司由利盟公司托管。利盟公司、汇明公司及辽宁外贸总公司属于同一利益实体，其内部资产同一，任意调配，对外则显示不同的支出账户。第二部分证据包括：汇明公司的章程、辽宁外贸总公司工会委员会资格证书、关于汇明公司职工持股会的说明。证明将职工持股的组织名称由辽宁外贸总公司工会委员会更名为汇明公司职工持股会，说明汇明公司因改制接收了辽宁外贸总公司的全部职工。第三部分证据包括：汇明公司为辽宁外贸总公司支付并轨款及职工工资、取暖费、劳动保险费等记账凭证、支票存根及相应的银行对账单。证明辽宁外贸总公司与汇明公司职工人员、工会同一，社保、公积金账户混同，银行账户同一，资金混同。两公司存续、发展的人员、物质基础相同，未予区分，相当于一家公司，同时也证明两公司之间并没有真实的债权债务发生。上述证据经汇明公司、辽宁外贸总公司质证，除对瑞阳公司提供的银行对账单的真实性及来源合法性提出异议外，对其他证据的真实性、合法性未提出异议，但认为不能证明瑞阳公司的主张。辽宁轻工公司同意辽宁外贸总公司和汇明公司的质证意见。其他当事人对证据的真实性、合法性未提异议。

针对瑞阳公司上述主张及证据，汇明公司和辽宁外贸总公司在本院二审期间共同提交了汇明公司、辽宁外贸总公司各自的银行账号信息文件及《开户许可证》；各自的《大连市企业职工社会保险费结算表》；为各自职工缴纳社会保险的《记账凭证》、支票存根及《社会保障基金专用收据》；为各自职工缴纳公积金的《记账凭证》、支票存根及《住房公积金汇（补）缴书》；为各自职工支付工资的《记账凭证》、支票存根及银行对账单；为各自职工缴纳取暖费的《记账凭证》、支票存根及《供暖收费发票》；各自《销售（营业）收入明细表》；各自2003年度《审计报告》；汇明公司为辽宁外贸总公司提供借款的《记账凭证》、支票存根及银行对账单。证明汇明公司和辽宁外贸总公司银行开户账号及社会保障登记号、单位编码以及公积金编码等完全不同，不存在两公司使用同一账号情形，且两公司各自为其职工支付社会保险、工资、取暖费、公积金等，两公司纳税人识别号完全不同，其业务、经营完全独立并独立进行纳税申报。独立建账，独立经营，财务及资产均各自独立。同时也证明汇明公司借款给辽宁外贸总公司为其职工支付社会保险、公积金、工资、取暖费等费用，双方之间存在借款往来关系。瑞阳公司对上述汇明公司、辽宁外贸总公司提交的证据的真实性、合法性无异议，但认为汇明公司未提交其在中行辽宁分行申请开立账户的完整材料，证据不具有完整性，不具有实质上的真实性。社保基金、公积金、工资等缴费情况及记账凭证、银行对账单等，不能否认瑞阳公司关于汇明公司接收辽宁外贸总公司的全部可移转人员的主张，也不能证明汇明公司的人员构成情况；企业所得年度纳税申报表附表不是全部内容，即便汇明公司提供其纳税申报表的全部内容，也不能证明汇明公司的业务构成，即其营业收入是否为接收辽宁外贸总公司的业务所得，仅是2003年度的营业总额，不能否认瑞阳公司关于汇明公司接收了辽宁外贸总公司业务的主张。汇明公司与辽宁外贸总公司两公司无论是作为诉讼中原被告相对主体，还是诉讼一方主体都相互配合，对已发生的支出随意解释；两公司提供的内部记账凭证、银行对账单也能够证明瑞阳公司主张的两公司需专款、定向支付的关于职工的费用均从两公司的共同账户内支出。从汇明公司提供的银行对账单能够看出，其提供的仅是2003年10月、11月、12月银行对账单的节选部分，并非全部。并且瑞阳公司主张的两公司银行账户同一的事实，正是记载于该账户的银行对账单中，汇明公司、辽宁外贸总公司对此也无法解释账户名称同时显示两公司名称的原因。瑞阳公司主张的因两公司资金混同、业务混同，汇明公司接收了大量的辽宁外贸总公司的外汇存款，也是记载于汇明公司未选取的该账户的银行对账单中。依据证据规则，应将举证责任分配给汇明公司。

本院二审期间，瑞阳公司向本院提交调证申请，申请调取大连市中山区人民法院案号为（2013）中执恢字第34、35号案件卷宗中关于辽宁外贸总公司在中行辽宁分行账户账号为007×××××××××01（旧账号417××××××××××××××32）的银行传票、分户账的材料。理由为大连市中山区人民法院在辽宁外贸总公司作为被执行人的案件中调取了该相关证据，能够证明汇明公司在改制设立过程中，与辽宁外贸总公司使用同一银行账号，两公司财产混同及接收辽宁外贸总公司财产的情况。

对上述瑞阳公司及汇明公司、辽宁外贸总公司提交的证据，本院经审核认为，对瑞阳公司提交的上述第一部分证据，真实性各方当事人均未提异议，本院予以采纳。但根据该相关证据显示的事实，利盟公司经有关部门授权托管的企业，不仅包括辽宁外贸总公司，还包括本案当事人辽宁轻工公司等共计10家国有企业。汇明公司、辽宁外贸总公司与万林公司以及利盟公司与万林公司签订的相关协议，其内容显示汇明公司将（2007）大民合初字第57号民事调解书所对应的债权及抵债资产转让给万林公司，转让价款人民币5000万元。其中约定支付给利盟公司3000万元，作为职工安置补偿费用。汇明公司质证称因其与利盟公司约定不再承担辽宁外贸总公司的职工安置义务，由利盟公司继续负责，因而将三道沟仓库债权及抵债资产转让价款中的一部分支付给利盟公司，作为由利盟公司继续负责安置辽宁外贸总公司职工的补偿款。据此，本院认为，瑞阳公司上述证据并不能证明其主张的利盟公司、辽宁外贸总公司及汇明公司内部为一体、资产随意调配等事实，反而表明三方对三道沟仓库抵债资产进行处理时通过协议明确约定了各自的权利义务。对瑞阳公司提交的上述第二部分证据，各方当事人对其真实性无异议，本院予以采纳。但该证据所涉汇明公司系由辽宁外贸总公司和汇明公司职工持股会共同出资设立的事实，并不能证明瑞阳公司主张的汇明公司接收了辽宁外贸总公司全部职工的事实。故本院对上述瑞阳公司提供的两部分证据意欲证明的事项不予支持。对瑞阳公司提交的第三部分证据，其中，银行对账单为复印件，汇明公司对该银行对账单的真实性、来源的合法性提出异议，瑞阳公司在法庭质证中不能出示由中行辽宁分行盖章确认的原件，也无证据显示其来源，且其提交的银行对账单户名中既有显示“汇明公司”，也有显示“汇明公司（辽宁外贸总公司)”，与瑞阳公司意欲证明的该银行账户是汇明公司和辽宁外贸总公司的共同账户的事实也存在不一致的情形，故因瑞阳公司没有提供其他证据佐证该银行对账单复印件来源合法、内容真实，对该证据本院不予采信。瑞阳公司提交的汇明公司记账凭证及支票存根等，来源于大连市中级人民法院（2007）大民合初字第57号案件卷宗。汇明公司及辽宁外贸总公司为反驳瑞阳公司的主张提交的相关证据，各方当事人对真实性未提出异议，本院对上述瑞阳公司和汇明公司、辽宁外贸总公司提交的证据予以采纳。本院认为，瑞阳公司提交汇明公司的记账凭证及支票存根等的目的是证明汇明公司与辽宁外贸总公司双方资金混同、社保账户混同、公积金账户混同、人员混同等事实，但是，经审查，瑞阳公司提交的2003年3月18日编号为汇明0×××0记账凭证借方栏显示：摘要项下为“运输公司借并轨款”，对应的一级科目项下为“其他应收款”，对应的子目项下为“总公司”，借方金额中显示“90万元”。在贷方栏摘要项下为“运输公司借并轨款”，对应的一级科目项下为“银行存款”，对应的子目项下为“中行72710转账支票”，贷方金额中显示“90万元”。类似情形在其提交的2003年3月、2003年6月、2003年7月、2003年10月编号有“汇明”字样的记账凭证中亦有显示。因此，上述记账凭证及付款凭证虽然可以证明汇明公司与辽宁外贸总公司存在资金往来，但由于在汇明公司账上有记载，因而难以据此认定瑞阳公司主张的两公司资金混同的事实。瑞阳公司提交的汇明公司《社会保障基金专用收据》、《住房公积金汇（补）缴书》及记账凭证，均无显示系与辽宁外贸总公司共用社保基金、公积金账户的事实。因此，瑞阳公司的该组证据并不足以证明其主张的事实。汇明公司、辽宁外贸总公司提交的1999年6月汇明公司的开户申请书及汇明公司、辽宁外贸总公司2012年开户许可证及中行辽宁分行盖章确认的两公司旧账号和新账号信息，显示两公司各有自己的账号，争议的007×××××××××01为汇明公司旧账号；2003年12月两公司各自的《大连市企业职工社会保险费结算表》，显示两公司社会保障登记号及银行账号均不同；2003年12月1日付款单位为汇明公司的《社会保障基金专用收据》显示金额为138007.23元。编号汇明0×××20－9/9记账凭证中，摘要项下记载为12月劳动保险。对应的一级科目显示为“银行存款”，对应的子目项下为“中行7×××0转账支票”，贷方金额显示为“138007.23”；2003年12月1日交款单位为辽宁外贸总公司的《社会保障基金专用收据》金额为14361.98元，2003年12月10日编号为03××××××17记账凭证（汇明公司和辽宁外贸总公司称是辽宁外贸总公司的记账凭证）中摘要项下显示为“付保险费”，对应的一级科目项下为“其他应收款”，对应的子目记载为“辽宁汇明”，在贷方金额中记载的数额为“14361.98”；2003年12月10日编号为汇明00×××2记账凭证中，摘要项下为“付保险费”，对应的一级科目为“其他应收款”，对应的子目项下为“总公司”，借方金额项下为“14361.98”。在汇明公司提交的账号为007×××××××××01，户名为汇明公司的2003年12月的银行对账单中显示有上述两笔款项发生。类似情形在汇明公司、辽宁外贸总公司提交的2003年12月《住房公积金汇（补）缴书》及记账凭证、银行对账单，2003年12月工资记账凭证及银行对账单，2003年10月取暖费缴纳发票及记账凭证、银行对账单等中亦有显示。汇明公司提交的2003年10月、11月、12月账号为007×××××××××01

银行对账单户名显示为汇明公司。辽宁外贸总公司、汇明公司也提交了填表日期为2004年1月的两公司《销售（营业）收入明细表》、两公司2004年2月的《审计报告》。因此，汇明公司、辽宁外贸总公司提交的上述证据能够证明其主张的两公司各自为职工交纳劳动保险、公积金、取暖费、工资等事实，同时也证明汇明公司为辽宁外贸总公司支付相关费用在双方账面上有记载。结合本案已查明的辽宁外贸总公司因交纳职工并轨款及偿还对外欠款，报经有关部门批准向汇明公司借款，并约定如果不能偿还则以三道沟仓库资产抵顶，同时汇明公司要负担辽宁外贸总公司离退休人员及三道沟仓库全部在岗职工的安置费用等事实，汇明公司为辽宁外贸总公司支付职工的相关费用也有其发生的原因。综上，汇明公司、辽宁外贸总公司提交的证据足以反驳瑞阳公司主张的辽宁外贸总公司与汇明公司账户、资金、人员混同等主张。在此情形下，瑞阳公司主张应将举证责任分配给汇明公司，缺乏法律依据。

关于瑞阳公司申请本院调取大连市中山区人民法院相关执行案件中的材料的问题，由于瑞阳公司称该证据材料系其在执行程序中申请该院调取的，因而瑞阳公司以其无法自行取得该证据为由申请本院调取的理由不成立。瑞阳公司申请调取的证据不符合《中华人民共和国民事诉讼法》规定的当事人因客观原因不能自行收集的证据，本院对其调证申请不予准许。

综上，汇明公司上诉提交的证据足以证明一审法院认定汇明公司在设立时接收了辽宁外贸总公司174370000元资产证据不足。瑞阳公司在本院二审期间主张汇明公司接收了辽宁外贸总公司上述资产的理由和证据亦不足以证明其主张。汇明公司提交的反驳证据充分。

2. 关于一审法院认定汇明公司取得三道沟仓库资产的行为属于借改制之机故意转移和抽逃企业财产的违法行为，侵犯了其他债权人的权利，对其他债权人不发生效力，并因此判令汇明公司在接收的三道沟仓库价值4014.47万元资产范围内承担责任的问题。本院认为，汇明公司和辽宁外贸总公司因履行双方签订的《还款协议》发生纠纷，汇明公司诉至法院。双方在诉讼中达成调解协议，并经大连市中级人民法院（2007）大民合初字第57号民事调解书予以确认。该调解书已经发生法律效力。一审法院在本案中认定双方达成的调解协议系以抵债之名接收三道沟仓库的资产，属于借改制之机故意转移和抽逃企业财产的违法行为，侵犯了其他债权人的权利，对其他债权人不发生效力，超出了本案审理范围，程序违法。且企业资产转让或企业出售过程中给付对价的方式并非仅限定于货币资金，承担安置职工的相关费用及对外债务也是支付对价的一种方式。由于职工安置费用的情况不同，在纠纷发生时尚有一部分费用未实际发生并非不符合常理。根据本案查明的事实，用以抵债的三道沟仓库资产价值在纠纷发生时进行了评估。据此，一审法院以汇明公司接受三道沟仓库资产的同时接纳原公司职工的事实超出了买卖或抵债本身的范畴，且部分费用在诉讼时尚未实际发生，以及转让资产未经评估等理由，均不足以推翻大连市中级人民法院（2007）大民合初字第57号民事调解书确认的汇明公司与辽宁外贸总公司以三道沟仓库资产抵债的事实。

综上所述，一审法院在瑞阳公司未提交其他证据相佐证的情况下，仅以汇明公司是辽宁外贸总公司部分改制设立的新公司，依据设立时《验资报告》中的意思表示不明确的内容，将举证责任分配给汇明公司，以汇明公司否认接收了辽宁外贸总公司174370000元资产但未能提供证据证明为由，认定汇明公司在设立时接收了辽宁外贸总公司174370000元资产的事实，举证责任分配错误。本院二审期间，汇明公司提交的证据足以证明一审法院认定汇明公司设立时接收了辽宁外贸总公司174370000元资产，证据不足。瑞阳公司二审期间主张汇明公司接收的174370000元资产中包括运输公司及三道沟仓库资产，及汇明公司与辽宁外贸总公司人员、财产等混同证据亦不足。汇明公司提交的反驳瑞阳公司主张的证据充分。根据《最高人民法院〈关于适用中华人民共和国民事诉讼法〉的解释》第九十条、第九十一条的规定，瑞阳公司对其诉请主张的汇明公司接收了辽宁外贸总公司174370000元资产的事实负有举证证明责任，因其提供的证据不足以证明其主张，瑞阳公司依法应承担不利后果。一审法院认定已经大连市中级人民法院（2007）大民合初字第57号民事调解书确认的辽宁外贸总公司和汇明公司以三道沟仓库资产抵债的行为违法，超出本案审理范围，程序违法。综上，一审法院认定汇明公司实际接收了辽宁外贸总公司211784700元资产，并根据《最高人民法院关于审理与企业改制相关的民事纠纷案件若干问题的规定》第七条的规定，判决汇明公司在该接收的财产范围内对辽宁外贸总公司的案涉债务承担连带清偿责任，缺乏事实和法律依据，本院予以纠正。汇明公司、辽宁外贸总公司上诉请求成立，本院予以支持。

（三）关于万融公司是否应对辽宁轻工公司的案涉债务承担连带清偿责任的问题

万融公司上诉主张其属于辽宁轻工公司出资设立的有限责任公司，与辽宁轻工公司各自独立。通过资产转让取得辽宁轻工公司资产，符合法律规定，不存在一审法院认定的借改制之机转移优质资产，恶意逃废债务的行为，不应在本案中承担责任。

本院认为，万融公司上诉请求及理由成立。

首先，根据本案查明的事实，万融公司系根据辽宁省外贸厅下发的《关于将辽宁省轻工业品进出口公司部分改制为内部职工持股的有限责任公司的批复》[辽外经贸（1999）企字第56号]，于2000年6月27日依法设立，投资人分别为辽宁轻工公司投资355万元，占投资总额的51%，辽宁轻工公司工会投资345万元，占投资总额的49%。之后辽宁省国资委大连协调组作出《关于对〈万融公司及辽宁轻工二级公司改制情况汇报〉的批复》，将辽宁轻工公司的持股比例调整为20%。虽然辽宁省国资委大连协调组作出的《关于对辽宁轻工公司改制的意见》中显示“同意辽宁轻工公司改制为万融公司”。万融公司在办理房产登记递交的相关申请中也存在自称“辽宁轻工公司已改制为万融公司”。但是，本院二审期间，万融公司提交了辽宁省国资委出具的《关于万融公司有关情况的说明》，内容为：“万融公司是辽宁轻工公司于2000年6月27日出资355万元与其他股东依公司法设立的有限公司，设立时辽宁轻工公司持股51%。为适应入世后市场经济发展需要，建立现代企业管理体制和经营模式，我委于2002年9月19日作出批复同意对万融公司国有股权进行调整，将国有股权比例由51%调整为20%。该改制行为仅是对万融公司股权结构的调整。”综上事实情况，本院认为，从万融公司设立时的批复文件及工商登记资料显示，万融公司是辽宁轻工公司出资355万元与其他股东共同设立的有限责任公司，其后辽宁轻工公司进行改制过程中，经批准将万融公司的国有股权结构进行了调整，虽然在辽宁轻工公司改制的相关文件及办理资产转让手续的相关材料中有将辽宁轻工公司改制为万融公司的提法，但不足以因此否定万融公司设立文件及登记显示的该公司股东、股本结构等所体现的万融公司的法律地位及与辽宁轻工公司之间的关系。因此，万融公司上诉主张万融公司属于辽宁轻工公司出资设立，在法律主体地位上属于与辽宁轻工公司各自独立的有限责任公司，理由成立，本院予以支持。一审判决认定万融公司是辽宁轻工公司的改制公司，事实认定错误，本院予以纠正。

其次，本院二审期间，万融公司提交了万融公司、辽宁轻工公司银行贷款账户流水及中行辽宁分行贷款内部审批文件，证明中行辽宁分行同意万融公司为辽宁轻工公司转贷8000万元，以及万融公司分别于2002年10月14日、2002年12月24日将中行辽宁分行向万融公司发放的3500万元、1500万元两笔合计5000万元和3000万元贷款支付给辽宁轻工公司，辽宁轻工公司用来偿还了其在中行辽宁分行欠款的事实。瑞阳公司庭审中表示认可万融公司从中行辽宁分行贷款8000万元偿还了辽宁轻工公司在该行贷款的事实。其他当事人对该事实无争议，本院予以确认。据此，一审法院对万融公司主张的其通过向中行辽宁分行贷款8000万元偿还辽宁轻工公司贷款的事实未予认定错误，本院予以纠正。

第三，2003年9月28日，辽宁省国资委大连协调组作出的《关于辽宁万融贸易有限公司及辽宁省轻工业品进出口公司二个公司改制有关问题的意见》中明确：同意万融公司与辽宁轻工公司签订的关于辽宁轻工公司位于中山区兴和街2号办公楼的转让协议，将金弘橡胶厂51%的股份和辽宁轻工公司的办公楼作价转移到万融公司……万融公司承担了辽宁轻工公司8800万元的银行贷款，而原辽宁轻工公司经评估确认的净资产为5997.40万元……因万融公司空背了4000多万元的贷款包袱，所以将以上资产按评估值转移给万融公司。之后，辽宁轻工公司与万融公司签订了《协议书》，约定将辽宁轻工公司的相关资产转让给万融公司，并共同向辽宁省国资委大连协调组递交《关于以资抵债的申请》。同年12月19日，辽宁省国资委大连协调组对辽宁轻工公司作出《关于〈辽宁轻工公司以资抵债申请〉的意见》，同意辽宁轻工公司以固定资产、无形资产和其他资产抵顶所欠万融公司的债务，并要求抓紧时间办理过户等相关手续。基于上述事实，结合本院已查明的万融公司与辽宁轻工公司之间存在8000万元的债权债务关系的事实，足以证明万融公司主张的其系通过债务抵销支付对价的方式，取得辽宁轻工公司资产的事实。一审法院对万融公司主张的其取得辽宁轻工公司资产支付了对价的事实未予认定，认定事实错误，本院予以纠正。

第四，关于万融公司是否接收辽宁轻工公司6071113.93元银行存款的问题。本院认为，瑞阳公司主张万融公司接收了辽宁轻工公司上述银行存款，应承担举证责任。一审法院以辽宁轻工公司改制时对其全部资产及负债进行评估的评估报告记载银行存款账面余额为6071113.93元（含2户中行信用卡34344.41元），以及万融公司提交的部分会计凭证反映万融公司在2004年12月31日前收取中行及交行银行卡内银行存款利息的情况，要求万融公司提供完整的账目，否则承担举证不利的后果。但经本院审理认定，万融公司并非辽宁轻工公司改制企业，两公司属于相互独立的法人。因此，一审法院在瑞阳公司没有证据证明万融公司接收了辽宁轻工公司银行存款的情形下，将举证责任分配给万融公司错误。本院二审期间，万融公司提交了相关银行卡的开卡记录及银行对账单，证明相关银行卡在万融公司及其法定代表人沈庆某名下，卡内资金流转属于公司内资金调动，不存在万融公司接收了辽宁轻工公司上述银行存款的事实。瑞阳公司对该证据真实性、合法性无异议，对该证据本院予以采纳，对万融公司的主张本院予以采信。据此，一审法院认定万融公司接收了辽宁轻工公司6071113.93元银行存款，认定事实缺乏证据证明，本院予以纠正。

综上，万融公司是辽宁轻工公司出资355万元，与其他股东于2000年6月27日登记设立的有限责任公司。瑞阳公司诉请辽宁轻工公司在本案中承担连带保证责任的案涉借款合同签订于万融公司设立之后。在辽宁轻工公司改制过程中，对公司资产进行了评估，因万融公司承担了辽宁轻工公司在中行辽宁分行的贷款，经有关主管部门批复同意，将辽宁轻工公司的相关资产作价转让给万融公司。之后，辽宁轻工公司与万融公司签订协议，将辽宁轻工公司相关资产通过债务抵销的方式转让给万融公司，该转让资产范围、转让方式、转让价格等均报经有关主管部门批准。中行辽宁分行是案涉贷款合同的原债权人，也是万融公司承担辽宁轻工公司8000万元债务的债权人，万融公司二审提交的证据材料中显示万融公司整个账号都在该行开立，且万融公司与中行辽宁分行签订借款合同约定用于抵押担保的财产包括在之后万融公司从辽宁轻工公司受让资产范围内并办理了产权变更登记手续。因此，中行辽宁分行对辽宁轻工公司改制过程中与万融公司之间通过转贷方式由万融公司偿还辽宁轻工公司欠中行辽宁分行部分贷款及以辽宁轻工公司资产转让抵债的安排应属于明知并无异议。据此，万融公司在辽宁轻工公司改制过程中，通过以贷款偿还辽宁轻工公司在中行辽宁分行部分债务的方式作为对价受让辽宁轻工公司相关资产的过程中，不存在逃废中行辽宁分行债务的恶意和行为，因而也未侵犯作为中行辽宁分行债权受让人瑞阳公司的合法权益。据此，一审法院适用《最高人民法院关于审理与企业改制相关的民事纠纷案件若干问题的规定》第七条的规定，判决万融公司对辽宁轻工公司的案涉债务承担连带清偿责任，认定事实和适用法律均有不当，本院予以纠正。万融公司的上诉理由成立，本院予以支持。

综上，上诉人辽宁外贸总公司、汇明公司、万融公司的上诉理由成立，本院予以支持。辽宁轻工公司上诉主张不成立，本院不予支持。上诉人辽宁外贸总公司、原审被告辽宁五矿公司对一审判决其承担责任的判项未提出上诉，故对一审关于辽宁外贸总公司、辽宁轻工公司和辽宁五矿公司的判决内容，本院依法予以维持。依照《中华人民共和国民事诉讼法》第一百七十条第一款第二项的规定，判决如下：

一、维持辽宁省高级人民法院（2013）辽民二初字第00006号民事判决第一项、第二项、第三项、第四项、第七项；

二、撤销辽宁省高级人民法院（2013）辽民二初字第00006号民事判决第五项、第六项、第八项；

三、驳回辽宁轻工公司的上诉请求；

四、驳回瑞阳公司的其他诉讼请求。

一审案件受理费873829元，保全费5000元，合计878829元，由辽宁外贸总公司负担；辽宁轻工公司对其中的546273元承担连带给付责任，辽宁五矿公司对其中的35633.63元承担连带给付责任。二审案件受理费873829元，由辽宁轻工公司负担546273元，由瑞阳公司负担327556元。

本判决为终审判决。

审判长：郑学林；审判员：董华、汪国献；法官助理：党国华；书记员：黄婷婷

二〇一五年七月二十四日

（五）债权转让合同

应收账款出质后，不得转让，但债权转让合同并不因此无效

——大唐热电厂与三丰锅炉厂等确认合同效力纠纷

【裁判观点】

《中华人民共和国物权法》第二百二十八条第二款规定：“应收账款出质后，不得转让，但经出质人与质权人协商同意的除外。出质人转让应收账款所得的价款，应当向质权人提前清偿或者提存。”该条规定并非效力性强制性规定，“不得”二字不是识别效力性强制性规定的标准，将其解释为转让设立质押的应收账款债权无效，亦不利于应收账款债权效益最大化的发挥。因此，上述规定不影响债权转让合同的效力。

中华人民共和国最高人民法院

民事判决书

案号　（2017）最高法民再5号

再审申请人（一审被告、二审上诉人）：大唐热电厂。

法定代表人：张某，该厂厂长。

委托诉讼代理人：徐宕，北京大成律师事务所律师。

委托诉讼代理人：王永强，河北博盛律师事务所律师。

被申请人（一审原告、二审被上诉人）：三丰锅炉厂。

法定代表人：刘庆某，该厂厂长。

委托诉讼代理人：杨红涛，河北达公律师事务所律师。

委托诉讼代理人：石兵，北京市众一律师事务所律师。

被申请人（一审第三人、二审上诉人）：兴业担保公司。

法定代表人：王某，该公司经理。

委托诉讼代理人：刘启明，河北秦镜律师事务所律师。

被申请人（一审第三人、二审被上诉人）：洪光煤炭公司。

法定代表人：刘洪某，该公司经理。

再审申请人大唐热电厂因与被申请人三丰锅炉厂、兴业担保公司、洪光煤炭公司确认合同效力纠纷一案，不服河北省高级人民法院（2016）冀民再71号民事判决，向本院申请再审。本院于2016年9月23日作出（2016）最高法民申2138号民事裁定，提审本案。本院依法组成合议庭，开庭审理了本案。再审申请人大唐热电厂的委托诉讼代理人王永强，三丰锅炉厂的委托诉讼代理人杨红涛、石兵，兴业担保公司的委托诉讼代理人刘启明到庭参加诉讼，经本院合法传唤，洪光煤炭公司未到庭参加诉讼。本案现已审理终结。

大唐热电厂申请再审称：一、根据洪光煤炭公司法定代表人在诉讼中的自认，洪光煤炭公司法定代表人与三丰锅炉厂法定代表人存在债权债务关系，因大唐热电厂不认可债权转让给个人，洪光煤炭公司将其债权转让给三丰锅炉厂。因此，该债权转让非真实意思表示，应归于无效，原审判决认定合同有效，适用法律错误。二、《中华人民共和国物权法》第二百二十八条第二款的规定旨在保护质权人的合法权益，应属于效力性强制性规定，违反该规定的合同应归于无效，原审判决认为该规定不影响合同效力，适用法律错误。三、即使案涉债权转让合同有效，因兴业担保公司已完成质押登记享有质押权，优先于后受让债权的三丰锅炉厂的普通债权，在兴业担保公司的债权经人民法院强制执行实现后，大唐热电厂的债务已经履行完毕，人民法院不应再判决大唐热电厂偿还两次债务。综上，请求：一、撤销河北省高级人民法院（2016）冀民再71号民事判决，驳回三丰锅炉厂的全部诉讼请求；二、本案全部诉讼费由三丰锅炉厂负担。

兴业担保公司辩称：一、三丰锅炉厂的债权系虚假债权。二、洪光煤炭公司未将债权转让通知大唐热电厂。三、洪光煤炭公司在本案一审诉讼中的陈述与提交法庭的债权转让协议存在矛盾，且债权数额不符。四、兴业担保公司对案涉债权享有质押权，有权优先受偿，大唐热电厂已经履行了支付洪光煤炭公司的债务，洪光煤炭公司的债权已经消灭，二审法院仍然判决大唐热电厂重复履行债务，显属错误。

三丰锅炉厂辩称：一、河北省沧州市中级人民法院（以下简称沧州中院）2013年11月21日作出的（2013）沧民初字第186号民事判决未对洪光煤炭公司与兴业担保公司《应收账款质押反担保合同》的效力作出认定，亦未确认该质权的效力，沧州中院径行执行该应收账款造成两次执行可能。二、根据质权登记记录，兴业担保公司与洪光煤炭公司之间的《应收账款质押反担保合同》所担保的主合同号码系（2012）借0630号即洪光煤炭公司向倪纪某的借款合同而非兴业担保公司为洪光煤炭公司提供的保证合同，因此该保证合同上的反担保质权不能成立。三、沧州中院（2013）沧民初字第186号民事诉讼系虚假诉讼，借款人洪光煤炭公司、出借人倪纪某未作为诉讼当事人参加诉讼。兴业担保公司系虚构借款合同、保证合同以及代偿行为。四、2013年9月23日沧州中院查封案涉应收账款时，债权已经于2013年8月23日转让给了三丰锅炉厂，洪光煤炭公司的债权消灭，质权亦消灭。五、在（2013）沧民初字第186号民事判决执行过程中，大唐热电厂曾提出异议，根据《最高人民法院关于人民法院执行工作若干问题的规定（试行）》第六十一条的规定，沧州中院不应再继续执行。六、三丰锅炉厂受让案涉债权时已经通知债务人大唐热电厂，债权转让有效，原审判决适用法律正确。七、大唐热电厂主张《中华人民共和国物权法》第二百二十八条为效力性强制性规定的理由不能成立。综上，请求驳回大唐热电厂的再审申请。

三丰锅炉厂向一审法院起诉请求：确认三丰锅炉厂与洪光煤炭公司于2013年7月13日签订的债权转让协议有效，大唐热电厂支付欠款8799079.70元，并承担诉讼费用。事实与理由：2013年7月13日，洪光煤炭公司与三丰锅炉厂达成债权转让协议，约定将其享有的大唐热电厂8799079.70元债权转让给三丰锅炉厂，双方一起将债权转让协议和通知书一并交给大唐热电厂，通知大唐热电厂已将全部欠款转让给三丰锅炉厂，并请大唐热电厂将全部欠款支付给三丰锅炉厂。请求法院确认债权转让协议有效，大唐热电厂支付欠款8799079.70元，并承担诉讼费用。

一审法院认定事实：（一）2013年7月13日，洪光煤炭公司与三丰锅炉厂达成《债权转让协议书》，载明：肃宁县煤炭运销有限公司欠三丰锅炉厂货款和借款880万元，经双方协商达成如下协议："大唐热电厂欠洪光煤炭公司货款8799079.70元，洪光煤炭公司于2013年7月13日将该笔债权全部转让给三丰锅炉厂。自转让之日起，三丰生活锅炉厂对该笔债权享有权利"。2013年8月23日大唐热电厂收到债权转让通知。（二）2013年9月18日，兴业担保公司以保证合同纠纷为由将洪光煤炭公司诉至沧州中院，2013年11月21日沧州中院（2013）沧民初字第

186号民事判决书载明："审理查明事实：2012年6月30日，洪光煤炭公司与倪纪某订立借款合同，约定该公司向倪纪某借款1260万元，期限六个月。该借款由兴业担保公司及孙庆某、郭继某、宋艳某、刘宗某提供连带保证担保。合同订立当日，倪纪某给付洪光煤炭公司1260万元。后因洪光煤炭公司不能偿还倪纪某的借款本息，2013年7月9日倪纪某与兴业担保公司签订还款协议书，约定自协议签订之日起两个月内，兴业担保公司偿还洪光煤炭公司所借倪纪某本金1260万元。兴业担保公司偿还倪纪某1260万元后，向洪光煤炭公司主张偿还借款本息的权利由兴业担保公司行使。协议签订后，兴业担保公司于2013年7月9日偿还倪纪某40万元，2013年7月30日偿还倪纪某20万元，2013年9月9日偿还倪纪某两笔1190万元（一笔740万元，一笔450万元）。共计偿还倪纪某本金1260万元。2013年6月20日兴业担保公司与洪光煤炭公司签订《应收账款质押反担保合同》，合同约定以洪光煤炭公司2013年3月22日应收大唐热电厂1560余万元货款作质押提供反担保，并于2013年7月3日在中国人民银行征信中心进行了质押登记。该判决认为：2012年6月30日洪光煤炭公司与倪纪某以及兴业担保公司签订的借款担保合同有效，洪光煤炭公司借款到期后不能偿还倪纪某借款本息，作为担保人的兴业担保公司依借款担保合同偿还倪纪某1260万元后，有权向洪光煤炭公司追偿该借款本息。判决：洪光煤炭公司于本判决生效后十日内偿还兴业担保公司借款本金1260万元及利息。（三）2013年9月23日沧州中院作出（2013）沧民初字第186号协助执行通知书，查封洪光煤炭公司在大唐热电厂债权879万元，期限二年。2014年7月16日沧州中院将该笔款项划走。

一审认定及判决结果：（一）2013年7月13日三丰锅炉厂与洪光煤炭公司签订的债权转让协议是双方当事人的真实意思表示，且不违反法律法规的强制性规定，该债权转让协议签订后，债权人洪光煤炭公司依法通知了债务人大唐热电厂，大唐热电厂认可2013年8月23日该厂收到债权转让通知。依据《中华人民共和国合同法》第八十条"债权人转让权利的，应当通知债务人。未经通知，该转让对债务人不发生效力"的规定：本案涉及的债权转让通知书于2013年3月23日对大唐热电厂发生法律效力，自2013年8月23日起，本案涉及的债权已转让给三丰锅炉厂所有，大唐热电厂应向三丰锅炉厂支付该笔债权。（二）关于大唐热电厂辩称"于2013年8月23日收到债权转让通知后该款被沧州市中级人民法院冻结，且质押登记在先，债权转让在后，转让行为应属无效”，经审理，2013年9月23日沧州中院向大唐热电厂发出（2013）沧民初字第186号协助执行通知书时，本案涉及的债权转让协议已生效，债权879万元已转让给三丰锅炉厂所有，且2013年11月21日沧州中院（2013）沧民初字第186号民事判决并未判令以兴业担保公司提供的2013年6月20日《应收账款质押反担保合同》中涉及的本案债权作为还款保证，因此沧州中院的执行行为不能作为否认2013年7月13日三丰锅炉厂与洪光煤炭公司签订的债权转让协议的依据，对大唐热电厂辩称的“质押登记在先，债权转让在后，转让行为应属无效”的意见，同下边对兴业担保公司述称意见的认定，在此不作赘述。（三）关于第三人洪光煤炭公司述称“洪光煤炭公司从没有向倪纪某借款，倪纪某也没有向该公司履行过借款合同，也从未用大唐热电厂的债权提供过反担保”，经审理，洪光煤炭公司向倪纪某借款的事实已经由生效的沧州中院（2013）沧民初字第186号民事判决认定；《应收账款质押反担保合同》上洪光煤炭公司的公章虽然与相关的借款合同上洪光煤炭公司的公章大小不一致，但洪光煤炭公司的法定代表人刘洪某未否认《应收账款质押反担保合同》上法定代表人签字的真实性，对洪光煤炭公司与兴业担保公司签订《应收账款质押反担保合同》的事实予以认定。（四）关于第三人兴业担保公司述称“三丰锅炉厂和洪光煤炭公司的债权转让协议不真实；洪光煤炭公司在大唐热电厂的应收账款8799079.70元，于2013年6月20日作为质押反担保财产质押给了兴业担保公司，并在2013年7月3日在中国人民银行征信机构办理了质押登记。三丰锅炉厂与洪光煤炭公司之间债权转让协议违法”。经审理，首先，三丰锅炉厂与洪光煤炭公司在起诉、答辩和庭审中均认可本案涉及的债权的真实性，而兴业担保公司并未提供债权转让协议不真实的证据；其次，虽然2013年6月20日兴业担保公司与洪光煤炭公司签订的《应收账款质押反担保合同》真实合法，且该质权于2013年7月3日在中国人民银行征信中心进行了质押登记而设立，质押登记在先，债权转让在后，但《中华人民共和国合同法》第五十二条规定：“有下列情形之一的，合同无效：……（五）违反法律、行政法规的强制性规定……”《最高人民法院关于适用〈中华人民共和国合同法〉若干问题的解释（二）》第十四条规定：“合同法第五十二条第（五）项规定的‘强制性规定’，是指效力性强制性规定。”依据上述法律规定，《中华人民共和国物权法》第二百二十八条第二款“应收账款出质后，不得转让”的规定非针对质押财产转让合同的效力性强制性规定。质权的设立，依法不影响洪光煤炭公司与三丰锅炉厂债权转让合同的效力。综上所述，2013 年 7 月 13 日三丰锅炉厂与洪光煤炭公司签订的债权转让协议合法有效，并已通知了债务人大唐热电厂，大唐热电厂应向三丰锅炉厂支付本案涉及的债权。依照《中华人民共和国合同法》第四十四条、第七十九条、第八十条、第一百零七条之规定，判决：一、洪光煤炭公司与三丰锅炉厂于 2013 年 7 月 13 日签订的《债权转让协议书》合法有效；二、大唐热电厂于判决生效后十日内给付三丰锅炉厂货款 8799079. 70 元。案件受理费 73394 元，由大唐热电厂负担。

大唐热电厂和兴业担保公司不服一审判决，上诉请求撤销一审判决，驳回三丰锅炉厂的诉讼请求。二审法院查明事实与一审查明基本一致。

二审法院认为，最高人民法院（法发〔2009〕40 号）《关于当前形势下审理民商事合同纠纷案件若干问题的指导意见》指出：“人民法院应当注意根据《合同法解释（二）》第十四条之规定，注意区分效力性强制规定和管理性强制规定。违反效力性强制规定的，人民法院应当认定合同无效；违反管理性强制规定的，人民法院应当根据具体情形认定其效力。”大唐热电厂、兴业担保公司依据《中华人民共和国物权法》第二百二十八条第二款“应收账款出质后，不得转让”的规定，主张洪光煤炭公司转让给三丰锅炉厂在大唐热电厂的债权转让协议因违反法律强制性规定而无效，二审法院认为该规定是管理性强制规定而非效力性强制规定，又因为三丰锅炉厂与洪光煤炭公司签订的债权转让协议是双方当事人的真实意思表示，且不违反法律法规的强制性规定，该债权转让协议签订后，债权人洪光煤炭公司也依法通知了债务人大唐热电厂，因此一审法院认定该债权转让协议合法有效，定性准确。综上，大唐热电厂、兴业担保公司的上诉理据不足，原一审判决结果应予维持。依照《中华人民共和国民事诉讼法》第一百七十条第一款第一项、第一百七十五条之规定，判决：维持保定市中级人民法院（2015）保民再初字第 4 号民事判决。一审案件受理费 73394 元，由大唐热电厂负担；二审上诉费 73394 元，由大唐热电厂、兴业担保公司各负担 36697 元。

本院再审查明的事实与原审一致。

本院经审理认为，本案的争议焦点是：一、三丰锅炉厂在本案再审中主张兴业担保公司虚构洪光煤炭公司与倪纪某之间的借款合同、兴业担保公司与倪纪某之间的保证合同以及兴业担保公司与洪光煤炭公司之间的《应收账款质押反担保合同》，是否成立？二、案涉《应收账款质押反担保合同》所设立的质权是否成立？其所担保的主债权为何？三、关于洪光煤炭公司与三丰锅炉厂于2013年7月13日所签债权转让合同的效力应如何认定？四、兴业担保公司对大唐热电厂行使质权后，大唐热电厂应否向三丰锅炉厂偿还债务？

一、关于三丰锅炉厂在本案中主张兴业担保公司虚构借款合同、保证合同及案涉《应收账款质押反担保合同》的主张，三丰锅炉厂在本案再审过程中未提交新的证据加以证明，且在已生效的沧州中院（2013）沧民初字第186号民事判决中，该院已经对倪纪某向洪光煤炭公司出借款项、兴业担保公司与倪纪某就该借款订立了保证合同以及兴业担保公司向倪纪某清偿了前述款项的事实作出了认定。在无其他证据支持的情况下，三丰锅炉厂的上述主张不能成立。

二、关于案涉《应收账款质押反担保合同》所设立的质权是否成立以及其担保的主债权问题。首先，《应收账款质押反担保合同》订立后于2013年7月3日在中国人民银行征信中心进行了质押登记，根据《中华人民共和国物权法》第二百二十八条第一款之规定，质权自信贷征信机构办理出质登记时设立。因此，案涉《应收账款质押反担保合同》所设立的应收账款质权已经成立。其次，关于该质权所担保的主债权问题，前述应收账款质押登记资料中的“质押财产信息”栏中的“主合同号码”显示为“［2012］借0630”，主合同金额为1260万元，质押合同号码为“［2013］质押001”，该号码与案涉《应收账款质押反担保合同》的编号相同。这里的“［2012］借0630”与倪纪某与洪光煤炭公司于2012年6月30日订立的借款合同的编号一致，而与洪光煤炭公司与兴业担保公司与倪纪某于同日订立的《保证合同》的编号“保20120630”相异。由此，三丰锅炉厂认为，案涉《应收账款质押反担保合同》的主合同应为前述《保证合同》而非借款合同，因此，质权不成立。对此，本院认为，由于前述质押登记信息已经明确了质押合同号码，能够确定案涉质权所担保的债权为《应收账款质押反担保合同》中约定的主债权，因此，不影响质权的成立及生效。

三、关于洪光煤炭公司与三丰锅炉厂之间债权转让合同的效力问题，其核心是已经设立质权的应收账款债权转让的法律效力问题。

《中华人民共和国物权法》第二百二十八条第二款规定，应收账款出质后，不得转让，但经出质人与质权人协商同意的除外。出质人转让应收账款所得的价款，应当向质权人提前清偿或者提存。本院认为上述规定不影响债权转让合同的效力。主要理由是：

第一，现行民法规范中的“不得”二字不是识别效力性强制性规定的标准，它有多种解释可能性，有的是指不发生物权变动的效果，有的是指转让合同、设立物权的合同不发生效力或者无效。例如，《城市房地产管理法》第三十八条规定的不得转让的房地产，目前的司法实践均认为，违反该条规定，转让合同并不无效，但是否发生物权变动或者受让人能否请求转让人继续履行，则需要根据该条规定的各项分别判断。

第二，将《中华人民共和国物权法》第二百二十八条第二款解释为转让设立质押的应收账款债权无效，在强调债权的流通性及价值的背景下，不利于应收账款债权效益最大化的发挥。这是因为，应收账款债权设定质押与应收账款债权转让具有不同的功能和特征，前者旨在为主债权担保，质权是否行使，取决于债务人是否履行债务，具有不确定性。在质权成立至行使质权这一段期间内，被担保的主债务人与应收账款债权人均有期限利益，这种期限利益有时对当事人利益巨大，涉及市场波动、商业交易等各种因素。同时，根据应收账款债权实现可能性的不同，应收账款债权具有不同的价值，在应收账款受让人认可该价值的前提下，限制该债权转让，将阻碍应收账款债权人变现其债权并进而损害其利益。另外，在应收账款债权受让人认可该债权价值大于其上设定的质权所担保的主债权并愿意受让该债权的场合，限制该债权流通，就更不具有合理性。

第三，将已出质的应收账款债权转让合同认定为无效，有时并不利于质权人的利益。根据《中华人民共和国物权法》第二百二十八条第二款的规定，出质人转让应收账款所得的价款，应当向质权人提前清偿或者提存。如果认定合同无效，则意味着质押人已经取得的转让价款的返还。对于质权人而言，已经实现的债权（转让价款）与尚未实现的债权（应收账款债权）相比，显然前者对于质权人更为有利。

第四，从登记制度上看，在登记生效主义的物权变动模式下，应当尽量贯彻登记的公信力，如此，不将应收账款债权转让合同归于无效，同时依照物权变动的规则确定质权的归属与效力，在逻辑上更加清晰。

综上，认定已出质的应收账款债权转让合同有效，并不会对质权人的利益造成不利影响，符合《中华人民共和国物权法》第二百二十八条第二款的立法目的，原审判决认为该条规定并非效力性强制性规定，适用法律正确，应予维持。

四、在兴业担保公司的质权成立、洪光煤炭公司与三丰锅炉厂之间的债权转让合同成立的前提下，兴业担保公司通过执行程序实现其洪光煤炭公司的应收账款质权后，大唐热电厂应否向三丰锅炉厂履行偿还债务的义务。对此，本院认为，大唐热电厂不负有向三丰锅炉厂清偿债务的义务。主要理由是：

第一，债权转让的债权受让人行使债权的前提是债权仍然存在。但本案中，案涉应收账款债权因兴业担保公司通过执行程序实现了应收账款质权，其后果是该应收账款债权因大唐热电厂的清偿而消灭。债权因清偿而消灭，作为债权受让人的三丰锅炉厂请求大唐热电厂清偿债务的基础即不存在。

第二，上述问题涉及转让已经设立质押的应收账款债权时受让人的注意义务。在《中华人民共和国物权法》已经明确规定应收账款质押权办理出质登记时成立的前提下，应贯彻应收账款质押权登记公信力。由此，查询应收账款是否存在质押应是债权受让人交易上的必要注意义务。当然，依据诚实信用原则，应收账款债权转让人亦应负有告知该债权上已设定质押的义务。因此，通常情况下，应当推定受让人明知该权利上已存在质押负担，明知该债权有被质权人实现的风险。所以，债权转让合同生效之时，债权发生转让，债权转让人的合同义务履行完毕。

第三，在债权转让人故意不告知或者隐瞒应收账款债权已设定质押、债权受让人亦未查询登记的情况下，债权受让人可以根据《中华人民共和国合同法》（以下简称合同法）第五十四条的规定，撤销债权转让合同，债权转让人转让的效果未发生，债权转让人因转让债权所获得的利益亦应返还债权受让人。这说明，作为债权受让人的三丰锅炉厂如果为善意，则仍然有其他救济手段。

第四，应收账款债权转让后，债权是否获得实际清偿的风险即由债权受让人承担，这是债权受让人的固有交易风险，因此不宜将债权转让后债权的实际清偿效果作为债权转让人是否完全履行债权转让合同的评价标准。但是，债权转让后，债权转让人应负有保证债权非因债务人根据《中华人民共和国合同法》第八十二条、第八十三条享有的抗辩权而导致债权消灭的义务。因此，在债权受让人善意不知该债权已经设定质押的情况下，因债权质押权的行使导致债权消灭时，就应当评价为债权转让人未依约履行合同，债权转让人构成违约，应承担损害赔偿责任，赔偿范围即质押权行使后导致消灭的债权数额。本案中，所转让的债权因兴业担保公司行使质权而消灭，如果三丰锅炉厂为善意，则可以通过主张洪光煤炭公司未履行债权转让合同且不能继续履行请求其承担损害赔偿等违约责任的方式寻求救济。

另外，在债权转让合同及其履行过程中，债权转让合同的成立及生效即完成履行，但是，参照《中华人民共和国合同法》第一百五十条的规定，债权转让人在所转让的债权清偿期到来之前，应负有相应的债权瑕疵担保责任。所以，在债权因其上先设立的质权被行使而消灭时，债权转让人应承担相应的瑕疵担保责任。所以，本案中，三丰锅炉厂受让的债权因质权人兴业担保公司行使质权而消灭，如其对该质权的存在为善意，则可以通过请求洪光煤炭公司承担违约责任或者瑕疵担保责任，或者以洪光煤炭公司违约导致合同目的不能实现为由解除债权转让合同等方式寻求救济。

第五，本院注意到，洪光煤炭公司与三丰锅炉厂之间的债权转让合同约定，因洪光煤炭公司欠付三丰锅炉厂货款和借款880万元，洪光煤炭公司将案涉应收账款债权转让给三丰锅炉厂，由此涉及如果债权转让合同被解除后，双方之间的原定金钱债务是否消灭等问题。从内容上看，该债权转让协议是洪光煤炭公司以转让债权的方式清偿其所欠的金钱债务，在性质上，该债权转让协议系以债权转让替代双方之间原金钱债务的履行。由此，如前所述，由于债权受让人的固有风险是债务人无资力清偿债务，所以，如果是因为债务人无资力清偿债务，则债权受让人不能再请求债权转让人履行原来的金钱债务，除非当事人另有约定。但是，如果是因为所转让债权因权利瑕疵等原因导致受让人不能行使债权的，则应当解释为债权转让人未依约履行债权转让合同，转让人与受让人之间的原金钱债务不消灭。换言之，所转让债权届期能够行使与债权受让人对债权转让人之间的原金钱债务的消灭系对待给付义务，在履行顺序上，所转让债权届期能够行使作为债权转让人的在先义务，债权受让人对债权转让人原定的金钱债权消灭在后，两者之间存在先后履行顺序。根据《中华人民共和国合同法》第六十七条的规定，如果发生所转让债权不能行使的情形，则债权受让人对债权转让人可以行使先履行抗辩权，债权受让人的原定金钱债权并不消灭，并有权解除债权转让合同，请求债权转让人履行原定的金钱债务。

本案中，洪光煤炭公司因其所转让的债权被兴业担保公司行使质权而消灭，三丰锅炉厂也可以对洪光煤炭公司行使先履行抗辩权、解除债权转让合同，以请求洪光煤炭公司清偿双方之间原来的880万元金钱债务的方式获得救济。

综上所述，案涉应收账款质权设立在先，因完成质押登记而成立，三丰锅炉厂与洪光煤炭公司之间债权转让合同成立在后亦发生效力。该应收账款债权因质权行使而消灭并导致三丰锅炉厂所受让的债权消灭，在满足法定条件时，三丰锅炉厂可以通过解除债权转让合同并请求洪光煤炭公司继续履行双方之间的原金钱之债，或者请求洪光煤炭公司承担违约损害赔偿责任等方式寻求救济。显然，三丰锅炉厂提起本案诉讼请求大唐热电厂履行债务的基础已经不存在，其诉讼请求不应得到支持。原审判决认定事实清楚，但适用法律错误，应予纠正。依照《中华人民共和国物权法》第二百二十八条，《中华人民共和国合同法》第五十四条、第六十七条、第八十条、第八十二条、第八十三条、第一百五十条，《中华人民共和国民事诉讼法》第二百零七条第一款、第一百七十条第一款第一项的规定，判决如下：

一、撤销河北省高级人民法院（2016）冀民再71号民事判决和河北省保定市中级人民法院（2015）保民再初字第4号民事判决；

二、驳回三丰锅炉厂的诉讼请求。

一审案件受理费73394元、二审案件受理费73394元，均由三丰锅炉厂负担。

本判决为终审判决。

审判长：姚爱华；代理审判员：于蒙、姜强；书记员：王慧娴（兼）

二〇一七年六月二十八日

代表行为无效不意味着法定代表人或负责人越权订立的合同无效

——长春农村商业银行股份有限公司与衡水银行股份有限公司站前支行、衡水银行股份有限公司合同纠纷

【裁判观点】

《中华人民共和国合同法》第五十条的规定，仅涉及法定代表人或负责人越权订立合同的代表行为是否有效的问题，并非认定合同效力的法律依据。代表行为无效，并不意味着法定代表人或负责人越权订立的合同无效。

中华人民共和国最高人民法院
民事判决书

案号　（2016）最高法民终801号

上诉人（原审被告）：衡水银行站前支行。

负责人：焦永某，该支行行长。

委托诉讼代理人：王峰，北京市天同律师事务所律师。

委托诉讼代理人：杨骏啸，北京市天同律师事务所律师。

上诉人（原审被告）：衡水银行。

法定代表人：林运某，该公司董事长。

委托诉讼代理人：王峰，北京市天同律师事务所律师。

委托诉讼代理人：杨骏啸，北京市天同律师事务所律师。

被上诉人（原审原告）：长春农商银行。

法定代表人：马铁某，该公司董事长。

委托诉讼代理人：张伟明，北京大成（长春）律师事务所律师。

委托诉讼代理人：葛仲彰，北京大成（长春）律师事务所律师。

上诉人衡水银行站前支行、衡水银行因与被上诉人长春农商银行合同纠纷一案，不服吉林省高级人民法院（2015）吉民二初字第19号民事判决，向本院提起上诉。本院于2016年12月6日立案后，依法组成合议庭，开庭进行了审理。上

诉人衡水银行站前支行、衡水银行的委托诉讼代理人王峰、杨骏啸，被上诉人长春农商银行的委托诉讼代理人张伟明、葛仲彰到庭参加诉讼。本案现已审理终结。

衡水银行站前支行、衡水银行上诉请求：1. 撤销吉林省高级人民法院（2015）吉民二初字第19号民事判决；2. 裁定驳回长春农商银行的起诉；3. 如认定本案属于民事案件，改判驳回长春农商银行诉讼请求或发回重审；4. 由长春农商银行承担本案全部诉讼费用。事实和理由：（一）长春农商银行主张权利的基础事实与刑事案件属于同一法律事实，因此本案不属于民事纠纷，一审法院将其作为民事案件受理不当，应当裁定驳回起诉，将有关材料移送公安机关一并处理。公安机关起诉意见书足以证明：长春农商银行诉请衡水银行继续履行的《定向资产管理计划受益权远期转让协议》（以下简称《受益权转让协议》），是犯罪嫌疑人诈骗活动的一个环节。长春农商银行起诉所依据的事实以及一审查明的事实，包括《受益权转让协议》签订过程、长春农商银行发放贷款过程等，与公安机关侦查的犯罪嫌疑人利用虚构担保事实、伪造衡水银行站前支行资料、伪造用款人资料、伪造印章等手段诈骗长春农商银行贷款的犯罪事实完全一致，两者属于同一事实。根据《最高人民法院关于在审理经济纠纷案件中涉及经济犯罪嫌疑若干问题的规定》第一条、第十一条之规定，本案应当裁定驳回起诉。（二）犯罪嫌疑人骗取长春农商银行信任的过程，尤其是《受益权转让协议》形成过程属于本案基本事实，一审法院未中止审理，也未根据公安机关提供的刑事诉讼文书和证据材料认定有关事实，导致认定事实不清。即使一审法院认为本案属于民事纠纷，但由于本案事实与刑事案件事实完全一致，本案主要事实及民事责任划分，应当等待刑事案件审理结果才能加以认定。因此，本案属于《中华人民共和国民事诉讼法》第一百五十条第一款第五项规定的情形，应当中止审理。一审判决认定长春农商银行为本次诉讼支出律师费用人民币100万元，缺乏证据证明。（三）一审判决在认定合同主体、性质、效力等问题上适用法律不当。本案合同属于商业银行分支机构未经授权签订的合同，性质上属于担保合同，且存在以合法形式掩盖非法目的、违反国家金融政策、损害公共利益的情形，属于无效合同。根据《中华人民共和国合同法》第五十条，《中华人民共和国商业银行法》第二十二条，《中华人民共和国担保法》第十条的规定，赵某某作为衡水银行站前支行负责人，未获得总行授权签订合同，合同无效且对衡水银行站前支行及衡水银行均不发生效力。

（四）一审判决认定“受益权”无瑕疵与事实不符。即使《受益权转让协议》为有效协议，该协议所指向的“受益权”仍然属于诈骗犯罪行为的后果，属于不可转让的债权。本案事实与刑事案件属于同一事实，受益权所指向的债权，是刑事诉讼受害人对犯罪分子追回赃物的权利，不同于普通的民事债权。根据《中华人民共和国刑事诉讼法》的规定，被害人的身份是特定的，不能根据被害人的意愿加以转让和处分。因此被害人追回赃物的权利，根据其本身的特征和性质，属于不可转让的债权。长春农商银行要求衡水银行站前支行受让该权利没有法律依据。（五）一审法院未追加第三人参加诉讼、未准许衡水银行站前支行、衡水银行的鉴定申请，审判程序不合法。1. 本案中长春农商银行向用款人发放贷款的方式，是根据资产管理合同将资金交付给联讯证券，联讯证券根据信托协议将资金交付给山东信托，山东信托再根据长春农商银行指令，将款项以信托贷款方式出借给新胜煤场。因此，《受益权转让协议》指向的“受益权”与上述各份协议均有关联，各份协议的效力与“受益权”是否存在及是否有瑕疵均有关联。本案的审理涉及上述各份协议的性质、效力，上述各方当事人均与本案存在利害关系，应当追加为本案无独立请求权第三人。一审法院在衡水银行站前支行、衡水银行提出追加申请的情况下未予追加，遗漏了必须参加诉讼的当事人，程序违法。2. 案涉《受益权转让协议》签章的真实性，是判断该协议效力的重要问题。衡水银行站前支行、衡水银行提供了枣强县人民法院刑事判决书，证明犯罪嫌疑人为了实施诈骗活动，曾经指使他人伪造衡水银行及有关分支机构的印章，并以此为依据申请对《受益权转让协议》上的衡水银行站前支行印章、赵某某名章及赵某某签名的真实性进行司法鉴定，一审法院对此请求未作任何评判。

长春农商银行辩称：（一）衡水银行站前支行、衡水银行主张“同一事实”与事实不符，于法无据。本案中，长春农商银行的起诉是基于其与衡水银行站前支行签订的《受益权转让协议》，即订立合同的事实。而衡水银行站前支行、衡水银行所述的肖某等人涉嫌贷款诈骗是基于其刑事诈骗事实。两者存在牵连关系，但分属不同的法律事实，形成不同的法律关系。（二）本案不需要以肖某等人刑事案件的审理结果为依据，故不应当中止审理。衡水银行站前支行、衡水银行所谓犯罪嫌疑人具体的犯罪过程包括资料传送过程、授权书的形成过程、《受益权转让协议》具体的形成时间等均不构成本案裁判所必须查明的事实。关于一审判决律师费用人民币100万元，长春农商银行在一审中已经出具合同、转款凭证和发票证明。（三）衡水银行站前支行、衡水银行对合同无效的上诉理由不能成立。首先，《中华人民共和国商业银行法》的管理性规定，不能用来确认合同效力。其次，本案合同系附条件的债权转让协议，其性质为无名合同，而非衡水银行站前支行、衡水银行认为的担保合同。再次，衡水银行站前支行、衡水银行与长春农商银行之间的法律关系性质系民事纠纷，与本案有牵连的肖某诈骗案并不导致本合同构成以合法形式掩盖非法目的，不能导致合同无效。最后，衡水银行站前支行、衡水银行关于本案合同违反国家金融政策，损害社会公共利益应当认定无效的上诉理由于法无据。（四）衡水银行站前支行与长春农商银行在《受益权转让协议》中已经约定长春农商银行对所有资产管理计划项下的所有可能瑕疵均予免责且不影响合同效力，现衡水银行站前支行、衡水银行以受益权瑕疵为由主张不予受让受益权不能成立。（五）关于是否追加第三人参加诉讼的问题。本案与作为资金通道的联讯证券、山东信托和作为用款人的新胜煤场并无法理上的利害关系，不会影响其他各方权益，故本案不应追加上述主体为第三人。关于赵某某签章和衡水银行站前支行公章是否应予鉴定的问题。一审判决后，长春农商银行取得枣强县公安局对此的鉴定结论——《受益权转让协议》上赵某某签章和衡水银行站前支行公章均为真实。

长春农商银行向一审法院起诉请求：1. 衡水银行站前支行向长春农商银行支付定向资产管理计划受益权受让款226208888.89元，并以受让款226208888.89元为基数，按日万分之五的违约金计算标准，支付自2015年7月25日至实际付款之日的违约金（截止起诉之日，违约金金额暂计算为5542117.78元）；2. 衡水银行对前述受让款及违约金承担连带清偿责任；3. 本案全部诉讼费用及律师费用由衡水银行站前支行、衡水银行共同负担。

一审法院认定事实：2013年5月30日，长春农商银行（甲方）与衡水银行站前支行（乙方）签订《受益权转让协议》，主要内容有：鉴于联讯证券发起设立了“联讯证券－兴业银行定向资产管理计划”（以下简称本管理计划），根据甲方与联讯证券、兴业银行签署的编号为（DX）联讯－兴业－合同2013第001号的《联讯证券－兴业银行定向资产管理计划资产管理合同》（以下简称《定向资产管理合同》）约定，甲方以其合法拥有或其合法管理并有权处分的资金拥有本管理计划项下受益权。受益权对应的委托资金本金总计人民币（大写）贰亿贰仟万元整，（小写）¥220000000元，委托期限自2013年5月31日起至2015年12月1日止，扣除各项费用后的预期收益率为8%（年）。甲乙双方经协商，达成如下协议：一、乙方无条件不可撤销地承诺于2015年11月27日（为本条约定情形下转让日）受让上述受益权并在当日一次性支付转让价款至甲方指定的账户。若出现以下情形之一，甲方有权要求乙方按本条所规定的转让价款和履行方式提前回购本协议所述之标的受益权。1. 甲方在每季度20日之后5个工作日内仍未足额收到相应款项；2. 甲方认定标的受益权对应的融资方或者担保人（如有）财务状况和经营状况严重恶化；3. 在本管理计划期限内，乙方在标的受益权对应的融资方授信到期后一个月内未能出具新的授信批复或新的授信批复不能覆盖融资本金；4. 管理人未按相关法律、法规及资产管理合同尽职履行义务；5. 存在其他可能严重损害甲方的行为或情形。乙方提前受让本管理计划受益权的具体履行方式为：乙方接到甲方提出的发生上述乙方应提前受让本管理计划受益权的情形的书面通知后（通知的方式包括但不限于：书面通知、专递送达等任一方式）2个工作日内，无条件向甲方受让本管理计划受益权并支付转让价款，转让价款为本管理计划受益权对应的委托资产于本条提前受让日未获清偿的本金以及截至乙方实际付款之日止的应付未付的委托财产收益、罚息、违约金、实现债权的费用等。二、除发生不可抗力情况或双方补充约定外，如乙方在约定的日期因任何原因拒不按本协议规定履行回购义务的，则甲方有权要求乙方承担赔偿责任。赔偿责任金额为：甲方未获得的投资本金及预期投资收益，具体金额以第一条约定的乙方回购价格为准。同时甲方有权根据乙方违约金额及逾期天数向乙方收取每日万分之五的违约金。三、乙方一次性支付受益权转让价款之日为受益权转让日（以下简称转让日）。自转让日起，乙方根据本协议和《定向资产管理合同》的规定享有标的受益权对应的利益。转让日前，标的受益权项下已经分配完毕的收益及最后一个付息日至转让日前的收益属于甲方。甲方持有标的受益权自转让日后尚未分配收益属于乙方。甲方应在五个工作日内通知联讯证券并协助完成上述受益权转让的变更手续。五、乙方声明与保证。1. 乙方为依据中华人民共和国法律成立并有效存在的商业银行的分支机构，乙方已获得充分的权利和授权签署本协议，并已采取必要的行为履行本合同。2. 乙方法定代表人（负责人）、住所（地址）等事项发生变更时，应在事件发生后七日内以书面形式通知甲方并提供相应的书面材料。在该资管计划存续期间，如乙方名称发生变更，乙方应与甲方签订补充协议，重申无论乙方名称是否变更，乙方均承担无条件不可撤销的受让定向资产管理计划受益权的义务和责任。3. 本协议签署后，即构成对乙方合法、有效和有约束力的义务。4. 乙方保证以其有权支配的资金支付购买价款，并保证其购买全部委托财产受益权不侵害其债权人的合法权益。5. 乙方保证，在签署本协议时已详阅《定向资产管理合同》及相关附属合同，同意《定向资产管理合同》及相关合同所述内容，承诺并同意承接甲方在《定向资产管理合同》中所享有的所有权利及应承担的所有义务及风险。乙方承诺并同意，无论该资产管理计划是否存在瑕疵、甲方是否已严格履行本协议项下的声明和保证以及其他义务和责任、融资人、担保人（如有）信用情况是否恶化、是否具有履约能力，是否涉及或可能涉及经济纠纷，是否由于资产管理人或其他原因导致甲方未能足额获得委托财产收益等，乙方均承担无条件不可撤销的支付委托财产受益权转让价款的义务和责任。6. 乙方承诺必须按本协议约定，无条件及不可撤销的受让甲方持有的委托财产受益权，而不得以本协议规定之外的任何其他条件，包括但不限于须通过其内部审批程序、满足其他协议规定的条件、满足法律法规和监管要求等，作为其履行受让委托财产受益权的前提条件。7. 即使《定向资产管理合同》或本协议被全部或部分认定为无效，乙方仍将于相应的转让日当天向甲方足额支付相当于全部转让价款金额的赔偿款项；乙方履行完成前述支付赔偿款项义务后相应取得甲方受益权。六、违约责任。1. 甲乙任何一方未履行本协议义务，包括违反陈述与保证，均应负责赔偿守约方因此而遭受的经济损失，并向守约方支付有关费用（包括但不限于诉讼费、律师费用、差旅费等为实现债权而支付的费用）。2. 乙方如未在本协议约定的日期向甲方支付转让价款、安排费的，除应继续履行付款义务外，从应付未付之日起，按未付价款日万分之五向甲方支付违约金。

长春农商银行（委托人）通过与联讯证券（管理人）、兴业银行（托管人）签订并履行了《定向资产管理合同》以及此后联讯证券与山东信托签订并履行《山东信托—元朔3号单一资金信托·单一资金信托合同》（以下简称《单一资金信托合同》）、山东信托（贷款人）与新胜煤场（借款人）签订并履行《信托贷款合同》的方式，最终向新胜煤场发放信托贷款人民币22000万元整。

2015年8月17日，联讯证券向长春农商银行发出《风险提示函》，主要内容为：截至2015年8月17日，我司未收到信托归还相应委托人相应投资收益。且当日我司收到山东信托《风险提示函》（见附件），我司为定向计划管理人同时也是信托计划名义委托人，本着勤勉尽责的义务，我司向贵行出具本《风险提示函》，提请委托人注意本定向计划投资单一信托风险，且有可能出现融资人无法支付利息及本金的违约风险。

2015年7月21日，长春农商银行向衡水银行站前支行发出编号为长农银函2015072101号的《提前受让管理计划受益权通知函》，主要内容为：我行于2013年5月30日与贵行签订了编号为HG－20151127的《受益权转让协议》。现因我行2015年6月20日之后5个工作日内仍未足额收到相应款项，我行要求贵行按《受益权转让协议》的相关约定无条件受让该管理计划受益权并向我行支付转让价款，受让该管理计划受益权支付价款的计算公式为：转让价款＝委托资金本金＋委托资金本金×年化收益率8%×本管理计划最后一个付息日至转让日前的实际存续天数/360。贵行应支付本息至我行账户。长春农商银行并就此函的邮寄作了公证。

2015年7月27日，长春农商银行向衡水银行发出编号为长农银函2015072701号的《提前受让管理计划受益权通知函》，主要内容为：我行于2013年5月30日与贵行站前支行签订了编号为HG－20151127的《受益权转让协议》。我行已向贵行站前支行发函，要求贵行站前支行在收到编号为长农银函2015072101号《提前受让管理计划受益权通知函》2个工作日内受让该管理计划受益权并在当日一次性支付转让价款至我行指定账户。截至目前，我行尚未收到转让价款，现正式通知贵行履行付款责任。长春农商银行并就此函的邮寄作了公证。

长春农商银行为本次诉讼支出律师费用100万元。

一审法院认为，本案长春农商银行以《受益权转让协议》向衡水银行站前支行、衡水银行主张权利，衡水银行站前支行、衡水银行对该转让协议的主体、性质、效力提出抗辩，因此，应首先对《受益权转让协议》予以评析，并进而确定本案各方权利义务。

关于《受益权转让协议》的合同主体。时任衡水银行站前支行行长的赵某某以衡水银行站前支行的名义与长春农商银行签订《受益权转让协议》，长春农商银行并基于该转让协议发放了贷款22000万元，虽衡水银行站前支行对该转让协议上衡水银行站前支行公章的真实性存在异议，但根据枣强县公安局《起诉意见书》(节选)，已认定赵某某代表衡水银行站前支行签订该协议的真实性，且无论该公章是否真实，根据《中华人民共和国民法通则》第四十三条及《最高人民法院关于贯彻执行〈中华人民共和国民法通则〉若干问题的意见（试行)》第五十八条规定，该《受益权转让协议》均应认定为衡水银行站前支行与长春农商银行签订，其法律后果均应由衡水银行站前支行承担。

关于《受益权转让协议》的性质及法律后果。对于《受益权转让协议》的性质及法律后果，应根据转让协议本身内容约定进行分析。从协议条款的内容来看，该协议所体现的双方当事人真实意思表示为：衡水银行站前支行在特定日期或者满足特定条件时，受让长春农商银行与联讯证券所签订的《定向资产管理合同》项下的受益权并支付受让价款，其合同条款之中并无衡水银行站前支行对长春农商银行提供履约担保的条款内容，并非法律意义上的担保合同，而根据双方转让受益权、支付价款的交易方式，该转让协议具有权利转让的性质，属于合同法上的无名合同，该合同内容不违反法律强制性规定，双方均应按合同内容履行义务。另外，衡水银行站前支行主张《受益权转让协议》中约定的项目受益权为虚假、不存在，并无转让标的，衡水银行站前支行不应给付对价，亦即如认定该转让协议为债权转让协议，则存在转让的债权存在瑕疵而影响合同效力或长春农商银行需要承担债权的瑕疵担保责任的问题。首先，该转让协议中已经从多层次、多角度设定了长春农商银行对于债权的瑕疵免责。根据协议第五条第5款、第6款以及第7款的约定，衡水银行站前支行在该协议中已知晓并预判本案受益权不能实现的风险。其次，根据枣强县公安局《起诉意见书》(节选)，新胜煤场的《衡水市商业银行客户评级授信申报审批表》等信用资料，为衡水银行站前支行与长春农商银行在签订该转让协议时的材料，衡水银行站前支行行长赵某某知晓该授信资料虚假，并将直接导致长春农商银行信任被授信人及发放贷款，亦知晓将导致受益权不能实现的法律后果，因此，衡水银行站前支行应对受益权不能实现自行承担相应后果。再次，本案《受益权转让协议》中明确载明了该转让协议是基于长春农商银行与联讯证券签订的《定向资产管理合同》，在转让协议“乙方（衡水银行站前支行）声明与保证”中，亦载明乙方已详阅《定向资产管理合同》及附属合同，而《定向资产管理合同》及附属合同中亦载明资产管理合同基于联讯证券与山东信托签订的《单一资金信托合同》，在信托合同中明确了最终贷款人是新胜煤场，以上的连续合同关系真实客观存在，衡水银行站前支行对此亦在《受益权转让协议》中表示知晓，即衡水银行站前支行在签订该转让协议时对受益权客观性予以了确认。最后，根据枣强县公安局《起诉意见书》（节选），本案中，赵某某按照犯罪嫌疑人肖某的授意，代表衡水银行站前支行签订转让协议，该行为直接导致肖某等犯罪嫌疑人犯罪行为完成，导致本案受益权无法实现。根据《最高人民法院关于在审理经济纠纷案件中涉及经济犯罪嫌疑若干问题的规定》第三条规定，衡水银行站前支行亦应对签订、履行该经济合同造成的后果，依法应当承担民事责任，即应按《受益权转让协议》约定，承担未履行合同支付款项义务的违约责任。

关于违约责任。根据《中华人民共和国合同法》第一百零七条规定，长春农商银行依据《受益权转让协议》向衡水银行站前支行主张继续履行的违约责任，应予支持。依据《受益权转让协议》约定，经计算，本案衡水银行站前支行应给付长春农商银行受益权转让价款为226208888.89元。自2015年7月25日，衡水银行站前支行应以226208888.89元为本金，按日万分之五支付至实际给付之日的违约金。长春农商银行主张自2015年7月25日至实际给付转让价款之日的收益仍由衡水银行站前支行给付，但年化收益8%与违约金日万分之五的利率之和超过年利率24%，不符合法律规定，且《受益权转让协议》对此表述不明确，应视为该违约金涵盖年化收益、利息等费用，故对长春农商银行该项主张，一审法院不予支持。长春农商银行为本次诉讼支出律师费用100万元，属于《受益权转让协议》列明的由违约方负担的实现债权费用，该费用应由本案违约方衡水银行站前支行负担，对于长春农商银行该项主张，一审法院予以支持。

关于长春农商银行主张衡水银行应承担连带给付责任的问题。本案中，虽时任衡水银行副董事长的李某某涉嫌刑事犯罪，并参与伪造衡水银行授权委托手续及相关资料，但其非衡水银行法定代表人，长春农商银行未能证明衡水银行及其法定代表人崔某某授权李某某办理《授权书》等业务或李某某有权限办理该业务，故长春农商银行在依据《受益权转让协议》主张权利的情况下，其仅能向合同主体即衡水银行站前支行主张权利，其依据《授权书》中“若衡水银行站前支行无法按照‘定向资产管理计划受益权远期转让协议’（HG－20151127号）的约定受让该定向资产管理计划受益权，其受让责任由授权人承担”的约定向衡水银行主张连带给付责任，无法律依据，对于其该项主张，一审法院不予支持。

关于本案程序问题。枣强县公安局向一审法院发函要求将本案移送至该局，衡水银行站前支行、衡水银行亦提出将本案移送公安机关处理。依据《最高人民法院关于在审理经济纠纷案件中涉及经济犯罪嫌疑若干问题的规定》第一条、第十条、第十二条的规定，本案中，长春农商银行依据《受益权转让协议》向衡水银行站前支行、衡水银行主张民事权利，属于正当行使当事人民事权利，其未以刑事受害人身份向公安机关主张公权力救济，长春农商银行及其工作人员亦非刑事案件犯罪嫌疑人，故本案民事经济纠纷案件与肖某、李某某等人涉嫌刑事犯罪并非同一法律关系。衡水银行站前支行、衡水银行关于将本案移送公安机关的主张，不能成立，一审法院不予支持。根据《中华人民共和国民事诉讼法》第一百五十条的规定，本案民事纠纷与另案刑事犯罪并非同一法律关系，亦非必须以他案结果为依据认定当事人民事权利义务，因此，衡水银行站前支行、衡水银行关于本案中止审理的申请，不能成立，一审法院不予支持。

综上所述，长春农商银行的部分诉讼请求应予支持。一审法院依照《中华人民共和国合同法》第一百零七条，《中华人民共和国民法通则》第四十三条，《最高人民法院关于贯彻执行〈中华人民共和国民法通则〉若干问题的意见（试行）》第五十八条，《最高人民法院关于在审理经济纠纷案件中涉及经济犯罪嫌疑若干问题的规定》第一条、第三条、第十条、第十二条以及《中华人民共和国民事诉讼法》第一百五十条、第一百五十二条之规定。判决：一、衡水银行站前支行于本判决发生法律效力后10日内给付长春农商银行受益权转让价款226208888.89元及违约金（违约金以226208888.89元为本金，以日万分之五为利率，自2015年7月25日计算至实际给付之日止）；二、衡水银行站前支行于本判决发生法律效力后10日内给付长春农商银行律师费用100万元；三、驳回长春农商银行其他诉讼请求。如果未按本判决指定的期间履行给付金钱义务，应当依照《中华人民共和国民事诉讼法》第二百五十三条之规定，加倍支付迟延履行期间的债务利息。一审案件受理费1212532.81元，由衡水银行站前支行负担。

本院二审期间，当事人围绕上诉请求依法提交了证据。本院组织当事人进行了证据交换和质证。长春农商银行提交了一份新证据即《枣强县公安局鉴定意见通知书》[枣公（经）鉴通字（2016）013号]。证明内容：枣强县公安局已确认《受益权转让协议》上赵某某手章和衡水银行站前支行公章的真实性；结合本案签订合同系在赵某某办公室以及赵某某本人加盖印章的事实，能够确认双方交易的真实性和合法性。衡水银行站前支行、衡水银行的共同质证意见为：对该证据的真实性、合法性、关联性及证明目的均无异议。衡水银行站前支行、衡水银行提交了一份新证据即河北省衡水市人民检察院起诉书［衡检公诉刑诉（2016）46号］。证明内容：本案事实属于犯罪事实的一部分，本质是犯罪嫌疑人新胜煤场、旭×实业集团有限公司（以下简称旭×集团）、肖某等通过伪造衡水银行印章、冒用衡水银行名义，以签订受益权转让协议的方式提供虚假兜底担保，骗取多家金融机构巨额资金。长春农商银行的质证意见为：对该证据的真实性没有异议，对关联性有异议；该份证据查明的内容是肖某等人实施合同诈骗的问题，这些事实只是与本案有牵连，但与本案并非同一事实。

本院经审理查明的其他事实同一审审理查明的事实。

对于衡水银行站前支行、衡水银行的上诉请求本院评判如下：

（一）关于将本案作为民事案件受理是否得当的问题。《最高人民法院关于在审理经济纠纷案件中涉及经济犯罪嫌疑若干问题的规定》是人民法院在审理经济纠纷民事案件中涉及经济犯罪嫌疑问题应如何处理的法律依据。该司法解释第一条和第十一条规定，在审理民事案件时，如果因不同的法律事实，分别涉及经济纠纷和经济犯罪嫌疑的应当分开审理；如果不属经济纠纷而有经济犯罪嫌疑的，应当移送公安机关或检察机关。本案中，《受益权转让协议》的签约人为长春农商银行与衡水银行站前支行。依据二审中的新证据——枣强县公安局的鉴定意见通知书，可认定案涉合同上的衡水银行站前支行公章与赵某某手章的真实性。结合本案的其他证据，能够确定案涉协议的签订是衡水银行站前支行与长春农商银行的真实意思表示，双方之间由此形成的民事法律关系是基于双方签约的法律事实。河北省衡水市人民检察院起诉书指控的是犯罪嫌疑人新胜煤场、旭×集团、肖某等通过伪造衡水银行印章、冒用衡水银行名义，以签订受益权转让协议的方式提供虚假兜底担保，骗取多家金融机构巨额资金。该起诉书中指控的犯罪事实与本案经济纠纷的相关事实，所涉主体、内容、法律关系的性质均不相同，不能认定为同一法律事实。不属于《最高人民法院关于在审理经济纠纷案件中涉及经济犯罪嫌疑若干问题的规定》第十一条规定的情形。因此，衡水银行站前支行、衡水银行的该项上诉主张不能成立。

此外，即使衡水银行站前支行的负责人参与了刑事犯罪，根据《最高人民法院关于在审理经济纠纷案件中涉及经济犯罪嫌疑若干问题的规定》第三条的规定，衡水银行站前支行应承担相应的民事责任，因此，本案不存在《中华人民共和国民事诉讼法》第一百五十条第一款第五项规定的情形。衡水银行站前支行、衡水银行关于本案应中止审理的主张亦不能成立。

（二）关于案涉合同主体、性质、效力的认定问题。首先，衡水银行站前支行、衡水银行上诉主张由于衡水银行站前支行负责人赵某某未在总行授权的情况下签订案涉协议，其越权行为导致案涉合同无效。本院认为，《受益权转让协议》的签约主体为衡水银行站前支行和长春农商银行，对此一审法院认定事实无误。《中华人民共和国合同法》第五十条的规定，仅涉及法定代表人或负责人越权订立合同的代表行为是否有效的问题，并非认定合同效力的法律依据。衡水银行站前支行、衡水银行以此作为其主张案涉协议无效的理由没有法律依据。其次，衡水银行站前支行、衡水银行主张《受益权转让协议》属于担保合同。根据《受益权转让协议》中对双方权利义务的具体规定，并无由衡水银行站前支行为某项债务进行担保的意思表示，因此，衡水银行站前支行、衡水银行的此项上诉主张没有事实依据。再次，虽然检察机关在刑事案件的追诉中，涉及犯罪嫌疑人利用《受益权转让协议》进行合同诈骗，但本案双方当事人之间形成民事法律关系并无以合法形式掩盖非法目的的合意，不属于《中华人民共和国合同法》第五十二条第一款第三项规定的合同无效的情形。

（三）关于长春农商银行就律师费用的诉请是否缺乏证据证明的问题。双方在《受益权转让协议》第六条中对律师费用的负担作出了约定，同时长春农商银行也提供了相应的诉讼委托代理合同及支付律师费用的票据证明，也对衡水银行站前支行、衡水银行存在异议的地方进行了合理说明，因此，衡水银行站前支行、衡水银行的该项上诉主张，本院不予支持。

（四）关于是否应当追加第三人参加诉讼的问题。本案系因履行《受益权转让协议》而产生的纠纷，合同的双方当事人仅为衡水银行站前支行和长春农商银行，协议中双方的权利义务约定明确，且履行行为不影响他方利益。衡水银行站前支行、衡水银行主张应当追加的第三人，均是长春农商银行放贷途径所涉及的公司及人员，在有证据证明长春农商银行已履行了放贷义务，且双方在《受益权转让协议》中约定的履行条件具备的情形下，无需追加其他当事人进入本案诉讼。一审法院未追加第三人参加本案诉讼，符合法律规定。

（五）关于案涉合同印章的真实性是否需要鉴定的问题。因二审期间长春农商银行举证了枣强县公安局的鉴定意见通知书，用以证明合同印章的真实性，衡水银行站前支行、衡水银行对此证据的真实性、合法性、关联性及证明目的均无异议，因此，对该上诉主张本院不再赘述。

综上所述，衡水银行站前支行、衡水银行的上诉请求不能成立，应予驳回；一审判决认定事实清楚，适用法律正确，应予维持。依照《中华人民共和国民事诉讼法》第一百七十条第一款第一项规定，判决如下：驳回上诉，维持原判。

二审案件受理费1212532.81元，由衡水银行站前支行、衡水银行负担。

本判决为终审判决。

审判长：李明义；审判员：张志弘、董华；法官助理：王媛媛；书记员：隋欣

二〇一七年二月二十四日

中华人民共和国最高人民法院
民事裁定书

案号　（2017）最高法民申3119号

再审申请人（一审被告、二审上诉人）：衡水银行。

法定代表人：林运某，该公司董事长。

委托诉讼代理人：张树可，河北威仑律师事务所律师。

再审申请人（一审被告、二审上诉人）：衡水银行站前支行。

负责人：焦永某，该支行行长。

委托诉讼代理人：张树可，河北威仑律师事务所律师。

被申请人（一审原告、二审被上诉人）：长春农商银行。

法定代表人：马铁某，该公司董事长。

委托诉讼代理人：葛仲彰，北京大成（长春）律师事务所律师。

再审申请人衡水银行、衡水银行站前支行与被申请人长春农商银行合同纠纷一案，不服本院（2016）最高法民终801号民事判决，向本院申请再审。本院依法组成合议庭对本案进行了审查，现已审查终结。

再审申请人衡水银行站前支行、衡水银行向本院申请再审称，原判决符合《中华人民共和国民事诉讼法》第二百条第一、二、三、五、六、八项之规定，请求再审。理由如下：一、原判决认定的基本事实缺乏证据证明。1. 原判决认定衡水银行站前支行与长春农商银行签署《定向资产管理计划受益权远期转让协议》（以下简称《受益权转让协议》）错误。2. 所谓“联讯证券－兴业银行定向资产管理计划”本身就是个伪命题，原判决认定联讯证券公司发起设立联讯－兴业资管计划缺乏事实根据。3. 原判决认定长春农商银行拥有“受益权”缺乏证据证明。4.《联讯证券－兴业银行定向资产管理计划资产管理合同》（以下简称《定向资产管理合同》）所附条件未成就，合同至今未生效。原判决认定《定向资产管理合同》生效有误。5.《山东信托—元朔3号单一资金信托·单一资金信托合同》（以下简称《单一资金信托合同》）虽约定有“信托受益权”的转让，但其归属于联讯证券公司。6. 原判决认定衡水银行站前支行在签订该《受益权转让协议》时对《定向资产管理合同》及附属合同、以及《定向资产管理合同》《单一资金信托合同》明确了最终贷款人是新胜煤场表示知晓属于主观臆断的错误认定。7. 本案先签署《受益权转让协议》，后签订《定向资产管理合同》和《单一资金信托合同》，原判决认定的"《受益权转让协议》的签署人已事先详读后签系列合同和附件的事实"明显与事实不符。8. 长春农商银行将"收益权"当作"受益权"转让给衡水银行站前支行，原判决认定衡水银行站前支行承担责任不当。上述情形符合《民事诉讼法》第二百条第二项规定的应当再审事由。二、原判决认定事实的主要证据系诈骗案件被告人伪造的证据。1. 刑事办案机关先后分别向一审和二审法院递送了肖某、李某某、赵某某等人涉嫌合同诈骗案的情况说明、公函及部分证据材料、起诉书，确认案涉合同行为是犯罪行为，民事案件事实与刑事案件事实系同一事实，但两审法院未依法移送案件不当。2. 原判决认定事实涉及的18份证据是肖某、李某某、赵某某等为实施合同诈骗伪造的。上述情形符合《民事诉讼法》第二百条第三项规定的应当再审事由。三、再审申请人有新的证据足以推翻原判决。1. 从刑事案件取得的证据所能证明的事实足以推翻原判决。2. 长春农商银行非法经营且明知李某某无权签署《授权书》。3. 相关联案件的生效裁决书所确认的事实足以推翻原判决。4. 鉴于本案所涉业务系通道贷款，国家自2009年至2017年至少13次发文封禁"通道业务"。上述情形符合《民事诉讼法》第二百条第一、五项规定的应当再审事由。四、原判决遗漏共同诉讼当事人并有其他程序错误。1. 本案应当适用《最高人民法院关于在审理经济纠纷案件中涉及经济犯罪嫌疑若干问题的规定》第十一条、第十二条以及《关于办理非法集资刑事案件适用法律若干问题的意见》第七条，《最高人民法院关于审理民间借贷案件适用法律若干问题的规定》第五条之规定，应当裁定驳回长春农商银行起诉。即便本案不属于驳回起诉情形，也应当发回重审或中止诉讼。2. 本案结果与通道业务当事人有利害关系，原判决对应当参加诉讼的当事人，不通知参加诉讼，系遗漏共同诉讼当事人。上述情形符合《民事诉讼法》第二百条第八项规定的应当再审事由。五、原判决适用法律确有很多严重错误。1. 原判决适用《最高人民法院关于在审理经济纠纷案件中涉及经济犯罪嫌疑若干问题的规定》第三条处理本案有误，又以责任反向认定案涉协议合法有效是错误的。2. 原判决认定分支机构承担民事责任有误。3. 长春农商银行向非银行金融机构和企业投资的行为，属于违反法律强制性禁止规定，不仅违法无效，更是违法犯罪的行为。4. 案涉《受益权转让协议》系损害国家利益，以合法形式掩盖非法目的，应认定为无效。上述情形符合《民事诉讼法》第二百条第六项规定的应当再审事由。

长春农商银行答辩称，一、关于“原判决认定的基本事实缺乏证据证明”的问题。1. 赵某某有权代表衡水银行站前支行与答辩人长春农商银行签订《受益权转让协议》，且该合同合法有效。2. 衡水银行站前支行、衡水银行称原判决认定联讯证券公司发起设立联讯－兴业资管计划缺乏事实根据乃强词夺理。3. 衡水银行站前支行、衡水银行称原判决认定长春农商银行拥有“受益权”缺乏证据证明属于不了解该知识。4. 衡水银行站前支行、衡水银行称《定向资产管理合同》所附条件未成就不符合逻辑。5. 衡水银行站前支行、衡水银行所称《单一资金信托合同》虽约定有“信托受益权”但其归属于联讯证券公司的主张与本案无关。6. 原判决认定衡水银行站前支行对受益权客观性予以确认符合客观事实。7. 案涉合同的签订与合同文本的确认是两回事。8. 衡水银行站前支行、衡水银行对受益权的解释是为了逃避责任。二、关于“原判决认定事实的主要证据系诈骗案件被告人伪造的证据”的问题。1. 法院有权决定民事案件是否需要移送。2. 签订《受益权转让协议》的主体是衡水银行站前支行与长春农商银行，且衡水银行站前支行在该协议上加盖的公章和衡水银行站前支行负责人赵某某的个人名章均是真实的，故衡水银行站前支行与长春农商银行存在合同法律关系。三、关于“再审申请人有新的证据足以推翻原判决”的问题。1. 衡水银行站前支行、衡水银行提供的相关刑事案件取得的证据并不能否定《受益权转让协议》系合法有效这一基本事实。2. 衡水银行站前支行、衡水银行反复强调长春农商银行明知李某某无权签署《授权书》属于主观臆断。3. 衡水银行站前支行、衡水银行所称相关联案件的生效裁决书所确认的事实足以推翻原判决没有法律逻辑。4. 银行监管部门的规章性质的规范性文件不能影响案涉《受益权转让协议》的效力。四、关于“原判决遗漏共同诉讼当事人，并有其他程序错误”的问题。1. 相关司法解释均确认了民事案件继续审理的原则，本案由法院继续审理并无不当。2. 本案无需追加联讯证券公司、山东信托公司等主体为本案第三人参加诉讼。五、关于“原判决适用法律确有很多严重错误”的问题。1. 衡水银行站前支行、衡水银行对《最高人民法院关于在审理经济纠纷案件中涉及经济犯罪嫌疑若干问题的规定》第三条法律适用理解有误，原判决是公正的。2. 原判决认定分支机构承担民事责任符合相关法律规定。3. 本案是资产管理计划，不存在违规发放贷款的问题。4. 案涉《受益权转让协议》系合法有效。故原判决认定事实清楚，适用法律正确，衡水银行站前支行、衡水银行再审申请不符合《民事诉讼法》第二百条规定的情形，请求驳回衡水银行站前支行、衡水银行的再审请求。

本院经审查认为，一、关于原判决认定的基本事实缺乏证据证明的问题。原判决基于衡水银行站前支行在其与长春农商银行签订的《受益权转让协议》上加盖的衡水银行站前支行公章、衡水银行站前支行行长赵某某名章的真实性，而认定衡水银行站前支行与长春农商银行签订的《受益权转让协议》是双方当事人真实意思表示，该协议合法有效并无不当。此外，原判决依据《最高人民法院关于在审理经济纠纷案件中涉及经济犯罪嫌疑若干问题的规定》（法释〔1998〕7号）第三条关于"单位直接负责的主管人员和其他直接责任人员，以该单位的名义对外签订经济合同，将取得的财物部分或全部占为己有构成犯罪的，除依法追究行为人的刑事责任外，该单位对行为人因签订、履行该经济合同造成的后果，依法应当承担民事责任"的规定，以及根据河北省枣强县公安局《起诉意见书》关于"赵某某按照犯罪嫌疑人肖某的授意，代表衡水银行站前支行签订转让协议，该行为直接导致肖某等犯罪嫌疑人犯罪行为完成，导致本案受益权无法实现"的认定，从而判决衡水银行站前支行、衡水银行对其签订、履行案涉合同造成的后果承担相关民事责任并无不当。衡水银行站前支行、衡水银行再审称原判决认定联讯证券公司发起设立联讯－兴业资管计划以及长春农商银行拥有"受益权"缺乏证据证明、原判决认定《定向资产管理合同》生效有误以及案涉"信托受益权"归属于联讯证券公司、原判决认定衡水银行站前支行在签订该《受益权转让协议》时对《定向资产管理合同》及附属合同并明确最终贷款人是新胜煤场表示知晓属于主观臆断等主张，不符合《民事诉讼法》第二百条第二项规定的情形。二、关于原判决认定事实的主要证据系诈骗案件被告人伪造的证据的问题。案涉肖某、李某某、赵某某等人涉嫌合同诈骗犯罪的事实，与《受益权转让协议》系不同的法律关系和法律事实，本案没有证据证明长春农商银行明知并参与了肖某、李某某、赵某某等人涉嫌的合同诈骗犯罪。因此衡水银行站前支行、衡水银行提出的原判决认定事实的主要证据系诈骗案件被告人伪造证据的理由，亦不符合《民事诉讼法》第二百条第三项规定的情形。三、关于衡水银行站前支行、衡水银行有新的证据足以推翻原判决的问题。衡水银行站前支行、衡水银行提供的相关刑事案件取得的证据、相关联案件的生效裁决书所确认的事实，以及其提出的长春农商银行非法经营且明知李某某无权签署《授权书》的主张，并不能否定《受益权转让协议》系合法有效这一基本事实。此外，银行监管部门的规章性质的规范性文件不能影响案涉《受益权转让协议》的效力。故衡水银行站前支行、衡水银行再审提出有新的证据足以推翻原判决的理由，不符合《民事诉讼法》第二百条第一、五项规定的情形。四、关于原判决遗漏共同诉讼当事人并有其他程序错误的问题。本案民事纠纷的审理无需以刑事案件的审理结果为依据，故一审法院将本案作为民事案件进行审理符合法律规定。案涉《受益权转让协议》的性质为债权转让合同，与联讯证券公司、山东信托公司、新胜煤场无法律上的利害关系，故原审法院未追加联讯证券公司、山东信托公司、新胜煤场为第三人参加诉讼不属于程序违法情形。衡水银行站前支行、衡水银行关于"原判决遗漏共同诉讼当事人，并有其他程序错误"的理由，不符合《民事诉讼法》第二百条第八项规定的情形。五、关于原判决适用法律错误的问题。鉴于《受益权转让协议》系合法有效的债权转让合同，故本案不存在违规发放贷款、以及以合法形式掩盖非法目的的问题。且长春农商银行依据《受益权转让协议》的约定，向衡水银行站前支行、衡水银行主张权利并无不当。此外，案涉民事法律行为的审理不以刑事犯罪案件的审理结果为依据，故不存在原判决适用《最高人民法院关于在审理经济纠纷案件中涉及经济犯罪嫌疑若干问题的规定》第三条处理本案有误的问题。衡水银行站前支行、衡水银行关于"原判决适用法律确有很多严重错误"的理由，不符合《民事诉讼法》第二百条第六项规定的情形。

综上，再审申请人衡水银行、衡水银行站前支行的再审申请不符合《中华人民共和国民事诉讼法》第二百条第一、二、三、五、六、八项规定的情形。本院依照《中华人民共和国民事诉讼法》第二百零四条第一款，《最高人民法院关于适用〈中华人民共和国民事诉讼法〉的解释》第三百九十五条第二款之规定，裁定如下：

驳回衡水银行、衡水银行站前支行的再审申请。

审判长：何波；审判员：郭忠红、丁俊峰；书记员：张娜

二〇一七年十一月三日

（六）保理合同

保理合同纠纷中，应收账款债务人不能以基础债权虚假为由抗辩保理人

——珠海华润银行与江西燃料公司保理合同纠纷

【裁判观点】

保理债务得到清偿之前，保理商应先向次债务人求偿，就次债务人不能清偿的部分，债务人应承担补充责任。保理商善意且无过失时，债务人和次债务人不得以应收账款不存在等瑕疵对抗保理商。

中华人民共和国最高人民法院

民事判决书

案号　（2017）最高法民再164号

再审申请人（一审原告、二审上诉人）：珠海华润银行。

法定代表人：刘晓某，该公司董事长。

委托诉讼代理人：朱兰春，北京大成（深圳）律师事务所律师。

被申请人（一审被告、二审被上诉人）：江西燃料公司。

法定代表人：刘某，该公司总经理。

委托诉讼代理人：冯帆，江西友达律师事务所律师。

委托诉讼代理人：黄兴超，北京同诺律师事务所律师。

原审第三人：广州大优公司。

负责人：陈某，该公司破产管理人的负责人。

委托诉讼代理人：喻晓明，广东天诺律师事务所律师。

再审申请人珠海华润银行因与被申请人江西燃料公司、原审第三人广州大优公司保理合同纠纷一案，不服江西省高级人民法院（2016）赣民终325号民事判决，向本院申请再审。本院于2017年3月27日作出（2017）最高法民申359号民事裁定，提审本案。本院依法组成由审判员周伦军担任审判长、审判员马东旭、

汪军参加的合议庭公开开庭审理了本案。法官助理由李洁担任，书记员钱莹担任法庭记录。再审申请人珠海华润银行的委托诉讼代理人朱兰春、被申请人江西燃料公司的委托诉讼代理人冯帆、黄兴超、原审第三人广州大优公司的委托诉讼代理人喻晓明到庭参加诉讼。本案现已审理终结。

珠海华润银行申请再审称：一、原审判决认定的基本事实缺乏证据证明。本案作为保理合同纠纷，珠海华润银行向次债务人江西燃料公司主张应收账款债权，原审法院应当查明珠海华润银行受让广州大优公司对江西燃料公司的应收账款债权后，江西燃料公司是否收到该债权转让的通知，以及有无确认或提出抗辩等案件基本事实，并在此基础上进一步判断江西燃料公司是否应承担清偿责任。然而，一审判决却侧重审查广州大优公司与江西燃料公司之间的基础合同真实性，案件审理的范围和重点明显不当。二审判决仅将应收账款反转让作为唯一争点，可以理解为是对一审判决相关事实认定的否定，更是对基础交易、意思表示和债权转让确认真实性的肯定。保理合同纠纷案件中，只要债务人收到债权转让通知，并对债权转让予以确认，未提出任何异议或抗辩，则不管其真实意思表示如何，也不论基础交易是否虚假，只要不能证明债权转让人和受让人之间存在通谋行为，就应当以其承诺行为，向受让人承担清偿责任。二、原审判决适用的法律确有错误。(一) 原审判决适用法律前后冲突，且与案件性质明显不符。二审判决并未适用任何实体法，一审判决适用《中华人民共和国合同法》第八十二条、第一百二十二条，《中华人民共和国民事诉讼法》第一百二十四条，但上述适用法律既与案件认定前后冲突，也与案件性质明显不符。1. 关于前后认定冲突问题。《中华人民共和国合同法》第八十二条规定："债务人接到债权转让通知后，债务人对让与人的抗辩，可以向受让人主张。"一审判决适用此条规定，表明其已认定，江西燃料公司接到债权转让通知并予确认这一情节属实，但是，其又另行认定基础交易虚假、应收账款债权非真实合法有效，前后逻辑不一。2. 关于案件性质不符问题。《中华人民共和国合同法》第一百二十二条规定："因当事人一方的违约行为，侵犯对方人身、财产权益的，受损害方有权选择依照本法要求其承担违约责任或者依照其他法律要求其承担侵权责任。"本案系合同之诉，并不存在违约与侵权的竞合选择，法院也没有释明要求当事人做出违约或侵权之诉的选择，一审判决适用此条款与案件性质明显不符。3. 一审判决适用《中华人民共和国民事诉讼法》第一百二十四条，更与本案处理风马牛不相及。该条款列举的是不符合起诉条件的七种情形，不仅与本案性质极不相符，更不能、也无法适用于本案。(二）原审判决确定民事责任明显违法违约，且与司法先例相抵触。原审判决一方面认定，本案保理业务是有追索权的明保理，对于应收账款到期后不能收回保理融资款的，珠海华润银行有权依据保理合同约定选择向应收账款债权人或债务人主张权利，应收账款债权人或债务人一方对保理银行履行义务，则另一方免除相应的清偿责任。同时又认定，珠海华润银行已选择向广州大优公司行使追索权，不仅行使了诉权，且该诉权得到生效判决支持。在广州大优公司进入破产清算后，也向破产管理人申报了债权，故不再享有对江西燃料公司的应收账款债权。原审判决的上述认定，相互之间矛盾，无法自圆其说。既然承认只有债权人或债务人对保理银行履行义务后，才能免除另一方相应的清偿责任，则保理银行的起诉、胜诉、申报破产债权等行为，只是追索权的行使体现，并非债权的实际清偿。权利主张不同于权利实现，原审判决却将二者混淆、替代，显系违法。本案中《国内保理业务合同》第二条第十八项约定："甲方提供保理融资的情况下，乙方向甲方支付保理融资款及相关未结清费用后，与该应收账款有关的一切权利同时转回乙方。"据此，保理银行未获得实际清偿前，仍享有应收账款权利，仍有权向债权人或债务人追偿。向一方当事人行使追索权，并不构成对另一方追偿权的放弃或丧失。只有在应收账款债权得到债权人或债务人的实际清偿后，另一方对保理银行的相应债务才可予以免除。原审判决的上述认定，还与最高人民法院公布的多个同类司法先例相抵触。这些司法先例，既包括《人民法院案例选》选登的内蒙古自治区高级人民法院的（2011）内民二终字第30号、天津市高级人民法院的（2014）津高民二终字第0103号等民事判决，也包括最高人民法院（2014）民二终字第271号民事判决、最高人民法院（2015）民申字第2392号民事裁定。前述各司法先例均认定，保理银行既可以向债权人追索，也可以向债务人求偿，对一方当事人的权利追索，并不影响对另方当事人的权利主张。一方当事人实际清偿前，保理银行仍享有应收账款债权。一方当事人实际清偿后，另方当事人对保理银行的相应债务方予免除。综上，根据《中华人民共和国民事诉讼法》第二百条第二项、第六项之规定，请求再审本案，支持申请人的原审诉讼请求。

江西燃料公司答辩称：一、广州大优公司用于办理保理业务的基础合同是变造的，江西燃料公司与广州大优公司之间根本不存在9.5万吨煤炭买卖合同关系。2013年9月6日，江西燃料公司与广州大优公司签订《煤炭买卖合同》（合同编号：JXDY1306），广州大优公司向江西燃料公司供货5.5万吨，合同暂定每吨490元，江西燃料公司加盖了编码为3601000××××24的合同专用章。2013年9月，广州大优公司为了向珠海华润银行申请保理融资款，伪造了编号为3601000××××25的合同专用章，变造了合同编号为JXDY1306的《煤炭买卖合同》，除将供货数量变造为9.5万吨外，还对结算方式、账户信息等条款予以更改。广州大优公司出具五张金额约4612万元的《广东增值税专用发票》（发票号NO：167×××53—167×××57），其中，NO：167×××56、167×××57两张发票未在金税工程增值税防伪税控系统认证，对应金额约1932万元。在原一、二审过程中，珠海华润银行、广州大优公司均不能提交9.5万吨合同的原件。通过对比复印件，肉眼即可以看出9.5万吨《煤炭买卖合同》复印件的公章编号与江西燃料公司在南昌市公安局备案登记的公章编号完全不一致。在事发后的第一时间，江西燃料公司向广州大优公司核查事实时，广州大优公司出具《对珠海华润银行应收账款转让确认书的情况说明》，明确承认："该虚假的盖章行为系广州大优公司与珠海华润银行之间的行为，与燃料公司无关"。二、珠海华润银行、广州大优公司误导江西燃料公司在部分空白的《应收账款转让确认书》上加盖公章。2013年10月24日，珠海华润银行与广州大优公司赴江西燃料公司核实贸易背景。珠海华润银行向江西燃料公司出示了一份部分内容空白的《应收账款转让确认书》，在该文件上，当时仅填写了"收款人为广州大优公司"和"合同编号为JXDY1306"的内容，并不包括发票号、应付账款金额、已付款金额等信息。鉴于当时江西燃料公司与广州大优公司之间确有此"合同编号"的合同，也确有货款未支付完毕，且珠海华润银行和广州大优公司表明只是调查贸易背景的真实性，因此，江西燃料公司在该份部分空白的确认书上加盖公章。同时，珠海华润银行与广州大优公司还要求江西燃料公司在《应收账款转让通知书》（编号为：SCF20131022001）以及《应收账款转让通知确认书》上加盖公章。上述文件全部被珠海华润银行拿走。江西燃料公司与广州大优公司之间的煤炭买卖合同结算金额是在2013年10月28日由实际用户即收货人贵溪发电有限责任公司结算后才得出的。在2013年10月24日珠海华润银行要求确认贸易背景真实性时，江西燃料公司客观上是无法确定具体金额的。江西天剑司法鉴定中心于2014年10月30日出具的《鉴定意见书》[赣天剑司鉴〔2014〕文鉴字第(92)号]载明:“应收账款转让确认书中收款人名称与合同号与其他部分字迹不是一次性书写形成”,这足以证明江西燃料公司在加盖公章时,《应收账款转让确认书》是部分空白的,上面没有金额。三、2013年10月24日,珠海华润银行向江西燃料公司送达《应收账款转让通知书》时,尚未取得债权受让人地位;2013年11月6日,在保理合同签订后,珠海华润银行没有以任何方式将债权转让的有关事实通知江西燃料公司,债权转让对江西燃料公司不发生效力。《中华人民共和国合同法》第八十条第一款规定:“债权人转让权利的,应当通知债务人。未经通知,该转让对债务人不发生效力。”直至2014年4月30日,在江西燃料公司索要下,珠海华润银行才寄送了律师函以及《应收账款转让确认书》,江西燃料公司于2014年5月5日正式收到,该债权转让行为至此才对江西燃料公司发生效力。本案中,2013年10月24日,珠海华润银行与广州大优公司赴江西燃料公司核实贸易背景时,《国内保理业务合同》尚未签订,虽然江西燃料公司曾经签署过《应收账款转让通知确认书》确认收到该债权转让通知,但因保理合同关系尚未成立,珠海华润银行并非合法的债权受让人,不具备发出债权转让通知的前提条件,该《应收账款转让通知书》并不具备有效债权转让通知的效力。2013年11月6日,珠海华润银行与广州大优公司签订《国内保理业务合同》,2013年11月8日,珠海华润银行出具银行承兑汇票。此时,珠海华润银行应当履行其正式受让债权后通知债务人的法定义务。但直至珠海华润银行起诉之日,其都未能通知债务人。同时,广州大优公司作为原债权人也未能尽到通知义务。2013年11月13日,在《应收账款转让确认书》签订后,广州大优公司仍出具授权书,授权其员工蓝杨青催款,要求江西燃料公司按照5.5万吨《煤炭买卖合同》的要求,支付合同尾款,江西燃料公司于同日支付900万元,2013年12月31日支付397.091132万元,合同项下货款已经全部支付完毕。在未收到债权转让通知的情况下,江西燃料公司有理由相信,广州大优公司与珠海华润银行并未达成债权转让的一致,其依约向广州大优公司支付了合同尾款合情合理合法。最高人民法院在遵义渝禾商贸有限责任公司与中信银行股份有限公司贵阳分行、遵义县南江贸易有限公司、简传刚、杨小平保理合同纠纷一案中[(2016)最高法民申7号]认为,《中华人民共和国合同法》第八十条的规定采债权转让的通知主义模式，通知是债权转让对债务人生效的要件。债务人应当向谁履行债务，取决于其是否收到债权转让通知。债务人在没有收到债权转让通知前，不论其是否实际知晓债权转让的情况，债权转让对债务人均不发生法律效力，债务人仍应向原债权人履行债务。四、珠海华润银行作为受让人，行使权利不得超越其所受让的原权利范围，江西燃料公司有权以基础债权已经不存在为由对抗珠海华润银行的权利主张。在保理业务中，次债务人对银行的义务是基于基础合同中债权人（即保理合同的融资人）的债权转让行为。银行因债权转让成为基础合同中新的当事人，次债务人负有向银行付款的义务。但由于银行所获得的债权来自原合同，因此，银行对债务人所能主张的权利不能超过原合同债权人所享有的权利，同时债务人对银行也基于原合同享有抗辩权，这包括对货物没有交付的抗辩、质量、数量不合格的抗辩、交期逾期、互付债务冲抵等的种种抗辩。本案的真实情况是，广州大优公司与江西燃料公司的真实合同供货量只有5.5万吨，而珠海华润银行主张的所谓9.5万吨煤炭的货款并不存在。而真实发生的5.5万吨合同项下的货款，江西燃料公司已经全部履行，不存在所谓的“应收账款”。珠海华润银行作为受让人，所主张的权利超越其所受让的原权利范围，没有法律依据。最高人民法院在藁城市人民政府与北京孚厚投资咨询有限公司、河北省藁城市棉浆厂、河北省藁城市国有资产监督管理委员会办公室借款合同纠纷一案［（2011）民提字第322号］中也明确了这一裁判规则：债权受让人行使权利不得超越其所受让的原权利范围。在辽宁能港发电有限公司与中国信达资产管理股份有限公司吉林省分公司等保理合同纠纷一案［（2016）最高法民申1519号］中，最高人民法院认为：“因该笔应收账款债权系基于《煤炭购销合同》而发生，能港发电公司仅负有给付实际发生的应收账款的合同义务，其有权就该合同未履行或未正当履行部分向华能煤业公司，继而对应收账款债权的受让人信达资产公司行使拒绝履行相应给付义务的抗辩权。”五、珠海华润银行办理保理业务过程中存在重大过错，故意放任风险的发生，应当自行承担其不能全面受偿的损失。第一，银行从未提供标的为9.5万吨《煤炭买卖合同》原件，未按照行业惯例要求第三人提供交易文件的原件，并将原件留存至还款届满。第二，《应收账款转让通知确认书》中明确约定，江西燃料公司的印鉴为“签收收货单据、单笔应收账款确认等手续的有效印鉴”，但在银行的同一份归档文件中，《煤炭买卖合同》、《煤炭供需合同》、仓单、运单等资料经江西燃料公司辨识后均为虚假合同，经肉眼辨识，《煤炭买卖合同》与《煤炭供需合同》中江西燃料公司的公章明显不一致，且上述资料上的公章亦与预留印章不一致。第三，广州大优公司开具的增值税专用发票中部分发票（NO：167××56、167××57）为虚开发票，珠海华润银行对此却视而不见。第四，《应收账款转让通知确认书》中关于“面签见证：王永某、旷小某”的记载内容不实。旷小某作为本次保理业务的经办人员，从未来过江西燃料公司核对本次交易的真实性，却在《应收账款转让通知确认书》上作为面签见证人签字，明显为虚假陈述、不实记载。第五，这样一起明显伪造基础合同骗取银行贷款的犯罪行为，虽经江西燃料公司多次要求，珠海华润银行都只是通过民事诉讼追款，却至今不敢报案。六、无论从违约责任还是侵权责任分析，江西燃料公司均不应当对珠海华润银行承担责任。首先，从违约角度分析，本案中《应收账款转让通知书》、《煤炭买卖合同》均无法发生有效的法律效力，故要求江西燃料公司承担违约责任的主张无法成立。其次，从侵权责任角度分析，本案中江西燃料公司在《应收账款转让确认书》中盖章的行为不构成侵权行为。在整个保理业务过程中，江西燃料公司并无过错，只是诚信地配合珠海华润银行和广州大优公司的贸易背景调查。虽然珠海华润银行目前尚未收回保理融资款项，但另案判决已经判令广州大优公司和担保人共同偿还珠海华润银行的融资款及利息，珠海华润银行也已经在破产程序中向广州大优公司申报债权，故损害结果是否会发生尚无法确定。珠海华润银行的保理融资业务的放款并不以债权转让为前提，江西燃料公司的盖章只是珠海华润银行贸易背景调查形式审查的需要，与珠海华润银行的放款之间没有必然的因果联系。七、珠海华润银行在另案中的主张，实际上已经把应收债权反转让至广州大优公司，无权再向江西燃料公司主张权利。2014年11月17日，珠海华润银行起诉广州大优公司，要求判令其偿还融资款及利息，同时担保人承担连带清偿责任。广东省珠海市中级人民法院作出（2015）珠中法民二初字第21号判决支持了珠海华润银行的主张。2015年，广东省广州市中级人民法院作出（2015）穗中法民破第12号裁定书，裁定广州大优公司进入破产程序。2016年7月12日，珠海华润银行向广州大优公司破产管理人提交《债权登记申报表》。《商业银行保理业务管理暂行办法》第十条第二款规定：“有追索权保理是指在应收账款到期无法从债务人处收回时，商业银行可以向债权人反转让应收账款、要求债权人回购应收账款或归还融资……”《天津市高级人民法院关于审理保理合同纠纷案件若干问题的审判委员会纪要（一）》（津高法〔2014〕251号）第十一条第十款也规定：“有追索权保理……无论应收账款因何种原因不能收回，保理商都有权向债权人追索已付融资款项并拒付尚未收回的差额款项，或者要求债权人回购应收账款”，只要银行无法从债务人处收回应收账款时，保理商即可以将债务反转让至债权人。《珠海华润银行国内保理业务操作规程》（1.0版，2013年）第三十二条规定：“（一）在下述情况下，我行须将所涉及的应收账款反转让给卖方：1. 买方以商业纠纷为由拒绝付款，且商业纠纷提起后30天没有得到有效的解决；2. 应收账款存在虚假不实交易；3. 应收账款的基本要素与卖方实际提供资料不符；4. 卖方违反了国内保理合同‘乙方承诺与保证’中任何一条；5. 有追索权保理业务中的保理融资即将逾期；6. 其他需要反转让的情况。”由此可见，珠海华润银行另案中行使的并非追索权，而是按照其内部操作规程的要求，在基础贸易合同虚假，江西燃料公司以商业纠纷为由拒付应收账款的情况下，即保理合同中所附的“停止条件”成就时，行使了反转让权，要求广州大优公司回购其债权，并将债权反转让至广州大优公司。《天津市高级人民法院关于审理保理合同纠纷案件若干问题的审判委员会纪要（二）》第八条第四款规定：“债权人履行回购义务后，保理商应将应收账款及其项下的权利返还债权人，债权人取得基础合同项下对债务人的相应债权，保理商不得再向债务人主张还款”，一个债权不能多次主张，珠海华润银行已经通过另案诉讼的方式将应收债权反转让至广州大优公司，且向广州大优公司申报了债权，故不得再向江西燃料公司主张还款。综上，请求驳回珠海华润银行的诉讼请求。

原审第三人广州大优公司述称：本案中珠海华润银行基于《国内保理业务合同》所产生的对广州大优公司的债权，已经在广东省珠海市中级人民法院（2015）珠中法民二初字第21号民事判决中得到认定，珠海华润银行也已经向广州大优公司的破产管理人依法申报了该笔债权，珠海华润银行可以对广州大优公司主张实现该笔债权的权利，请求驳回珠海华润银行的全部诉讼请求。

珠海华润银行向一审法院起诉请求：1. 依法判令江西燃料公司向珠海华润银行支付应付账款本金人民币46115344.70元、利息人民币2998697.67元（按照银行同期贷款利率，以本金为计算基数，从2014年3月23日暂计至2015年3月31

日止，以后顺延直至付清为止）。2. 请求依法判令江西燃料公司承担本案诉讼费用及差旅费用。

江西省南昌市中级人民法院一审查明：2013年9月17日，珠海华润银行与广州大优公司签订了一份《综合授信协议》［合同编号：华银（2013）珠综字（广州）第2013030403号］，约定：珠海华润银行向广州大优公司提供最高额综合授信额度为人民币2亿元整；其中各具体业务的具体授信额度为：商业承兑汇票补贴2亿元，贸易融资2亿元，贸易融资包括开立信用证、进口押汇、提货担保、进口代收押汇、打包放款、出口押汇、出口托收押汇、进/出口汇款融资、短期信保融资、有追索权保理业务；授信期限为2013年9月17日至2014年9月17日止，额度项下单笔具体业务最迟到期日为2015年3月17日等。同日，珠海华润银行与珠水能源集团有限公司、李某、李冰某签订一份《最高额保证合同》，约定：珠水能源集团有限公司、李某、李冰某为上述《综合授信协议》及其项下债权人与债务人就每一笔具体授信业务所签订的具体授信业务合同或协议所形成的债权提供最高额保证担保，所担保的主债权最高额本金金额不超过人民币2亿元；最高额保证担保债权的确定期间自2013年9月17日至2014年9月17日止；保证方式为连带责任保证，各保证人共同对债权人承担连带责任等。

2013年11月6日，珠海华润银行与广州大优公司签订一份《国内保理业务合同》，约定：本合同项下的保理业务类型属于有追索权的明保理；珠海华润银行为广州大优公司核定的保理融资额度为人民币2亿元整；相关买方关联额度具体明细如下：山煤华南煤炭销售有限公司5000万元、江西燃料公司5000万元、广东物通实业投资有限公司5000万元、福建华电储运有限公司5000万元、华润电力（贺州）有限公司2亿元、湖南华润电力鲤鱼江有限公司2亿元；珠海华润银行向广州大优公司提供保理融资的方式为：贷款金额为珠海华润银行核准的应收账款金额×融资比例，贷款期限为发票到期日+30天，开立银行承兑汇票期限为5个月，费率0.5‰；本保理融资额度有效期自2013年9月17日起至2014年9月17日止，本合同项下保理融资款的发放应在额度有效期内，融资到期日可超过额度到期日等。双方还约定：融资比例为山煤华南煤炭销售有限公司、江西燃料公司、广东物通实业投资有限公司、福建华电储运有限公司不超过发票金额的80%，华润电力（贺州）有限公司、湖南华润电力鲤鱼江有限公司不超过发票金额的90%。

上述《国内保理业务合同》签订后，广州大优公司向珠海华润银行提交了其与江西燃料公司在2012年9月6日签订的《煤炭买卖合同》（复印件）一份（合同编号：JXDY1306），该《煤炭买卖合同》中江西燃料公司所加盖的合同专用章（1）编码为：3601000××××25。同时，广州大优公司还向珠海华润银行提交了该公司开具的名称为江西燃料公司的《广东增值税专用发票》五张（发票号N0：167×××53－167×××57）。此外，广州大优公司还向珠海华润银行提交了加盖江西燃料公司公章的落款时间为2013年10月24日的《应收账款转让确认书》（编号：ZhGZ001）和《应收账款转让通知确认书》，其中：《应收账款转让确认书》确认江西燃料公司应付广州大优公司账款46115344.70元，已付款金额0元，预付款金额0元，佣金及折让金额3680万元，应付账款到期日为2014年3月22日等；《应收账款转让通知确认书》确认已收到上述《应收账款转让确认书》，已知晓并同意按照上述内容执行等。广州大优公司称在2013年10月25日向江西燃料公司发出一份《应收账款转让通知书》（编号：SLF2013022001），告知已将江西燃料公司自2013年起至2014年止所有的应收账款以及就该部分应收账款所享有的权利全部转让给受让人珠海华润银行等。广州大优公司和珠海华润银行在该通知书上加盖了公司印章，但江西燃料公司否认收到该函件，广州大优公司和珠海华润银行均未向法院提交江西燃料公司已收该函件的记录。

2013年11月8日，珠海华润银行为广州大优公司向山西晋运能源有限公司开出银行承兑汇票四张，合计承兑金额人民币3680万元，汇票到期日为2014年4月8日。上述承兑汇票到期后，因广州大优公司资金未到位，珠海华润银行发生上述承兑汇票金额垫款。2014年4月25日、6月24日，珠海华润银行委托广东大公威德律师事务所先后向江西燃料公司发出《律师函》，催收2014年3月22日到期的应收账款人民币46115344.70元及利息，江西燃料公司确认收到上述《律师函》，但以存在虚假合同为由拒绝付款。

一审法院另查明：江西燃料公司在公安机关备案合同专用章共有两枚：其中：合同专用章（1）编码为：3601000××××24，合同专用章（2）编码为：3601000××××25。广州大优公司开具的名称为江西燃料公司的五张《广东增值税专用发票》中发票号N0：167×××56，N0：167×××57未在金税工程增值税防伪税控系统认证、抵扣。2014年4月9日，广州大优公司向江西燃料公司出具了一份《对珠海华润银行应收账款转让确认书的情况说明》，承认：2013年10月24日，广州大优公司在江西燃料公司不知情的情况下，擅自对广州大优公司与江西燃料公司签订的煤炭买卖合同（合同编号：JXDY1306）和付款发票进行更改，将已支付的煤款作为应收账款，以江西燃料公司名义对虚假的应收账款转让确认书（编号为ZhGZ001）进行盖章。该虚假盖章行为系广州大优公司与珠海华润银行之间的行为，与江西燃料公司无关，江西燃料公司完全不知情，对珠海华润银行不需承担任何付款义务。

一审法院还查明：珠海华润银行以广州大优公司、江西燃料公司、珠水能源集团有限公司、李某、李冰某为共同被告，向广东省珠海市香洲区人民法院提起诉讼，要求其偿还保理融资款人民币3680万元及其利息，后因江西燃料公司提出管辖权异议上诉，广东省珠海市中级人民法院经审理后，作出（2015）珠中法立民终字第62号民事裁定，一、撤销广东省珠海市香洲区人民法院（2014）珠香法民二初字第2854－2号民事裁定；二、驳回珠海华润银行对江西燃料公司的起诉；三、由该院对珠海华润银行诉广州大优公司、珠水能源集团有限公司、李某、李冰某金融借款合同纠纷一案进行审理。2015年11月20日，广东省珠海市中级人民法院就该案作出（2015）珠中法民二初字第21号民事判决，判决：一、广州大优公司于判决发生法律效力之日起十五日内向珠海华润银行偿还保理融资款本金人民币3680万元及利息。二、珠水能源集团有限公司、李某、李冰某对上述还款义务承担连带清偿责任；珠水能源集团有限公司、李某、李冰某承担保证责任后，有权向广州大优公司追偿，或者要求承担连带责任的其他保证人清偿其应当承担的份额。三、驳回珠海华润银行的其他诉讼请求。上述判决现已发生法律效力。

一审法院认为：一、关于煤炭买卖合同问题。根据《商业银行保理业务管理暂行办法》的相关规定，国内商业银行保理业务的核心系应收账款转让，且不得基于未来应收账款产生的付款请求权开展保理融资业务。而应收账款的产生，一则须有真实买卖合同关系，二则该买卖合同已经全面、实际履行。本案中，珠海华润银行向江西燃料公司主张的应收账款债权是从广州大优公司受让取得，而广州大优公司对江西燃料公司的应收账款债权是基于《煤炭买卖合同》（合同编号：JXDY1306）而产生的。从举证角度而言，珠海华润银行提交给法院的加盖广州大优公司公章（证明用）的编号为JXBCG-2013-023的《煤炭供需合同》仅是复印件，而该《煤炭买卖合同》（复印件）中江西燃料公司合同专用章编码与该公司在公安机关备案登记的合同专用章编码明显不一致，由广州大优公司向珠海华润银行提交的五张《广东增值税专用发票》中有两张经税务机关查验系未认证、未抵扣的发票，即便加盖了江西燃料公司公章的《应收账款转让确认书》（编号：ZhGZ001）和《应收账款转让通知确认书》，也与《应收账款转让通知书》出具时间前后矛盾，而江西燃料公司对所谓应收账款及转让的确认，系在广州大优公司虚构事实的基础上所作为，并非其真实意思表示，结合广州大优公司在事发后起诉前出具给江西燃料公司的情况说明，足以证实广州大优公司与江西燃料公司之间的煤炭买卖合同是虚假的。基于此，江西燃料公司在诉讼中申请对上述相关证据中盖章及内容真伪进行鉴定已无必要。因此广州大优公司基于该虚假煤炭买卖合同对江西燃料公司享有的应收账款债权并非真实合法有效的债权，珠海华润银行受让的该应收账款债权亦非真实合法有效的债权。现江西燃料公司以珠海华润银行从广州大优公司受让的应收账款债权系虚假债权为由拒绝向珠海华润银行履行清偿义务，合法有据，应予支持。二、关于应收账款反转让问题。珠海华润银行与广州大优公司签订的《国内保理业务合同》约定，双方之间的保理业务类型系有追索权的明保理融资。即当本案债权无法实现时，珠海华润银行既可选择向江西燃料公司主张应收账款债权，也可选择将应收账款反转让至广州大优公司。鉴于珠海华润银行已选择向广州大优公司主张返还保理融资款，且该救济措施已经广东省珠海市中级人民法院（2015）珠中法民二初字第21号民事判决得到了实现。换言之，珠海华润银行已经选择了将上述债权反转让给广州大优公司而放弃了对江西燃料公司的应收账款债权，故当珠海华润银行选择将应收账款反转让至第三人广州大优公司时，其不再享有对江西燃料公司的应收账款债权，因此，珠海华润银行在本案中向江西燃料公司主张应收账款债权，于法无据，不予支持。三、关于一案重复起诉问题。本案纠纷最初是由珠海华润银行将广州大优公司、江西燃料公司、珠水能源集团有限公司、李某、李冰某一并列为共同被告，向广东省珠海市香洲区人民法院起诉，后广东省珠海市中级人民法院就管辖上诉裁定驳回了珠海华润银行对江西燃料公司的起诉，并由该院对珠海华润银行诉广州大优公司、珠水能源集团有限公司、李某、李冰某金融借款合同纠纷一案进行审理。而珠海华润银行遂向一审法院提起诉讼，要求江西燃料公司支付应付账款本金及利息。从诉讼主体、诉讼标的及诉讼事由等诸多因素看，两案并非基于同一事实，同一法律关系，故不属于同一案件，这也为已生效的广东省珠海市中级人民法院民事裁定所确认。因此，珠海华润银行提起本案诉讼并不属于一案重复起诉的情形，广州大优公司关于一事不再审，应终结本案审理的辩解理由，于法无据，不予采纳。综上，该院依照《中华人民共和国合同法》第八十二条、第一百二十二条，《中华人民共和国民事诉讼法》第六十四条、第一百二十四条、第一百四十二条之规定，于2016年1月26日作出（2015）洪民二初字第435号民事判决：驳回珠海华润银行的诉讼请求。案件受理费287370元，财产保全费5000元，共计292370元，由珠海华润银行自行承担（已交纳）。

珠海华润银行不服一审判决，向江西省高级人民法院提起上诉。上诉请求：撤销一审判决，改判支持其一审全部诉讼请求；一、二审诉讼费用由江西燃料公司承担。其事实和理由主要为：一、一审法院在审理过程中出现一系列重大错误，并以此为依据做出错误判决。二、一审法院认为“业务的核心系应收账款转让，而应收账款的产生，一则须有真实买卖合同关系，二则该买卖合同已经全面、实际履行”及认定“江西燃料公司以珠海华润银行从广州大优公司受让的该应收账款债权系虚假债权为由拒绝向珠海华润银行履行清偿义务，合法有据，应予支持”，属于基本事实认定重大错误。三、一审法院认定“珠海华润银行选择将应收账款反转让至第三人广州大优公司时，其不再享有对江西燃料公司的应收账款债权”属于法律适用错误。江西燃料公司答辩称：一审法院判决查明的事实清楚，适用法律正确，请求驳回上诉，维持原判。广州大优公司答辩称：尊重、服从一审法院对本案的判决。

江西省高级人民法院二审补充查明：2013年11月6日，珠海华润银行与一审第三人广州大优公司签订《国内保理业务合同》，合同第一条约定本案所涉保理业务属于有追索权的明保理，第二条第九款约定有追索权保理业务是指：珠海华润银行不承担买方信用风险担保的保理业务。第二条第十八项反转让约定：在合同所约定的特定情形下，珠海华润银行向广州大优公司转回已经受让的应收账款；如珠海华润银行提供保理融资的情况下，广州大优公司向其支付保理融资款及相关未结清费用后，与该应收账款有关的一切权利亦应同时转让回广州大优公司。

第四十条救济措施第一款约定：如发生下列情况之一，珠海华润银行依据本合同及商务合同的规定可以采取本条第2款规定的救济措施：……3. 买方/债务人明确表示或以自己行为表明将拒绝支付全部或部分的应收账款……；第二款规定甲方有权采取以下一项或几项违约救济措施：……2. 对珠海华润银行享有追索权的保理业务，珠海华润银行有权立即向广州大优公司追索尚未收回的应收账款，有权从广州大优公司在珠海华润银行开立的账户上扣收其应付给其银行的款项……

二审另查明：中国银行股份有限公司广州东山支行以广州大优公司不能清偿到期债务且明显缺乏清偿能力为由，向广东省广州市中级人民法院申请对广州大优公司进行破产清算，广东省广州市中级人民法院于2016年4月28日作出（2015）穗中法民破字第12号之一民事裁定，受理中国银行股份有限公司广州东山支行对广州大优公司的破产清算申请。同日，广东省广州市中级人民法院作出（2015）穗中法民破字第12号指定管理人决定书，指定广东天诺律师事务所担任广州大优公司管理人，负责人为陈某。2016年7月8日，珠海华润银行填写了《债权申报登记表》，并邮寄给了广州大优公司管理人，申报债权数额为：本金人民币85592467.67元，利息人民币35417273.74元，合计为人民币121009741.41元。申报债权的依据为：（2015）珠中法民二初字第21号、第26号生效的民事判决书。

二审查明的其他事实与一审法院查明的事实一致，予以确认。

江西省高级人民法院二审认为：保理是以债权人转让其应收账款为前提，集应收账款催收、管理、坏账担保及融资于一体的综合性金融服务。有追索权的保理，是指在应收账款到期无法从债务人处收回时，银行可以向债权人反转让应收账款，或要求债权人回购应收账款或归还融资。

本案中，珠海华润银行以其与广州大优公司签订的《国内保理业务合同》为依据提起本案诉讼，主张江西燃料公司向其支付应付账款及利息。根据双方签订的《国内保理业务合同》的约定可知本案所涉保理业务属于有追索权的明保理，在有追索权保理业务中，保理银行对应收账款转让方享有追索权，即在应收账款到期后不能收回保理融资款的，其有权依据保理合同约定选择向应收账款债权人或债务人主张权利，应收账款债权人或债务人一方对保理银行履行义务，则另一方免除相应的清偿责任。对于珠海华润银行而言，本案所涉的保理业务，实质上仅产生了一笔债权，珠海华润银行有权选择是基于《应收账款转让通知书》与《应收账款转让确认书》而产生的债权转让关系，以债权人身份起诉要求应收账款债务人江西燃料公司支付应收账款项下的款项，还是根据保理合同所约定的回购（反转让）条件，要求应收账款转让方广州大优公司履行合同义务，承担归还保理融资款项及利息的责任。经查，珠海华润银行于2014年11月17日已向广东省珠海市香洲区人民法院起诉了广州大优公司，要求判令广州大优公司向其偿还保理融资款及利息，该案因诉讼标的原因，由广东省珠海市中级人民法院进行审理，并已经作出（2015）珠中法民二初字第21号民事判决，支持了珠海华润银行的诉讼请求，该判决已经生效。在广州大优公司进入破产清算后，该行亦向破产管理人申报了债权。因此，珠海华润银行对该笔债权实际已经通过向广州大优公司主张归还保理融资款项及利息的方式行使了诉权且该诉权已得到广东法院的判决支持。现珠海华润银行又向一审法院起诉，要求江西燃料公司向其支付应付账款及利息的诉讼请求于法无据，一审法院认定该行不再享有对江西燃料公司的应收账款债权，对其诉求不予支持正确，应予以维持。综上，一审法院认定事实清楚，实体处理正确。依照《中华人民共和国民事诉讼法》第一百七十条第一项的规定，判决：驳回上诉，维持原判。二审案件受理费人民币287370元，由珠海华润银行承担。

本院再审查明：2012年9月6日，江西燃料公司与广州大优公司签订《煤炭买卖合同》（合同编号：JXDY1306），约定由江西燃料公司向广州大优公司采购印度尼西亚进口动力煤，采购计划数量为单船煤炭5.5万吨（+/-10%），交货期限为2013年9月10日前，交货地点为温州状元岙码头，交货方式为外轮舱底交货；煤炭含税到岸基准价格为490元/吨；结算方式为货到付款，以人民币结算，江西燃料公司收到广州大优公司开出的提货单、货权转移通知书及海关开具的货物放行通知单后7个工作日内支付70%的货款给江西燃料公司，在收到质量、数量检验证书后双方进行结算，广州大优公司根据结算单开具增值税发票并提供所有相关票据，江西燃料公司在收到发票后10个工作日内向广州大优公司付清剩余货款。此外，双方还就质量调整价格、货物验收、违约责任等事项进行了约定。江西燃料公司在该合同上加盖了印章，曾晓某代表该公司在合同上签字。

为案涉保理融资业务办理的需要，广州大优公司向珠海华润银行提供了其与江西燃料公司之间的《煤炭买卖合同》（合同编号：JXDY1306）和《煤炭供需合同》[合同编号：JXDY1306（补）]，《煤炭买卖合同》载明的签订时间为2013年9月6日，主要内容为：采购计划数量为单船煤炭9.5万吨（+/-10%），煤炭含税到岸基准价格为490元/吨；结算方式为货到付款，以人民币结算，江西燃料公司在收到广州大优公司开出的提货单、货权转移通知书后提货，货款在收到广州大优公司开具的增值税发票及商检出具的货物质量、数量检验证书后60个工作日内以电汇方式支付。《煤炭供需合同》载明的签订时间为2013年9月15日，其内容主要是将双方于2013年9月6日签订的《煤炭买卖合同》第7条约定的付款条件修改为江西燃料公司在收到广州大优公司开出的增值税发票及商检出具的货物质量、数量检验证书后4个月内以电汇的方式向广州大优公司支付货款。在珠海华润银行的贷款档案中，保留该两份合同的复印件，并经珠海华润银行的工作人员旷小某等注明"与原件核对一致""已核原件"。

2013年10月24日，珠海华润银行的工作人员王永某和广州大优公司的工作人员共同到江西燃料公司就案涉保理业务相关应收账款的真实性进行核查。江西燃料公司向珠海华润银行出具了落款时间为2013年10月24日的《应收账款转让确认书》（编号：ZhGZ001）和《应收账款转让通知确认书》（编号：SCF20131022）。在《应收账款转让确认书》中，江西燃料公司向珠海华润银行确认在该公司与广州大优公司于2013年9月6日签署的JXDY1306号《煤炭买卖合同》项下，应付广州大优公司账款46115344.70元，应付账款到期日为2014年3月22日等；并郑重声明：1. 上述应付账款贸易背景真实、合法和有效，在转让给珠海华润银行前广州大优公司享有完整和唯一的收款权利；2. 以上应付账款中所列明的债权人名称和明细记载正确；3. 江西燃料公司同意将上述应付账款及所有权益全部确认转让给珠海华润银行。在《应收账款转让通知确认书》中，江西燃料公司确认已收到编号为SCF20131022001的《应收账款转让通知书》，已知晓并确认其同意按照通知中的内容执行，并指定联系人、接收传真的指定号码及签收相关单据的有效印鉴。曾晓某代表江西燃料公司在上述《应收账款转让确认书》和《应收账款转让通知确认书》上签字，并加盖了江西燃料公司的印章。珠海华润银行的王永某、旷小某在《应收账款转让通知确认书》的左下角注明"面签见证"。

再审庭审中，江西燃料公司对前述《应收账款转让确认书》和《应收账款转让通知确认书》上曾晓某的签字和江西燃料公司的印章的真实性予以承认，珠海华润银行承认旷小某未实际参与面签见证工作。

珠海华润银行和广州大优公司向江西燃料公司发出的《应收账款转让通知书》（编号：SCF20131022001）的落款时间为2013年10月25日，主要内容为：鉴于广州大优公司已经与珠海华润银行签订了《国内保理业务合同》，广州大优公司已经将对江西燃料公司自2013年起至2014年止的所有应收账款以及就该部分应收账款所享有的权利转让给珠海华润银行，基于该转让，受让人珠海华润银行已经成为江西燃料公司的债权人，享有广州大优公司原先作为债权人的所有权利和权益；广州大优公司同意，除非受让人珠海华润银行事先书面同意，广州大优公司不得从江西燃料公司收取该债权下的任何金额或者取得清偿，本通知未经受让人珠海华润银行同意不得撤销和更改；请江西燃料公司向受让人珠海华润银行履行上述应收账款项下的义务，并将应收账款直接付至指定的账户；请依随本通知书签署《应收账款转让通知确认书》，并将签署后的确认书交回受让人珠海华润银行。对该通知书的落款日期为2013年10月25日的原因，珠海华润银行的解释是因笔误所致。

2014年10月30日，受江西燃料公司的委托，江西天剑司法鉴定中心出具《鉴定意见书》［赣天剑司鉴〔2014〕文鉴字第（92）号］，对2013年10月24日《应收账款转让确认书》（编号：ZhGZ001）中“收款人名称”及“合同号”栏的填写字迹与其余部分填写字迹是否为同一人书写、是否为一次性书写形成的问题表达了如下鉴定意见：该《应收账款转让确认书》中收款人名称与合同号与其他部分字迹是同一人书写，但两部分字迹的笔画粗细及墨迹的反射吸收峰存在差异，为不同笔书写形成，不是一次性书写形成。

诉讼中，对该《应收账款转让确认书》上手写部分的内容，珠海华润银行和江西燃料公司均认可系广州大优公司的工作人员填写。

江西燃料公司向广州大优公司的付款情况如下：2013年9月30日，直接由其账户中转账支付1000万元；2013年10月12日，直接由其账户中转账支付400万元；2013年11月13日，以背书转让银行承兑汇票的方式分三笔支付900万元；2013年12月31日，直接由其账户中转账支付379.091132万元。

除上述事实外，原审判决认定事实属实，本院予以确认。

再审中，各方当事人争议的焦点问题为：1. 江西燃料公司所称的基础债权瑕疵能否对抗珠海华润银行。2. 珠海华润银行在另案诉讼中向广州大优公司主张的权利是追索权还是债权反转让，其是否有权继续要求江西燃料公司清偿债务。

本院认为，根据案涉《国内保理业务合同》的约定，本案当事人所开展的保理业务是珠海华润银行以约定的折扣受让广州大优公司对江西燃料公司、山煤华南煤炭销售有限公司等客户一定额度的国内应收账款，为广州大优公司提供保理融资，且珠海华润银行不承担江西燃料公司等客户信用风险的有追索权的保理业务。从本案中各方当事人的诉辩理由来看，当事人之间的争议主要是围绕着江西燃料公司与广州大优公司之间的煤炭买卖合同关系、广州大优公司与珠海华润银行之间的保理融资合同关系、广州大优公司与珠海华润银行之间的债权转让关系这三个基本法律关系展开。因珠海华润银行与广州大优公司之间就《综合授信协议》《国内保理业务合同》所产生的纠纷已经通过另案诉讼解决，且广东省珠海市中级人民法院就该纠纷所作出的（2015）珠中法民二初字第21号民事判决已经发生法律效力，本案的审理应当受该生效判决既判力的羁束。故本院遵从该判决关于案涉《综合授信协议》《国内保理业务合同》为合法有效合同的认定，并将这一认定作为审理本案的逻辑起点，进一步评判本案当事人之间就基础合同及其所生债权的转让与保理融资合同之间的关系、追索权与反转让的权利性质等法律问题。《中华人民共和国合同法》第一百二十四条规定："本法分则或者其他法律没有明文规定的合同，适用本法总则的规定，并可以参照本法分则或者其他法律最相类似的规定。"据此，因案涉《国内保理业务合同》系同时包含金融借款、债权转让、账务管理等有名合同和无名合同之混合契约，本院在判断本案各方当事人的权利义务时，原则上尊重当事人在合同中约定的内容，对合同没有约定或约定不明之处，除直接适用《中华人民共和国合同法》总则的相关规定外，将类推适用最相类似之有名合同的相关规定，在斟酌合同目的、利益状态及交易惯例的基础上，合理确定当事人的权利和义务，衡平当事人之间的利益。就各方当事人争议的焦点问题，分述如下：

一、关于江西燃料公司所称的基础债权瑕疵能否对抗债权受让人珠海华润银行的问题。

本案中，江西燃料公司和广州大优公司之间的基础债权债务关系是基于煤炭买卖合同关系而发生。根据各方当事人在诉讼中的陈述和举证情况，可以认定双方于2012年9月6日签订的数量为5.5万吨、价款为2450万元的《煤炭买卖合同》（合同编号：JXDY1306）系真实发生的业务，广州大优公司据此而对江西燃料公司享有相应的债权。但在本案保理融资业务的办理过程中，广州大优公司并未向珠海华润银行提交前述《煤炭买卖合同》，而是变造了合同编号同为JXDY1306的《煤炭买卖合同》，将合同签订时间更改为2013年9月6日、数量更改为9.5万吨、价款更改为4611万余元。对该变造行为，虽然广州大优公司和江西燃料公司在诉讼中均坚称系广州大优公司和珠海华润银行所为，江西燃料公司并不知情。但在案证据表明，广州大优公司和江西燃料公司的陈述与本案事实不符。理由如下：

其一，江西燃料公司实际知道其在真实的煤炭买卖合同项下欠付广州大优公司的货款数额。该5.5万吨煤炭买卖合同约定，货款结算由广州大优公司和江西燃料公司直接进行。而且，从本案中货款结算的实际情况来看，案涉货款亦均是江西燃料公司采用直接由其账户中转账、背书转让银行承兑汇票的方式直接向广州大优公司支付，并无委托第三方支付、结算的情形。由此可以认定，江西燃料公司作为案涉《煤炭买卖合同》的买受人，不仅应当知道，而且实际知道其与广州大优公司之间货款已经支付和尚未支付的具体情况。

其二，江西燃料公司在《应收账款转让确认书》中确认广州大优公司对其享有46115344.70元应收账款的行为，是故意而为的欺诈行为。《中华人民共和国合同法》第四十二条规定，当事人在订立合同过程中，故意隐瞒与订立合同有关的重要事实或者提供虚假情况，给对方造成损失的，应当承担损害赔偿责任。据此，在当事人准备、商议订立合同的过程中，一方当事人有义务就与订约相关的重要事实如实回答对方当事人的询问，这是基本的商业伦理，也是诚信原则的当然要求。本案中，广州大优公司对江西燃料公司的应收账款是否真实存在、数额多少，是珠海华润银行在决定是否发放贷款时必须考虑的重要事实。江西燃料公司在珠海华润银行向其调查基础交易合同的真实性时，负有如实陈述的法定义务。本案中，截至2013年10月24日江西燃料公司签署《应收账款转让确认书》之前，已经在该5.5万吨煤炭买卖合同项下直接向广州大优公司实际支付了1400万元货款。曾晓某作为江西燃料公司的时任党委书记，同时也是在该合同上签字的授权委托代表，在回答珠海华润银行的问询时，只需要向本单位的财务人员核实，就可以准确告知货款的支付和结余情况。但江西燃料公司在《应收账款转让确认书》中并没有如实向珠海华润银行陈述该5.5万吨煤炭买卖合同项下账款的支付和结余情况，反而径行确认应收账款余额为46115344.70元，已付款金额为0元，并郑重声明该应付账款的贸易背景真实、合法和有效，同意将该账款所享有的权益全部转让给珠海华润银行，据此，应当认定江西燃料公司就与订约有关的重要事实向珠海华润银行提供虚假情况，系欺诈行为。就此节事实，江西燃料公司抗辩理由主要包括两个方面：其一，在2013年10月24日珠海华润银行向其核实贸易背景真实性时，因实际用户贵溪发电有限责任公司并未得出实际的结算金额而不能确定应收账款的具体金额。其二，《应收账款转让确认书》的签署系受珠海华润银行和广州大优公司的误导，江西燃料公司的本意仅是确认贸易背景真实，曾晓某签署《应收账款转让确认书》时，该确认书最初只填写了收款人名称为广州大优公司及合同编号为JXDY1306的内容，其他内容均未填写，江西天剑司法鉴定中心已经就该确认书上的内容并非一次书写形成提供了鉴定意见。本院认为，江西燃料公司关于案涉应收账款的数额需要依赖贵溪发电有限责任公司具体结算的诉讼理由，并无相应事实依据。从江西天剑司法鉴定中心鉴定意见的内容来看，只能证明该确认书中的手写部分内容是同一人以不同的笔书写形成，并不能由此得出收款人和合同编号之外的内容系由广州大优公司事后擅自填写的结论，更不能证明广州大优公司和珠海华润银行对江西燃料公司进行误导的事实存在。故本院对其抗辩理由，不予采信。退言之，即便江西燃料公司所称其初衷只是确认存在应收账款这一事实真的存在，其在珠海华润银行就案涉应收账款的真实性进行调查、核实的过程中不进行完整、准确的陈述，而是交由广州大优公司任意填写，亦应当认定其行为构成故意隐瞒与订立合同有关的重要事实的行为。

其三，江西燃料公司在签署《应收账款转让通知确认书》后，仍然继续向广州大优公司支付剩余货款，主观恶意明显。《中华人民共和国合同法》第八十条规定："债权人转让权利的，应当通知债务人。未经通知，该转让对债务人不发生效力。债权人转让权利的通知不得撤销，但经受让人同意的除外。"据此规定，债权转让依让与人和受让人的意思表示一致而发生效力，对债务人而言，一经通知，债权让与即对其生效，债务人应当向新债权人履行债务。但在本案中，江西燃料公司在确认其收到编号为SCF20131022001的《应收账款转让通知书》并承诺按照通知中的相关内容执行的情况下，仍然于2013年11月13日、12月31日分别向广州大优公司支付了剩余的900万元和379.091132万元货款。江西燃料公司的上述付款行为，系在明知相关债权已经由珠海华润银行受让的情况下实施的，不仅直接违反了其在《应收账款转让确认书》和《应收账款转让通知确认书》中向珠海华润银行作出的未经其同意不向广州大优公司支付货款的承诺内容，也违反了《中华人民共和国合同法》第八十条的规定，该擅自清偿行为无法以任何理由加以正当化，亦不能产生对抗珠海华润银行的效力。江西燃料公司关于其签署确认书之时保理合同尚未正式签订，珠海华润银行并非适格的受让人，以及在保理合同签订后其未收到债权转让通知，有理由相信债权转让合同并未成立，向广州大优公司支付尾款合理的诉讼理由，无任何事实和法律依据，本院不予采信。

综上，本院认定，江西燃料公司事实上知道广州大优公司变造案涉9.5万吨煤炭买卖合同的行为，且在珠海华润银行向其调查、核实的过程中，与广州大优公司共同实施欺诈行为，制造双方之间存在46115344.70元应收账款的假象，亦因此该9.5万吨合同系广州大优公司和江西燃料公司双方共同通谋实施的虚伪意思表示，依法应当认定为无效合同。

《中华人民共和国合同法》第八十二条规定："债务人接到债权转让通知后，债务人对让与人的抗辩，可以向受让人主张。"上述规定之规范意旨，系为保护债务人之利益不至因债权转让而受损害，就债务人能否以系争债权系通谋虚构为由向受让人抗辩这一问题，立法本身未设明文规定。被申请人江西燃料公司所提交的本院（2011）民提字第322号民事判决及（2016）最高法民申1519号民事裁定等先例裁判中，处理的法律问题均系在基础合同有效情况下的抗辩问题，与本案并不相同，故该等先例裁判形成的处理意见尚不能解决本案中的法律问题。根据民法基本原理，双方当事人通谋所为的虚伪意思表示，在当事人之间发生绝对无效的法律后果。但在虚伪表示的当事人与第三人之间，则应视该第三人是否知道或应当知道该虚伪意思表示而发生不同的法律后果：当第三人知道该当事人之间的虚伪意思表示时，虚伪表示的无效可以对抗该第三人；当第三人不知道当事人之间的虚伪意思表示时，该虚伪意思表示的无效不得对抗善意第三人。据此，江西燃料公司关于案涉应收账款虚假的诉讼理由能否对抗珠海华润银行，取决于珠海华润银行在受让债权时是否善意。本案中，珠海华润银行在签订案涉《国内保理业务合同》之前，不仅审核了广州大优公司提交的《煤炭买卖合同》和增值税发票的原件，还指派工作人员王永某到江西燃料公司调查贸易背景的真实性，并对江西燃料公司签署《应收账款转让确认书》《应收账款转让通知确认书》等行为进行面签见证，向江西燃料公司送达了《应收账款转让通知书》，应当认定在案涉保理合同签订之前，珠海华润银行已经就基础债权的真实性问题进行了必要的调查和核实，广州大优公司和江西燃料公司共同向珠海华润银行确认了基础债权真实、合法、有效，珠海华润银行已经尽到了审慎的注意义务，其有理由相信广州大优公司对江西燃料公司享有46115344.70元债权。虽然珠海华润银行在开展贸易背景调查的过程中，存在《应收账款转让通知确认书》的落款时间为2013年10月24日、《应收账款转让通知书》的落款时间为2013年10月25日，以及实际开展面签见证的工作人员仅为1人的工作疏忽，但因江西燃料公司并不否认《应收账款转让确认书》和《应收账款转让通知确认书》上曾晓某签名和江西燃料公司印章的真实性，故该等工作瑕疵的存在，并不影响本案的事实认定。对江西燃料公司关于广州大优公司开具的N0：167××56、167××57两张增值税发票未在金税工程增值税防伪税控系统认证、抵扣，以及9.5万吨《煤炭买卖合同》中江西燃料公司合同专用章编码不一致，珠海华润银行存在重大过失等抗辩理由，本院认为，在江西燃料公司以《应收账款转让确认书》这一书面形式明确其与广州大优公司之间的应付账款金额为46115344.70元、到期日为2014年3月22日，应付账款的贸易背景真实、合法和有效的情况下，前述增值税发票是否认证、抵扣、印章编码与备案印章是否一致等事由，原则上不应纳入珠海华润银行的调查、核实范围，即便珠海华润银行对上述事项已经有所认识，亦并不足以引起珠海华润银行的合理怀疑，故对江西燃料公司的此点抗辩理由，本院不予支持。综上，申请人珠海华润银行关于江西燃料公司应当以其承诺行为向珠海华润银行承担清偿责任的申请理由成立，本院予以支持。江西燃料公司关于珠海华润银行作为债权受让人的权利不能超越原权利的范围，其有权以基础债权已经不存在的事由对抗珠海华润银行的诉讼理由不能成立，本院不予支持。一审判决关于珠海华润银行受让的应收账款债权并非真实合法有效的债权，江西燃料公司有权以应收账款债权系虚假债权为由拒绝向珠海华润银行履行清偿义务的认定，未能准确区分虚伪意思表示在当事人之间的效力和对第三人的效力，本院予以纠正。

二、关于珠海华润银行在已经通过另案诉讼向广州大优公司主张权利的情况下，能否继续要求江西燃料公司清偿债务的问题。

本案中，在珠海华润银行就案涉保理融资款项已经通过另案向广州大优公司主张权利的情况下，其能否就案涉保理融资债权继续向江西燃料公司主张权利，各方当事人存在争议。珠海华润银行主张，其既可以向广州大优公司追索，也可以向次债务人江西燃料公司求偿，对一方当事人的权利追索，并不影响对另方当事人的权利主张。江西燃料公司和广州大优公司认为，珠海华润银行在另案中主张权利的行为，已经将案涉应收账款反转让至广州大优公司，其无权再行向江西燃料公司主张权利。本院认为，根据《国内保理业务合同》的约定，本案保理业务属于珠海华润银行不承担买方信用风险担保的有追索权的明保理，在珠海华润银行的债权不能获得清偿时，珠海华润银行除有权以债权受让人身份要求应收账款债务人江西燃料公司清偿债务外，还有权向广州大优公司行使追索权和反转让应收账款的权利。具言之，珠海华润银行对江西燃料公司享有求偿权的基础是基于债权转让合同的约定，其因受让债权而取代广州大优公司成为江西燃料公司的债权人；对广州大优公司享有反转让和追索权的基础是基于其和广州大优公司之间的借款合同法律关系。由于保理业务是从境外引进的业务类型，在国内开展的时间还不长，学说和实务层面对该项业务中所使用的源自英美法背景的相关术语、惯例，如何纳入我国固有法律体系中相应的概念、范畴还没有开展充分的讨论。对这一问题的评判，关键在于厘清珠海华润银行对江西燃料公司的求偿权和对广州大优公司所享有的债权反转让和追索权等合同权利的法律性质，以及前述权利依其法律性质能否同时并存。

关于珠海华润银行对广州大优公司的反转让应收账款的权利与对江西燃料公司的求偿权能否并存的问题。关于应收账款的反转让，案涉《国内保理业务合同》第二条第十八项约定了两种类型：在合同所约定的特定情形下，珠海华润银行向广州大优公司转回已经受让的应收账款；如珠海华润银行提供保理融资的情况下，广州大优公司向其支付保理融资款及相关未结清费用后，与该应收账款有关的一切权利亦应同时转让回广州大优公司。关于特定情形下的反转让，该合同第三十八条和第三十九条约定：出现基础合同发生商业纠纷，但基础合同双方当事人未向珠海华润银行提交商业纠纷处理意见等情形的，珠海华润银行可以向广州大优公司发出《应收账款反转让通知书》，同时要求广州大优公司向珠海华润银行支付保理融资款及相关未结清费用；在珠海华润银行要求反转让的情况下，广州大优公司应按照《应收账款反转让通知书》的要求向珠海华润银行支付本息和费用，未及时足额支付的，珠海华润银行有权从广州大优公司账户中主动扣款或采用其他办法强行收回有关款项。根据上述约定，保理商向债权出让方反转让债权的法律效果依法应当认定为解除债权转让合同，将债权返还给出让人，故应收账款的反转让应受《中华人民共和国合同法》总则中关于合同解除的相关规定的调整。案涉《国内保理业务合同》中关于广州大优公司归还了保理融资款及相关未结清费用后，与该应收账款有关的一切权利亦应同时转回，以及发生江西燃料公司不履行偿还义务等情形珠海华润银行有权通知广州大优公司反转让债权的约定，应当解释为案涉债权转让合同的约定解除条件。因此，在合同约定的解除条件成就的情况下，如果珠海华润银行向广州大优公司反转让债权，因债权转让合同解除后其已不再具有江西燃料公司的债权人身份，其要求江西燃料公司清偿债务的权利基础已不存在，故该项权利与其对江西燃料公司的求偿权在法律性质上不能同时并存。据此，珠海华润银行在本案中要求江西燃料公司清偿债务的诉讼请求能否得到支持，取决于其另案提起的诉讼是否应当认定为已经行使了解除债权转让合同的权利，将债权返还给广州大优公司。

本案中，珠海华润银行在为广州大优公司申请开具的承兑汇票垫款后，于2014年4月25日、6月24日向江西燃料公司催收应收账款人民币46115344.70元及利息。后因江西燃料公司未向珠海华润银行清偿债务，珠海华润银行以广州大优公司、江西燃料公司、珠水能源集团有限公司、李某、李冰某为共同被告，向广东省珠海市香洲区人民法院提起诉讼，要求其偿还保理融资款人民币3680万元及其利息，后因江西燃料公司提出管辖权异议上诉，广东省珠海市中级人民法院以（2015）珠中法立民终字第62号民事裁定驳回珠海华润银行对江西燃料公司的起诉，由该院对珠海华润银行诉广州大优公司、珠水能源集团有限公司、李某、李冰某金融借款合同纠纷一案进行审理。在该案审理期间，珠海华润银行于2015年4月向一审法院提起本案诉讼。2015年11月20日，广东省珠海市中级人民法院作出（2015）珠中法民二初字第21号民事判决，判令广州大优公司向珠海华润银行偿还保理融资款本金人民币3680万元及利息，珠水能源集团有限公司、李某、李冰某对上述还款义务承担连带清偿责任。在珠海华润银行主张权利的过程中，并无书面文件证明其表达过向广州大优公司反转让债权的意思。而且，从珠海华润银行所实施的系列诉讼行为的实际情况来看，其真实意思是坚持要求江西燃料公司和广州大优公司同时承担债务，核心诉求是要求广州大优公司与江西燃料公司共同归还所欠借款，始终没有包含向广州大优公司归还债权的意思表示。故本院认定，珠海华润银行在另案诉讼中所主张的权利，在性质上属于要求广州大优公司归还借款的追索权，并非债权的反转让。江西燃料公司关于珠海华润银行已经将案涉应收账款反转让给广州大优公司的诉讼理由，并无相应的事实依据，本院不予采信。原审判决关于珠海华润银行对该笔债权实际已经通过向广州大优公司行使诉权、其已经不再享有对江西燃料公司的应收账款债权的认定，并不符合本案的实际情况，设若珠海华润银行的真实意思是解除债权转让合同，其不会再坚持提起本案诉讼主张其已经不再拥有的权利，本院对该认定予以纠正。

关于珠海华润银行向江西燃料公司的求偿权和向广州大优公司追索权能否同时并存的问题。大陆法系的通说认为，有追索权的保理业务所包含的债权转让合同的法律性质并非纯正的债权让与，而应认定为是具有担保债务履行功能的间接给付契约。间接给付，学说上又称为新债清偿、新债抵旧，或为清偿之给付。根据民法基本原理，间接给付作为债务清偿的方法之一，是指为清偿债务而以他种给付代替原定给付的清偿，并不具有消灭原有债务的效力，在新债务履行前，原债务并不消灭，只有当新债务履行且债权人的原债权因此得以实现后，原债务才同时消灭。从司法实践中的情况来看，对保理商有追索权的保理业务中，在债权未获清偿的情况下，保理商不仅有权请求基础合同的债务人向其清偿债务，同时有权向基础合同债权的让与人追索，这一问题并无分歧认识，但在原有债务和受让债权的数额不一致的情况下应当如何确定清偿义务范围和顺序，还没有先例判决可以遵循。案涉《国内保理业务合同》第四十条约定：如发生买方/债务人明确表示或以自己行为表明将拒绝支付全部或部分的应收账款等情形的，珠海华润银行有权立即向广州大优公司追索尚未收回的应收账款，有权从广州大优公司在珠海华润银行开立的账户上扣收其应付给其银行的款项。根据双方在《国内保理业务合同》中的约定和间接给付的法理，珠海华润银行本应先向江西燃料公司求偿，在未获清偿时，才能够向广州大优公司主张权利，追索权的功能相当于广州大优公司为江西燃料公司的债务清偿能力提供了担保，这一担保的功能与放弃先诉抗辩权的一般保证相当。参照《中华人民共和国担保法》关于一般保证的法律规定，江西燃料公司应当就其所负债务承担第一顺位的清偿责任，对其不能清偿的部分，由广州大优公司承担补充赔偿责任。就这一法律问题，广东省珠海市中级人民法院另案中作出的（2015）珠中法立民终字第62号民事裁定书的认定并不正确，导致当事人因同一事件所引发的纠纷不能通过一个诉讼程序加以解决，本应予以纠正，但考虑到珠海华润银行的实体权利能够在本案中得到救济，本院不再通过审判监督程序对该院的相关裁判予以纠正。因珠海华润银行对广州大优公司债权并未得到实际清偿，故其虽然通过另案向广州大优公司行使了追索权，但仍然有权就未获清偿的部分向江西燃料公司主张，故本院对珠海华润银行在本案中的诉讼主张，予以支持。但在江西燃料公司应当承担的清偿义务范围方面，揆诸间接给付的基本法理，因珠海华润银行并不承担该应收账款不能收回的商业风险，其受让广州大优公司对江西燃料公司所享有的债权，目的是清偿广州大优公司对其所欠的债务，珠海华润银行实际向广州大优公司发放的借款本金为3680万元，故珠海华润银行在本案中对江西燃料公司所能主张的权利范围，依法应当限缩至3680万元借款本金及其利息的范围之内。同时，珠海华润银行基于该笔贷款受让了对江西燃料公司的4611万余元的应收账款，其对江西燃料公司清偿债务的信赖利益仅为应收账款本金46115344.70元及其利息，这一信赖利益范围也应当成为江西燃料公司对其承担责任的最高上限，故江西燃料公司向珠海华润银行清偿该3680万元本金的利息的实际数额，不能超过该46115344.70元本金及相应利息。江西燃料公司关于广州大优公司让与的债权虚假、真实债权已经清偿完毕的诉讼理由，不影响其在本案中的责任承担，江西燃料公司在承担责任后，可以根据其实际履行情况向广州大优公司另行主张。此外，因本案判决的执行涉及广东省珠海市中级人民法院就（2015）珠中法民二初字第21号判决的执行，以及广东省广州市中级人民法院受理的广州大优公司的破产清算程序，在执行本案判决的时候应当注意，广州大优公司、珠水能源集团有限公司、李某、李冰某等保证人或江西燃料公司任何一方对债务的清偿或部分清偿，都应相应免除另一方的清偿义务，以避免珠海华润银行就同一债权双重受偿。二审判决关于在有追索权保理业务中，保理银行对应收账款转让方享有追索权，其有权依据保理合同约定选择向应收账款债权人或债务人主张权利，应收账款债权人或债务人一方对保理银行履行义务，则另一方免除相应的清偿责任的认定正确，本院予以确认。

综上所述，本院认为，申请人珠海华润银行的申请理由及诉讼请求成立，本院部分予以支持。原审判决认定事实和适用法律均有不当之处，本院予以纠正。本院依照《中华人民共和国合同法》第一百二十四条、第六十条、第七十九条、第八十条、第八十二条、第一百零七条，《中华人民共和国民事诉讼法》第二百零七条第一款、第一百七十条第一款第二项之规定，判决如下：

一、撤销江西省高级人民法院（2016）赣民终325号民事判决；

二、撤销江西省南昌市中级人民法院（2015）洪民二初字第435号民事判决；

三、江西燃料公司于本判决生效之日起十日内向珠海华润银行支付36800000元及相应利息［按利率每日万分之五的计息标准，从2014年4月8日计算至实际清偿之日止，但本息计算的结果，以不超过46115344.70元及该款自2014年3月22日起按照中国人民银行同期贷款利率计算的利息为限；广州大优公司、珠水能源集团有限公司、李某、李冰某对（2015）珠中法民二初字第21号判决项下债务的清偿行为，相应减少本判决项下江西燃料公司的清偿义务，反之亦然］；

四、驳回珠海华润银行的其他诉讼请求。

如果未按本判决指定的期限履行金钱给付义务，应当按照《中华人民共和国民事诉讼法》第二百五十三条之规定，加倍支付迟延履行期间的债务利息。

一审案件受理费287370元，财产保全费5000元，合计292370元，由江西燃料公司负担233896元，珠海华润银行负担58474元；二审案件受理费287370元，由江西燃料公司负担229896元，珠海华润银行负担57474元（应由江西燃料公司负担的诉讼费用已由珠海华润银行预交，该款由江西燃料公司在履行本判决项下义务时直接支付）。

本判决为终审判决。

审判长：周伦军；审判员：马东旭、汪军；法官助理：李洁；书记员：钱莹

二〇一七年六月二十八日

（七）租赁合同

合同解除后补偿款的支付应属双方解除合同后需实际履行各自义务的后续事项，不影响双方已达成解除合同的事实成立

——中恒信公司与金朝阳公司房屋租赁合同纠纷

【裁判观点】

合同解除后补偿款的支付应属双方解除合同后需实际履行各自义务的后续事项，未按时支付补偿款属违约范围，但不影响双方已达成解除合同的事实成立，补偿款的支付应认定为清盘事项。

中华人民共和国最高人民法院

民事裁定书

案号　（2014）民申字第157号

再审申请人（一审被告、反诉原告，二审上诉人）：中恒信公司。

法定代表人：任大某，该公司总经理。

委托代理人：孙雪，该公司董事长。

委托代理人：吴军，北京市滕之信律师事务所律师。

被申请人（一审原告、反诉被告，二审被上诉人）：金朝阳公司。

法定代表人：李某，该公司总经理。

委托代理人：金平，北京大成律师事务所律师。

委托代理人：王卫，北京大成律师事务所律师。

再审申请人中恒信公司因与被申请人金朝阳公司房屋租赁合同纠纷一案，不服北京市高级人民法院（2013）高民终字第3526号民事判决，向本院申请再审。本院依法组成合议庭对本案进行了审查，现已审查终结。

中恒信公司申请再审称：（一）二审判决认定事实不清，适用法律错误。1. 二审判决认定中恒信公司与金朝阳公司之间的房屋租赁合同已解除错误。中恒信

公司虽然于2007年11月12日向金朝阳公司递交《报告》要求提前解除双方签订的全部合同，金朝阳公司于2008年1月致函同意解除合同，并表示补偿中恒信公司3200万元，以及接管中恒信公司10310981.85元的工程款债务，中恒信公司在2008年3月3日的回函中亦同意金朝阳公司补偿3200万元，以及接管10310981.85元的工程款债务，但中恒信公司要求10日内支付补偿款，否则，一切后果由金朝阳公司承担。由于金朝阳公司于2008年3月7日的《回函》中增加了移交合同、图纸、确认基本建设投资和经营性投资等五项附加条件，且未满足先行支付中恒信公司补偿款的要求，所以中恒信公司于2008年4月10日撤销了其递交的要求解除合同的《报告》。由于双方对补偿款并未协商一致，解除合同的附加条件均未成就，并未产生解除合同的法律后果，合同应继续履行。2. 二审判决对中恒信公司为签订《五路居商业中心房屋租赁合同》（以下简称《中恒信租赁合同》）而按照金朝阳公司的要求预付的200万元租金未予认定是错误的。中恒信公司于2004年10月8日、9日共向五路居商业中心筹建处汇入200万元预付租金。嗣后，金朝阳公司与中恒信公司签订《中恒信租赁合同》。从上述事实看，要求中恒信公司预付租金是金朝阳公司与中恒信公司签订《中恒信租赁合同》的前提条件，而预付租金的账号是金朝阳公司指定的，虽然京顺公司使用该账户，但金朝阳公司作为账户的所有人和监督管理人完全有能力取得该预付租金，中恒信公司向金朝阳公司指定的账号汇款即完成交付预付租金的义务；至于金朝阳公司在账户中预留任大某的名称，其到底代表金朝阳公司还是京顺公司，中恒信公司并不清楚。故不能以任大某后来成为中恒信公司的法定代表人而否定中恒信公司预付租金的事实。3. 本案中，中恒信公司已预付200万元租金，且已预付5000万元租金用于房屋建设并约定在履行租赁合同中用于抵扣租金，至金朝阳公司起诉时，可抵扣租金尚不足百万元，因此，中恒信公司并没有表示不履行合同义务，金朝阳公司未受到任何损害。二审法院根据《中华人民共和国合同法》第九十四条第二款的规定，判决解除中恒信公司与金朝阳公司签订的《房屋租赁合同》，系适用法律错误。（二）一、二审法院审判程序违法。1. 根据法律规定，未经当庭出示及质证的证据，不得作为定案依据。一审判决所列在案证据中“金朝阳公司向商户发出的通知、2008年4月18日及4月25日中恒信公司向金朝阳公司发出的函件”等，中恒信公司与金朝阳公司均未作为证据向法院出示，未进行举证、质证，不能作为定案依据。2. 一审判决第三项租金返还、第四项保证金的返还，超越当事人的诉讼请求，二审判决对此未予纠正，程序违法。中恒信公司依据《中华人民共和国民事诉讼法》第二百条第二项、第四项、第五项、第六项、第十一项的规定，申请再审。

本院认为：一、关于双方之间的租赁合同是否解除的问题。中恒信公司于2007年11月12日首先递交《报告》给金朝阳公司，以“经营不善、短期内资金无法收回”为由，要求解除双方签订的全部合同。金朝阳公司与中恒信公司于2007年11月27日就解除双方签订的全部合同形成《会议纪要》。金朝阳公司于2008年1月委托北京市风清律师事务所致函中恒信公司，同意解除双方签订的全部合同。依据《中华人民共和国合同法》第九十六条的规定，本应认定双方之间的《中恒信租赁合同》已于2008年1月15日解除。但由于中恒信公司在2008年3月3日才回复金朝阳公司同意补偿款事宜。金朝阳公司依据中恒信公司提出的解除合同《报告》及《会议纪要》相关内容，为履行双方已达成解除合同的合意事项，尽快接管商厦经营权，在2008年3月7日《回函》中恒信公司要求在八日内提供交接所需的资料等五项事宜，并表示在完成上述事项后5日内签署解除协议，并支付补偿款。该《回函》内容符合中恒信公司曾递交的解除合同《报告》中所表示的“如金朝阳公司同意解除原合同并收回经营权，可立即接管阳光乐佰商厦，进行交接及善后处理工作，相关费用待审计报告作出后经双方协商确认”的承诺。同时亦符合经双方协商形成的《会议纪要》的相关内容，并非为增加五项附加条件。中恒信公司针对该《回函》中的五项接管事宜，并未提出异议，表明其认可。但中恒信公司并未在限定的期限内提供或办理上述接管手续资料，却在一个月之后，于2008年4月10日单方向金朝阳公司致函，撤销其曾递交的要求解除合同的《报告》，明显违背诚实信用原则。

根据上述事实，双方就解除合同和补偿款数额已达成了合意，双方对此并不否认。中恒信公司现提出由于对支付补偿款时间附有条件，双方对此未达成一致意见，且未签订解除合同的协议，因而双方解除合同的条件未成就，不产生解除合同的结果。本院认为，该付款时间应属双方解除合同后，需实际履行各自义务的后续事项，即便金朝阳公司未按时付款也属违约范围，而不影响双方已达成解除合同的事实成立。故二审法院对上述事实部分认定为清盘事项无误。且双方在履行清盘事项中，中恒信公司对金朝阳公司前述五项接管事宜及金朝阳公司付款时间，在未表示有异议的情况下，又单方解约的事实表明，双方未能签署解除协议的原因是由于中恒信公司反悔而造成。在此情况下不能将签署解除协议视为解除合同的最终附加条件。现金朝阳公司与中恒信公司完全丧失继续合作的基础，一、二审法院依据上述事实，考虑到双方租赁关系履行的实际状况，认为双方当事人的合作关系已经恶化，客观上租赁合同也不具备继续履行的条件，判决不予支持中恒信公司提出的继续履行租赁合同的请求，并无不当。

关于合同解除的时间问题。由于中恒信公司的反悔，致使金朝阳公司接管工作不能顺利进行。金朝阳公司多次交涉未果，诉至法院。一审期间，金朝阳公司于2009年5月20日强行接管阳光乐佰商厦的管理控制权，导致双方之间的矛盾激化。经公安部门协调双方退出租赁场地。二审法院认为，双方在清盘、腾退过程中的强行腾退、强行返回行为，致使双方之间的合作关系进一步恶化，对此双方均有过错，但不影响合同解除的事实。一、二审法院考虑到金朝阳公司实际接管时对中恒信公司租赁市场经营的利益损失并无不利，且实际减少其损失，认定双方的租赁合同于2009年5月20日解除，并无不当。

二、关于金朝阳公司是否应归还中恒信公司200万元预付款问题。中恒信公司主张，该公司于2004年10月8日、9日向北京市朝阳五路居商业中心筹建处在中国建设银行朝阳支行的26101××××0账号分别汇入150万元、50万元，共计200万元，且该笔款不包含在5000万元续建工程款内，应单独计算。经一审法院向中国建设银行朝阳支行查询，中恒信公司向北京市朝阳五路居商业中心筹建处账户汇入200万元后，该账户支出票据的签章人均为中恒信公司的法定代表人任大某。考虑到《续建合作合同》约定该银行账户由京顺公司使用，管理处进行监督，一审法院认为，不能认定上述200万元由金朝阳公司使用。中恒信公司亦不能提供充分的证据证明，该银行账户的200万元由金朝阳公司支取并使用。故中恒信公司主张此200万元应认定为金朝阳公司收取，缺乏证据证明，本院不予支持。

三、关于本案是否存在审判程序违法的问题。

1. 关于本案是否存在作为定案依据的证据未经质证的问题。经审查，中恒信公司针对金朝阳公司向商户发出的通知，当时并未提出异议，表明其认可该通知内容。另，对于2008年4月18日及4月25日中恒信公司向金朝阳公司发出的函件，双方均认可客观存在，表明双方对该通知和函件的真实性无异议。故本案不存在证据未经质证的问题。

2. 关于二审判决是否存在超越当事人诉讼请求的问题。中恒信公司提出，一审判决关于租金的返还、保证金的返还，超越当事人的诉讼请求，二审判决对此并未予以纠正，存在程序违法的问题。

（1）关于租金返还问题。二审法院依据本案事实，确认双方之间的合同已解除，而本案双方之间是“以建代租”方式的租赁合同关系，即续建工程价款5000万元系预付的房屋租金，应抵扣房屋租金。双方租赁合同解除后，预付租金应进行处理。中恒信公司已投入的5000万元工程款，转化并抵扣其应支付的房屋租金1888888元后的剩余部分，金朝阳公司应返还给中恒信公司。一、二审法院判令中恒信公司从5000万元的预付租金中向金朝阳公司支付房屋租金1888888元，剩余48111112元返还中恒信公司，并无不当，不存在超出当事人诉讼请求的问题。

（2）关于保证金的返还问题。原京顺公司依据《北京安贞数码广场项目合作意向协议书》支付给金朝阳公司的50万元，系项目合作保证金，应不包含在《续建合作合同》中5000万元的预付租金中。该50万元项目合作保证金依据《续建合同变更协议》的约定，由中恒信公司承继并享有追索的权利，京顺公司已向法院出具证明对此事实予以认可。《中恒信租赁合同》解除后，金朝阳公司与中恒信公司的整体合作关系也面临解除，在此情况下项目合作保证金50万元返还中恒信公司问题，属于《中恒信租赁合同》解除后应处理事项。金朝阳公司应将该项目合作保证金50万元返还给中恒信公司，金朝阳公司亦同意在本案中解决此保证金问题。故一、二审法院判决金朝阳公司返还该保证金50万元给中恒信公司，并无不当。

四、关于赔偿损失的问题。

中恒信公司在本院再审审查期间的询问中提出，其“经营不善”是因金朝阳公司过错造成，原因有两个：一是商厦无房屋所有权证及土地使用权证，导致无法给次承租人办理营业执照。二是建设施工中存在手续方面问题，工程无法验收备案，施工方未及时撤场影响经营造成损失。金朝阳公司提供证据证明，中恒信公司、阳×公司及大厦其他商户以涉案大厦为住所而领取营业执照，故不存在无法给次承租人办理营业执照情况。依据“以建代租”的合作模式，因施工产生的纠纷应由中恒信公司负责，而且涉案大厦开始营业后，不存在施工方未及时撤场影响经营的情况。现有证据不能证明，中恒信公司所述“经营不善”系金朝阳公司过错造成。

中恒信公司在此期间又提出，由于金朝阳公司不能提供房屋产权证等手续，在租赁期间商户们不能办理营业执照，被行政部门处罚而造成损失应予赔付。根据一、二审法院查明的事实，中恒信公司不存在因案涉阳光乐佰商厦无房屋产权证等手续而无法办理营业执照的情况。中恒信公司、阳×公司在2006年5月18日已注册，当时正在经营的多家商户的注册地址也均为北京市朝阳区安贞西里五区一号，该地址为五路居商业中心所在地，因此不存在因金朝阳公司不提供房产证明，不能办理营业执照的问题。虽然阳×公司以及诗×公司分别在2006年11月30日、2006年10月23日被北京市工商行政管理局朝阳分局行政处罚，处以罚款，但并没有证据显示是金朝阳公司的原因使其受到处罚。据此，一、二审法院认为，中恒信公司提交的证据不能证明无照经营被行政处罚系由金朝阳公司的原因所致。

上述事实表明，中恒信公司提出的在租赁期间，由于金朝阳公司不能提供房屋产权证等手续，商户们不能办理营业执照，已影响其经营，从而造成经营不善，并给中恒信公司造成了损失的理由不能成立。故中恒信公司在再审申请中提出请求，要求金朝阳公司赔偿其20年租赁期所能取得的利益损失，于法无据，本院不予支持。

另，经二审法院向中恒信公司释明，如法院判决确认解除双方租赁关系，中恒信公司是否要求在本案中处理《续建合作合同》中5000万元风险范围之外的装修问题，中恒信公司明确表示不同意解除租赁合同，因此对5000万元风险范围之外的租赁房屋装修问题双方可另行解决。

关于加层房屋的工程款及房屋使用费的结算等问题，双方亦可另行解决。

综上，中恒信公司的再审申请不符合《中华人民共和国民事诉讼法》第二百条第二项、第四项、第五项、第六项、第十一项规定的情形。依照《中华人民共和国民事诉讼法》第二百零四条第一款之规定，裁定如下：

驳回中恒信公司的再审申请。

审判长：汪国献；审判员：阿依古丽、黄年；书记员：张茜娟

二〇一四年八月二十六日

（八）复合型合同

因信托财产发生变动而形成之新的形态的财产仍归属于信托财产，但不能由此将所有涉及信托财产的合同一概认定为信托合同

——江苏信托公司与农行昆明分行合同纠纷

【裁判观点】

无论受托人如何管理运用或处分信托财产，因信托财产发生变动而形成新的形态的财产仍归属于信托财产，此乃信托法为保护委托人利益而设立的特殊规则。而前述规则仅能被适用于界定信托财产构成范围的场合，而不能作为界定以信托财产为标的之合同性质的依据更不能由此将所有涉及信托财产的合同一概认定为信托合同。

中华人民共和国最高人民法院

民事判决书

案号　（2017）最高法民终478号

上诉人（一审原告）：江苏信托公司。

法定代表人：胡某，该公司董事长。

委托诉讼代理人：张之珂，北京大成（广州）律师事务所律师。

委托诉讼代理人：凌永琴，北京大成（广州）律师事务所律师。

上诉人（一审被告）：农行昆明分行。

负责人：高某，该分行行长。

委托诉讼代理人：彭卿，北京天同（天津）律师事务所律师。

委托诉讼代理人：王晓雨，北京市天同律师事务所律师。

上诉人江苏信托公司与上诉人农行昆明分行因合同纠纷一案，不服江苏省高级人民法院（2015）苏商初字第00029号民事判决，向本院提起上诉。本院依法组成合议庭，公开开庭进行了审理。上诉人江苏信托公司的委托诉讼代理人张之

珂、凌永琴，上诉人农行昆明分行的委托诉讼代理人彭卿、王晓雨到庭参加诉讼。本案现已审理终结。

江苏信托公司上诉请求：1. 撤销江苏省高级人民法院（2015）苏商初字第00029号民事判决第二项，改判农行昆明分行向江苏信托公司支付自2014年12月11日起至实际付款日止的逾期违约金（以一审判决第一项确定的农行昆明分行应付的特定资产收益权转让价款本金、溢价款、逾期溢价款及违约金的总额为基数，按照每日万分之三的标准计算）；2. 判令本案一、二审诉讼费用由农行昆明分行承担。事实和理由：一审判决认定江苏信托公司向农行昆明分行主张的逾期违约金存在重复计算且明显过高的情形，没有事实和法律依据，适用法律错误。（一）江苏信托公司和案外人绿园置业公司之间约定的溢价款、违约金，与江苏信托公司和农行昆明分行之间约定的逾期违约金，系两个不同的主体分别基于两个不同的法律关系各自对江苏信托公司发生违约行为而产生，两者的法律性质、所基于的法律关系、所涉及的法律主体均不同，不存在重复计算的问题。案涉《转让协议》是双方当事人的真实意思表示，没有违反法律、行政法规的强制性规定，双方均应严格遵守，人民法院亦应充分尊重商事主体之间的意思自治。（二）江苏信托公司与农行昆明分行通过《转让协议》约定的逾期违约金，按照农行昆明分行应付的特定资产收益权转让价款总金额每日万分之三的标准计算，年化后仅约10.95%，合法、合理，不存在明显过高的问题。一审法院依据《中华人民共和国合同法》（以下简称合同法）第一百一十四条的规定对该逾期违约金不予支持，适用法律错误，并将导致农行昆明分行无须就其拒绝或迟延支付转让价款的违约行为承担任何违约后果，不符合权利义务相对应原则，违背当事人合同本意。

农行昆明分行辩称，（一）江苏信托公司主张的违约金存在重复计算，不应予以支持。江苏信托公司不能同时主张《特定资产收益权回购合同》（以下简称《回购合同》）和《转让协议》项下的违约金，因为其在两个合同项下的义务均为转让案涉特定资产收益权，不可能同时向两个不同主体履行同一标的转让义务。在江苏信托公司已选择向农行昆明分行行权的情况下，不能再主张《回购合同》项下的违约金。即使江苏信托公司主张的违约金系基于不同合同约定而产生，但两项违约金的计算天数和计算本金存在重复，且最终均由农行昆明分行承担。（二）江苏信托公司主张的违约金明显过高，应予调整。《回购合同》项下约定的违约金为0.5%/日，即年利率180%；《转让协议》项下的违约金为0.03%/日，即年利率10.8%。因本案存在重复计算，农行昆明分行最终承担的违约金利率为190.8%，显属约定过高。同时，本案名为转让实为借贷，江苏信托公司的损失仅限于资金逾期支付所带来的利息损失，而并无其他损失。根据合同法第一百一十四条的规定，本案违约金应当根据当事人的请求予以调整。江苏信托公司的上诉请求及理由缺乏事实和法律依据，应予驳回。

农行昆明分行上诉请求：1. 撤销江苏省高级人民法院（2015）苏商初字第00029号民事判决第一项，改判驳回江苏信托公司的诉讼请求；2. 判令本案诉讼费用由江苏信托公司承担。事实和理由：（一）一审判决认定《转让协议》属于债权转让合同，内容不违反法律、行政法规的强制性规定，与事实不符，适用法律不当。1.《转让协议》系案涉信托交易框架的组成部分，为《张家港东方新天地特定资产收益权项目单一资金信托合同》（以下简称《单一资金信托合同》）的附件，并非债权转让合同，本案纠纷应为营业信托纠纷，应适用《中华人民共和国民法通则》、合同法、《中华人民共和国信托法》（以下简称信托法）以及相关金融政策法规。《转让协议》与《回购合同》《房地产抵押合同》《保证合同》构成整个信托交易框架下的一部分，转让的特定资产收益权系信托财产，受信托法调整；收益权信托财产的设定基于其系与所有权相关的财产权利，江苏信托公司未向农行昆明分行转让任何债权，没有对应的债务人及债权数量、金额，一审判决认定案涉特定资产收益权属于合同债权无事实和法律依据；案涉“债权转让”的本质是收购不良资产，未经监管部门批准；绿园置业公司与江苏信托公司之间并无转让及回购特定资产收益权的真实意思，农行昆明分行与江苏信托公司之间也无转让特定资产收益权的合意，应认定本案构成借贷及担保法律关系。2. 案涉信托模式因信托目的、信托行为违法而无效，导致《转让协议》无效，《转让协议》本身亦无效。绿园置业公司与江苏信托公司间转让、回购特定资产收益权的行为，违反国家金融政策，且该信托“名为买卖、实为借贷”，信托目的违反法律和国家政策，本案信托无效并导致《转让协议》无效；案涉《转让协议》系“名为转让，实为担保”，农行昆明分行作为商业银行分支机构未取得总行授权，违反《中华人民共和国担保法》（以下简称担保法）第十条、第二十九条的强制性规定，其提供的担保系“隐性担保”，违反国家金融政策。一审判决仅适用合同法认定《转让协议》合法有效，适用法律错误。（二）即使《转让协议》有效，农行昆明分行也有权拒绝支付价款。1. 案涉抵押权对应的主债权是特定资产收益权回购请求权，而江苏信托公司并未将该回购请求权转让给农行昆明分行，农行昆明分行不能根据《转让协议》的约定取得案涉特定资产的抵押权。在价款支付后抵押权随回购义务一并消灭，农行昆明分行合同目的无法实现。2. 案涉特定资产收益权在转让时并不存在，无法向农行昆明分行转让。江苏信托公司转让特定资产收益权时已过信托有效期，东方新天地的销售、租金等收入已不存在；案涉特定资产收益权不确定，不符合信托法意义上的独立性特性，不能作为转让标的。3. 一审判决认定《转让协议》已对双方履行合同义务的顺序作出明确安排与约定不符。《转让协议》并未约定履行顺序，在江苏信托公司无法按约转让抵押权的情况下，农行昆明分行有权行使同时履行抗辩权拒绝对方的履约请求；因江苏信托公司未先行向抵押人提起诉讼或将抵押权随主债权一并转让，农行昆明分行拒绝支付价款并不违背《转让协议》约定。4. 本案交易违反金融监管政策存在严重瑕疵，应根据交易各方的过错确定交易失败后的风险负担，一审判决将全部风险及责任归于农行昆明分行，显失公平。（三）即使农行昆明分行应向江苏信托公司支付特定资产收益权转让价款，一审判决对于价款的认定也于法无据，与事实不符。1. 江苏信托公司主张的转让价款不确定，应按照合同有关条款或交易习惯确定，对同一特定资产收益权的转让不应高于《回购合同》约定的价款，转让价款应为本金加溢价款部分，不应包含违约金。2. 应付未付溢价款应扣除其中所含的农行双龙支行1%/年的中介服务费用。3. 江苏信托公司诉求的违约金涉及两种不同法律关系及合同条款，其只能择一寻求救济，在江苏信托公司依据《转让协议》主张违约金后，《回购合同》项下的违约金条款不再适用；江苏信托公司未予转让《回购合同》项下的权利义务，《回购合同》不适用于农行昆明分行；在江苏信托公司依据《转让协议》提出主张前，对农行昆明分行不存在本金及溢价款"应付未付"的问题，且农行昆明分行无违约行为，不应承担违约责任；即使特定资产收益权转让价款中包括违约金，也应以农行昆明分行确认的本金、溢价款为基数，以中国人民银行同期贷款基准利率为标准计算，一审判决在计算溢价款的同时又按日千分之五计算远超法定最高24%年利率的违约金，并对农行双龙支行的中介服务费用计算违约金，不符合事实和法律规定，也显失公平。（四）一审判决驳回了江苏信托公司1亿余元的诉讼请求，却判由农行昆明分行承担全部案件受理费，于法无据。

江苏信托公司辩称，(一)《转让协议》是债权转让合同，本案是债权转让纠纷，并非信托纠纷。1.《转让协议》的转让标的特定资产收益权是一种合同请求权，其权利属性为债权。2. 本案是受托人江苏信托公司与信托以外的第三人农行昆明分行之间的转让合同关系，不符合信托法上信托关系的法律特征，不应与江苏信托公司和广州证券公司之间的信托关系混为一谈。3.《转让协议》不属于信托合同的任何构成要素，《单一资金信托合同》对案涉债权转让不产生任何影响，本案不受信托法调整。4.《转让协议》中并无农行昆明分行对江苏信托公司提供履约担保的内容，不符合担保法规定的担保人仅在债务人不履行到期债务的情况下才承担担保责任的特征，不构成法律意义上的担保。(二)《转让协议》是当事人真实意思表示，内容不违反法律、行政法规的强制性规定，合法有效。1. 特定资产收益权作为交易客体不存在法律障碍。特定资产收益权是对特定资产行使某项所有权权能产生的将来金钱债权，《特定资产收益权转让合同》(以下简称《转让合同》)明确约定了案涉特定资产收益权的行使期间、权利内容及边界，属于确定的财产权利，应得到司法保护；江苏信托公司依法取得并有权处分案涉特定资产收益权；《单一资金信托合同》仍在有效期内，基础资产的所有权人没有发生变更，资产收益权的权利内容仍客观存在，且绿园置业公司也未依约履行给付义务，故特定资产收益权仍处于有效存续状态，可供合法交易。2.《转让合同》《转让协议》不是借贷合同，不存在合同法规定的无效事由。《转让合同》《回购合同》《转让协议》均为交换特定资产收益权和货币的民事法律关系，绿园置业公司将特定资产收益权转让给江苏信托公司的目的虽然是融资，但合同目的不能等同于合同性质，上述合同的性质并非借贷合同；案涉特定资产收益权买入返售的交易模式符合《信托公司管理办法》第十九条等监管规定，并已经过监管部门的审查和认可，不属于变相发放信托贷款，相关合同均应有效；农行昆明分行受让案涉特定资产收益权并非为同业投资业务提供隐性担保，且金融监管规定未禁止金融机构之间以非标准化资产为标的进行转让，江苏信托公司与农行昆明分行之间就特定资产收益权为标的进行的债权转让业务，没有违反当时以及其后出台的金融监管政策；基于维护交易安全和金融秩序稳定的原则，应维护案涉交易模式和合同的法律效力。(三)《转让协议》明确约定了双方的履行顺序，农行昆明分行无权拒绝支付转让款。1.《转让协议》明确约定了农行昆明分行履行付款义务是抵押权转让的前提。2. 江苏信托公司代为行使抵押权并非农行昆明分行履行付款义务的条件。目前江苏信托公司对绿园置业公司的抵押权有效存续，在农行昆明分行付清转让款之后，江苏信托公司将《回购合同》项下债权及抵押权一并转让给农行昆明分行，其可以通过主张抵押权实现其受让的债权，若届时抵押权不能变更登记至其名下，或不能实现对抵押物的处置权，江苏信托公司将依约以自己的名义代其行使抵押权，但该义务不构成其拒绝支付转让价款的理由。(四)《转让协议》约定的转让价款是明确、具体的。1. 特定资产收益权转让价款本金、未付溢价款、未付溢价款违约金、逾期溢价款均可通过合同约定的计算方式确定。2. 农行昆明分行提出的转让价款不包括违约金、中介费、信托报酬，以及违约金过高等理由均不成立。《转让协议》明确约定应付未付溢价款的违约金计入特定资产收益权转让价款；农行昆明分行不是信托关系当事人，不享有信托合同当事人的各项抗辩权，其主张扣除中介费、信托报酬没有理据；未付溢价款的违约金计算标准合法合理，以转让款本金为基数计算，违约金仅占转让价款本金的8.41%，加上逾期溢价款的溢价率14.4%，也未超过转让款本金的24%，不存在过高的情形。(五)《转让协议》约定转让价款包括实现特定资产收益权的费用，其中即包括诉讼费，农行昆明分行构成根本违约，根据《诉讼费用交纳办法》第二十九条的规定，理应承担全部诉讼费用。一审法院判令其承担全部诉讼费用，符合双方合同约定，维护了守约方的合法权益，也是法院自由裁量权的正当体现。农行昆明分行的上诉没有事实和法律依据，应予驳回。

江苏信托公司向一审法院起诉请求：1. 农行昆明分行立即向江苏信托公司支付特定资产收益权转让价款总金额（暂计至2015年8月31日为人民币1333198533元，其中包括转让价款本金11亿元，溢价款50746666.67元，违约金182451866.7元）；2. 农行昆明分行按上述特定资产收益权转让价款总金额的0.03%/天向江苏信托公司支付逾期违约金至给付之日（自2014年12月11日起暂计至2015年8月31日为105189364.3元）；3. 农行昆明分行承担本案全部诉讼费用。

一审法院认定事实：(一) 2012年12月6日，江苏信托公司与绿园置业公司签订《转让合同》［编号为XY（2012－167）DFXTD］，内容为：1. 特定资产是指绿园置业公司持有的坐落于张家港市××××南的“东方新天地”中的面积为65690.91平方米的房产，土地证编号为［张国用（2012）字第×××××18号］［张国用（2012）字第×××××19号］［张国用（2012）字第×××××20号］，对应的房产编号为（张房权证杨字第×××××××520号）（张房权证杨字第×××××××519号）（张房权证杨字第×××××××518号）；特定资产收益是指《单一资金信托合同》有效期内，因开发建设、经营、管理、处分特定资产而产生的销售收入、租金收入等和因此等收入产生的其他任何现实收益；特定资产收益权是指获得特定资产收益的权利。2. 绿园置业公司同意按照本合同约定的条件向江苏信托公司转让特定资产收益权，转让价款为12亿元，自江苏信托公司支付转让价款之日起，特定资产收益权即归江苏信托公司所有。3. 绿园置业公司有义务根据本合同及《履约准备金账户管理协议》的约定，在转让特定资产收益权后保证特定资产收益权的所有收益划付至绿园置业公司在农行双龙支行开立的履约准备金账户。

（二）2012年12月6日，江苏信托公司与绿园置业公司签订《回购合同》［编号为XY（2012－168）DFXTD］，内容为：1. 本合同回购标的为依据《转让合同》江苏信托公司持有的特定资产收益权。2. 绿园置业公司回购特定资产收益权的期限为两年，自江苏信托公司依据《转让合同》向绿园置业公司支付特定资产转让价款之日（以下简称回购起始日）起计算，回购价款包括转让价款本金和溢价款两部分，其中转让价款本金为江苏信托公司按照《转让合同》向绿园置业公司支付的特定资产转让价款，溢价款为按照初始转让价款和9.6%/年的溢价率以及回购期限计算得出的款项。本合同所称转让价款本金余额＝江苏信托公司按照《转让合同》向绿园置业公司支付的特定资产转让价款金额－绿园置业公司已经向江苏信托公司支付的转让价款本金数额。3. 溢价款的计价方式：（1）溢价款支付日为每年的6月20日、12月20日及回购期限届满之日。溢价款支付日为法定节假日的，则顺延至下一个工作日。绿园置业公司应在该日或之前将已发生的溢价款支付给江苏信托公司。（2）溢价款根据转让价款本金余额进行分段计算。绿园置业公司应按照以下约定支付回购价款：①每年6月20日及12月20日应支付：转让价款本金余额×9.6%×自回购起始日（含）或上期支付溢价款之日（含）

至当期支付溢价款之日（不含）止实际存续天数/360；②回购期限届满之日应支付：转让价款本金余额+转让价款本金余额×9.6%×上期支付溢价款之日（含）至回购期限届满之日（不含）止实际存续天数/360。4. 本合同项下转让价款本金和溢价款的偿还，由绿园置业公司以《转让合同》项下特定资产提供抵押担保。5. 绿园置业公司未按本合同约定偿还回购价款，也未与江苏信托公司签订延期回购协议，或所延期限届满仍未偿还回购价款，江苏信托公司有权催收回购价款，并自逾期之日起溢价率在本合同约定的基础上加收50%。6. 若绿园置业公司未按时足额向江苏信托公司支付溢价款，则绿园置业公司应按照违约金额0.5%/日向江苏信托公司支付违约金，并赔偿江苏信托公司损失。

（三）2012年12月1日，农行昆明分行出具负责人授权委托书，内容为：兹委托苏丽某为代理人，办理下列事项：以农行昆明分行名义与江苏信托公司签订以下合同：1.《转让协议》[合同编号：XY（2012-166）YNZY]，2.《转让协议》[合同编号：XY（2012-171）DFXTD]。受托人办理上述事项在法律上所产生的权利、义务均由农行昆明分行享有和承担。委托期限：自2012年12月1日至2012年12月7日。该授权委托书上加盖农行昆明分行公章，并由负责人杨志刚签字。

（四）2012年12月6日，江苏信托公司与农行昆明分行签订《转让协议》[合同编号：XY（2012-171）DFXTD]，内容为：鉴于根据江苏信托公司与绿园置业公司签订《转让合同》的约定，江苏信托公司以人民币12亿元购买绿园置业公司持有的坐落于张家港市××××南的“东方新天地”中65690.91平方米的房产对应的收益权，并由绿园置业公司按照《回购合同》的约定进行回购。江苏信托公司依据《转让合同》向绿园置业公司支付特定资产收益权转让价款之日以下简称“回购起始日”。双方同意按照本协议的约定，将江苏信托公司拥有的《转让合同》项下的特定资产收益权转让给农行昆明分行。双方就特定资产收益权转让事宜达成约定如下：一、江苏信托公司同意按照本协议约定向农行昆明分行转让特定资产收益权，农行昆明分行同意按照本协议约定受让特定资产收益权。二、除不可抗力外，农行昆明分行应于《转让合同》及《回购合同》项下的特定资产收益权回购到期日（即回购起始日起满两年之日，如果回购提前到期，即为回购提前到期当日，以下简称回购到期日）前两日内（含回购到期日）受让江苏信托公司拥有的特定资产收益权，农行昆明分行应支付的特定资产收益权的转让价款为截至本条上述回购到期日绿园置业公司应付未付的转让价款本金以及截至农行昆明分行实际支付转让价款之日绿园置业公司应付未付的溢价款、违约金、江苏信托公司实现特定资产收益权的费用等。三、自农行昆明分行支付完毕上述转让价款之日起，江苏信托公司在《转让合同》项下相应的特定资产收益权及相应的抵押权自动全部转让给农行昆明分行，江苏信托公司应当配合农行昆明分行办理抵押权的变更登记。在本协议约定的回购日到期或提前到期前，如江苏信托公司持有的绿园置业公司提供的抵押物被司法机关查封、冻结、保全或采取其他司法强制措施的，致江苏信托公司应转让给农行昆明分行的抵押权不能办理抵押权变更登记手续至农行昆明分行名下或农行昆明分行不能实现对抵押物的处置权的，江苏信托公司应以自身名义代农行昆明分行主张、实现抵押权，并将取得的抵押物处置价款于取得日后三个工作日内无偿转让给农行昆明分行；如果江苏信托公司以自身名义提出的代农行昆明分行主张、实现抵押权的请求不被司法机关支持或认可，江苏信托公司无须承担任何责任。四、农行昆明分行承诺将本协议第二条约定的转让价款于回购到期日前两日内（含回购到期日）一次性划入江苏信托公司指定的银行账户：户名江苏省国际信托有限责任公司；开户银行中国农业银行股份有限公司昆明双龙支行；账号24×××37。……七、如江苏信托公司按照本协议约定受让特定资产收益权前，绿园置业公司已按照《转让合同》及《回购合同》的约定支付了全部转让价款本金、溢价款及其他应付款项，则江苏信托公司和农行昆明分行不再履行本协议项下的特定资产收益权转让权利义务。八、除不可抗力外，如农行昆明分行未按照本协议的约定向江苏信托公司按时支付特定资产收益权转让价款，即视为农行昆明分行违约，农行昆明分行应向江苏信托公司支付逾期违约金，违约金额＝农行昆明分行应付的特定资产收益权转让价款总金额×0.03%/天×逾期天数。十、江苏信托公司和农行昆明分行承诺并确认已获得签署本合同所必须的内部授权，不违反适用于江苏信托公司或农行昆明分行的法律、法规、政策和公司章程等规定。若一方违反内部章程和内部的其他规定而签署本合同，因此而产生的责任由该方承担，该方不得以此为由对抗本合同项下责任的承担和义务的履行。十二、双方之间关于本协议的一切争议，双方可协商解决；协商不成的，任何一方均应向本协议签订地的人民法院起诉。本协议签订地为江苏省南京市玄武区长江路××号。该协议上乙方落款栏内由农行昆明分行盖章并由其授权代表副总经理苏丽某签字。《转让合同》《回购合同》作为《转让协议》的附件。

（五）2012年12月11日，江苏信托公司向绿园置业公司支付12亿元。江苏信托公司分别于2012年12月12日、2013年6月8日、2013年12月8日、2014年10月13日向绿园置业公司出具利息通知单。绿园置业公司分别于2012年12月20日、2013年6月20日、2013年12月19日、2014年6月20日向江苏信托公司支付288万元、5824万元、5856万元、5824万元，合计17792万元。2014年10月13日、14日，绿园置业公司分别向江苏信托公司支付51533333.33元、51546666.67元。

（六）2014年10月17日，农行双龙支行向江苏信托公司发出《关于张家港绿园置业有限公司准备金账户的情况说明》，载明：2014年10月13日、14日绿园置业公司监管账户（账号24××78）分别转账51533333.33元、51546666.67元入信托扣收账户（江苏信托公司24××37），两笔资金在2014年10月16日均已按江苏信托公司电汇凭证转账。

（七）2014年10月21日，江苏信托公司向绿园置业公司发函称：绿园置业公司未在2014年10月13日前向履约准备金账户存入不少于人民币2亿元的回购价款本金及相应溢价款系违约行为，严重侵害了委托人的合法权益。

（八）2014年11月14日，农行双龙支行向江苏信托公司发出《关于张家港绿园置业有限公司准备金账户的情况说明》，载明：截至2014年11月5日绿园置业公司监管账户（账号24××78）账户余额71737.33元。

（九）2015年5月11日，江苏世纪同仁律师事务所接受江苏信托公司委托，向农行昆明分行邮寄《张家港东方新天地特定资产收益权项目律师函》和《云南志远大厦特定资产收益权项目律师函》，并申请江苏省南京市石城公证处出具（2015）宁石证经内字第3103号《公证书》对两份邮寄函件内容及邮寄单据进行保全公证。2015年5月25日，农行昆明分行向江苏世纪同仁律师事务所发出《复函》确认，农行昆明分行收悉江苏信托公司发来的律师函，但认为其与江苏信托公司已就云南志远、绿园置业信托项目的解决方案达成初步意向并进入实质性磋商、报批阶段，其中对绿园置业项目采取由江苏信托公司确认并转让债权的模式解决。

（十）2012年12月6日，江苏信托公司与广州证券公司签订《单一资金信托合同》，由广州证券公司向江苏信托公司交付信托资金12亿元，江苏信托公司将信托资金用于受让特定资产收益权，并通过收取回购价款等方式，为广州证券公司获取信托收益。该合同第一条明确以下主要内容：（五）项目公司，指绿园置业公司；（六）转让合同，指江苏信托公司受委托人指定与项目公司签署的编号为［XY（2012－167）DFXTD］的《转让合同》；（七）回购合同，指江苏信托公司受委托人指定与项目公司签署的编号为［XY（2012－168）DFXTD］的《回购合同》……（九）特定资产收益，是指“信托生效之日起至项目公司向受托人付清回购合同项下全部应付款项之日，开发建设、经营、管理、处分特定资产而产生的销售收入、租金收入等和因此等收入产生的其他任何现实收益。”（十）特定资产收益权，是指“受托人根据转让合同约定获得特定资产收益的权利”……第七条“信托期限”（一）约定，本合同项下的信托资金的信托期限为两年，自信托生效日起计算。本信托自委托人按照本合同约定交付信托资金之日起成立并生效。第二十二条约定，委托人已经确知并同意本合同附件的内容，并且同意受托人签署作为本合同附件的全部文件。

（十一）2012年12月6日，江苏信托公司与绿园置业公司签订编号为DYDB（2012－056）DFXTD的《房地产抵押合同》，就绿园置业公司以特定资产即位于江苏省张家港市××××路×号×幢101室、201室、301室共三层建筑物及其对应的国有土地使用权为其履行特定资产收益权回购义务向江苏信托公司提供抵押担保事宜达成一致协议。

（十二）2012年12月6日，江苏信托公司与螺狮湾公司、绿园置业公司签订编号为BZDB（2012－056）DFXTD的《保证合同》，就螺狮湾公司为绿园置业公司履行回购义务向江苏信托公司提供连带责任保证担保事宜达成一致协议。

（十三）2012年12月6日，江苏信托公司与农行双龙支行签订编号为XY（2012－184）DFXTD的《咨询服务顾问协议》，就农行双龙支行为江苏信托公司在“张家港东方新天地特定资产收益权项目单一资金信托”项下提供咨询服务之事宜达成协议，并约定由江苏信托公司向农行双龙支行支付咨询服务顾问费。2012年12月7日，绿园置业公司、江苏信托公司、螺狮湾公司、农行双龙支行签订编号为XY（2012－170）DFXTD的《履约准备金账户管理协议》，就履约准备金账户的开立、监管、划扣等事宜达成协议。后江苏信托公司向农行双龙支行支付了咨询服务顾问费1200万元。

一审法院开庭审理中，江苏信托公司和农行昆明分行一致确认，绿园置业公司以其名下特定资产为其履行回购义务向江苏信托公司提供的抵押物已经依法办理抵押登记手续，截至一审庭审之日不存在被司法查封之情形。

一审法院对双方有争议的证据和事实，认定如下：

（一）江苏信托公司向一审法院提交农行云南分行于2012年11月26日向农行昆明分行出具的编号为农银云字［2012］157号的《授权书》，内容为，省分行营业部：兹授权你部代表我行与江苏信托公司签署编号为“XY（2012－166）YNZY”“XY（2012－171）DFXTD”的转让协议。农行昆明分行认为该授权书上农行云南分行的印章系伪造，农行昆明分行为此提交农行云南分行委托昆明锦康司法鉴定中心于2014年12月1日出具的昆锦司［2014］文鉴字第45号《印章印文鉴定意见书》，鉴定意见为：检材即编号为农银云字［2012］157号的《授权书》复印件上的农行云南分行公章与农行云南分行提交的样本印章文本不一。但因农行昆明分行系依法领取金融经营许可证的银行分支机构，其对于2012年12月1日农行昆明分行出具的负责人授权委托书的真实性，2012年12月6日《转让协议》上农行昆明分行的公章及授权代表苏丽某签名的真实性均已认可，故案涉《转让协议》的签订系农行昆明分行自主决策后作出的正常经营行为，农行昆明分行在签约时是否取得农行云南分行的授权属于其银行内部规范管理的范畴，不应据此认定其无权签订《转让协议》。且昆锦司［2014］文鉴字第45号《印章印文鉴定意见书》是依据农行云南分行单方提交的农银云字［2012］157号的《授权书》复印件作为检材及自行提交的印章样本进行鉴定，江苏信托公司对此不予认可，故该鉴定意见不足以采信，亦与本案无关联性，对农行昆明分行的证明目的不予采信。

（二）农行昆明分行另提交绿园置业公司2012年12月12日、13日出具的《用款说明》及中国农业银行转账支票2张，主张绿园置业公司是螺狮湾公司的实际控制人，绿园置业公司已将案涉特定资产收益转让款用于支付螺狮湾公司的项目土地款。但因江苏信托公司已经依约向绿园置业公司支付案涉特定资产收益转让款12亿元，绿园置业公司在收到款项后如何实际安排、使用该款项，系其自身经营行为，而并非基于江苏信托公司的要求安排资金用途，故绿园置业公司使用资金的具体流向与本案无关联性。

（三）农行昆明分行确认绿园置业公司归还了2014年6月21日之前12亿元本金对应的全部溢价款合计17792万元，但对于绿园置业公司在2014年10月13日、14日支付的两笔款项用于偿付特定资产收益权转让价款本金1亿元及该1亿元本金对应的溢价款，不予认可。而2014年10月13日江苏信托公司共计向绿园置业公司发出两张利息通知单，分别载明：本金5000万元，自2014年6月20日至2014年10月13日的利息1533333.33元，合计51533333.33元；本金5000万元，自2014年6月20日至2014年10月14日的利息1546666.67元，合计51546666.67元；绿园置业公司分别于2014年10月13日、14日向江苏信托公司支付51533333.33元、51546666.67元，该两笔5000万元所对应的利息是依据利息通知单上注明的9.6%年利率计算得出的溢价款1546666.67元、1533333.33元，故应当认定绿园置业公司已经向江苏信托公司归还了1亿元本金及该本金所对应的溢价款。农行昆明分行就此提出的异议缺乏事实依据，不予采纳。

一审法院认为，（一）江苏信托公司和农行昆明分行就案涉特定资产收益权签订的《转让协议》属于债权转让合同，内容不违反法律、行政法规的强制性规定，应认定为合法有效。

1. 关于案涉《转让协议》的法律性质。广州证券公司与江苏信托公司之间签订《单一资金信托合同》，由信托委托人广州证券公司将信托财产委托给信托受托人江苏信托公司，以江苏信托公司的名义为特定目的进行管理或处分，因此在广州证券公司和江苏信托公司之间成立信托法律关系。为了处理信托事务和管理信托资产，江苏信托公司与绿园置业公司签订《转让合同》《回购合同》，由江苏信托公司支付转让对价，取得绿园置业公司特定资产的收益权，并约定了绿园置业公司在指定期限的回购义务。同时，江苏信托公司与农行昆明分行签订《转让协议》，约定如绿园置业公司在约定的期限届满时未履行回购义务，则由江苏信托公司将特定资产收益权转让给农行昆明分行。江苏信托公司基于《转让合同》取得的特定资产收益权是对特定资产行使所有权权能而产生的金钱债权，其权利性质属于合同债权。故案涉《转让协议》虽与信托法律关系有一定关联，但《转让协议》本身所约定的权利义务内容是针对特定资产收益权这一合同债权达成的约定，根据双方转让收益权、支付价款的交易方式，该《转让协议》具有权利转让的性质，故本案案由应当确定为债权转让纠纷。农行昆明分行与江苏信托公司之间并不成立委托处置信托财产的法律关系，故农行昆明分行抗辩认为本案属于营业信托纠纷，缺乏法律依据。案涉《转让协议》条款之中并无农行昆明分行对江苏信托公司提供履约担保的约定内容，并非法律意义上的保证合同，故农行昆明分行主张《转让协议》实为保证合同，亦无法律依据。

2. 关于《转让协议》的法律效力。合同法第七十九条规定，“债权人可以将合同的权利全部或者部分转让给第三人，但有下列情形之一的除外：（一）根据合同性质不得转让；（二）按照当事人约定不得转让；（三）依照法律规定不得转让。”本案中，江苏信托公司是依法批准成立的非银行金融机构，农行昆明分行是依法设立并领取营业执照的商业银行的分支机构，双方均具备金融业务经营资质，有独立的财产开展相关的金融业务。双方当事人之间签订《转让协议》所涉及的特定资产收益权属于可以依法转让的债权标的，协议内容不违反法律、行政法规的禁止性规定，不存在依据合同法第五十二条应认定为合同无效的情形，故案涉《转让协议》应认定为合法有效。农行昆明分行主张本案实质为向房地产开发企业变相发放流动性资金贷款，故《转让协议》应为无效的抗辩理由，于法无据。

（二）农行昆明分行到期未履行支付转让价款的义务已构成违约，江苏信托公司有权依据《转让协议》的约定向其主张权利。

1. 依据《转让协议》第二条约定，在《转让合同》《回购合同》项下回购到期日前两日（含回购到期日）内，农行昆明分行应向江苏信托公司支付特定资产收益权的转让总价款，农行昆明分行应支付的特定资产收益权的转让价款为截至本条上述回购到期日绿园置业公司应付未付的转让价款本金以及截至农行昆明分行实际支付转让价款之日绿园置业公司应付未付的溢价款、违约金、江苏信托公司实现特定资产收益权的费用等。本案中，江苏信托公司依照《转让合同》约定于2012年12月11日向绿园置业公司支付特定资产收益权转让价款12亿元，《回购合同》项下回购到期日为自2012年12月11日起计算满两年之日即2014年12月11日，而绿园置业公司在此日并未依照《回购合同》的约定如约履行回购义务。则农行昆明分行应当依照其与江苏信托公司之间《转让协议》的约定于2014年12月11日内向江苏信托公司支付特定资产收益权的转让总价款，但截至本案起诉之日仍未履行，已构成违约。农行昆明分行主张特定资产的现实收入没有归集到履约准备金账户，故特定资产收益权已不存在。特定资产收益权系基于合同相对方之间依法设立的债权请求权，该特定资产收益权所针对的债权能否实现属于债权清偿范畴，而债权能否全部清偿存在不确定的商业风险，但此并未超出双方当事人签订《转让协议》时的合理安排和风险预期，故债权不能实现清偿并不由此导致权利本身自始丧失。农行昆明分行已经知晓特定资产收益权不能实现的法律风险，应当自行承担后果。另外，绿园置业公司履约准备金账户中特定资产的现实资金余额不足以满足约定的回购款项金额要求，证实《转让协议》第二条约定的适用情形已经现实发生，农行昆明分行应当依约履行合同义务。故农行昆明分行的该抗辩理由，不符合合同约定。

2. 江苏信托公司、农行昆明分行均确认绿园置业公司为向江苏信托公司担保履行《回购合同》提供了不动产抵押，且已经依法办理抵押登记。《中华人民共和国物权法》（以下简称物权法）第一百九十二条规定，“抵押权不得与债权分离而单独转让或者作为其他债权的担保。债权转让的，担保该债权的抵押权一并转让，但法律另有规定或者当事人另有约定的除外”。故抵押权应随主债权转让而转移，不能单独转让。依据案涉《转让协议》第三条的约定，农行昆明分行在向江苏信托公司付清转让总价款之后，前述抵押权与特定资产收益权才一并转让，江苏信托公司负有配合办理抵押权变更登记手续或者代农行昆明分行实现抵押权权益的义务。但在《转让协议》已经对双方履行合同义务的先后顺序作出明确安排的情形下，且不存在行使不安抗辩权的情形时，农行昆明分行应当依照约定先行向江苏信托公司支付转让总价款。农行昆明分行以抵押权不能实现为由拒绝支付特定资产收益权的转让价款，既缺乏事实依据，亦不符合合同约定的本意。

3.《转让合同》《回购合同》作为《转让协议》的附件，证实江苏信托公司、农行昆明分行均认可在绿园置业公司未能依约履行回购义务时，江苏信托公司有权要求农行昆明分行受让特定资产收益权。《转让协议》第七条约定，若绿园置业公司付清《回购合同》项下所有应付未付款项，则《转让协议》终止履行。而现有证据证实绿园置业公司仅支付了部分回购价款，《回购合同》并未得到全面、适当的履行，江苏信托公司在《回购协议》中设定的合同目的已经无法实现，故《转让协议》不存在终止履行情形，江苏信托公司有权依据《转让协议》第二条的约定，选择直接要求农行昆明分行支付转让总价款。

（三）农行昆明分行应当向江苏信托公司支付转让价款、逾期违约金，但对于《转让协议》第八条中每日万分之三的违约金不应支持。

依据《转让协议》第二条及第八条约定，农行昆明分行应向江苏信托公司支付的转让总价款是《回购合同》项下应付未付之相关款项，包括转让价款本金、溢价款、违约金及江苏信托公司实现债权之费用等。江苏信托公司在本案诉讼请求主张的款项具体组成如下：1. 截至回购到期日2014年12月11日绿园置业公司应付未付的转让价款本金11亿元。2. 截至回购到期日2014年12月11日绿园置业公司应付未付溢价款，以转让价款本金余额11亿元为基数，自2014年6月21日至2014年12月11日共计173天，按照9.6%的年利率计算，即11亿元×9.6%×173天/360天=50746666.67元。3. 截至农行昆明分行实际支付转让价款之日（暂计至2015年8月31日）绿园置业公司应付未付违约金：（1）以绿园置业公司应付未付回购价款本金11亿元为基数，自2014年12月11日暂计至2015年8月31日共263天，溢价款按照年利率9.6%上浮50%计算，即11亿元×9.6%×1.5×263天/360天=115720000元，该款项实质为逾期之后的溢价款；（2）以绿园置业公司应付未付的溢价款50746666.67元为基数，自2014年12月11日暂计至2015年8月31日共263天，按照违约金额0.5%/日计算，即50746666.67元×0.5%/天×263天=66731866.67元。以上两项合计182451866.7元。4. 依据《转让协议》第八条约定，截至农行昆明分行给付之日（暂计至2015年8月31日），农行昆明分行应支付的逾期违约金以农行昆明分行应付未付转让价款总金额即上述1—3项款项合计金额1333198533元为基数，自2014年12月11日起暂计至2015年8月31日共263天，按照逾期金额0.03%/日计算，即1333198533元×263天×0.03%/天=105189364.3元。

上述1—3项款项均属于江苏信托公司、绿园置业公司之间的《回购合同》中关于本金、溢价款及溢价款违约责任的约定，亦属于江苏信托公司、农行昆明分行之间《转让协议》第二条中所包含的款项，上述费用均应支持，因江苏信托公司明确诉讼标的金额是暂计算至起诉之日，故对于2014年12月11日逾期之后的溢价款和违约金均应计算至实际给付之日。第4项款项是依照《转让协议》第八条约定即以上述1—3项金额总和为基数，依照每日万分之三的标准计算的违约金，但是考虑本案当中对逾期溢价款的违约金已经上浮50%以年利率14.4%计算及期内应付溢价款50746666.67元的违约金已经依照0.5%/天计算，故江苏信托公司依据《转让协议》第八条约定计算的违约金确实存在重复计算且违约金数额明显过高的情形。合同法第一百一十四条规定:“当事人可以约定一方违约时应当根据违约情况向对方支付一定数额的违约金，也可以约定因违约产生的损失赔偿额的计算方法。约定的违约金低于造成的损失的，当事人可以请求人民法院或者仲裁机构予以增加；约定的违约金过分高于造成的损失的，当事人可以请求人民法院或者仲裁机构予以适当减少。”因案涉《转让协议》第八条约定的违约金存在重复计算且确属明显过高，农行昆明分行已经向一审法院申请调整，故酌定对于江苏信托公司主张的该项违约金请求，不予支持。

综上，一审法院认为，江苏信托公司的部分诉讼请求具有事实和法律依据，应予支持。依照合同法第六十条、第七十九条、第一百零七条、第一百一十四条之规定，判决:（一）农行昆明分行于判决生效后十日内向江苏信托公司支付特定资产收益权转让价款本金11亿元和溢价款50746666.67元（截至2014年12月11日）、逾期溢价款（自2014年12月11日起至实际给付之日止以11亿元为基数，按照年利率14.4%计算）、违约金（自2014年12月11日起至实际给付之日止以50746666.67元为基数，按照每日千分之五的标准计算）；（二）驳回江苏信托公司的其他诉讼请求。如果未按判决指定的期限履行上述给付金钱义务，应当依照民事诉讼法第二百五十三条之规定，加倍支付迟延履行期间的债务利息。案件受理费7233739.49元，由农行昆明分行负担。江苏信托公司已预交的案件受理费7233739.49元由一审法院退回，农行昆明分行应负担的案件受理费7233739.49元于判决生效后十日内向一审法院交纳。

本院二审期间，农行昆明分行围绕上诉请求提交了证据，本院组织当事人进行了证据交换和质证。农行昆明分行举示2012年12月6日《广州证券公司-穗通3号定向资产管理合同》、2014年2月26日《〈广州证券公司-穗通3号定向资产管理合同〉补充协议3》、2014年9月26日《〈广州证券公司-穗通3号定向资产管理合同〉补充协议4》各一份，用以证明《广州证券公司-穗通3号定向资产管理合同》与本案《转让合同》《回购合同》《转让协议》均于2012年12月6日签订，体现了本案的交易架构；其投资范围从固定投资收益类产品扩大到资产收益权、债权等，属于违规投资特定资产收益权，且特定资产收益权与债权是分开的。江苏信托公司质证认为，上述证据不属于新证据且均为复印件，对其真实性无法确认，且与本案争议没有关联性，不能否定《转让协议》的独立性。本院认为，江苏信托公司的质证意见成立，对农行昆明分行举示的上述证据不予采信。

本院经审理查明，《单一资金信托合同》第五条"信托财产"约定，"（一）本合同项下信托财产系指委托人在本合同规定期限内，按照约定方式向受托人交付的信托资金，以及该信托资金在信托设立后，在受托人管理和处分过程中衍生的全部资产及收益"；"（五）委托人交付给受托人的信托资金形式是人民币，金额为（大写）人民币壹拾贰亿元整"。第六条"信托目的"约定，"委托人将合法拥有的资金委托给受托人，受托人按信托原则，根据委托人的要求，将本信托项下的信托资金用于受让目标项目特定资产收益权，并通过收取回购价款等方式，为受益人获取信托收益"。第八条"信托财产的管理"约定，"（一）本信托是委托人确定管理方式的信托，委托人同意受托人将本合同项下的信托资金用于受让本合同第一条第（十）项下的特定资产收益权"。第二十二条"其他约定"明确：《转让合同》《回购合同》《转让协议》《房地产抵押合同》《保证合同》等文件的复印件为《单一资金信托合同》的附件。

《回购合同》第八条"甲方（江苏信托公司）的权利和义务"约定，"5. 在乙方（绿园置业公司）按照本合同约定支付全部回购价款完毕之前，甲方有权向任何第三方转让其在《转让合同》项下的全部或部分权利义务。甲方转让其在《转让合同》项下的权利义务的，无须征得乙方同意，且转让后，乙方应对该转让的受让方承担根据本合同应对甲方承担的一切义务，并对该转让的受让方享有根据本合同对乙方享有的一切权利"。

另查明，中国农业银行股份有限公司云南省分行营业部于2018年1月5日更名为中国农业银行股份有限公司昆明分行，其负责人变更为高某。

除上述事实外，一审查明的其他事实属实，本院予以确认。

本院认为，根据一审判决和双方当事人的上诉、答辩情况，本案二审争议的焦点，涉及案涉《单一资金信托合同》与作为其附件的《转让协议》等合同的关系，《转让协议》的性质、效力，农行昆明分行应否支付转让价款，一审判决认定的转让价款及违约金是否符合当事人约定和法律规定，以及一审案件受理费负担是否合法等方面的问题。

（一）关于案涉《单一资金信托合同》与作为其附件的《转让协议》等合同的关系。根据本案查明的事实，2012年12月6日，广州证券公司与江苏信托公司签订《单一资金信托合同》，约定由广州证券公司向江苏信托公司交付信托资金12亿元，江苏信托公司将信托资金用于受让特定资产收益权，并通过收取回购价款等方式，为受益人获取信托收益；广州证券公司已经确知并同意《转让合同》《回购合同》《转让协议》《房地产抵押合同》《保证合同》等《单一资金信托合同》附件的内容，并且同意江苏信托公司签署作为《单一资金信托合同》附件的全部文件。同日，江苏信托公司分别与绿园置业公司签订《转让合同》《回购合同》《房地产抵押合同》，与农行昆明分行签订《转让协议》，与农行双龙支行签订《咨询服务顾问协议》，与螺蛳湾公司、绿园置业公司签订《保证合同》。可见，江苏信托公司分别与绿园置业公司、农行昆明分行、螺蛳湾公司签订相关合同，是为了履行《单一资金信托合同》，完成信托事务，实现信托目的。《转让合同》《回购合同》《房地产抵押合同》《保证合同》《转让协议》等合同作为《单一资金信托合同》的附件，系广州证券公司与江苏信托公司信托交易框架的组成部分。依照《单一资金信托合同》与《转让合同》的约定，基于广州证券公司的委托，江苏信托公司以其自己名义将12亿元信托资金支付给绿园置业公司，同时受让了绿园置业公司的特定资产收益权。信托法第十四条第二款规定，“受托人因信托财产的管理运用、处分或者其他情形而取得的财产，也归入信托财产。”《单一资金信托合同》第五条亦约定，信托财产包括信托资金在信托设立后，在受托人管理和处分过程中衍生的全部资产及收益。据此，由江苏信托公司处分案涉12亿元信托资金而取得的特定资产收益权系信托财产。农行昆明分行上诉理由中关于案涉《转让协议》系《单一资金信托合同》附件，与附件所列其他合同一起构成整个信托交易框架下的一部分，所转让的特定资产收益权系信托财产的主张成立。

但亦应指出的是，第一，依照《单一资金信托合同》第二十二条的约定，其附件所列合同之所以作为附件，只是表明委托人广州证券公司知晓并同意江苏信托公司运用其交付的信托资金开展相关的信托业务。附件所列合同并非《单一资金信托合同》的从合同，而是江苏信托公司为完成信托事务，经广州证券公司同意与不同当事人签订的各自独立的合同。故本案中江苏信托公司与农行昆明分行讼争的《转让协议》，虽然构成信托交易框架的一部分，但与《单一资金信托合同》之间不存在主从关系。第二，对于《单一资金信托合同》的效力，自应适用信托法第十一条、合同法第五十二条等法律法规的规定进行审查，但《单一资金信托合同》的效力并不必然影响包括案涉《转让协议》在内的作为《单一资金信托合同》附件的各个独立合同的效力。因此，《单一资金信托合同》的效力问题不是本案的审理范围。第三，信托行为的实施会导致信托财产的形态发生变化。本案中，《单一资金信托合同》项下的12亿元信托资金是信托财产，《转让协议》所转让的特定资产收益权亦是信托财产。无论受托人如何管理运用或处分信托财产，因信托财产发生变动而形成之新的形态的财产仍归属于信托财产，此乃信托法为保护委托人利益而设立的特殊规则。而前述规则仅能被适用于界定信托财产构成范围的场合，而不能作为界定以信托财产为标的之合同性质的依据，更不能由此将所有涉及信托财产的合同一概认定为信托合同。是故，对于农行昆明分行上诉理由中有关信托合同因目的、行为违法而无效的主张，本院于本案不予理涉；农行昆明分行关于案涉特定资产收益权系信托财产因而《转让协议》系信托合同的观点，无事实和法律依据，本院不予采纳。

（二）关于《转让协议》的性质。对于当事人讼争合同性质的认定，要基于合同条款的字面含义，从合同约定的具体权利义务关系出发，揭示当事人的真实意思，依照法律规定予以综合判断。在对本案诉争的《转让协议》这类商事合同进行解释时，更应观照蕴含于当事人缔约目的之中的商业考量与经济逻辑，反映商事合同不同于民事消费合同的风险分担和治理机制等特点，以维护交易秩序，促进商业活动发展。

依照《转让协议》鉴于部分及第一条载明的内容，江苏信托公司与农行昆明分行签订《转让协议》的目的，是转让江苏信托公司基于《转让合同》取得的特定资产收益权，该特定资产收益权是获得因开发建设、经营、管理、处分特定资产而获得销售收入、租金收入等和因此等收入获得其他任何现实收益的权利。与此同时，鉴于江苏信托公司与绿园置业公司通过签订《转让合同》《回购合同》同时成立特定资产收益权转让和回购法律关系，且在《回购合同》中就江苏信托公司转让特定资产收益权后绿园置业公司应对受让人承担《回购合同》项下的义务作出了特别约定，结合江苏信托公司与农行昆明分行将《回购合同》与《转让合同》一并列为《转让协议》的附件，并将绿园置业公司应付未付回购溢价款、违约金计入转让价款，以及江苏信托公司承诺向农行昆明分行转让为担保回购债权而设立的抵押权的事实，应当认定《转让协议》一并将江苏信托公司基于《回购合同》享有的回购债权及相应的抵押权纳入了转让范围。由此，《转让协议》的转让客体具有集合性，既包括特定资产收益权，也包括回购债权及相应的抵押权。

依照《转让协议》第二条的约定，除不可抗力外，农行昆明分行应于《转让合同》及《回购合同》项下的特定资产收益权回购到期日前两日内，受让江苏信托公司拥有的特定资产收益权；农行昆明分行应支付的转让价款为，截至回购到期日绿园置业公司应付未付的转让价款本金，以及截至农行昆明分行实际支付转让价款之日绿园置业公司应付未付的溢价款、违约金、江苏信托公司实现特定资产收益权的费用等。结合《转让协议》第三条关于自农行昆明分行支付完毕转让价款之日起，江苏信托公司在《转让合同》项下相应的特定资产收益权及相应的抵押权自动全部转让给农行昆明分行，第七条关于绿园置业公司依约支付全部转让价款本金、溢价款及其他应付款项，则江苏信托公司与农行昆明分行不再履行《转让协议》项下的特定资产收益权转让相关权利义务，以及第八条关于除不可抗力外，如农行昆明分行未按照约定向江苏信托公司按时支付转让价款即视为违约等合同条款的约定，农行昆明分行取得特定资产收益权及其回购债权和相应抵押权的对价，是向江苏信托公司支付绿园置业公司应付未付的转让价款本金、溢价款及违约金等款项，且该款项应当在特定资产收益权回购到期日前两日内支付。在《转让协议》系《单一资金信托合同》附件的背景下，《转让协议》对于农行昆明分行受让相关权利的对价及其支付方式、解除条件和违约责任的约定，于《转让合同》与《回购合同》而言，显然具有一种分担风险，强化信托财产投资安全的增信作用。也就是说，在特定资产收益权回购到期日前两日内，农行昆明分行即应向江苏信托公司支付绿园置业公司应付未付的相关款项，江苏信托公司的此项付款请求权对应构成的农行昆明分行的差额补充义务，在功能上具有担保江苏信托公司债权实现的作用。

由上，江苏信托公司与农行昆明分行签订的《转让协议》系混合合同，双方各自承诺负担的给付义务分别构成不同的合同关系，其一是转让特定资产收益权及其回购债权和相应抵押权的债权转让法律关系，其二是具有增信担保作用的差额补充法律关系。江苏信托公司和农行昆明分行基于《转让协议》约定各自负担不同类型的主给付义务，以对价关系而结合且不可分离，共同形成相互依赖的权利义务关系。因双方各自负担的给付义务不属于同一合同类型，故《转让协议》并非法律规定的有名合同。鉴于当事人讼争的法律关系是复合的且不具有典型性，本案案由应当确定为合同纠纷。一审判决将案涉《转让协议》认定为单一的债权转让，进而将案由确定为债权转让合同纠纷不当，本院予以纠正。

需要指出的是，《转让协议》约定由农行昆明分行承担的是特定资产收益权回购到期日之前的差额补充义务。上述义务属农行昆明分行作出的支付承诺，相对于被补充之债权具有独立性，农行昆明分行届期即应如数支付相应款项。此与通常具有从属性、补充性的保证担保不同，并不是在绿园置业公司不履行其回购义务时才由农行昆明分行向江苏信托公司依约履行债务或者承担责任。故其虽然具有增信担保的作用，但并非担保法意义上的保证担保行为。农行昆明分行上诉理由中主张《转让协议》"名为转让实为担保"，理据不足，本院不予支持。

（三）关于《转让协议》的效力。本案中，农行昆明分行主张《转让协议》因违反金融监管政策而无效。此项主张能否成立，应围绕国家金融监管政策的实施，依照合同法第五十二条的规定进行审查。

金融安全是国家安全的重要组成部分，金融制度是经济社会发展中重要的基础性制度。为防范化解重大金融风险，深化整治金融业市场乱象，国家近年来发布实施了一系列重要金融政策和监管措施。《中国人民银行、中国银行业监督管理委员会、中国证券监督管理委员会、中国保险监督管理委员会、国家外汇局关于规范金融机构同业业务的通知》（银发〔2014〕127 号，以下简称《同业业务通知》），《中国银行业监督管理委员会关于进一步深化整治银行业市场乱象的通知》（银监发〔2018〕4 号，以下简称《整治市场乱象通知》）及其附件《进一步深化整治银行业市场乱象的意见》《2018 年整治银行业市场乱象工作要点》《中国人民银行、中国银行保险监督管理委员会、中国证券监督管理委员会、国家外汇管理局关于规范金融机构资产管理业务的指导意见》（银发〔2018〕106 号，以下简称《资管业务指导意见》）等金融监管文件，均规定了对违规开展涉及影子银行和交叉金融产品风险业务具体的监管与查处措施，明确将商业银行"为非标准化债权资产或股权性融资提供直接或间接、显性或隐性的担保或回购承诺"作为整治工作重点。对于此类涉及公共政策的监管规定，作为金融机构的当事人须在签订、履行同业业务合同时予以严格遵守，人民法院亦应在审查相关合同效力时，按照合同法第五十二条的规定予以充分的考量。

《同业业务通知》第十八条第一款规定，“……金融机构于通知发布之日前开展的同业业务，在业务存续期间内向中国人民银行和相关监管部门报告管理状况，业务到期后结清”。《关于进一步深化整治银行业市场乱象的通知》第七条规定，“……要新老划断，对于存量业务，区分问题性质、产生原因和造成后果等情况，给予一定的消化期和过渡期，差别化处置；对于整治银行业市场乱象工作开展以后（2017年5月1日后）的新增业务，严格按照法律法规进行规范，依法查处……”《资管业务指导意见》第二十九条规定，“……按照‘新老划断’原则设置过渡期，确保平稳过渡。过渡期为本意见发布之日起至2020年底，对提前完成整改的机构，给予适当监管激励。过渡期内，金融机构发行新产品应当符合本意见的规定；为接续存量产品所投资的未到期资产，维持必要的流动性和市场稳定，金融机构可以发行老产品对接，但应当严格控制在存量产品整体规模内，并有序压缩递减，防止过渡期结束时出现断崖效应……”据此，在整治金融市场乱象的过程中，监管机关对存量业务与新增业务采取新老划断的差别化处置政策，存量业务应在过渡期内予以清理并在到期后结清。

本案《转让协议》系于2012年12月6日签订，所涉业务在上述金融监管文件出台之前即已存在。江苏信托公司提起本案诉讼，请求农行昆明分行履行《转让协议》并承担违约责任，属于清理存量业务。现行金融监管政策允许《转让协议》这一类的存量业务合同继续履行，有助于稳定相关市场预期，维护金融市场交易安全，也表明由此可能产生的金融风险处于可控制的范围之内，不构成合同法第五十二条规定的损害社会公共利益等合同无效的情形。一审判决认定《转让协议》有效正确，本院予以维持。农行昆明分行提出的《转让协议》因违反金融监管政策而无效的主张，缺乏事实和法律依据，本院不予支持。

此外，江苏信托公司并无实质审查农行昆明分行上级银行农行云南分行印章真伪的注意义务。在农行昆明分行已提供上级银行授权文件，且在《转让协议》上的相应签章及其负责人出具的授权文件均为真实的情形下，即使其上级银行授权文件上的印章系伪造，江苏信托公司亦有理由相信农行昆明分行有权开展案涉业务。《转让协议》第十条亦约定，合同一方违反内部章程和内部的其他规定而签署本合同，因此而产生的责任由该方承担，该方不得以此为由对抗本合同项下责任的承担和义务的履行。农行昆明分行开展案涉交易应否取得其上级银行的授权并非法律、行政法规明确规定的事项，其不得以银行内部管理规定对抗与其交易的善意相对人，亦不能据此否定《转让协议》的效力。与此同时，因《转让协议》不是担保合同，农行昆明分行签订《转让协议》并非作为法人分支机构对外提供担保，本案无须适用担保法第十条、第二十九条关于限制企业法人分支机构对外提供担保的规定，并以之审查《转让协议》的效力。由上，农行昆明分行以其未获得上级银行授权对外提供担保为由主张《转让协议》无效，无事实和法律依据，本院不予支持。

（四）关于农行昆明分行应否支付转让价款的问题。根据合同法第六十条第一款的规定，当事人应当按照约定全面履行自己的义务。《转让协议》第二条约定，农行昆明分行应在回购到期日前两日内向江苏信托公司支付转让价款。农行昆明分行应严守合同，诚信履行。

如前所述，《转让协议》的转让客体既包括特定资产收益权，也包括回购债权及相应的抵押权。《回购合同》约定江苏信托公司有权在绿园置业公司支付全部回购价款前，将其在《转让合同》项下的权利义务转让给第三方而无须征得后者的同意；转让后，绿园置业公司应对上述第三人承担根据《回购合同》对江苏信托公司承担的义务，并享有相应的权利。江苏信托公司在二审答辩状中亦明确表示，其将在农行昆明分行付清转让款后，把《回购合同》项下债权及抵押权一并转让给农行昆明分行。本案中，由于绿园置业公司尚未依照《回购合同》的约定向江苏信托公司足额支付回购价款，《回购合同》项下的权利义务并未消灭，为担保回购债权的实现而设立的抵押权亦未灭失。农行昆明分行向江苏信托公司足额支付转让价款系清偿《转让协议》项下债务，《回购合同》项下的债权债务关系并不因农行昆明分行清偿其他合同项下的债务而终止。农行昆明分行主张抵押权因转让价款的支付而消灭，并无相应的合同依据和法律依据。由此，农行昆明分行取得案涉抵押权并无事实上或法律上的障碍，其签订《转让协议》的合同目的可以实现。农行昆明分行以无法实现合同目的为由拒绝履行《转让协议》，缺乏事实和法律依据，本院不予支持。

根据《转让合同》第一条的约定，特定资产收益权的内容包括对坐落于张家港市××南的“东方新天地”中的面积为65690.91平方米房产进行开发建设、经营、管理、处分而产生的销售收入、租金收入等和因此等收入产生的其他任何现实收益。上述约定明确了特定资产收益权的数量、权利内容和边界，已使特定资产收益权明确和特定。农行昆明分行关于案涉特定资产收益权不确定的主张不能成立。在绿园置业公司实际予以回购前，江苏信托公司拥有的案涉特定资产收益权仍然存在，并不因《回购合同》约定的两年回购期限的经过而丧失。《转让合同》将特定资产收益的范围约定为《单一资金信托合同》的有效期内所产生的各种现实收益，亦非指特定资产收益权在两年的信托期限届满后自行消灭。因此，江苏信托公司可以管理、使用以及处分案涉特定资产收益权，案涉特定资产收益权依法可以转让。农行昆明分行关于江苏信托公司已不再享有特定资产收益权，无法转让的主张，亦不能成立。需要指出的是，特定资产收益权系合同债权，双方在签订《转让协议》时对其有明确的界定，其能否实现取决于债务人是否履行合同义务等多重因素，存在一定的商业风险。即使案涉特定资产收益无法实现，亦不影响特定资产收益权的存在，更不影响农行昆明分行按照《转让协议》的约定向江苏信托公司履行支付转让价款的义务。农行昆明分行作为金融机构，在订立《转让协议》时应能预见合同债权不能实现的风险，其与江苏信托公司自愿签订《转让协议》意味着双方已对特定资产收益权不能实现的风险进行了适当分配。农行昆明分行以特定资产收益权系不良资产、不存在，继续履行《转让协议》显失公平等为由拒付转让价款，亦缺乏事实和法律依据，本院不予支持。

《转让协议》第三条约定，“自乙方（农行昆明分行）向甲方（江苏信托公司）支付完毕上述转让价款之日起，甲方在《转让合同》项下相应的特定资产收益权及相应的抵押权自动全部转让给乙方”，故农行昆明分行应先向江苏信托公司履行支付转让价款的义务，然后请求江苏信托公司履行转让特定资产收益权及其回购债权和相应抵押权的义务。根据合同法第六十七条的规定，当事人互负债务，有先后履行顺序，先履行一方未履行的，后履行一方有权拒绝其履行要求。农行昆明分行主张其与江苏信托公司并未约定履行的先后顺序，进而主张同时履行抗辩权，认为在江苏信托公司未先行行使抵押权或将抵押权随主债权一并转让的情形下其可拒付转让价款，没有事实依据，本院不予支持。因农行昆明分行未按照约定先履行支付转让价款的义务，江苏信托公司有权行使先履行抗辩权，拒绝转让回购债权及相应抵押权，亦可拒绝先行向绿园置业公司主张抵押权。

农行昆明分行在不享有相应履行抗辩权的情形下，未按照《转让协议》的约定于回购到期日前二日内向江苏信托公司支付转让价款，已构成违约。合同法第一百零七条规定，“当事人一方不履行合同义务或者履行合同义务不符合约定的，应当承担继续履行、采取补救措施或者赔偿损失等违约责任”。合同法第一百零九条规定，“当事人一方未支付价款或者报酬的，对方可以要求其支付价款或者报酬”。因此，农行昆明分行应向江苏信托公司支付转让价款。一审判决支持江苏信托公司提出的农行昆明分行支付转让价款的诉讼请求正确，本院予以维持。

（五）关于一审判决认定的转让价款及违约金是否符合《转让协议》约定和法律规定的问题。《转让协议》第二条约定，转让价款为“截至本条上述回购到期日绿园置业应付未付的转让价款本金以及截至乙方实际支付转让价款之日绿园置业应付未付的溢价款、违约金、甲方实现特定资产收益权的费用等”。绿园置业公司应付转让价款本金、溢价款及违约金的数额，均可根据《回购合同》第三条、第十一条的约定通过计算进行确定。截至回购到期日绿园置业公司未付的转让价款本金、溢价款及违约金的数额，亦可根据绿园置业公司实际履约情况确定。故江苏信托公司与农行昆明分行约定的转让价款具体明确，可以履行。农行昆明分行主张转让价款约定不明，没有事实依据，其主张根据合同法第六十一条的规定按照合同有关条款或交易习惯确定案涉特定资产收益权的转让价款，理据不足。同时，《回购合同》并未约定绿园置业公司应付溢价款包括农行双龙支行的中介服务费，《转让协议》亦未约定农行昆明分行向江苏信托公司支付的溢价款应扣除农行双龙支行的中介服务费，故农行昆明分行主张其向江苏信托公司支付的溢价款应扣除农行双龙支行的中介服务费，无事实依据。与此同时，农行昆明分行主张其不应向江苏信托公司支付绿园置业公司应付未付的违约金，显与《转让协议》第二条的约定相背。由上，本院对农行昆明分行提出的上述主张均不予支持。一审判决确定的转让价款符合江苏信托公司与农行昆明分行的约定，本院予以维持。

江苏信托公司与绿园置业公司签订的《回购合同》第十一条“违约责任”第2项约定，“若乙方（绿园置业公司）未按时足额向甲方（江苏信托公司）支付溢价款，则乙方应按照违约金额0.5%/日向甲方支付违约金，并赔偿甲方损失”。江苏信托公司与农行昆明分行签订的《转让协议》第八条约定，“除不可抗力外，如乙方（农行昆明分行）未按照本协议的约定向甲方（江苏信托公司）按时支付特定资产收益权转让价款，即视为乙方违约，乙方应向甲方支付逾期违约金，违约金额＝乙方应付的特定资产收益权转让价款总金额×0.03%／天×逾期天数”。《回购合同》与《转让协议》分别约定的上述违约金条款，在行为主体、违约事实及违约金额计算方法等方面均不相同，各自形成相互独立的违约责任。但根据《转让协议》的约定，案涉转让价款的计算方式为：转让价款＝至回购到期日绿园置业公司应付未付转让价款本金＋至农行昆明分行实际给付转让价款之日绿园置业公司应付未付溢价款＋至农行昆明分行实际给付转让价款之日绿园置业公司应付未付违约金。由此，本应由绿园置业公司承担的违约金，亦作为转让价款的一部分构成了农行昆明分行的合同义务。农行昆明分行关于本案存在违约金重复计算的主张不能成立。

违约金的基本功能是填补损失。合同法第一百一十四条第二款规定，“约定的违约金低于造成的损失的，当事人可以请求人民法院或者仲裁机构予以增加；约定的违约金过分高于造成的损失的，当事人可以请求人民法院或者仲裁机构予以适当减少”。依照《转让协议》的合同目的，在农行昆明分行承担的差额补充义务具有担保功能的情形下，农行昆明分行对江苏信托公司承担给付义务的范围应以绿园置业公司尚未清偿的债务范围为限。至回购到期日止，绿园置业公司尚未清偿的债务范围已经确定，农行昆明分行承担的差额补充义务范围也由此确定。在此之后，农行昆明分行依照《转让协议》第二条的约定，应向江苏信托公司支付的截至其实际付款之日绿园置业公司应付未付溢价款的违约金，已能够起到填补江苏信托公司损失的作用。江苏信托公司在此基础上还请求农行昆明分行依照《转让协议》第八条的约定，以全部应付转让价款总额为基数计付违约金，导致违约金数额过高。一审法院依照合同法第一百一十四条第二款的规定，酌定对其此部分诉讼请求不予支持，并无不当。江苏信托公司关于一审判决不支持其逾期付款违约金请求于法不当的主张，理据不足，本院不予支持。与此同时，在一审判决对江苏信托公司要求农行昆明分行支付逾期违约金的诉请未予支持的情形下，江苏信托公司向农行昆明分行收取期内溢价款的违约金，即使加上期外溢价款且仅以转让价款本金为基数进行计算，所能获得的年化收益率约为22%，不存在过分高于造成的损失的情形。农行昆明分行将一审判决未予支持的《转让协议》约定违约金的年化利率与《回购合同》约定期内溢价款违约金的年化利率简单相加，主张本案违约金年利率高达190.8%，且于二审继续请求减少其应向江苏信托公司支付的绿园置业公司期内溢价款的违约金，无事实和法律依据，本院不予支持。

（六）关于诉讼费用的负担。根据《诉讼费用交纳办法》第二十九条的规定，诉讼费用由败诉方负担，部分胜诉、部分败诉的，根据案件的具体情况决定当事人各自负担的诉讼费用数额。本案一审判决支持了江苏信托公司要求农行昆明分行支付转让价款的诉讼请求，但对其要求农行昆明分行支付逾期违约金的部分诉讼请求未予支持，该未予支持部分所对应的案件受理费，应由江苏信托公司负担。故农行昆明分行、江苏信托公司应按照一审判决支持江苏信托公司的诉请金额与未予支持部分的比例，分担案件受理费。一审判决判令农行昆明分行承担全部诉讼费用有失妥当，本院予以纠正。

综上所述，江苏信托公司的上诉请求不能成立；农行昆明分行的上诉请求，除诉讼费用负担的部分主张外，亦不能成立。一审判决认定事实清楚，针对当事人实体诉求所作的裁判适用法律正确。依照《中华人民共和国民事诉讼法》第一百七十条第一款第一项规定，判决如下：

驳回上诉，维持原判。

一审案件受理费7233739.49元，由江苏信托公司负担529003.66元，由农行昆明分行负担6704735.83元。江苏信托公司已预交的一审案件受理费7233739.49元，由江苏省高级人民法院退回6704735.83元；农行昆明分行应负担的一审案件受理费6704735.83元，于判决生效后十日内向江苏省高级人民法院交纳。

二审案件受理费7233739.49元，由江苏信托公司负担529003.66元，由农行昆明分行负担6704735.83元。江苏信托公司已预交的二审案件受理费567746.82元，由本院退回38743.16元；农行昆明分行已预交的二审案件受理费7233739.49元，由本院退回529003.66元。

本判决为终审判决。

审判长：王旭光；审判员：王展飞、张爱珍；法官助理：张乾；书记员：李娜

二〇一八年九月五日

法院判决在驳回当事人以违约为由提出的诉讼请求的同时，将当事人根据合同应当返还的款项一并在案件中作出处理并未超出案件的审理范围

——黄艺某、苏月某与周大福代理人有限公司等合同纠纷

【裁判观点】

确定合同解除后各方当事人应当承担的法律责任，是解决合同争议的应有之义。法院判决在驳回当事人以违约为由提出的诉讼请求的同时，将当事人根据合同应当返还的款项一并在案件中作出处理并未超出案件的审理范围。

中华人民共和国最高人民法院
民事判决书

案号　（2015）民四终字第9号

上诉人（一审原告）：黄艺某。

委托代理人：董立坤，万商天勤（深圳）律师事务所律师。

委托代理人：母健荣，广东星辰律师事务所律师。

上诉人（一审原告）：苏月某。

委托代理人：张淑钿，广东广深律师事务所律师。

委托代理人：母健荣，广东星辰律师事务所律师。

上诉人（一审被告）：周大福代理人有限公司。

代表人：郑锦某，该公司董事。

委托代理人：苏宝，北京大成（广州）律师事务所律师。

委托代理人：文斌，北京大成（广州）律师事务所律师。

上诉人（一审被告）：亨满公司。

代表人：冯李焕某，该公司董事。

委托代理人：苏宝，北京大成（广州）律师事务所律师。

委托代理人：文斌，北京大成（广州）律师事务所律师。

被上诉人（一审被告）：宝宜公司。

代表人：郑锦某，该公司董事。

委托代理人：邱金勇，北京大成（广州）律师事务所律师。

委托代理人：梁松旺，北京大成（广州）律师事务所律师。

上诉人黄艺某、苏月某因与上诉人周大福代理人有限公司（以下简称周大福公司）、亨满公司以及被上诉人宝宜公司合同纠纷一案，不服广东省高级人民法院于2014年11月13日作出的（2012）粤高法民四初字第1号民事判决，向本院提起上诉。本院依法组成合议庭，于2015年4月21日在第一巡回法庭公开开庭审理了本案，上诉人黄艺某的委托代理人董立坤、上诉人苏月某的委托代理人张淑钿、两人的共同委托代理人毋健荣、上诉人周大福公司和亨满公司的共同委托代理人苏宝、文斌以及被上诉人宝宜公司的委托代理人邱金勇、梁松旺均到庭参加了诉讼。本案现已审理终结。

黄艺某、苏月某起诉称：1992年，郑裕甲和李兆某共同捐资1.6亿元人民币（以下未特别注明处均为人民币）将顺德市①华侨中学异地重建，后郑裕甲和李兆某要求顺德市政府把原顺德市华侨中学的土地使用权以捐资款1.6亿元出让给宝宜公司，1993年7月郑裕甲和李兆某代表宝宜公司与顺德市规划国土局签订《顺德市华侨中学原地块土地使用权转让协议书》。2000年6月1日和19日，周大福公司的董事郑裕乙、亨满公司的董事林高某作为周大福公司和亨满公司的代表与黄冠某（苏月某之夫、黄艺某之父）签订《有关买卖宝宜发展有限公司股份的备忘录》（以下简称《备忘录》）和《买卖股权协议》，约定周大福公司和亨满公司向黄冠某转让宝宜公司股权和股东贷款权益。《备忘录》规定了完成股权买卖的先决条件，即宝宜公司向顺德市规划国土局领取以宝宜公司为使用者的原华侨中学地块的国有土地使用权证和宝宜公司向顺德市政府有关部门领取房地产买卖执照等。同年7月30日，郑裕乙又以宝宜公司董事和代表的身份与顺德市规划国土局签订了《顺德市国有土地使用权出让合同书》。2000年9月18日、11月14日，2001年6月15日和2002年1月2日，郑裕乙和林高某等再次以周大福公司和亨满公司代表身份与黄冠某签署了四次补充协议，主要是变更付款币种、付款时间和利息支付等内容。截至2006年7月6日，黄冠某先后向周大福公司和亨满公司

① 现佛山市顺德区。

支付了合同款项折合人民币121652826.60元以及《备忘录》约定的2000万元诚意金，后因周大福公司和亨满公司不能履行《备忘录》及《买卖股权协议》约定义务，导致合同无法继续履行。故请求判令解除黄冠某与周大福公司、亨满公司签署的《备忘录》《买卖股权协议》及其全部补充协议；周大福公司、亨满公司、宝宜公司共同偿还转让款本金及利息2.341亿元人民币（包括《备忘录》约定的诚意金2000万元、第四次补充协议中双方确认已支付的2000万港元、人民币9350万元、基于协议产生的利息人民币4861217元，合计人民币141652826.6元。诚意金2000万元的利息从2000年6月19日起计算，其余款项的利息从2002年1月25日起计算，暂计至2010年8月1日）、依约支付损害赔偿金4500万港元。

一审法院查明：2000年6月19日，周大福公司、亨满公司与黄冠某签订《买卖股权协议》，约定：周大福公司、亨满公司将持有的宝宜公司100%股份及股东贷款权益转让给黄冠某；转让对价和股东贷款总额为1.845亿港元。合同第3条约定款项支付方式，（a）签订协议后8个工作日内支付4500万港元（订金）。（b）土地使用权证颁发后1个月内支付4500万港元。（c）余款应在协议签订后8个月内支付。合同第5条约定，依据第3条约定，转让应当在协议签订后8个月最后一天或之前完成，或在双方约定的更早日期内完成，转让方应在转让完成之日且所有余款付清后，将如下文件移交给受让方：（i）有效履行的协议和有利于受让方和（或）其任命之人的转让文书及相关股权证书；……（vii）土地使用权证。合同第7条约定，依据第3条的约定，在转让完成时，每个转让方应执行贷款转让，签署附件C，合法地将股东各自的贷款转让给受让方或其指定的人。合同第9条“最大勤勉”约定，（a）转让方同意，在按照第3条（a）项收到订金后，应在转让完成前尽最大努力帮助受让方控制土地，包括但不限于发出必要通知以终止租赁关系、驱逐居住者、非法占有者、房客。但是，在转让完成时及以后，股权出让方并不保证在移交土地时，土地是腾空的。为避免疑问，受让方知晓土地出售之方式，转让方不承担因受让方腾空土地所产生的费用和支出，但发出终止租赁关系通知的费用由转让方承担。（b）转让方同意保证，以其最大努力帮助和同意受让方申请在中国设立一家当地公司，名字为顺德宝宜房地产有限公司（以下简称为顺德宝宜公司），并任命受让方指定的人员为顺德宝宜公司的法定代表人……顺德宝宜公司的主要活动和目的是开发《顺德市华侨中学原地块土地使用权转让协议书》项下的土地。(c) 自土地使用权证颁发起，转让方承诺采取所有必要措施、尽最大努力帮助受让方向有关政府部门或机关申请有关土地建设、建造或开发的许可…… (d) 转让方承诺和同意，在转让完成前不对土地进行任何建设、建造和开发。合同第15条“不一致”约定，在不损害受让方的其他权利和在任何时候寻求救济的权利的情形下，除非另有约定，当在股权完成之前对本协议的保证、陈述和承诺构成实质性违反，或无论因为何种情况或原因转让方无法履行本协议项下的任何义务，受让方有权认为转让方拒绝本协议。合同第18条“受让方违约”约定，如果受让方出现违约或未能支付二期款项或转让的余款(不归于转让方的责任)，当转让方已经按照本协议约定的方式履行了义务，转让方有权认为受让方拒绝协议并没收订金4500万港元作为损害赔偿金。自此以后，双方不得另外索赔，多余的款项（高于4500万港元）应由转让方退还给受让方，但无需支付利息。合同第19条“转让方违约”约定，除因受让方的原因外，在土地使用权证颁发后，转让方未能履行本协议义务或违反协议条款，受让方有权解除本协议，转让方应退还港元4500万并另外向受让方支付4500万作为损害赔偿金，双方不得另外索赔。合同第23条约定，时间是本协议的核心部分。合同第25条“完整协议”约定，本协议包括双方所有的谅解和协议，无论是缔约方自行或他人以缔约方名义作出的，有关或产生于股权获得的陈述、保证，无论是明示或者暗示，法定或其他的，如果没有包含在、或在协议或任何附件中提及的，均不会导致陈述和保证作出者承担任何责任。合同第27条“法律适用和争议解决”约定，本协议适用香港特别行政区法律并依香港法律解释，各方约定由香港法院行使非排他性管辖。该协议由周大福公司、亨满公司盖章、授权人签名，香港杜伟强律师事务所 W. K. To&Co. 、HENRY W. H. WONG 签名，黄冠某签名以及香港何君柱、方燕律师事务所 K. C. Ho&Fong、FONG YIN CHEUNG 签名。

2000年9月18日，周大福公司、亨满公司与黄冠某签订第一补充协议，其中“鉴于”第2条约定，依据主协议的第3（b）条和转让方律师 Messrs. W. K. To&Co. 向受让方律师 Messrs. K. C. Ho&Fong 发出的通知，股份和股东贷款的对价（主协议有更多的特殊规定）的一部分4500万港元由受让方于2000年9月7日或之前支付。第3条约定，转让方基于受让方的要求，已同意按以下方式变更主协议第3（b）条所指的股份和股东贷款的支付条款。变更主协议条款第1条约定，主协议第3（b）

条规定的应支付对价4500万港元变更为5000万元人民币，变更为第二批分期付款，并作为股份和股东贷款的对价的一部分：（a）2000年9月20日或之前，受让方支付人民币1500万元给转让方；（b）2000年10月20日或之前，受让方支付人民币1500万元给转让方；（c）2000年11月20日或之前，受让方支付余额人民币2000万元给转让方。该协议由周大福公司、亨满公司盖章、授权人签名，黄冠某签名以及香港何君柱、方燕律师事务所K. C. Ho&Fong、FONG YIN CHEUNG签名。

2000年11月14日，周大福公司、亨满公司与黄冠某签订第二补充协议，其中"鉴于"第2条约定，根据"上述协议"，受让方已向股权转让方支付了以下款项：（a）主协议第3（a）项下的订金4500万港元；（b）补充协议第1（a）项下的人民币1500万元；以及（c）补充协议1（b）项下的部分支付款项人民币800万元（转让方在此承认已经收到该款项）。第3条约定，转让方基于受让方的要求，已同意按以下方式变更"上述协议"中的支付条款。变更条款第1条约定，根据补充协议第1（b）条，2000年10月20日到期支付的余额总计人民币700万元，受让方应在2000年11月15日或之前支付给转让方。第2条约定，根据补充协议第1（c）条，2000年11月20日到期支付的人民币2000万元及从2000年11月21日起到付款日止按年利率6.5%计算产生的利息一并延迟到2001年1月20日或之前支付。第3条约定，按照主协议第3（c）条在2000年2月19日前应支付的总计9450万港元的总对价的余额部分应延迟到2001年5月20日或之前支付，包括从2001年2月20日起到付款日止按年利率6.5%计算产生的利息。第4条约定，如果受让方没有支付上述1、2、3条规定的任何一期款项，受让方依据协议应支付的所有未支付款项的全部或余额部分，连同上述达成一致的利息，在违约日将立即成为到期应付款项。该协议由周大福公司、亨满公司盖章、授权人签名及香港杜伟强律师事务所W. K. To&Co.、HENRY W. H. WONG签名，黄冠某签名以及香港何君柱、方燕律师事务所K. C. Ho&Fong、Casey K. C. Ho签名。

2001年6月15日，周大福公司、亨满公司与黄冠某签订第三补充协议，其中"鉴于"第2条约定，根据"上述协议"，受让方已经支付的总额为1000万港元和人民币8930万元（转让方在此承认已经收到该款项），剩下的购买价格的余款人民币1.05亿元从2001年5月20日起成为到期应付款项，应支付给转让方。第3条约定，根据第二补充协议产生的变化，转让方有权按年利率6.5%索要利息。

该协议由周大福公司、亨满公司盖章、授权人签名，黄冠某签名以及香港何君柱、方燕律师事务所 K. C. Ho&Fong、Casey K. C. Ho 签名。

2002 年 1 月 25 日，周大福公司、亨满公司与黄冠某签订第四补充协议，其中“鉴于”第 4 条约定，尽管在“上述协议”中，受让方仅已支付了部分购买价格，付款总额为 2000 万港元和人民币 9350 万元（转让方在此承认已经收到该款项），剩余的购买价格的余款为人民币 9000 万元，该款项在 2001 年 7 月 21 日成为到期应付款项。转让方承认受让方已经支付给转让方总计人民币 4861217 元基于协议产生的利息，到 2001 年 11 月 30 日，购买价格的余款产生的利息还有人民币 291609.60 元未支付。第 5 条约定，转让方基于受让方的要求，已同意按以下方式进一步变更“上述协议”中的支付条款。变更条款第 1 条约定，受让方在此确认并证实，在 2001 年 11 月 30 日，基于“上述协议”，由受让方向转让方支付的利息在本协议签订日成为到期应付款项，总额为人民币 291609.60 元（“应计利息”）。为充分执行本协议，受让方应向转让方支付“应计利息”。第 2 条约定，基于“上述协议”，到期应付购买价格的未支付余款人民币 9000 万元应在 2002 年 5 月 31 日前由受让方支付给转让方。第 3 条约定，利息的计算方式为，购买价格的未支付余款和未支付的利息按年利率 6.5% 计算，从 2001 年 12 月 1 日至付款日止的利息，该利息应从 2001 年 12 月开始，连续每个月的最后一天支付，首次支付应在 2001 年 12 月 31 日进行。第 4 条约定，转让应在收到购买价格的余款和上文第 3 条规定的利息的全额付款后即刻完成。第 5 条约定，尽管存在本协议和“上述协议”中的条款，但转让方有权在以后任何时刻，自由决定以书面方式通知受让方，宣告“上述协议”下的购买价格的未支付余款和所有应计利息或其任何部分成为到期应付款项，届时同样应立即到期支付。第 6 条约定，本协议中任何条款的子条款应视为上述协议的子条款，本协议所列任何权利和补救措施应视为除上述协议下转让方权利和补救措施外，并且不影响上述协议下转让方权利和补救措施的新增权利和补救措施。第 7 条约定，所有的费用和开支，包括但不限于罚金或内地政府部门征收的费用、附带的土地开发费用以及主协议中规定的特殊费用，均完全由受让方承担。第 8 条约定，附带谈判、筹备和执行本协议的所有费用及开支，包括但不限于转让方法律代表的法律费用，全部由受让方承担。该协议由周大福公司、亨满公司盖章、授权人签名，黄冠某签名以及香港何君柱、方燕律师事务所 K. C. Ho&Fong、NK KA PIN 签名。

一审过程中，黄艺某、苏月某确认，2002 年 1 月 25 日之后没有向周大福公司、亨满公司支付过款项。

2006 年 5 月 30 日，香港杜伟强律师事务所去函香港何君柱、方燕律师事务所，告知受让方黄冠某已违反协议，即时终止合同。周大福公司、亨满公司认为黄冠某存在严重违约，导致涉案协议于 2006 年 5 月 30 日终止。黄艺某、苏月某确认周大福公司、亨满公司于 2006 年 5 月 30 日正式终止履行股权转让协议，合同无法继续履行，黄艺某、苏月某在周大福公司、亨满公司通知终止合同后，仍与周大福公司、亨满公司协商解决合同终止后的相关问题。黄艺某、苏月某认为由于周大福公司、亨满公司拒绝返还款项，权益受损，故起诉的诉因产生日期是 2006 年 5 月 30 日。

另查明：黄艺某、苏月某起诉时提交了 2000 年 6 月 1 日签署的《备忘录》，主张《备忘录》是周大福公司、亨满公司与黄冠某签订的。周大福公司、亨满公司予以否认。《备忘录》上没有周大福公司、亨满公司的盖章，有黄冠某的签名，黄艺某、苏月某主张另两个签名是周大福公司的董事“郑裕乙”与亨满公司的董事“林高某”，周大福公司、亨满公司予以否认。

一审期间，2010 年 10 月 12 日周大福公司提出的管辖异议申请书、2010 年 10 月 29 日亨满公司提出的管辖异议申请书、2011 年 8 月 3 日周大福公司和亨满公司提交的答辩状、2011 年 8 月 3 日和 2011 年 8 月 26 日宝宜公司提交的答辩状中，均陈述“周大福公司、亨满公司与黄冠某于 2000 年 6 月 1 日签署《备忘录》”。黄艺某、苏月某提交的周大福公司、亨满公司、宝宜公司于 2012 年 1 月 3 日在香港起诉黄艺某、苏月某时的起诉状载明：“大约于 2000 年 5 至 6 月左右，周大福公司、亨满公司与黄冠某草拟了《备忘录》，但双方并没有签署上述《备忘录》。”黄艺某、苏月某提交的《备忘录》第 3. 2. 1 条约定：“买方于签订买卖协议前支付卖方人民币 2000 万元作诚意定金，但诚意定金不计入买卖协议的金额内。买卖协议签定后八个工作日内，买方支付卖方指定账户人民币 5000 万元。”第 4 条“先决条件”中第 4. 1 条约定，完成买卖须在下列条件符合后方会进行：（1）宝宜公司向国土局领取了以宝宜公司为使用者的该地块的国有土地使用证；（2）宝宜公司向顺德市政府有关部门领取了房地产买卖的有关执照；（3）该地块必须是吉地，除了本备忘录附件中列出的依附物可留于该地块上外，其余临时建筑必须拆除及清理，而所有现有的租约必须终止。第4.2条约定，买方可于任何时间以书面方式豁免第4.1条条文所列的先决条件。第17.1条约定，本备忘录受香港法律管辖，并须按香港法律解释。

黄艺某、苏月某认为周大福公司、亨满公司违约是指违反如下合同约定：1. 根据《备忘录》第4.1条，周大福公司、亨满公司、宝宜公司要承担三项义务。(1) 宝宜公司领取国有土地使用权证；(2) 宝宜公司向顺德市政府有关部门领取房地产买卖的有关执照；(3) 该地块必须是吉地，除备忘录有记载外的其他临时建筑物必须拆除及清理，所有现有的租约必须终止。该三项义务中，第一项义务国有土地使用权证已于2000年8月领取，但第二、三项义务未履行，构成违约。2.《买卖股权协议》第9条约定的四项义务，周大福公司、亨满公司除领取国有土地使用权证、发出清理租约通知和清理部分租约外，其余义务均未履行，构成违约。

双方一致确认，本案股权转让适用香港特别行政区法律。双方均向一审法院提交了法律意见书。黄艺某、苏月某提交《香港合同法》上、下册、《香港合约法纲要》及《关于适用于本案的内地法律和香港法律的有关规定和说明》。《关于适用于本案的内地法律和香港法律的有关规定和说明》载明：一、本案适用香港法律的基本原则。根据内地相关法律规定，本案可以适用香港法律。当事人约定的香港法律只能适用于解决当事人间的合同争议。判断当事人能否履行与内地法律有关的合同义务的法律是内地的法律。二、应当适用于本案合同争议的香港法律的有关规定。(一) 提供的香港法律的来源及其权威性说明。苏月某、黄艺某向法庭提供两套共三本香港合同法的著作，即《香港合同法》(中文翻译版)(上、下册) 与《香港合约法纲要》。(二) 应当适用于本案合同争议的香港法律的有关规定。1. 契约自由与合同神圣是香港合同法律制度的基本原则，为此，本案中有关合同义务及违约责任等应严格按照合同的规定进行审理。2. 关于因违约而解除合同的责任承担问题，香港法律和本案所涉合同规定是一致的。(1) 根据香港法律，当事人可以约定可解除合同的违约行为，法院会要求当事人遵守这些条款。(2) 根据香港法律，当事人可以约定违约的损害赔偿数额，约定违约赔偿金条款可强制执行。本案中，由于周大福公司、亨满公司未能履行《备忘录》规定的先决条件和《买卖股权协议》规定的义务，因此，黄艺某、苏月某有权解除协议，并要求周大福公司、亨满公司根据《买卖股权协议》第19条退还已经支付的全部款项以及4500万港元的损害赔偿金。(3)根据香港法律，合同解除之后，周大福公司、亨满公司应返还但未返还的款项产生的利息属于不当得利，应偿还给苏月某、黄艺某。(4)根据香港法律，在周大福公司、亨满公司不履行合同或者合同不可能履行时，苏月某、黄艺某可以拒绝履行合同义务。三、无论根据香港法律或内地法律，宝宜公司都应承担还款责任。1. 根据香港法律和宝宜公司诉讼行为表明，宝宜公司是本案所涉合同的实际当事人，也是本案的被告。2. 根据香港法律，苏月某、黄艺某有权起诉宝宜公司承担还款责任。3. 根据内地法律，宝宜公司也应承担还款责任。周大福公司、亨满公司、宝宜公司提交《法律意见书证明》载明：香港执业大律师许家为根据周大福公司、亨满公司、宝宜公司提交的文件、陈述，查证并提供香港法律，法律意见书的结论如下：一、《买卖股权协议》是有效的，并对各方当事人有约束力。二、黄冠某未能按时付款，破坏整个合同的根本，违反了合同条文的“条件”，足以让周大福公司及亨满公司作为守约方有权选择终止合同。周大福公司及亨满公司于2006年信函有效地终止合同。三、合同有效终止后，周大福公司及亨满公司有权根据《买卖股权协议》及四份补充协议没收黄冠某已付的款项，同时也有权追讨因其违约而遭受的损失。四、宝宜公司是《买卖股权协议》的目标公司，是股东贷款的债务人，非转让方或受让方，非《买卖股权协议》缔约方，不受合约约束，也没有合同的权利及义务。五、黄冠某或其合法继承人无权向宝宜公司主张任何合同或股东贷款权益。六、何君柱、方燕翔律师楼是黄冠某签署《买卖股权协议》的合法代表律师。七、《买卖股权协议》中第25条“完整契约条款”把签署双方的合约关系局限于《买卖股权协议》的整份书面文件之内，于《买卖股权协议》未有记载、或于《买卖股权协议》签订之前的任何文件和承诺等，将不会成为《买卖股权协议》的一部分，也没有法律效力。八、《买卖股权协议》中第26条“继承受让条款”令各缔约方的合法继承人或受让人承继合同权益及受合同约束，唯任何一方转让合同权益前需要先得到对方同意。根据香港法律，“继承人”是指获法院授予之“遗嘱执行人”或“遗产管理人”，因为《买卖股权协议》受香港法律管辖，黄艺某、苏月某并没有根据香港法律申请成为黄冠某的“遗嘱执行人”或“遗产管理人”，故不具备继承《买卖股权协议》权益的资格。九、黄冠某或其自称继承人如以周大福公司及亨满公司违约作为提告的诉因，必须在违约行为发生当天起计六年之内提出。期限一过，该人等将不可以就有关违约行为提出诉讼。十、股权及股东贷款转让是合法及有效的普遍商业行为。

黄冠某是佛山市顺德人。黄冠某与苏月某于1979年11月8日在佛山市顺德区登记结婚，婚后生育两个儿子黄艺某、黄世某。黄冠某于2008年1月19日在佛山市顺德区死亡。根据黄艺某、苏月某提供的公证证明，黄冠某的父母均先于其死亡，黄冠某生前没有立遗嘱，黄冠某的法定继承人均对继承权进行了声明或处分。苏月某以经公证的声明书表示放弃继承黄冠某的遗产。黄世某以经我国驻曼彻斯特总领事馆公证的声明书表示放弃对黄冠某遗产的继承。

一审法院依据黄艺某、苏月某提出的财产保全申请，查封了宝宜公司名下位于广东省佛山市顺德区大良镇清晖路原华侨中学校址顺府国用(2000）字第010××8号土地使用权。宝宜公司表示被查封土地目前空置未开发。

一审法院认为：本案是涉港股权转让合同纠纷案件。依据最高人民法院于2011年11月30日作出（2011）民四终字第32号民事裁定，该院对本案享有管辖权。《备忘录》第17.1条约定，“本备忘录受香港法律管辖，并须按香港法律解释”；《买卖股权协议》第27条约定，“本协议适用香港特别行政区法律并依香港法律解释”。本案诉讼过程中，各方当事人均确认本案应适用香港特别行政区法律。《中华人民共和国民法通则》第一百四十五条第一款规定：“涉外合同的当事人可以选择处理合同争议所适用的法律，法律另有规定的除外。”本案是涉港案件，应当参照上述规定确定准据法。因此，本案适用香港特别行政区法律处理。

关于黄艺某、苏月某作为本案原告的诉讼主体是否适格的问题。黄冠某与苏月某均是佛山市顺德人，黄冠某生前与苏月某的婚姻关系无涉外或涉港澳台因素，故在其婚姻关系存续期间所得财产包括本案所涉财产权益的认定，应适应《中华人民共和国婚姻法》。根据该法第十七条的规定，本案所涉财产权益属黄冠某与苏月某的夫妻共同财产，苏月某作为共有人，就其财产份额有权提起本案诉讼。在黄冠某与苏月某、黄艺某、黄世某之间的继承法律关系中，亦无涉外或涉港澳台因素，故黄艺某是否为适格继承人的认定，应适用《中华人民共和国继承法》等相关法律的规定。在第一顺序继承人中，苏月某、黄世某明确表示放弃继承，黄艺某成为黄冠某遗产的唯一继承人。根据《中华人民共和国继承法》第二十五条的规定，黄艺某作为本案原告适格。周大福公司、亨满公司抗辩认为本案有关继承的主体资格应适用香港法，黄艺某、苏月某作为本案原告的诉讼主体不适格的主张，法律依据不足，不予支持。

关于诉讼时效问题。双方当事人均援引了香港《时效条例》第4（1）（a）条的规定，即基于合约或侵权行为的诉讼，于诉讼因由产生的日期起计满六年后，不得提出。故确认本案诉讼时效期限为诉讼因由产生的日期起计六年。2002年1月25日第四补充协议约定，黄冠某应于2002年5月31日前支付余款人民币9000万元，但黄冠某未按该约定履行付款义务。本案诉讼过程中，周大福公司、亨满公司提供的信函显示，在第四补充协议约定的最后付款期限2002年5月31日之后，周大福公司、亨满公司仍就合同履行问题与黄冠某协商。至2006年5月30日，周大福公司、亨满公司致函黄冠某明确告知终止股权转让协议。至此，双方就合同履行开始产生纠纷，一方要求解除合同的诉讼因由产生，黄艺某、苏月某基于涉案股权转让协议的解除，返还款项及违约责任等提起本案诉讼，诉讼因由产生的日期应为2006年5月30日周大福公司、亨满公司明确告知黄冠某终止股权转让协议之日，故本案诉讼时效应自2006年5月30日起计算。黄艺某、苏月某于2010年9月2日向一审法院起诉，没有超过六年的时效期间。黄艺某、苏月某认为其起诉周大福公司、亨满公司诉因产生日期是周大福公司、亨满公司致函黄冠某解除合同的2006年5月30日，依据充分，予以支持。周大福公司、亨满公司抗辩认为黄艺某、苏月某起诉已超过六年的时效限制，依据不足，不予支持。

关于违约方认定的问题。第一，黄冠某与周大福公司、亨满公司就涉案股权转让先后签订了《买卖股权协议》及四份补充协议，对此双方没有异议，予以确认。双方向法院提交的法律意见中均认为，契约自由与合同神圣是香港合同法律制度的基本原则，《买卖股权协议》及四份补充协议是有效的，对双方当事人均有约束力，确认《买卖股权协议》及四份补充协议有效，双方均应按照《买卖股权协议》及四份补充协议履行各自义务。第二，黄艺某、苏月某认为双方还签订了《备忘录》，周大福公司、亨满公司予以否认。周大福公司、亨满公司在本案中提交的管辖异议申请书和答辩状、宝宜公司提交的答辩状均明确确认，“周大福公司、亨满公司与黄冠某于2000年6月1日签署《备忘录》”。周大福公司、亨满公司后又抗辩认为其从未签署《备忘录》，依据不足，不予采信。因此，确认黄冠某与周大福公司、亨满公司于2000年6月1日签署了《备忘录》。第三，黄艺某、苏月某认为周大福公司、亨满公司违反《备忘录》第4.1条第（2）、（3）项的约定，已构成违约。《备忘录》第4.1条第（2）、（3）约定的“宝宜公司向顺德市政府有关部门领取房地产买卖的有关执照”及“拆除清理临时建筑物及终止租约”两项事项，在《买卖股权协议》第9条中已作变更，《买卖股权协议》第9条（a）约定，“发出必要通知以终止租赁关系……但是，在转让完成时及以后，股权出让方并不保证在移交土地时，土地是腾空的”；（b）约定，“转让方同意和帮助受让方在中国当地设立顺德宝宜公司，……顺德宝宜公司的主要活动和目的是开发《顺德市华侨中学原地块土地使用权转让协议书》项下的土地”；（c）约定，“……尽最大努力帮助受让方向有关政府部门或机关申请有关土地建设、建造或开发的许可……”由于双方已经对《备忘录》第4.1条第（2）、（3）项约定的权利义务作出变更，该约定对双方当事人不再产生约束力，双方应依新的约定行使权利、履行义务。因此，黄艺某、苏月某认为周大福公司、亨满公司违反《备忘录》第4.1条第（2）、（3）项的约定已构成违约，依据不足，不予支持。第四，黄艺某、苏月某认为周大福公司、亨满公司违反《买卖股权协议》第9条的约定，已构成违约。《买卖股权协议》第9条是“最大勤勉”约定，即转让方尽最大努力帮助受让方控制土地，转让方以其最大努力帮助和同意受让方设立顺德宝宜公司，转让方尽最大努力帮助受让方向有关政府部门申请有关土地建设、建造或开发的许可等，该“最大勤勉”条款要求周大福公司、亨满公司尽最大努力帮助黄冠某完成有关事项，是周大福公司、亨满公司对黄冠某的协助义务，本案中没有证据显示黄冠某就设立顺德宝宜公司、向有关政府部门申请开发许可等有关事项采取过任何措施，也没有证据显示黄冠某向周大福公司、亨满公司提出过协助其完成有关事项的请求。由于黄冠某并未开始办理有关事项，周大福公司、亨满公司无履行相应的协助义务的前提。且本案诉讼中，黄艺某、苏月某确认周大福公司、亨满公司已发出清理租约通知和清理部分租约，也没有证据显示涉案土地已进行开发建设。故黄艺某、苏月某认为周大福公司、亨满公司违反《买卖股权协议》第9条的约定已构成违约，依据不足，不予支持。第五，由于黄冠某没有按照《买卖股权协议》的约定支付股权转让款，周大福公司、亨满公司与黄冠某先后签订四份补充协议，约定对黄冠某的付款期限予以延期。2002年1月25日第四补充协议明确约定黄冠某应将余款人民币9000万元在2002年5月31日前支付，但此后黄冠某并未依约向周大福公司、亨满公司付款，故黄冠某的行为已构成违约。综上，黄艺某、苏月某主张周大福公司、亨满公司违约的依据不足，不予支持。周大福公司、亨满公司抗辩认为黄冠某迟延付款已构成违约，依据充分，予以支持。

关于周大福公司、亨满公司应否向黄艺某、苏月某返还款项及其数额的问题。第一，按照2002年1月25日第四补充协议约定，周大福公司、亨满公司与黄冠某共同确认黄冠某已支付的款项为2000万港元、人民币9350万元、人民币4861217元迟延付款利息，对此付款数额予以确认。黄艺某、苏月某认为其已按照《备忘录》向周大福公司、亨满公司支付了人民币2000万元诚意金，周大福公司、亨满公司对此不予认可。由于黄艺某、苏月某未能提供证据证明黄冠某已向周大福公司、亨满公司支付了人民币2000万元诚意金，故对黄艺某、苏月某该主张不予支持。第二，《买卖股权协议》第18条“受让方违约”约定，“如果受让方出现违约或未能支付二期款项或股权转让的余款（不归于转让方的责任），当转让方已经按照本协议约定的方式履行了义务，转让方有权认为受让方拒绝协议并没收订金4500万港元作为损害赔偿金。自此以后，双方不得另外索赔，多余的款项（高于4500万港元）应由转让方退还给受让方，但无需支付利息”。由于黄冠某未按约定支付剩余股权转让款已构成违约，2006年5月30日周大福公司、亨满公司致函黄冠某明确告知终止股权转让协议，本案诉讼过程中，双方均确认《买卖股权协议》及四份补充协议已于2006年5月30日解除，故确认《买卖股权协议》及四份补充协议解除。由于《备忘录》与《买卖股权协议》均是就涉案股权转让事宜所签订的合同，在双方确认解除《买卖股权协议》及四份补充协议的情况下，黄艺某、苏月某诉请解除《备忘录》，依据充分，予以支持。合同解除后，按照《买卖股权协议》第18条的约定，黄冠某已向周大福公司、亨满公司支付2000万港元及人民币98361217元，周大福公司、亨满公司在扣除4500万港元后，其余款项应返还给黄艺某、苏月某。由于《买卖股权协议》第18条明确约定，双方不得另外索赔及所退还的款项无需支付利息，黄艺某、苏月某诉请支付利息，依据不足，不予支持。综上，周大福公司、亨满公司应向黄艺某、苏月某返还的款项为人民币98361217元减去2500万港元（按2006年5月30日中国人民银行公布的人民币对港元汇率中间价折算为人民币后扣减）。

关于宝宜公司应否承担还款责任的问题。本案是股权转让合同纠纷，周大福公司、亨满公司与黄冠某签订《买卖股权协议》约定向黄冠某转让所持有的宝宜公司100%股权和股东贷款权益。黄艺某、苏月某主张宝宜公司应与周大福公司、亨满公司共同承担还款责任。宝宜公司仅是《买卖股权协议》转让股份的目标公司，并不是合同当事人，也不是股东贷款权益的转、受让方，是合同以外的第三人，故不受合同的约束。黄艺某、苏月某诉请宝宜公司与周大福公司、亨满公司共同承担还款责任，依据不足，不予支持。

综上，黄艺某、苏月某部分请求依据充分，予以支持；其他诉讼请求依据不足，予以驳回。该院依照《中华人民共和国民法通则》第一百四十五条第一款，《中华人民共和国婚姻法》第十七条，《中华人民共和国继承法》第二十五条，《中华人民共和国民事诉讼法》第六十四条、第六十九条的规定，判决：一、确认周大福公司、亨满公司与黄冠某于2000年6月1日签订的《备忘录》解除；周大福公司、亨满公司与黄冠某于2000年6月19日签订的《买卖股权协议》、于2000年9月18日签订的第一补充协议、于2000年11月14日签订的第二补充协议、于2001年6月15日签订的第三补充协议、于2002年1月25日签订的第四补充协议解除；二、周大福公司、亨满公司应于判决发生法律效力之日起三十日内向黄艺某、苏月某返还如下款项：人民币98361217元减去2500万港元（按2006年5月30日中国人民银行公布的人民币对港元汇率中间价折算为人民币后扣减）；三、驳回黄艺某、苏月某的其他诉讼请求。如果未按判决指定的期间履行给付金钱义务，应当依照《中华人民共和国民事诉讼法》第二百五十三条的规定，加倍支付迟延履行期间的债务利息。一审案件受理费1212255.50元，由黄艺某、苏月某负担812255.50元，周大福公司、亨满公司负担40万元。

黄艺某、苏月某不服上述一审判决，向本院提起上诉称：（一）一审判决将本案性质仅仅认定为股权转让纠纷错误。本案争议不仅包括股权转让，还包括股东贷款权益转让。1. 根据《备忘录》第3.1条、第3.2条以及《买卖股权协议》“鉴于”部分、第2条、第3条、第4条的约定，合同转让的标的不仅包括股权，还包括股东对公司的贷款债权。2. 周大福公司、亨满公司和宝宜公司向一审法院提交的管辖权异议申请书、向最高人民法院提交的答辩状中，均确认本案为股权转让和债权转让纠纷。3. 一审法院在管辖权裁定和一审判决事实查明部分中均确认，本案既涉及股权转让，也涉及债权转让。4. 最高人民法院裁定中已经指出，“本案所涉合同虽名为股权转让合同，但同时涉及债权转让”。（二）一审判决认定宝宜公司不应共同承担还款责任错误。根据香港法律和内地法律，宝宜公司作为本案债务人，应与周大福公司、亨满公司共同承担还款责任。1. 根据香港《法律修订及改革（合并）条例》第 9 条规定，当事人通过书面合同方式转让债权，受让人有权利取得转让方对债务人的所有法律权利，包括诉讼和救济的权利。在得知转让方和受让方就债权转让发生争议时，债务人如果要对该债权进行清偿，债务人应该向法庭缴存该笔债项。2. 最高人民法院裁定明确宝宜公司为本案的债务人，根据香港法律，宝宜公司作为本案债权转让纠纷的债务人，黄艺某、苏月某有权要求其承担共同还款责任。3. 宝宜公司在香港对黄艺某、苏月某提起的对抗诉讼以及宝宜公司提供的证据，均表明宝宜公司是本案债务人，依法应承担还款义务。2011 年 3 月 24 日，周大福公司、亨满公司和宝宜公司分别以第一、第二和第三原告的身份，在香港高等法院起诉黄艺某、苏月某，案号 HCA 499/2011，请求判决：（1）确认买卖股权协议和补充协议受香港法律管辖且依法有效；（2）确认黄冠某违约，周大福公司、亨满公司已合法终止买卖股权协议；（3）颁令黄艺某、苏月某向周大福公司、亨满公司支付违约赔偿金，确认周大福公司、亨满公司有权并已合法没收黄冠某根据买卖股权协议和补充协议规定已支付的所有款项；（4）颁布禁制令，禁制黄艺某、苏月某在中国或其他司法管辖区向三位原告人就上述事项（特别是经补充之买卖股权协议）展开及/或继续任何法律程序，包括但不限于广东诉讼案；（5）支付利息、讼费和其他法院认为恰当的济助。香港高等法院受理了该案。2012 年 1 月 4 日，宝宜公司又向香港高等法院提交变更诉讼请求申请，变更后的诉讼请求为：确认黄冠某违约，而周大福公司、亨满公司已经合法终止了买卖股权协议及其补充协议。显然，宝宜公司是作为合同当事方向香港法院提出的请求。4. 依据香港代理法，宝宜公司应受《备忘录》和《买卖股权协议》的约束。宝宜公司《章程》规定，公司董事负责公司的运营，并代表公司处理重大事务等。周大福公司、亨满公司是宝宜公司的股东，持有全部股权，代表宝宜公司与顺德市政府签署《土地使用权转让协议书》的郑裕甲和李兆某以及代表宝宜公司与顺德市政府签订《土地使用权出让合同》的郑裕乙都是与黄冠某签订《备忘录》与《买卖股权协议》的代表。可见，《备忘录》和《买卖股权协议》及其补充协议均是由宝宜公司的董事签署，签署该文件董事的数额超过宝宜公司董事人数的50%。宝宜公司的董事是宝宜公司的代理人，因此，宝宜公司应受合同条款约束。5. 根据《中华人民共和国合同法》第七十三条和第八十条的规定，黄艺某、苏月某有权要求宝宜公司与周大福公司、亨满公司共同承担合同解除后的还款责任。6.《备忘录》第4.2条和《买卖股权协议》第9条约定的"领取国有土地使用证、房地产买卖执照，和清理土地上临时建筑物与租约"、"终止租赁关系、驱逐居住者、非法占有者、房东"、成立顺德宝宜公司以及申请相关许可证等行为，必须是宝宜公司才有资格履行的义务，可见宝宜公司受合同条款约束。7. 宝宜公司提交其给第三方卢康某先生的函表明，其承认签署了本案所涉《备忘录》。(三) 一审判决认定周大福公司、亨满公司没有违约，认定事实错误。周大福公司、亨满公司和宝宜公司未能完成《备忘录》约定的先决条件，也未能全部履行《买卖股权协议》约定的义务，导致合同目的无法实现，应承担违约责任。黄冠某行使抗辩权而停止付款的行为不应被认定为违约行为。1.《备忘录》和《买卖股权协议》各自独立约定了周大福公司、亨满公司、宝宜公司应承担的合同义务，两者之间不存在代替关系。《备忘录》约定的先决条件没有被《买卖股权协议》第9条所改变，也没有被其他条款改变。2. 从《备忘录》第4条看，此项交易须在周大福公司、亨满公司、宝宜公司完成领取国有土地使用权证、领取房地产买卖执照和清除及拆除土地上的所有临时建筑和终止所有现有租约三项义务后才能进行，三项义务须在《备忘录》签订日起八个月内完成，否则，应承担违约责任。而周大福公司、亨满公司、宝宜公司除领取国有土地使用权证外，其他两项义务一直未完成。由于周大福公司、亨满公司、宝宜公司的行为导致合同先决条件不能成就，致使《备忘录》约定的以转让顺德市原华侨中学土地使用权为基本内容的股权及股东贷款权益转让不能进行。3. 根据《买卖股权协议》第32条的约定，不能根据合同中的标题对相关条款作出结论性解释，因此，第9条有关终止租赁关系、成立顺德宝宜公司和取得土地权证的行为都是只有周大福公司、亨满公司、宝宜公司才能够完成的行为，是其应该履行的合同义务，此时黄冠某尚未取得宝宜公司股东资格，根本不可能办理上述事项。4. 根据合同约定和香港法律规定，周大福公司、亨满公司、宝宜公司违约时，黄冠某有权行使抗辩权，有权解除合同，并请求返还款项、支付赔偿金。5. 2012年12月7日，香港高等法院在黄艺某、苏月某缺席的情况下，根据香港法作出了裁决，裁定撤销周大福公司、亨满公司和宝宜公司提出的有关确认黄冠某违约以及周大福公司、亨满公司已经合法终止买卖股权协议和补充协议的申请。可见，香港高等法院已经根据香港法律认定黄冠某并不存在违约行为。（四）一审法院在确认《备忘录》有效的情况下，仅以无付款凭证为由否认黄冠某支付2000万元诚意金，既违反了合同约定，也违反了民事诉讼优势证据原则。周大福公司、亨满公司、宝宜公司应该偿还黄冠某根据《备忘录》支付的2000万元诚意金。1.《备忘录》约定2000万元诚意金是签订《股权买卖协议》的前提条件，《股权买卖协议》的签订证明黄冠某已经支付了该笔款项。2.《备忘录》和《股权买卖协议》对转让金额的约定，也证明黄冠某已经支付了该笔款项。（五）一审判决认定合同解除，周大福公司、亨满公司承担还款责任，但无需支付利息，是对合同条款的错误理解，也违反了法律规定。根据香港法律，合同解除后，应返还但未返还的款项产生的利息属于不当得利，周大福公司、亨满公司、宝宜公司应承担自合同解除之日起未返还款项的利息。《股权买卖协议》第18条“无需支付利息”指的是合同解除前已付款项的利息无需支付，不包括合同解除后拖延还款的利息。综上，请求撤销一审判决，改判支持其全部诉讼请求。

周大福公司、亨满公司答辩称：（一）在《买卖股权协议》履行过程中，周大福公司、亨满公司为守约方，不存在任何违约行为。周大福公司、亨满公司从未与黄冠某签署过《备忘录》，故黄艺某、苏月某引用《备忘录》中“先决条件”指证周大福公司、亨满公司存在违约行为不能成立。即使存在《备忘录》，根据《买卖股权协议》第25条的约定，双方都不能依赖在合同签订前、协商过程中所产生的文件、书信、讨论内容及对话内容等反驳该合同书面记载的任何内容，因此，在《买卖股权协议》签署之前形成的《备忘录》实际已不再具有任何法律效力。《买卖股权协议》第9条约定的只是周大福公司、亨满公司对黄冠某的协助义务，是一种附随义务，其履行前提取决于黄冠某对有关事项先行主动采取了措施，且为此向周大福公司、亨满公司提出过协助、帮助其完成有关事项的请求，而本案中并无证据证实黄冠某有此行为。（二）根据《买卖股权协议》及四份补充协议的约定，黄冠某拒不按约履行付款义务事实清晰，虽然周大福公司、亨满公司已在股权转让款的支付时间上给予黄冠某多次宽限，但黄冠某始终没有按约定的期限和数额支付股权转让款及逾期付款利息，构成根本违约。作为违约方，黄艺某、苏月某无权对守约的周大福公司、亨满公司行使抗辩权。（三）黄艺某、苏月某要求返还款项及支付损害赔偿金的诉请均建立于周大福公司、亨满公司违约的基础上，因此，对其诉讼请求依法应予驳回。（四）《备忘录》并非真实有效，且黄艺某、苏月某没有证据证明黄冠某已支付了2000万元诚意金，故对黄艺某、苏月某关于返还2000万元诚意金的诉讼请求应予驳回。（五）《买卖股权协议》及四份补充协议系因黄冠某的违约而被依法解除，根据合同约定及香港法律规定，周大福公司、亨满公司有权没收黄冠某已支付的全部股权转让款（含订金4500万港元），无须向黄艺某、苏月某返还任何款项。

宝宜公司答辩称：（一）黄冠某未能依据《买卖股权协议》及四份补充协议的约定取得宝宜公司的股权及股东贷款债权，黄艺某、苏月某无权向宝宜公司提出任何权利主张。（二）宝宜公司仅系周大福公司、亨满公司股东贷款的债务人，不是黄冠某的债务人，更不能据此认定宝宜公司须向黄冠某承担还款责任。（三）本案系黄艺某、苏月某与周大福公司、亨满公司之间因履行《买卖股权协议》而引起的纠纷，合同的签订、履行均发生在香港，内地法院本无管辖权，但黄艺某、苏月某却将与本案无关的宝宜公司列为被告，通过滥用诉权取得内地法院的管辖权。本案的审理结果表明，宝宜公司无需承担责任。黄冠某生前在履行合同过程中由于资金不足，要求延期付款，并与周大福公司、亨满公司签订多份补充协议，黄艺某、苏月某却认为周大福公司、亨满公司违约，并提出高达2亿多元的诉讼请求，图谋非法利益，其诉讼请求不应得到支持。

周大福公司、亨满公司亦不服一审判决，向本院提起上诉称：（一）一审法院确认周大福公司、亨满公司与黄冠某签署了《备忘录》，与客观事实不符。黄艺某、苏月某提交的《备忘录》的真实性不能成立。1.《备忘录》上所载“郑裕乙”英文签名是恶意冒充。2. 林高某在一审时已向法院递交了书面声明文件，否认曾在《备忘录》上签名，周大福公司、亨满公司亦已向一审法院申请对《备忘录》进行笔迹司法鉴定，但未获准许。3. 周大福公司、亨满公司和宝宜公司在管辖权异议阶段提交的管辖异议申请书和答辩状，仅是为了解决案件管辖这一程序问题暂时援引了黄艺某、苏月某在诉状中陈述的内容，并不代表已经认可《备忘录》的真实性。4. 在香港的诉讼中，周大福公司、亨满公司和宝宜公司起诉状载明，“周大福公司、亨满公司与黄冠某草拟了《备忘录》，但双方并没有签署上述《备忘录》”。（二）在已经确认黄冠某违约的前提下，黄艺某、苏月某以周大福公司、亨满公司和宝宜公司违约为由提出的诉讼请求应予驳回，一审判决主文第二项严重违背了民事诉讼“不告不理”的基本原则。是否以及如何追究黄冠某违约后产生的法律责任，应当另案处理，这是属于周大福公司、亨满公司的权利。（三）一审法院认定事实错误。1. 第四补充协议中所确认的4861217元利息，是黄冠某因未能按时支付转让款而自愿额外向周大福公司、亨满公司承担的责任，并非转让款本金。2. 根据香港法律的规定，本案诉讼时效期限为诉讼因由产生的日期起计六年。黄艺某、苏月某明确表示合同已于2002年5月31日解除，要求自该日起由周大福公司、亨满公司和宝宜公司承担法律责任，因此，其诉讼因由产生的日期应当是2002年5月31日，由此计算，本案显然已经超过了六年的时效期间。3. 本案适用香港法律，在黄冠某去世后，黄艺某、苏月某并未能提供证据证明其已按香港法律规定在香港履行法定手续成为黄冠某的遗嘱执行人或者遗产管理人，因此，其不具备提起本案诉讼的主体资格。（四）最高人民法院裁定认为，本案所涉合同虽名为股权转让合同，但同时涉及股东贷款权益的转让，宝宜公司作为债务人，就与本案存在法律上的利害关系，因本案被告宝宜公司在广东省内有可供扣押财产，故一审法院对本案享有管辖权，但该裁定赋予一审法院的只是对本案的暂定管辖权。根据一审查明的事实，宝宜公司无须承担任何责任，该暂定管辖权已经丧失继续存在的事实基础。根据《中华人民共和国民事诉讼法》第二百六十五条的规定以及《买卖股权协议》第27条的约定，本案应由香港法院管辖。此外，根据《最高人民法院关于适用〈中华人民共和国民事诉讼法〉的解释》第五百三十二条确立的“不方便法院原则”的规定，应判令驳回黄艺某、苏月某的起诉。综上，请求改判，删除一审判决主文第一项中关于解除《备忘录》部分，撤销一审判决主文第二项，驳回黄艺某、苏月某的其他诉讼请求。

黄艺某、苏月某答辩称：（一）周大福公司、亨满公司、宝宜公司与黄冠某签订并部分履行了《备忘录》，《备忘录》条款并没有被《买卖股权协议》修订。本案不仅是股权转让纠纷，更是债权转让纠纷，一审法院错误认定本案为股权转让纠纷，并继而错误认定宝宜公司是股权转让的目标公司，判决宝宜公司不承担还款责任，明显错误。《买卖股权协议》的签订证明黄冠某已经支付了《备忘录》

第3.2.1条约定的诚意金，《买卖股权协议》约定的合同总价格是依《备忘录》约定总价扣除2000万元诚意金，一审判决忽视这些事实，没有认定黄冠某支付了2000万元诚意金，是错误的。（二）周大福公司、亨满公司和宝宜公司提供的证据证明其不但违反了《备忘录》，而且违反了《买卖股权协议》。2003年7月25日，黄冠某曾要求周大福公司、亨满公司和宝宜公司提供付清1.6亿元土地出让款的收据、提供顺德华侨中学原地址的“报建及报批手续”等以便完成交易，但其至今未履行该义务。（三）周大福公司、亨满公司和宝宜公司并未就黄冠某是否违约、是否承担违约责任和是否扣除赔偿金等问题提出反诉，因此，一审判决认定黄冠某违约并应承担违约责任，违反了“不告不理”原则。（四）本案没有超过诉讼时效。香港《时效条例》第4条（1）（a）规定，基于简单合约或侵权行为的诉讼，于诉讼因由产生的日期起计满六年后，不得提出。本合同为该类案件，时效应为诉因产生之日起计六年。在《备忘录》、《买卖股权协议》以及补充协议签订后履行期间，直到2006年5月30日周大福公司等致函黄冠某告知终止协议时，双方就合同解除以及款项返还才开始发生争议。因此，黄艺某、苏月某基于本案合同解除、款项返还和违约责任追究的诉因产生日期应为2006年5月30日。在协商未果的情况下，黄艺某、苏月某才于2010年7月提起本案诉讼，因此，没有超过六年时效期间。（五）根据内地法律，黄艺某为黄冠某遗产的继承人，苏月某为黄冠某妻子，黄艺某、苏月某具备本案诉讼主体资格，且周大福公司、亨满公司和宝宜公司已经以自己的诉讼行为认可了黄艺某、苏月某的诉讼主体资格。故应驳回周大福公司、亨满公司的上诉。

本院二审查明：《买卖股权协议》第14条关于“保证和陈述”约定，转让方对受让方就如下陈述予以保证：（f）（x）除了缔结中文协议和土地出租协议外，宝宜公司没有也不会实施经营活动或从事导致或有债务的行为，但已经披露的除外（包括但不限于建设、建筑和开发土地）。第32条关于“标题”约定，本协议任何标题或副标题仅作参考，不得对相关条款作出结论性解释。

二审期间，周大福公司、亨满公司申请对《备忘录》上“郑裕乙”“林高某”签名的真实性进行司法鉴定。虽然周大福公司、亨满公司否认《备忘录》的真实性，但周大福公司、亨满公司和宝宜公司在香港的起诉状中陈述，“大约于2000年5月至6月左右，周大福公司、亨满公司（共同以卖方的身份）与黄冠某（以买方的身份）就买卖宝宜公司股份进行商谈。商谈过程中更草拟了一份名为《备忘录》的文件”，还述及“虽然买卖双方并没有签署上述《备忘录》，但周大福公司、亨满公司（共同以卖方身份）与黄冠某（以买方身份）其后于2000年6月19日签订《股权买卖协议》”，并将《备忘录》作为对其有利的证据提交香港高等法院原诉法庭。由此可见，周大福公司、亨满公司并不否认《备忘录》本身的真实性，只是认为其并未正式签署。因此，一审法院确认《备忘录》的真实性是正确的。因而，没有必要对《备忘录》上“郑裕乙”“林高某”签名的真实性进行司法鉴定。对周大福公司、亨满公司的鉴定申请，不予准许。

各方当事人对一审判决认定的其他事实并无异议，二审期间亦没有提交新证据。因此，除上述对合同部分内容补充外，本院对一审判决认定的事实予以确认。

本院认为：（一）关于本案案由问题。根据《最高人民法院关于适用〈中华人民共和国涉外民事关系法律适用法〉若干问题的解释（一）》第十九条以及《中华人民共和国涉外民事关系法律适用法》第八条的规定，本案纠纷定性应当适用法院地法——内地法律。从本案系争合同的内容看，包括两方面权益转让，一是周大福公司、亨满公司将持有的宝宜公司全部股权转让给黄冠某，二是周大福公司、亨满公司将其对宝宜公司的股东贷款权益转让给黄冠某，因此，本案实质系股权及债权转让合同纠纷。根据法〔2011〕42号《最高人民法院关于印发修改后的〈民事案件案由规定〉的通知》的要求及其所附《民事案件案由规定》，对于第三级案由没有规定的，适用相应的第二级案由，本案案由应确定为合同纠纷。一审法院仅将本案定性为股权转让纠纷欠妥，应予纠正。黄艺某、苏月某关于本案不仅涉及股权转让，还涉及债权转让的观点是正确的，但案由仍应确定为合同纠纷。

（二）关于黄艺某、苏月某是否为本案适格原告问题。原告是否适格的问题首先是程序法上的问题。程序法事项自应适用法院地法律——内地法律。《中华人民共和国民事诉讼法》第一百一十九条第一项规定，“原告是与本案有直接利害关系的公民、法人和其他组织”。黄艺某、苏月某是否是与本案有直接利害关系的公民？这是本案的先决问题。《最高人民法院关于适用〈中华人民共和国涉外民事关系法律适用法〉若干问题的解释（一）》第十二条规定：“涉外民事争议的解决须以另一涉外民事关系的确认为前提时，人民法院应当根据该先决问题自身的性质确定其应当适用的法律。”本案中，黄艺某系以黄冠某法定继承人的身份主张权益，苏月某系以黄冠某夫妻财产共有权人的身份主张权益。《中华人民共和国涉外民事关系法律适用法》第三十一条规定：“法定继承，适用被继承人死亡时经常居所地法律，但不动产法定继承，适用不动产所在地法律。”被继承人黄冠某死亡时经常居所地是内地，因此，一审法院适用内地法律并根据《中华人民共和国继承法》第二十五条第一款的规定，确定黄艺某是黄冠某的合法继承人，黄艺某有权继承本案所涉财产，是正确的。《中华人民共和国涉外民事关系法律适用法》第二十四条规定：“夫妻财产关系，当事人可以协议选择适用一方当事人经常居所地法律、国籍国法律或者主要财产所在地法律。当事人没有选择的，适用共同经常居所地法律；没有共同经常居所地的，适用共同国籍国法律。”黄冠某与苏月某的共同经常居所地是内地，因此，一审法院适用内地法律并根据《中华人民共和国婚姻法》第十七条的规定，认定本案所涉财产属于黄冠某与苏月某的夫妻共同财产，苏月某是本案系争财产的共有人，是正确的。黄冠某去世后，黄艺某、苏月某分别作为其财产继承人和财产共有人，提起本案诉讼，显然符合《中华人民共和国民事诉讼法》第一百一十九条关于“原告”的规定，是本案适格的原告。周大福公司、亨满公司关于应当适用香港法律确定黄艺某、苏月某是否为本案适格诉讼主体的观点是错误的。

（三）关于本案管辖权问题。本院（2011）民四终字第32号民事裁定已经确定内地法院对本案享有管辖权，当事人无权再就管辖权问题提出异议。此外，根据管辖恒定原则，即便据以确定管辖的事实在诉讼过程中发生变化，也不影响原告起诉、法院受理之时已经确定的法院的管辖权，以维护程序安定和诉讼效率等价值。黄艺某、苏月某将宝宜公司列为本案被告，宝宜公司应否承担责任，是需要经过实体审理才能最终确定的。因此，周大福公司、亨满公司以所谓暂定管辖权、不方便法院原则等理由认为本案应当裁定驳回黄艺某、苏月某起诉的观点，不能成立。

（四）关于本案所涉合同项下违约责任承担问题。本案系涉港合同纠纷案件。《备忘录》第17条约定：“本备忘录受香港法律管辖，并须按香港法律解释。”《买卖股权协议》第27条约定：“本协议适用香港特别行政区法律并依香港法律解释。”一审法院适用《中华人民共和国民法通则》第一百四十五条第一款的规定，确定本案合同纠纷应当适用香港特别行政区法律是正确的。各方当事人对此并无异议。从合同形式、当事人订约资格、意思表示、对价、合同目的等方面考察，《备忘录》、《买卖股权协议》及其四份补充协议均符合香港合同法上关于合同有效的条件，一审法院认定《备忘录》、《买卖股权协议》及其四份补充协议均为有效正确。双方当事人均表达了解除合同的意愿，《备忘录》、《买卖股权协议》及其四份补充协议应予解除。

《买卖股权协议》第25条约定："本协议包括双方所有的谅解和协议，无论是缔约方自行或他人以缔约方名义作出的，有关或产生于股权获得的陈述、保证，无论是明示或者暗示，法定或其他的，如果没有包含在、或在协议或任何附件中提及的，均不会导致陈述和保证作出者承担任何责任。"根据该约定，违反《备忘录》的约定不须承担法律责任，从这个意义上讲，《买卖股权协议》已经事实上替代了《备忘录》。黄艺某、苏月某根据《备忘录》第4条的约定追究周大福公司、亨满公司的违约责任，缺乏依据。根据《买卖股权协议》的约定，周大福公司、亨满公司的主要合同义务是在转让款付清后将宝宜公司全部股权和对宝宜公司的股东贷款权益转让给黄冠某，黄冠某的主要合同义务是支付1.845亿港元价款，其中第9条约定对于转让方周大福公司、亨满公司而言，属于附随义务。本案中，黄冠某未能依据《买卖股权协议》约定的期限完成付款义务，在先后签订四次补充协议、推迟付款期限的情况下，仍未完成。《买卖股权协议》并未明确约定转让款的支付以周大福公司、亨满公司履行特定义务为前提。因此，一审法院认定黄冠某构成违约，且没有支持黄艺某、苏月某关于认定周大福公司、亨满公司违约的诉讼请求，并无不当。黄艺某、苏月某关于周大福公司、亨满公司应承担违约责任、其为行使抗辩权而停止付款的行为不构成违约的上诉理由，不能成立。

《股权买卖协议》第18条约定，在受让方违约的情况下，转让方有权"没收订金4500万港元作为损害赔偿金"，且"自此以后，双方不得另外索赔，多余的款项应由转让方退还给受让方，但无需支付利息"。根据该约定，在黄冠某违约的情况下，周大福公司、亨满公司仅有权扣收4500万港元，其余款项均应予退还，且不得另外索赔。黄冠某已经支付2000万港元、9350万元人民币以及4861217元人民币，在此基础上扣除4500万港元，一审法院判令周大福公司、亨满公司向黄艺某、苏月某返还“98361217元人民币减去2500万港元”款项是正确的。尽管其中黄冠某已付的4861217元人民币当时是作为利息支付，但由于黄冠某承担的违约责任就是4500万港元，因此，其已付款项不论性质为何，均应统一计算在已付款总额中，由周大福公司、亨满公司在扣除4500万港元后将余款退还。周大福公司、亨满公司关于4861217元人民币不应予以返还的上诉理由，不能成立。同时，《买卖股权协议》第18条已经明确约定，余款由转让方退还给受让方无需支付利息，因此，黄艺某、苏月某无权就此主张利息，其关于周大福公司、亨满公司应就还款支付利息的观点是对合同条款的错误解释，该上诉理由不能成立。

法院根据查明的事实，在认定黄冠某违约的情况下，确定合同解除后各方当事人应当承担的法律责任，是解决合同争议的应有之义。一审判决在驳回黄艺某、苏月某以周大福公司、亨满公司违约为由提出的诉讼请求的同时，将周大福公司、亨满公司根据合同应当返还的款项一并在本案中作出处理是正确的，并未超出本案的审理范围，不存在所谓违反“不告不理”诉讼基本原则的问题。周大福公司、亨满公司关于黄冠某违约后产生的法律责任应当另案处理的上诉理由，不能成立。

（五）关于《备忘录》项下2000万元人民币诚意金是否已经支付问题。黄艺某、苏月某认为黄冠某已经依据《备忘录》支付了2000万元诚意金，周大福公司、亨满公司不予认可，在此情形下，黄艺某、苏月某并未举出充分的证据证明黄冠某实际向周大福公司、亨满公司支付了该笔款项，其仅仅是根据《备忘录》关于诚意金的约定以及《买卖股权协议》确定价款等情节，推定黄冠某已经支付2000万元诚意金，不能达到高度可能性的证明标准，无法使法官形成内心确信。因此，一审法院未予认定黄冠某支付2000万元诚意金这一事实并无不妥。黄艺某、苏月某关于周大福公司、亨满公司应该返还2000万元诚意金的上诉理由，因缺乏事实依据，不能成立。

（六）关于宝宜公司应否承担本案债务的问题。宝宜公司并非《备忘录》、《买卖股权协议》及其四份补充协议的当事方，其仅是合同约定的股权转让项下的目标公司和债权转让项下的债务人，根据香港《法律修订及改革（合并）条例》第9条的规定，不能得出宝宜公司在本案中负有向黄艺某、苏月某承担清偿责任的结论。一审法院没有支持黄艺某、苏月某对宝宜公司提出的承担还款责任的主张，是正确的。黄艺某、苏月某关于根据香港法律和内地法律，宝宜公司均应与周大福公司、亨满公司共同承担本案还款责任的上诉理由，不能成立。

（七）关于本案的诉讼时效问题。《中华人民共和国涉外民事关系法律适用法》第七条规定："诉讼时效，适用相关涉外民事关系应当适用的法律。"本案诉讼时效即应当根据合同纠纷所适用的法律——香港特别行政区法律确定。香港《时效条例》第4条（1）（a）规定，基于合约或侵权行为的诉讼，于诉讼因由产生之日起计六年。一审法院根据该规定认定本案诉讼时效为六年正确。各方当事人对此并无异议，但对于该时效期间的起算点存在争议。黄艺某、苏月某认为应当从2006年5月30日起计算，而周大福公司、亨满公司认为应当从2002年5月31日起计算。黄艺某、苏月某提起本案诉讼，系基于黄冠某与周大福公司、亨满公司之间签订的合同，请求确认合同解除并由周大福公司、亨满公司、宝宜公司返还已付转让款及其利息并赔偿损失。虽然合同约定黄冠某的付款期限届满是2002年5月31日，但周大福公司、亨满公司通知黄冠某解除合同的时间是2006年5月30日，此后双方继续对合同终止后的相关问题进行了协商，在双方不能达成一致的情况下，黄艺某、苏月某才提起本案诉讼。可见，本案诉讼因由产生于2006年5月30日，而不是2002年5月31日。因此，一审判决认定本案并未超过诉讼时效期间是正确的。周大福公司、亨满公司关于本案已超过诉讼时效期间的上诉理由，不能成立。

综上，一审法院认定基本事实清楚，适用法律正确，应予维持。上诉人黄艺某、苏月某以及上诉人周大福公司、亨满公司的上诉理由均不能成立，不应予以支持。本院依照《中华人民共和国民事诉讼法》第一百七十条第一款第一项的规定，判决如下：

驳回上诉，维持原判。

二审案件受理费1212255.50元，由上诉人黄艺某、苏月某负担606127.75元，上诉人周大福公司、亨满公司负担606127.75元。

本判决为终审判决。

审判长：高晓力；审判员：刘敏、李伟；法官助理：陈瑞子；书记员：徐剑禧

二〇一五年六月二十九日

二、知识产权纠纷

涉及方法专利的民事侵权诉讼中，实施被诉侵权方法的证据材料通常由被诉侵权人控制或者保存，专利权人依法提出证据保全，法院应当及时采取证据保全措施

——李某与宝翔公司侵害发明专利权纠纷

【裁判观点】

（1）在涉及方法专利的民事侵权诉讼中，由于实施被诉侵权方法的证据材料通常由被诉侵权人控制或者保存，专利权人往往难以提供相应的证据。因此，对于专利权人依法提出证据保全，并且符合法律规定的证据保全条件的，人民法院应当及时采取证据保全措施。

（2）在侵犯专利权民事诉讼中，鉴定意见仅仅是可以用于证明案件事实的证据类型之一，但鉴定并非诉讼中的必经程序，如果基于其他相关证据足以认定是否构成侵权，则无须委托鉴定。

中华人民共和国最高人民法院

民 事 裁 定 书

案号　（2015）民申字第582号

再审申请人（一审原告、二审上诉人）：李某。

委托代理人：陈福，北京大成律师事务所律师。

委托代理人：潘剑敏，北京大成律师事务所律师。

被申请人（一审被告、二审被上诉人）：宝翔公司。

法定代表人：苏铁某，该公司董事长。

委托代理人：王文庆，河北东尚律师事务所律师。

委托代理人：李春柱，该公司技术部部长。

再审申请人李某因与被申请人宝翔公司侵害发明专利权纠纷一案，不服河北省高级人民法院于2014年8月7日作出的（2014）冀民三终字第123号民事判决，向本院申请再审。本院依法组成合议庭对本案进行了审查，本案现已审查终结。

李某申请再审称：1. 应该由宝翔公司提供其制造方法不同于涉案专利方法的证据。宝翔公司制造了与涉案专利发明同样的产品，该产品经由涉案专利方法制造的可能性很大。2. 一审法院要求进行证据保全和技术鉴定必须同时进行，并要求李某缴纳高额的鉴定费，这一要求属于程序违法，二审法院维持一审判决也是错误的。在证据保全过程中，不涉及复杂的技术问题，不需外聘技术专家，通过双方当事人的技术人员在场相互指认并配合法院进行拍照、录像、制作笔录等，即可完成证据保全工作。本案并没有确定的鉴定对象，无法进行鉴定。3. 一审法院判决不公正，二审法院维持了一审不公正判决。李某于2013年11月初向一审法院递交立案材料，一审法院于2013年11月28日下发《受理案件通知书》。李某提出诉前证据保全申请，直到2014年7月14日才组织双方当事人进行证据交换。在一审过程中，李某再次提出证据保全申请，一审法院要求证据保全和技术鉴定同时进行并要求申请人缴纳高额的鉴定费，而二审却维持了一审判决。综上，请求本院撤销一审和二审判决，改判宝翔公司承担专利侵权责任。

宝翔公司提交意见认为：1. 宝翔公司的萘酚生产工艺未侵害李某的发明专利权。萘酚不是新产品，现有萘酚生产工艺比较成熟。宝翔公司采取的是磺化碱熔法，该方法是目前国内外工业化主要的方法，技术比较成熟。2. 关于举证责任承担问题。涉案专利的产品是萘酚不是亚硫酸钠，亚硫酸钠不是新产品，现有技术中亚硫酸钠的生产工艺很多，本案不适用关于因新产品制造方法发明引起的专利侵权诉讼举证责任倒置的规定。3. 关于程序问题。涉案专利为萘酚的生产方法，涉及复杂的化工工艺，一审法院要求证据保全和鉴定均由技术专家同时进行并无不妥。由于李某在规定的期限内未预交鉴定费用，应由其承担举证不能的责任。

李某提出的证据保全并未提供担保，法院应当裁定驳回其申请。李某在一审立案后，又提出增加诉讼请求和延期举证，导致多次送达，致使一审审理时间延长，浪费了司法资源，李某关于一审法院违反了审限规定的主张不能成立。综上，请求本院驳回李某的再审请求，维持二审判决。

本院认为，《中华人民共和国民事诉讼法》（简称民事诉讼法）第六十四条第二款规定，当事人及其诉讼代理人因客观原因不能自行收集的证据，或者人民法院认为审理案件需要的证据，人民法院应当调查收集。在涉及方法专利的民事侵权诉讼中，由于实施被诉侵权方法的证据材料通常由被诉侵权人控制或者保存，专利权人往往难以提供相应的证据。因此，对于专利权人依法提出证据保全，并且符合法律规定的证据保全条件的，人民法院应当及时采取证据保全措施。本案中，涉案专利是“萘酚生产中母液、亚硫酸钠溶液的处理方法”，李某提供了视频资料等初步证据，证明宝翔公司有可能实施了侵权行为，而宝翔公司对其生产苯酚亦予以确认。由于宝翔公司的生产活动均在其公司内部进行，李某及其诉讼代理人难以进入该公司，获取与宝翔公司在生产中对母液、亚硫酸钠溶液处理方法有关的证据。因此，在李某提出证据保全申请后，一审法院应当根据民事诉讼法第六十四条第二款的规定调查收集相关证据。

鉴定意见属于民事诉讼法第六十三条规定的证据类型之一。在侵犯专利权民事诉讼中，鉴定意见仅仅是可以用于证明案件事实的证据类型之一，但鉴定并非诉讼中的必经程序，如果基于其他相关证据足以认定是否构成侵权，则无须委托鉴定。根据涉案专利以及被诉侵权技术方案的近似程度、技术复杂程度等具体情况，人民法院也可以根据民事诉讼法第七十六条第二款的规定，就其中的专门性问题委托鉴定。应当指出的是，技术鉴定与证据保全系相互独立，而且委托鉴定通常是以有足够的证据证明被诉侵权技术方案为前提的。本案中，一审法院在李某提出证据保全申请后，在尚未保全获得与宝翔公司是否实施侵权行为有关的任何证据的情况下，即以需要委托鉴定为由，要求作为个人的李某支付明显超出其合理承受范围的高额鉴定费20余万元，明显不当。一审法院在未进行证据保全的情况下，简单以“李某提交的证据，也不能证明宝翔公司的萘酚生产工艺落入李某发明专利的权利要求的保护范围”为由，驳回李某的诉讼请求，于法无据。综上，一审法院以“证据保全和技术鉴定需要专家同时进行，李某未在规定时间内预缴鉴定费”为由，拒绝对宝翔公司的被诉侵权技术方案进行证据保全，并在未能保全获得相关证据的情况下，即驳回李某的诉讼请求，违反法定程序，应予纠正。二审法院错误维持一审判决，亦应予以撤销。

综上，李某的再审申请符合《中华人民共和国民事诉讼法》第二百条第六项的规定，依据《中华人民共和国民事诉讼法》第二百零四条及第二百零六条之规定，裁定如下：

一、指令河北省高级人民法院再审本案。

二、再审期间，中止原判决的执行。

审判长：夏君丽；审判员：骆电、殷少平；书记员：包硕

二〇一五年十月二十九日

申请外观设计专利时若要求保护色彩，须在简要说明中明确声明，未说明的不予保护

——青岛同辉公司与莱阳良美公司侵害外观设计专利权纠纷

【裁判观点】

在申请外观设计专利时，如果要求保护色彩，必须在简要说明中明确声明。对于未在简要说明中明确指出要求保护色彩的外观设计，其保护范围不包括色彩。

中华人民共和国最高人民法院
民事裁定书

案号　（2014）民申字第877号

再审申请人（一审原告、二审上诉人）：青岛同辉公司。

法定代表人：李金某，该公司董事长。

委托代理人：穆善章，山东勇华律师事务所律师。

被申请人（一审被告、二审被上诉人）：莱阳良美公司。

法定代表人：于良某，该公司董事长。

委托代理人：陈福，北京大成律师事务所律师。

再审申请人青岛同辉公司因与被申请人莱阳良美公司侵害外观设计专利权纠纷一案，不服山东省高级人民法院于2012年6月4日作出的（2012）鲁民三终字第78号民事判决，向本院申请再审。本院依法组成合议庭对本案进行了审查，现已审查终结。

青岛同辉公司申请再审称：红、黄、绿三种色彩是涉案外观设计专利产品的显著特征，其保护范围应当以外观设计专利图中显示的色彩特征为依据。被诉侵权产品与涉案专利产品相比，在色彩特征上明显相似，实质相同，构成侵害涉案外观设计专利权的行为。一、二审法院认定被诉侵权产品不构成侵害涉案外观设计专利权适用法律以及认定事实均存在错误。依据《中华人民共和国民事诉讼法》

第二百条第二项、第六项的规定，请求本院撤销一、二审判决，判令莱阳良美公司立即停止侵权行为，赔偿青岛同辉公司经济损失30万元，以及青岛同辉公司为制止侵权行为支付的律师费5000元、调查费2500元，案件诉讼费由莱阳良美公司承担。

莱阳良美公司提交答辩意见称，涉案外观设计专利权的保护范围不包括色彩。涉案外观设计专利产品是由两支蜡烛组成的一体产品，而被诉侵权产品是一根圆柱形的蜡烛，被诉侵权产品没有落入涉案外观设计专利权的保护范围。

本院认为，本案的争议焦点在于被控侵权产品是否落入涉案外观设计专利权的保护范围。

涉案外观设计专利产品名称为“蜡烛”，专利号为zl02341517.7。该产品由通常的两根圆柱形蜡烛合并而成，蜡烛下方五分之一处由斜椭圆进行分离，分界线并不明显。涉案外观设计专利文件包括一幅主视图和一幅立体图，其中主视图为黑白图，涉案专利的立体图可见色彩。青岛同辉公司主张该外观设计专利的设计要点是红黄绿三色彩蜡。本院认为，简要说明是对产品图片或者照片的说明或限定，用来对外观设计产品的设计要点、省略视图以及请求保护色彩等情况进行扼要的描述。因此，在申请外观设计专利时，如果要求保护色彩，必须在简要说明中明确声明。对于未在简要说明中明确指出要求保护色彩的外观设计，其保护范围不包括色彩。由于涉案外观设计专利并未在简要说明中要求保护色彩。故青岛同辉公司关于涉案外观设计专利权的保护范围以立体图中显示的色彩特征为依据的主张，本院不予支持。

根据一、二审查明的事实，被诉侵权产品销售时是将两根圆柱形独蜡并排包装在一起销售的；使用时，两根独蜡分别单独使用。涉案外观设计专利产品是由通常的两根圆柱形蜡烛合并而成。蜡烛正常使用时，两根分离的蜡烛与两根合并在一起的蜡烛，在整体视觉效果上存在实质性差异。对于一般消费者而言，被诉侵权产品的实际使用状态与涉案专利产品的正常使用状态相比，不相同，故二者既不相同也不近似。二审法院认定被诉侵权产品未落入涉案外观设计专利权保护范围，并无不当。青岛同辉公司关于被诉侵权产品落入涉案外观设计专利权保护范围的主张，无事实和法律依据，本院不予支持。

综上，青岛同辉公司的再审申请不符合《中华人民共和国民事诉讼法》第二百条的规定。依照《中华人民共和国民事诉讼法》第二百零四条第一款的规定，裁定如下：

驳回青岛同辉公司的再审申请。

审判长：周翔；代理审判员：罗霞、郎贵梅；书记员：张博

二〇一四年七月三十一日

在商标近似性判断的过程中，具有充分证据证明的特定历史背景，可以作为确定两商标能否善意共存的考量因素之一

——源雅公司与国家工商行政管理总局商标评审委员会、豫园公司商标撤销复审行政纠纷

【裁判观点】

商标近似，是指争议商标与在先商标相比较，其文字的字形、读音、含义或者图形的构图及颜色，或者其各要素组合后的整体结构相似，或者其立体形状、颜色组合近似，易使相关公众对商品的来源产生误认，或者认为其与他人在先注册商标具有特定联系。

判定商标是否构成近似，应当以相关公众的一般注意力为标准，既要考虑商标标志构成要素及其整体的近似程度，也要考虑相关商标的显著性和知名度、所使用商品的关联程度，以是否容易导致混淆作为判断标准。

在商标近似性判断的过程中，具有充分证据证明的特定历史背景，可以作为确定两商标能否善意共存的考量因素之一。

中华人民共和国最高人民法院
行政裁定书

案号　（2017）最高法行申6839号

再审申请人（一审第三人、二审上诉人）：源雅公司。

法定代表人：薛伟某，该公司总经理。

委托诉讼代理人：王鑫，北京国舜律师事务所律师。

委托诉讼代理人：章庞宠，北京国舜律师事务所律师。

被申请人（一审被告、二审被上诉人）：国家工商行政管理总局商标评审委员会。

法定代表人：赵某，该委员会主任。

委托诉讼代理人：戴艳，该委员会审查员。

被申请人（一审原告、二审被上诉人）：豫园公司。

法定代表人：徐晓某，该公司董事长。

委托诉讼代理人：胡翠琴，北京市中银律师事务所律师。

委托诉讼代理人：程强，北京大成（上海）律师事务所律师。

再审申请人源雅公司因与被申请人国家工商行政管理总局商标评审委员会、豫园公司商标撤销复审行政纠纷一案，不服北京市高级人民法院（2016）京行终5359号行政判决，向本院申请再审。本院依法组成合议庭对本案进行了审查。现已审查终结。

源雅公司申请再审称，一审、二审判决认定事实不清、适用法律不当，请求撤销北京知识产权法院（2015）京知行初字第3101号行政判决书和北京市高级人民法院（2016）京行终5359号行政判决书，提审本案或指令再审。其主要理由是：

（一）争议商标与引证商标核定使用的商品并不构成类似商品。

1. 争议商标与引证商标核定使用商品在《类似商品和服务区分表》中分属于不同的群组，争议商标指定使用的商品分属于《类似商品和服务区分表》第14类上涵盖1401、1402及1403三个群组，而引证商标指定使用的商品仅限于1401群组。

2. 二审法院已认定争议商标核定使用的商品中的“未加工或半加工贵重金属；未加工的金或金箔；贵重金属合金；未加工、未打造的银”与引证商标核定使用的“金戒指、镶嵌戒指、项链、首饰”等商品的功能、用途并不相同。

3. 争议商标与引证商标核定使用商品生产部门、销售渠道、消费群体等均有区别，不构成类似商品。①争议商标核定使用的“未加工或半加工贵重金属；未加工的金或金箔；贵重金属合金；未加工、未打造的银”商品为金属原料，其生产部门主要为原料出产企业，而引证商标核定使用的金戒指、镶嵌戒指、项链、首饰等商品的生产部门主要为加工企业。②争议商标指定使用的“未加工的金或金箔、未加工、未打造的银”等商品的直接销售对象是中国人民银行或其授权的主体，而引证商标核定使用的镶嵌戒指、项链、首饰等商品的销售对象为广大普通消费者，消费群体不同，销售渠道也不同。

（二）争议商标与引证商标不构成近似商标。

1. 争议商标与引证商标的“音、形、义”均不同。2. 引证商标缺乏显著性及知名度，针对争议商标和引证商标的近似对比应采取从宽原则。①“老城隍庙”作为上海著名旅游景点及购物地点名称，是当地公知的商圈区域名称。被申请人二以此知名地名作为商标进行注册，因此该引证商标明显缺乏显著性；②被申请人二在黄金珠宝首饰行业一直使用的商标为“老庙黄金”“亚一”而非引证商标。

（三）申请人的商标已经长期、广泛使用，“金城隍庙”始于1934年并已取得“上海老字号”等多项荣誉，具有极高的知名度。

1. 源雅公司提供的大量证据足以证明该公司与“金城隍庙”的品牌创始存有渊源、对“金城隍庙”品牌传承、保护及创新有大量投入；2. 源雅公司先后在上海、江苏、浙江、安徽、山东等地开设金城隍庙专卖店、专柜、加盟店150多家，在职员工3000多人产品面向国内外300多家珠宝商供货，产品覆盖全国大部分区域；3. “金城隍庙”获得多项荣誉，行业美誉度高。4. “金城隍庙”获得“上海老字号”，也积极参与“中华老字号”各项活动。金城隍庙被认定为上海老字号，始于1934年，其前身是申请人董事长林进某的祖辈林梓某在解放前成立的“恒利银楼”，主营“金城隍庙”金银首饰。5. 源雅公司积极维权，打击多起侵犯“金城隍庙”商标权行为。6. “金城隍庙”品牌履行社会责任，积极支持传统文化道教等宗教活动。

（四）源雅公司已经针对引证商标提起了三年不使用撤销申请，如果引证商标被撤销，其将不构成争议商标存续的权利障碍。

商标评审委员会答辩称，服从北京市高级人民法院（2016）京行终5359号行政判决，已针对本案争议商标作出商评字〔2015〕第0000026530号重审第0000000417号《关于第5521140号“金城隍庙”商标无效宣告请求裁定书》。

豫园公司答辩称，

（一）争议商标指定使用的商品与引证商标核定使用的商品构成类似商品。1. 《类似商品和服务区分表》仅是判断商品类似的参考，争议商标指定使用的商品是引证商标核定使用的商品的原材料，二者在生产部门、销售渠道等方面有重合，消费群体亦有交叉，关联性极大，为类似商品。2. 判断认定商品类似，相关公众的认知是关键，虽然争议商标指定使用的商品与引证商标核定使用的商品在功能、用途上有细微差别，但相关公众会认为商品之间存在很大关联性，构成类似商品。

（二）争议商标与引证商标构成近似商标。1. 争议商标与引证商标都是由形容词加名词组合而成的四字文字商标，其中“城隍庙”这一名词部分完全相同，在整体文字排列、呼叫上比较接近，共存于相同或类似商品上，易使消费者产生来源混淆和误认，已构成了近似商标。2. “城隍庙”在源雅公司及豫园公司所在的行政区域内指向某一特定地点，会使相关公众将两商标与“城隍庙”相联系，易导致消费者误认，应认定为近似商标。3. 已生效的国家工商总局商标局（2012）商标异字第02014号“金城隍庙”商标异议裁定书中认定两个商标构成近似。4. 源雅公司及其加盟商在使用争议商标过程中，通过各种方式刻意拉近与引证商标的近似程度，均以图形加文字商标的方式使用，以达到混淆双方商标的目的。

（三）引证商标具有显著性及知名度。1. “老城隍庙”并非行政区划，而是上海黄浦区的一个景点区域。豫园公司作为上海城隍庙区域的管理方，是国内一流综合性商业集团和上市公司。豫园公司早在二十世纪八九十年代就开始使用“老城隍廟”作为其品牌。2. “老城隍廟”经过豫园公司长时间的推广，与豫园公司建立了密切联系，显著性不断得到增强，并在多个领域上注册使用。在食品类别上注册使用的“老城隍廟”还被评为上海市著名商标。3. “老城隍廟”本身与黄金饰品没有特定联系，其使用在黄金饰品上具有固有显著性。4. “老城隍廟”商标一直在持续使用。

（四）对源雅公司所提“异议商标经过长期、广泛使用具有极高的知名度和显著性”的主张不予认可。源雅公司注册争议商标具有明显抢注恶意，其使用行为亦不应得到支持。1. 源雅公司在豫园公司1993年申请引证商标时从未使用过争议商标，在2006年争议商标申请日前也没有使用过争议商标。2. 源雅公司2003年曾与豫园公司的关联公司合作，知晓豫园公司“老城隍廟”品牌持有及使用情况。源雅公司在2007年还担任过豫园公司的关联企业上海亚一金厂有限公司“亚一”品牌商品的采购生产批发单位，对豫园公司的企业情况及名下品牌十分熟悉。其注册与“老城隍廟”近似的争议商标，行为恶意明显。在知晓豫园公司已经就争议商标提出撤销申请的情况下，继续推广、宣传争议商标，显然不能成为认定本案形成稳定市场的证据。本案证据无法证明争议商标在申请日前或本案提出前具有极高知名度和显著性。3. 源雅公司一贯具有抢注他人知名商标的不良行为。还申请注册了“金老凤祥”“周太福”“路易18”等商标，主观上具有摹仿、混淆的恶意。

（五）源雅公司提交的关于老字号的说明，不能证明争议商标历史悠久。1.“上海老字号”是针对企业的认定，而并非针对商标。2. 上海市恒利银楼有限公司申请“上海老字号”所提交的商标为“庙”图形商标，而非“金城隍庙”争议商标。3. 源雅公司陈述的“金城隍庙”始于1934年的说法是自行杜撰，无任何事实依据。4. 中华老字号工作委员会的主体资格是否合法存疑，其并非负责“中华老字号”认定工作的合法机构。

（六）豫园公司持续大量使用引证商标，已提交大量公证证据证明引证商标的实际使用情况，源雅公司所提“引证商标已经连续三年未使用”的申请再审理由无事实依据。综上，请求维持第一、二审判决及商标评审委员会的被诉裁定，驳回源雅公司的再审申请。

本院经审查认为，本案的争议焦点问题是争议商标的注册是否违反了2001年修正的《中华人民共和国商标法》（以下简称2001年商标法）第二十八条①的规定。根据2001年商标法第二十八条的规定，同他人在同一种商品或者类似商品上已经注册或者初步审定的商标相同或者近似的商标注册申请，应当予以驳回。对此，本院认为：

第一，关于争议商标与引证商标核定使用的商品是否构成类似商品。类似商品，是指在功能、用途、生产部门、销售渠道、消费对象等方面相同，或者相关公众一般认为其存在特定联系、容易造成混淆的商品。具体到本案而言，争议商标核定使用的“镀金物品、银饰品、珍珠（珠宝）、戒指（珠宝）、耳环”商品与引证商标核定使用的“金戒指、镶嵌戒指、项链、首饰”等商品属于在功能、用途、生产部门、销售渠道、消费群体等方面相同的商品，构成类似商品。争议商标核定使用的“未加工或半加工贵重金属，未加工的金或金箔，贵重金属合金，未加工、未打造的银”商品是引证商标核定使用的“首饰、金挂件、贵重金属艺术品”等商品的直接原料，二者属于具有较大关联的商品，宜判定为类似商品。

---

① 对应2019年《中华人民共和国商标法》第三十条。

二审法院认定争议商标与引证商标核定使用的商品构成类似商品的结论并无不当，本院予以维持。

第二，关于争议商标与引证商标是否构成近似商标。商标近似，是指争议商标与在先商标相比较，其文字的字形、读音、含义或者图形的构图及颜色，或者其各要素组合后的整体结构相似，或者其立体形状、颜色组合近似，易使相关公众对商品的来源产生误认，或者认为其与他人在先注册商标具有特定联系。判定商标是否构成近似，应当以相关公众的一般注意力为标准，既要考虑商标标志构成要素及其整体的近似程度，也要考虑相关商标的显著性和知名度、所使用商品的关联程度，以是否容易导致混淆作为判断标准。具体到本案而言，争议商标与引证商标均为由四个汉字构成的文字商标，四个汉字的结构均为由一个字的形容词加三个字的名词构成，且名词均为“城隍庙”三个汉字，名词部分构成争议商标和引证商标的显著识别部分，虽然首字不同，“庙”字也有繁体和简体之别，从整体上判断，两个商标整体构成要素上较为接近。源雅公司和豫园公司的住所地均在上海，“城隍庙”在上海地区具有特定含义，指向特定地点，虽争议商标和引证商标分别以“金”和“老”作为首字修饰“城隍庙”，仍会使相关公众将两商标与“城隍庙”相联系，使两商标标志在含义上亦较为相近。如若允许两商标共存于同一行政区域的黄金珠宝类商品市场中，存在相关公众对两商标指向商品的来源产生混淆与误认的可能性，二审法院认定争议商标与引证商标构成近似商标的结论并无不当，本院予以维持。

第三，关于源雅公司就商标近似性判断提出的其他异议。首先，源雅公司提出，争议商标经过长期广泛使用，获得多项荣誉，已经具有极高知名度。对此，本院经审查认为，源雅公司虽提交了大量使用争议商标的证据，但上述证据绝大部分形成于豫园公司针对争议商标提出撤销申请的2010年7月9日之后，现有证据无法证明争议商标在被提出撤销申请日之前，经过使用具有了一定的知名度，已经与引证商标形成稳定的市场格局，不易导致相关公众对商品来源产生混淆误认。其次，源雅公司提出，“金城隍庙”品牌系老字号，具有历史渊源，本院认为，在商标近似性判断的过程中，具有充分证据证明的特定历史背景，可以作为确定两商标能否善意共存的考量因素之一。但本案中，源雅公司未能提供充分的证据，证实“金城隍庙”的历史背景及与源雅公司的渊源，不足以证明争议商标因特定历史背景因素而具有应予注册的合理性。综上，二审法院认定争议商标与引证商标构成核定使用在相同或类似商品上的近似商标的结论，具备事实与法律依据，本院予以维持。

第四，关于源雅公司的其他再审理由。源雅公司还提出，引证商标未实际使用，其已针对引证商标提出了连续三年未使用的撤销申请，豫园公司对此提供了反证。本院认为，引证商标是否因未实际使用而应被撤销不属于本案的审查范围，本院对此不予评述。

综上，源雅公司的再审申请不符合《中华人民共和国行政诉讼法》第九十一条规定的情形，依照《最高人民法院关于执行〈中华人民共和国行政诉讼法〉若干问题的解释》① 第七十四条之规定，本院裁定如下：

驳回源雅公司的再审申请。

审判长：夏君丽；审判员：马秀荣、郎贵梅；法官助理：魏磊；书记员：石华亚

二〇一七年十二月十九日

① 已被《最高人民法院关于适用〈中华人民共和国行政诉讼法〉的解释》废止。

三、票据纠纷

记载的出票日期可以与实际出票日不一致而事后予以补记

——国中医药公司与中信保理公司票据纠纷

【裁判观点】

虽然出票日期属于汇票的绝对应记载事项，但按照票据法的基本原理，记载的出票日期可以与实际出票日不一致而事后予以补记。

中华人民共和国最高人民法院

民事判决书

案号　（2015）民二终字第134号

上诉人（原审被告）：国中医药公司。

法定代表人：李某，该公司董事长。

委托代理人：刘涛，北京浩天信和（杭州）律师事务所律师。

委托代理人：郑玮，北京市安理律师事务所律师。

被上诉人（原审原告）：中信保理公司。

法定代表人：周某，该公司董事长。

委托代理人：王璞，北京大成律师事务所律师。

上诉人国中医药公司因与被上诉人中信保理公司票据纠纷一案，不服湖北省高级人民法院（2014）鄂民二初字第00049号民事判决，向本院提起上诉。本院受理后，依法组成由审判员王富博担任审判长，审判员朱海年、代理审判员林海权参加的合议庭进行了审理。书记员李洁担任记录。本案现已审理终结。

湖北省高级人民法院审理查明：国中医药公司因与安力博发公司、星纪开元公司签订了销售合同，于2013年期间开具六张商业承兑汇票。其中：2013年4月26日，国中医药公司开具00100061－20003867商业承兑汇票，付款人为国中医药公司，收款人为安力博发公司，出票金额500万元，汇票到期日为2013年10月26日；同日，国中医药公司还开具00100061－20003871商业承兑汇票，付款人为国中医药公司，收款人为安力博发公司，出票金额1200万元，汇票到期日为2013年10月26日；2013年6月16日，国中医药公司开具00100063－20312979商业承兑汇票，付款人为国中医药公司，收款人为星纪开元公司，出票金额1223万元，汇票到期日为2013年12月16日；2013年6月19日，国中医药公司开具00100063－20312976商业承兑汇票，付款人为国中医药公司，收款人为星纪开元公司，出票金额1000万元，汇票到期日为2013年12月19日；2013年6月24日，国中医药公司开具00100063－20312980商业承兑汇票，付款人为国中医药公司，收款人为安力博发公司，出票金额523万元，汇票到期日为2013年12月24日；2013年7月31日，国中医药公司开具00100061－20003860商业承兑汇票，付款人为国中医药公司，收款人为安力博发公司，出票金额3350万元，汇票到期日为2014年1月30日，该承兑汇票上收款人账号填写为中国民生银行北京电子城支行，收款人开户行填写为0134014210010108。其后，中信保理公司因与安力博发公司、星纪开元公司存在保理业务，分别从安力博发公司、星纪开元公司背书受让上述六张商业承兑汇票，并委托交通银行股份有限公司北京分行三元支行收款。国中医药公司对上述六张商业承兑汇票拒绝付款，并出具了退票理由书。其中，00100061－20003871、00100061－20003867商业承兑汇票拒付理由为单位拒付，换其他方式付款；00100063－20312976、00100063－20312979、00100063－20312980商业承兑汇票的拒付理由为货款存在纠纷，换其他方式支付；00100061－20003860商业承兑汇票的拒付理由为票面要素书写有误。中信保理公司遂提起该案诉讼。

另查明：2013年11月1日，安力博发公司向国中医药公司出具《函》，主要内容为：1. 就三份《设备销售合同》，安力博发公司与星纪开元公司未向国中医药公司交付货物；2. 三份《设备销售合同》签订后，安力博发公司收到国中医药公司开具的七张商业承兑汇票，并于2013年10月28日由安力博发公司的法定代表人彭浩某对七份商业承兑汇票出具担保函；3. 安力博发公司考虑到没有供货资质，正在积极联系其他供应商。

还查明：湖北省通山县公安局因国中医药公司控告合同诈骗，于2014年12月24日向国中医药公司调取国中医药公司的企业法人营业执照、组织机构代码证、税务登记证，国中医药公司与安力博发公司、上官某、星纪开元公司、中信保理公司之间开展商业承兑汇票业务形成的文字资料等证据材料。

中信保理公司向一审法院提起诉讼，请求判令：1. 国中医药公司支付4张商业承兑汇票金额共计5573万元；2. 国中医药公司支付利息（计算方法为票据到期日开始起算到实际支付之日，截至2014年8月20日为219.49万元）；3. 国中医药公司支付另外2张商业承兑汇票金额共计2223万元；4. 国中医药公司支付利息（计算方法为票据到期日开始起算到实际支付之日，截至2014年8月20日为88.98万元）；5. 诉讼费用由国中医药公司负担。

湖北省高级人民法院认为，该案的争议焦点为：（一）六张商业承兑汇票的效力；（二）国中医药公司拒付的抗辩能否成立，该案应否中止审理。针对上述争议焦点，该院分析评述如下：

（一）关于六张商业承兑汇票的效力问题。该案所涉六张商业承兑汇票系国中医药公司开具。国中医药公司对六张承兑汇票的真实性均无异议，但认为00100063－20312980商业承兑汇票付款人账号存在涂改，该院经查看票据原件，票据付款人账号填写清楚，并无涂改痕迹，国中医药公司的该项抗辩理由不能成立。国中医药公司还提出00100061－20003860商业承兑汇票收款人开户行及账号填写错误，经核实，该承兑汇票收款人开户行填写为0134014210010108，账号填写为中国民生银行北京电子城支行，存在填写错误。根据《中华人民共和国票据法》第九条“票据上的记载事项必须符合本法的规定。票据金额、日期、收款人名称不得更改，更改的票据无效。对票据上的其他记载事项，原记载人可以更改，更改时应当由原记载人签章证明”的规定，因填写错误而影响汇票效力的情形应为金额、日期及收款人名称等必要记载事项存在错误，该案中00100061－20003860商业承兑汇票填写错误的收款人开户行及银行账号并非必要记载事项，且该承兑汇票上的收款人名称与第一背书人名称一致，该承兑汇票上收款人开户行及银行账号栏目填写错误并不影响收款人的确认，因此该商业承兑汇票收款人开户行及账号填写错误不影响票据的效力。案涉六张商业承兑汇票系国中医药公司依据销售合同开具，具有票据法所规定的绝对应当记载事项，系有效票据。出票人国中医药公司出票后，应当承担保证该汇票承兑和付款的责任。

（二）关于国中医药公司拒付的抗辩能否成立，该案应否中止审理问题。第一，针对00100061－20003860商业承兑汇票填写错误的抗辩，该院认为，《最高人民法院关于审理票据纠纷案件若干问题的规定》第十六条规定“票据债务人依照票据法第九条、第十七条、第十八条、第二十二条和第三十一条的规定，对持票人提出下列抗辩的，人民法院应予支持：（一）欠缺法定必要记载事项或者不符合法定格式的；（二）超过票据权利时效的；（三）人民法院作出的除权判决已经发生法律效力的；（四）以背书方式取得但背书不连续的；（五）其他依法不得享有票据权利的”；第四十三条规定“依照票据法第九条以及《票据管理实施办法》的规定，票据金额的中文大写与数码不一致，或者票据载明的金额、出票日期或者签发日期、收款人名称更改，或者违反规定加盖银行部门印章代替专用章，付款人或者代理付款人对此类票据付款的，应当承担责任”；《中华人民共和国票据法》第九条规定“票据上的记载事项必须符合本法的规定。票据金额、日期、收款人名称不得更改，更改的票据无效。对票据上的其他记载事项，原记载人可以更改，更改时应当由原记载人签章证明”。根据上述规定，票据债务人基于票据填写错误的抗辩应系法定必要记载事项错误，而案涉00100061－20003860商业承兑汇票填写错误的收款人开户行及账号不属于必要记载事项，该商业承兑汇票两项记载事项填写在栏目或格式上错误不影响票据的效力，也不影响票据权利的行使，国中医药公司以00100061－20003860商业承兑汇票收款人开户行及账号填写错误而拒付的抗辩理由不符合法律规定，该院依法不予支持。第二，针对国中医药公司提出的“货款存在纠纷”“单位拒付”的抗辩理由，该院认为，票据是流通证券，具有无因性的特点，除了直接当事人之间可以原因无效为由进行抗辩外，其余通过背书流转占有票据的善意当事人即为票据的权利人，可以对票据债务人行使票据上的权利，其效力原则上不受原因关系效力的影响，即国中医药公司与安力博发公司、星纪开元公司之间的货款纠纷不得对抗其他正当持票人，国中医药公司在六张商业承兑汇票已经背书流转给中信保理公司后，再对中信保理公司提出“货款存在纠纷”“单位拒付”的拒付事由依法不能成立。第三，针对国中医药公司提出六张承兑汇票涉嫌犯罪，该案应中止审理的抗辩理由，该院认为，背书转让的汇票，其背书本身具有证明合法取得汇票权利的效力。该案双方当事人均认可案涉六张商业承兑汇票的真实性，国中医药公司亦认可六张票据背书连续，中信保理公司还提供了《保理合同》及银行单据等证据证实其与安力博发公司、星纪开元公司存在保理业务关系，故中信保理公司提供的证据已证明其持票的正当性。而国中医药公司提供的《调取证据通知书》系湖北省通山县公安局根据国中医药公司的举报调取相关证据的材料，而安力博发公司发出的《函》亦是该公司陈述取得案涉票据未交付货物等内容。上述两份证据均不能证明中信保理公司取得六张承兑汇票涉嫌犯罪，故国中医药公司提供的证据不足以证明中信保理公司取得票据存在非法、恶意和重大过失等情形，国中医药公司提出中信保理公司取得票据涉嫌犯罪的抗辩理由不能成立，该院依法不予采信。对国中医药公司提出该案涉嫌犯罪应中止审理的申请，该院亦不予准许。

综上分析，国中医药公司签发承兑汇票后，即应承担该汇票承兑和付款的民事责任。中信保理公司作为案涉六张商业承兑汇票的持票人，于汇票到期后向票据记载的付款人国中医药公司提示付款，被拒绝付款，依据《中华人民共和国票据法》第六十一条“汇票到期被拒绝付款的，持票人可对背书人、出票人以及汇票的其他债务人行使追索权”的规定，中信保理公司向出票人国中医药公司行使追索权符合法律规定。国中医药公司拒付的抗辩理由均不能成立，根据《中华人民共和国票据法》第七十条“持票人行使追索权，可以请求被追索人支付下列金额和费用：（一）被拒绝付款的汇票金额；（二）汇票金额自到期日或者提示付款日起至清偿日止，按照中国人民银行规定的利率计算的利息”规定，国中医药公司应当向持票人中信保理公司清偿汇票金额和到期后的利息，利息以中国人民银行公布的一年期贷款基准利率计算。中信保理公司要求国中医药公司支付六张商业承兑汇票款及利息的诉讼请求符合法律规定，该院依法予以支持。经合议庭评议，依照《中华人民共和国票据法》第六十一条第一款、第七十条第一款第一、二项，《中华人民共和国民事诉讼法》第一百四十二条之规定，判决：国中医药公司于该判决生效之日起十日内向中信保理公司支付六张商业承兑汇票金额共计人民币7796万元及利息（利息以票据金额为基数，按中国人民银行公布的一年期贷款基准利率计算自商业承兑汇票到期日起至该判决确定的给付之日止，其中1700万元自2013年10月26日起计算，1223万元自2013年12月16日起计算，1000万元自2013年12月19日起计算，523万元自2013年12月24日起计算，3350万元自2014年1月30日起计算)。如未按该判决指定的履行期间给付金钱义务，应当依照《中华人民共和国民事诉讼法》第二百五十三条之规定，加倍支付迟延履行期间的债务利息。案件受理费447025元，由国中医药有限责任公司负担。

国中医药公司不服湖北省高级人民法院上述民事判决，向本院提起上诉称：(一)中信保理公司取得本案票据既无真实交易关系，也未支付任何对价，不符合票据法对合法取得票据的规定，中信保理公司不享有票据权利。1. 中信保理公司明知安力博发公司、星纪开元公司对国中医药公司并不存在真实的应收账款，双方之间《保理合同》并未实际履行。因此，中信保理公司取得本案票据，不存在真实的交易关系。2. 中信保理公司受让票据在先，支付保理款在后，二者之间并无直接因果关系，根据中信保理公司主张，其支付保理款是为了取得应收账款而非作为票据对价，因此中信保理公司受让票据并未支付任何对价，不符合票据法第十条第二款关于“票据的取得，必须给付对价”的规定。3. 中信保理公司未依据《保理合同》审查债权，导致债权无法收回，因此中信保理公司无权行使追索权而取得票据。(二)中信保理公司明知国中医药公司与安力博发公司、星纪开元公司之间存在抗辩事由，仍受让票据，无权向国中医药公司主张票据权利。本案空白票据均系按照中信保理公司工作人员上官某的要求填写，并由中信保理公司直接收取。国中医药公司提交的证据证明，上官某做为中信保理公司的代表，一直参与国中医药公司与安力博发公司等之间的《设备销售合同》，并且明知各方之间的货款纠纷，中信保理公司并非善意取得本案票据。对此，公安机关也调取相关证据予以证实。根据票据法第十三条规定，持票人明知的情况下，债务人可以自己与持票人前手之间的抗辩事由，对抗持票人。结合本案，明知国中医药公司与安力博发公司、星纪开元公司之间存在抗辩事由，中信保理公司不能向国中医药公司主张票据权利。(三)本案汇票在出票时未填写出票日期，缺乏必要记载事项，形式上存在重大瑕疵，应属于无效票据。(四)安力博发公司、星纪开元公司作为本案票据当事人及基础交易当事人，了解本案具体实施情况，原审法院遗漏必要诉讼当事人，程序存在重大瑕疵。(五)本案实际上是中信保理公司与安力博发公司、星纪开元公司之间“名为保理，实为借贷”，并骗取国中医药公司承兑汇票的行为。中信保理公司发放的保理款，实际被其指派的安力博发公司挪用，应该向安力博发公司主张权利。国中医药公司既没有实际使用保理款，也无过错，不应承担还款责任。综上，请求：1. 撤销（2014）鄂民二初字第00049号民事判决；2. 依法驳回被上诉人一审的全部诉讼请求；3. 本案全部诉讼费用由被上诉人承担。

被上诉人中信保理公司答辩称：（一）一审判决事实认定清楚。本案为票据纠纷，只要票据真实有效，根据票据法第六十一条规定，国中医药公司就应当履行相关付款义务。国中医药公司“相关《保理合同》的履行情况”的主张不属于本案的审理范围。（二）一审判决适用法律正确。1. 中信保理公司取得案涉票据有真实交易背景，支付了相应的对价，交易背景真实，国中医药公司的主张没有证据支持，全凭推测，不能成立。2. 根据票据法第九条的规定，票据债务人要基于票据填写错误抗辩系法定必要记载事项错误，3860号票据开户行与账号填写错误并不属于法定记载错误事项，其主张不能得到支持。3. 国中医药公司主张“本案汇票在出票和承兑时必要记载缺失，形式上存在重大瑕疵，属于无效票据”缺乏事实依据，案涉票据真实有效。国中医药公司在一审审理过程中，对票据的真实性不持异议，也就是案涉6张票据上的票面记载的出票时间，国中医药公司是认可的，对票据的背书转让行为也是认可的，所以案涉票据背书连续、记载完整、真实有效。综上，案涉票据真实有效，经国中医药公司当庭确认，中信保理公司取得案涉票据有真实的交易背景；一审判决认定事实清楚，适用法律正确，应予维持；国中医药公司的上诉没有事实和法律依据，应予驳回。

本院二审期间，国中医药公司提交五组证据材料。1. 第一组，收条（2012年12月20日、2012年12月21日）、00100061－20003860商业承兑汇票、银行业务回单（2012年12月19日2000万元、12月26日2000万元），用于证明国中医药公司在承兑汇票时未填写出票日期和到期日，票据无效；00100061－20003860商业承兑汇票应退回未退回；00100061－20003860商业承兑汇票的出票日期、到期日为中信保理公司自行填写，不具有票据效力；2012年12月，中信保理公司发放4000万元借款给安力博发公司时，已经获得国中医药公司承兑的三张汇票；中信保理公司明知安力博发公司与国中医药公司之间没有真实交易与债权债务关系，中信保理公司与安力博发公司并无真实的应收账款保理关系，并非善意和正当取得票据，依法不能享有票据权利。2. 00100061－20003861号、00100061－20003862号商业承兑汇票，借款协议、网银业务回单、房屋他项权证，用于证明尾号为3861汇票金额为2282.4427万元；由于国中医药公司代为偿付尾号3862汇票项下款项，安力博发公司签署借款协议，同意将其欠付票款1482.4427万元转为借款；中信保理公司上官某对安力博发公司借款完全知情，并同意提供无限连带责任保证；双方约定借款发放账户即为中信保理公司账户，中信保理公司对国中医药公司借款完全知情；国中医药公司偿付尾号3861汇票项下款项共计2282.4427万元，其中800万元为国中医药公司使用后自行归还，1482.4427万元为安力博发公司使用后国中医药公司代偿；中信保理公司已收到上述款项，对国中医药公司与安力博发公司分别借款完全知情；安力博发公司就将房产向国中医药公司进行抵押。3. 收条（2013年4月2日）及附件（尾号3867、3868、3869、3871卡片联、存根联），00100061－20003867、00100061－20003871商业承兑汇票，银行业务回单（2013年3月1日500万元四张、3月29日1000万元，共计3000万元），用于证明安力博发公司收到尾号为3867、3868、3869、3871商业承兑汇票，在出票和国中医药公司承兑时均未填写出票日期、到期日，该四张票据依法为无效票据；尾号3867、3871汇票记载的出票日期“2013年4月26日”及到期日“2013年11月26日”，均系中信保理公司自行填写，不具有票据效力；中信保理公司发放3000万元借款给安力博发公司，随后立刻获得国中医药公司承兑的四张汇票；中信保理公司明知安力博发公司与国中医药公司之间没有真实交易与债权债务关系，中信保理公司与安力博发公司并无真实的应收账款保理关系，并非善意和正当取得票据，依法不能享有票据权利。4. 收条（2013年6月20日），00100063－20312976、00100063－20312979、00100063－20312980商业承兑汇票，银行业务回单（2013年6月25日，2000万元），用于证明中信保理公司上官某于2013年6月20日直接从国中医药公司处收到尾号为2976、2979、2980三张商业承兑汇票；三张汇票记载的出票日期均系中信保理公司自行填写，不具有票据效力；中信保理公司发放2000万元借款给安力博发公司之前，已经获得国中医药公司承兑的三张汇票；中信保理公司明知安力博发公司与国中医药公司之间没有真实交易与债权债务关系，中信保理公司与安力博发公司并无真实的应收账款保理关系，并非善意和正当取得票据，依法不能享有票据权利。5. 两份保理合同，用于证明《保理合同》第二条约定，双方应有《客户信息表》等资料，并开设共管账户；《保理合同》第三条约定，中信保理公司应知道安力博发公司、星纪开元公司与债务人的商务合同及应收账款情况，并通知债务人；《保理合同》第六条约定，双方完成第二条工作，确立共管账户并收到回款后，方可发放保理款；国中医药公司对安力博发公司、星纪开元公司并无应付账款，也从未收到过中信保理公司的转让通知，不是保理合同项下的债务人；中信保理公司没有证据证明，其与安力博发公司、星纪开元公司履行了合同约定的应收账款转让手续，中信保理公司实质上是对二公司直接进行贷款。

中信保理公司当庭及庭后提交书面材料发表质证意见称：不是新证据，不应采纳。1. 收条的真实性不认可，不是我公司盖章，无法核对真实性；关联性不认可；合法性不认可。00100061－20003860 商业承兑汇票与我公司提交的证据一致；对方提出的证明目的不认可。银行业务回单与我公司提交的证据一致；对方提出的证明目的不认可。2. 00100061－20003861 商业承兑汇票真实性认可；不是本案诉争票据，与本案没有关系。借款协议真实性不认可，不是我公司盖章，无法核对真实性；关联性不认可；合法性不认可。网银业务回单真实性认可；不是本案诉争票据相关交易，与本案没有关系。房屋他项权证真实性认可；不是本案诉争票据相关交易，与本案没有关系。3. 收条以及附件等的真实性不认可，不是我公司盖章无法核对真实性；关联性不认可；合法性不认可。00100061－20003867、00100061－20003871 商业承兑汇票与我公司提交的证据一致；对方提出的证明目的不认可。银行业务回单与我公司提交的证据一致；对方提出的证明目的不认可。4. 收条的真实性不认可，不是我公司盖章，无法核对真实性；关联性不认可；合法性不认可。00100063－20312976、00100063－20312979、00100063－20312980 商业承兑汇票与我公司提交的证据一致；对方提出的证明目的不认可。银行业务回单与我公司提交的证据一致；对方提出的证明目的不认可。5. 两份保理合同与我公司提交的证据一致；对方提出的证明目的不认可。

国中医药公司在二审中所提交的证据在中信保理公司提起一审诉讼之时即已存在，本院责令其说明一审未将其作为证据提交的理由。国中医药公司书面答复本院称，其向湖北省通山县公安局报案后，相关材料提交公安机关而导致一审中未能向法院提交，属于因客观原因逾期提供证据，应视为未逾期。

根据一审法院查明事实和当事人在二审中发表的质证意见，本院对上述证据材料评判如下：国中医药公司以多份收条和汇票证明案涉汇票的出票日期、到期日为中信保理公司自行填写，但出具收条的主体未出庭接受质证，收条上亦无中信保理公司的签章，且相关证据不足以完整描述中信保理公司签署相关日期的过程，尤为重要的是，按照票据法的基本原理，出票日期的记载可以与实际出票日不一致而事后予以补记，故本院在本案中对这些收条不予采信。国中医药公司提供的第一组证据所载明的内容，无法证明中信保理公司明知安力博发公司与国中医药公司之间没有真实债权债务关系，中信保理公司与安力博发公司无真实的应收账款保理关系，非善意和正当取得票据。第二组证据中涉及的汇票均非本案所涉汇票，不能用于证实本案案情；房屋他项权证书所列明的权利主体均为案外自然人，从其载明内容看，与本案无关。第三、四组证据中的银行业务回单等载明的内容无法证明中信保理公司明知安力博发公司与国中医药公司之间没有真实交易关系，中信保理公司与安力博发公司无真实的应收账款保理关系，非善意和正当取得票据。第五组证据涉及中信保理公司与案外人安力博发公司、星纪开元公司间的合同是否得以完全履行，属合同当事人间的事务，并非本案审理范围；合同所载明的内容也无法证明国中医药公司对安力博发公司、星纪开元公司有无应付账款，但国中医药公司一审过程中提交的安力博发公司向国中医药公司出具的《函》却载明，其间三份《设备销售合同》签订后，在安力博发公司未供货的情况下，收到国中医药公司开具的七张商业承兑汇票，并由安力博发公司的法定代表人彭浩某对七份商业承兑汇票出具担保函，安力博发公司正在积极联系其他供货商供货；中信保理公司是否直接对安力博发公司、星纪开元公司贷款，亦不影响本案票据关系的处理。

本院确认原审查明的其他事实。

本院认为，本案争议焦点在于中信保理公司是否享有案涉六张汇票载明的票据权利。票据作为一种文义证券、设权证券，其创设的权利义务由票据上所记载的文字的意义决定。案涉六张商业承兑汇票对表明“汇票”的字样、无条件支付的委托、确定的金额、付款人名称、收款人名称、出票日期、出票人签章等汇票的绝对应记载事项均有记载，国中医药公司对案涉汇票的真实性亦无异议。案涉汇票记载的付款人均为国中医药公司，国中医药公司在案涉汇票的承兑人签章处进行签章，收款人分别为安力博发公司、星纪开元公司，安力博发公司、星纪开元公司分别作为背书人将案涉汇票背书转让给中信保理公司。中信保理公司持背书连续的案涉汇票和汇票到期被拒绝付款的证据，同时以其与安力博发公司签订的中信保（2012）XM1－5《保理合同》、与星纪开元公司签订的中信保（2013）XM1－4《保理合同》、中信保（2012）XM1－5《保理合同》的相应对账单、银行单据及汇总表等证据，证明其是基于与安力博发公司、星纪开元公司之间的保理业务关系，分别从安力博发公司、星纪开元公司处背书受让了案涉六张商业承兑汇票，主张行使追索权，要求国中医药公司支付案涉汇票金额和汇票金额自到期日起至实际清偿日止的利息，符合票据法的规定，应当予以支持。

国中医药公司认为中信保理公司的一审诉求不应予以支持，主要基于两方面的理由：一是部分案涉汇票本身存在记载错误，存在出票日期倒签的瑕疵；二是中信保理公司取得案涉汇票存在基础法律关系上的瑕疵。通过对本案证据的审查，上述两个抗辩理由均不能成立。首先，双方当事人均确认00100061－20003860商业承兑汇票收款人的账号及开户银行存在填写颠倒的问题，但该记载错误的事项并不属于汇票的绝对应记载事项，不影响对收款人的确认和票据自身的效力。国中医药公司主张案涉汇票出票时未填写出票日期，出票日期为实际出票后倒签，但其未提供充分证据予以证明。同时，虽然出票日期属于汇票的绝对应记载事项，但按照票据法的基本原理，记载的出票日期可以与实际出票日不一致而事后予以补记。只要当事人在主张票据权利时，出票日期有所记载，票据就具有完整性。故对于国中医药公司的该项抗辩理由，本院不予支持。第二，本案是中信保理公司持商业承兑汇票请求人民法院判决汇票付款人国中医药公司进行付款而发动，行使的是票据追索权。因此，本案的案由、主要法律关系的性质是票据纠纷，对当事人之间的权利义务关系的认定及相关责任的分配均应从票据法的角度进行衡量。票据作为支付结算的工具，必有其基础交易关系。同时，票据具有无因性，即通过合法方式取得票据的持票人，仅凭票据的文义记载，即可向票据上的付款人主张票据权利，不受票据原因关系的影响。国中医药公司认为中信保理公司明知安力博发公司、星纪开元公司对国中医药公司不存在真实的应收账款，明知国中医药公司与安力博发公司、星纪开元公司之间存在抗辩事由仍受让票据，案涉

《保理合同》并未实际履行，是因中信保理公司未依据《保理合同》审查从安力博发公司、星纪开元公司处受让的债权而导致其债权无法实现，中信保理公司与安力博发公司、星纪开元公司之间“名为保理，实为借贷”，并骗取国中医药公司承兑汇票，主张中信保理公司受让票据没有支付合理对价，中信保理公司无权行使票据追索权，但国中医药公司并未提供充分证据对其上述理由予以证明，中信保理公司已就其通过背书合法获得案涉汇票作出合理说明，本院在本案中不再审查票据原因关系。根据《最高人民法院关于审理票据纠纷案件若干问题的规定》第十四条的规定：“票据债务人以票据法第十条、第二十一条的规定为由，对业经背书转让票据的持票人进行抗辩的，人民法院不予支持。”国中医药公司对安力博发公司、星纪开元公司未实际供货的抗辩和关于其自身未实际使用保理款的抗辩，不能成为其拒绝向中信保理公司承担票据责任的理由。综上，中信保理公司持背书连续的票据，按照票据关系行使追索权，本院予以支持，国中医药公司的上诉理由不能成立。至于国中医药公司认为其在票据原因关系中的权益保护，可就相应的民事法律关系另行主张。

国中医药公司在本院二审期间要求追加“本案票据当事人及基础交易当事人”安力博发公司、星纪开元公司为本案当事人，并认为一审法院遗漏追加，存在重大程序瑕疵。如前所述，本案是中信保理公司持经背书取得的商业承兑汇票请求人民法院判决汇票付款人国中医药公司进行付款而发动，行使的是票据追索权，本案的案由、主要法律关系的性质是票据纠纷，在无充分证据证明中信保理公司恶意取得票据的前提下，票据原因关系并非本案的审理范围，亦无需追加安力博发公司、星纪开元公司为本案当事人。故对国中医药公司的该项请求，本院不予支持。

国中医药公司在本院二审期间，请求人民法院依职权调取湖北省通山县公安局关于安力博发公司、中信保理公司等主体涉嫌合同诈骗罪的相关证据材料，请求人民法院通知“中信保理公司工作人员”上官某出庭作证以证实本案真实交易背景。由于国中医药公司并未提供公安机关出具的案件受理通知书或其他证明安力博发公司、中信保理公司等主体涉嫌犯罪的有效证据，其在一审提交的《调取证据通知书》也仅载明湖北省通山县公安局因国中医药公司控告合同诈骗而于2014年12月24日向国中医药公司调取国中医药公司的企业法人营业执照、组织机构代码证、税务登记证，国中医药公司与安力博发公司、上官某、星纪开元公司、中信保理公司之间开展商业承兑汇票业务形成的文字资料，据此，目前本院并未发现本案涉及刑事犯罪的有效线索，且在本院认为于本案中无需再审查票据原因关系的基础上，本院对国中医药公司请求人民法院依职权调取湖北省通山县公安局全部案卷材料并通知案外人上官某出庭的申请不予准许。

综上，一审判决认定事实清楚，适用法律正确，上诉人国中医药公司的上诉理由均不成立，应予驳回。本院依照《中华人民共和国民事诉讼法》第一百七十条第一款第一项之规定，判决如下：

驳回上诉，维持原判。

一审案件受理费，按一审判决执行。二审案件受理费人民币447025元，由上诉人国中医药公司承担。

本判决为终审判决。

审判长：王富博；审判员：朱海年；代理审判员：林海权；书记员：李洁

二〇一五年十月二十六日

四、管辖权异议纠纷

经过初步审查即可认定当事人的诉讼请求是基于不同的法律关系提出的情形下，人民法院不应依据该两项诉讼请求的标的额的总额确定管辖法院

——瑞华公司等与公交公司侵害企业出资人权益纠纷管辖权异议

【裁判观点】

虽然在管辖权异议案件审查中，人民法院对当事人的诉讼请求不进行实质审查，但在经过初步审查即可认定当事人的诉讼请求是基于不同的法律关系提出的情形下，人民法院不应依据该两项诉讼请求的标的额的总额确定管辖法院。

中华人民共和国最高人民法院

民事裁定书

案号　（2018）最高法民辖终179号

上诉人（原审被告）：公交公司。

法定代表人：王燕某，该公司董事长。

委托诉讼代理人：张晋项，北京大成（海口）律师事务所律师。

被上诉人（原审原告）：瑞华公司。

法定代表人：帅鸿某，该公司总裁。

委托诉讼代理人：周塞军，北京天驰君泰律师事务所律师。

委托诉讼代理人：韩芳，北京天驰君泰律师事务所律师。

原审第三人：瑞华特公司。

法定代表人：王金某，该公司董事长。

上诉人公交公司因与被上诉人瑞华公司及第三人瑞华特公司侵害企业出资人权益纠纷管辖权异议一案，不服海南省高级人民法院（2017）琼民初48号之一民事裁定，向本院提起上诉。本院依法组成合议庭进行了审理，本案现已审理终结。

公交公司上诉请求：撤销一审裁定，将本案移送海南省海口市中级人民法院处理。事实与理由：（一）一审法院将两个存在明显冲突的诉讼主张在同一个案件中立案受理，导致管辖错误，应依法纠正。瑞华公司起诉所依据的主要事实系公交公司未履行出资义务，依据《海南瑞华特新能源汽车有限公司股东合作协议》（以下简称《股东合作协议》）要求公交公司补足出资5000万元；依据瑞华公司与瑞华特公司签订的相关购销合同，要求公交公司赔偿购车款和设备款损失8916万元。瑞华公司的前述诉讼主张是基于独立的合同关系，且当事人身份在两个法律关系中存在冲突，不应在同一个案件中受理。首先，瑞华公司依据《股东合作协议》主张公交公司补缴出资的诉讼主张中，瑞华公司与公交公司为《股东合作协议》的当事人，瑞华特公司为收取出资的受益人可以列为第三人。其次，瑞华公司依据其与瑞华特公司签订的相关购销合同，要求公交公司在未出资范围内承担瑞华特公司相应债务的清偿责任的诉讼主张中，瑞华公司与瑞华特公司为合同当事人，公交公司为法定责任单位，可以一并作为被告，但该法律关系下的主债务人为瑞华特公司，瑞华特公司只能是被告而不能作为第三人。再次，在瑞华公司的两项诉讼主张存在明显冲突，不宜在同一案件中受理的情况下，一审法院立案时理应向瑞华公司释明，要求其分别提出诉讼，并根据相应的诉讼标的额确定案件管辖法院。此外，瑞华公司在向一审法院提起本案诉讼后，就案涉合作协议纠纷，于2017年12月8日向海南省海口市中级人民法院申请诉前财产保全，该院已经受理并作出民事裁定。瑞华公司的该行为亦表明其认可海南省海口市中级人民法院对本案有管辖权。（二）瑞华公司在本案中存在虚增诉讼标的额，规避级别管辖的行为。《中华人民共和国公司法》第三条第二款规定：“有限责任公司的股东以其认缴的出资额为限对公司承担责任；股份有限公司的股东以其认购的股份为限对公司承担责任。”瑞华特公司的公司章程第八条规定：“股东承担以下义务：……（3）依其所认缴的出资额承担公司的债务；……”因此，即使瑞华公司的主张成立，公交公司作为有限责任公司的股东承担责任的范围仅限于认缴出资额（根据《股东合作协议》及瑞华特公司的公司章程为5000万元，根据《合作补充协议》为3000万元）。瑞华公司通过重复主张诉讼请求的方式将本案诉讼标的额增加至1.39亿元，从而改变了本案的级别管辖法院，明显属于虚增标的额，规避级别管辖的行为。

瑞华公司答辩称：首先，《合同补充协议》并未生效进入履行程序。公交公司不出资的主张未获股东会议通过，其仍负有5000万元的出资义务。其次，公交公司不履行合同约定的出资义务，给瑞华公司造成巨额经济损失，瑞华公司的起诉符合《中华人民共和国合同法》和《中华人民共和国民事诉讼法》的相关规定，海南省高级人民法院依法对本案具有管辖权。综上，请求本院依法驳回公交公司的上诉，维持一审裁定。

本院经审查认为：瑞华公司的第一项诉讼请求系请求判令公交公司限期补足其认缴的出资额5000万元；第二项诉讼请求系请求判令公交公司承担巨额出资不到位的违约责任，赔偿瑞华公司因其出资不到位而造成的购车款和设备款实际损失共计89167278.52元及其利息。本案的争议焦点系该两项诉讼请求是否属于同一法律关系。第一项诉讼请求系瑞华公司依据《股东合作协议》，主张公交公司履行该协议项下的出资义务，该法律关系是基于《股东合作协议》项下的权利义务关系，合同当事人通常为《股东合作协议》的签约各方。第二项诉讼请求系主张公交公司承担出资不到位的违约责任即因其出资不到位而造成的购车款和设备款损失，关于该项诉讼请求，依据瑞华公司提交的起诉状，瑞华公司主张的购车款系其与瑞华特公司之间签订的公交车销售合同项下瑞华特公司应向瑞华公司履行的义务；瑞华公司主张的设备款系其与瑞华特公司之间签订的产品购销合同项下瑞华特公司应向瑞华公司履行的义务。因此，瑞华公司第二项诉讼请求的合同依据系公交车销售合同及产品购销合同，该法律关系是基于公交车销售合同及产品购销合同项下的权利义务关系，合同当事人通常为该销售合同及产品销售合同的签约各方。虽然在管辖权异议案件审查中，人民法院对当事人的诉讼请求不进行实质审查，但在经过初步审查即可认定瑞华公司的第一项诉讼请求和第二项诉讼请求是基于不同的法律关系提出的情形下，人民法院不应依据该两项诉讼请求的标的额的总额确定管辖法院。公交公司关于一审法院将两个存在明显冲突的诉讼主张在同一个案件中立案受理，导致管辖错误的上诉主张成立，本院予以支持。根据《最高人民法院关于调整高级人民法院和中级人民法院管辖第一审民商事案件标准的通知》（法发〔2015〕7号）第二条的规定，海南省海口市中级人民法院管辖当事人一方住所地不在受理法院所在省级行政辖区，诉讼标的额在2000万元以上1亿元以下的一审民商事案件。本案中，瑞华公司的住所地在上海市，公交公司的住所地在海南省，瑞华公司主张的第一、二项诉讼请求的诉讼标的额分别未超过1亿元。因此，本案应由海南省海口市中级人民法院管辖。

综上，公交公司的上诉请求成立，本院予以支持。依照《中华人民共和国民事诉讼法》第一百七十条第一款第二项、第一百七十一条规定，裁定如下：

一、撤销海南省高级人民法院（2017）琼民初48号之一民事裁定；

二、本案由海南省海口市中级人民法院管辖。

本裁定为终审裁定。

审判长：钱小红；审判员：奚向阳、张颖新；法官助理：王智锋；书记员：陈文波

二〇一八年六月十九日

五、执行纠纷

在对执行异议是否成立的判断标准上，应坚持较高的、外观化的判断标准，且应高于执行异议之诉中原告能否排除执行的判断标准

——钟永某与王某、林荣某案外人执行异议纠纷

【裁判观点】

执行程序需要贯彻已生效判决的执行力，因此，在对执行异议成立的判断标准上，应坚持较高的、外观化的判断标准。这一判断标准，要高于执行异议之诉中原告排除执行的判断标准。由此，《最高人民法院关于人民法院办理执行异议和复议案件若干问题的规定》第二十五条至第二十八条的规定就应当在如下意义上理解，即符合这些规定所列条件的，执行异议能够成立；不满足这些规定所列条件的，异议人在执行异议之诉中的请求也未必不成立。是否成立，应根据案件的具体情况和异议人所主张的权利、申请执行人债权实现的效力以及被执行人对执行标的的权利作出比较后综合判断，从而确定异议人的权利是否能够排除执行。

中华人民共和国最高人民法院

民 事 判 决 书

案号　（2015）民一终字第 150 号

上诉人（原审被告）：王某。

委托代理人：史正，福建方圆统一律师事务所律师。

委托代理人：林辉，福建方圆统一律师事务所律师。

被上诉人（原审原告）：钟永某。

委托代理人：庄宗伟，北京大成（厦门）律师事务所律师。

委托代理人：董锦辉，北京大成（厦门）律师事务所律师。

原审被告：林荣某。

上诉人王某为与被上诉人钟永某、原审被告林荣某案外人执行异议纠纷一案，不服福建省高级人民法院2015年3月2日（2014）闽民初字第7号民事判决，向本院提起上诉。本院依法组成合议庭，于2015年7月2日开庭审理了本案。王某委托代理人史正及钟永某委托代理人庄宗伟、董锦辉到庭参加了诉讼，林荣某经合法传唤未到庭。本案现已审理终结。

一审法院经审理查明：王某与林荣某股权转让合同纠纷一案中，王某向一审法院提出财产保全申请，请求对林荣某的财产进行诉讼保全。2011年7月15日，一审法院作出（2011）闽民初字第22－2号民事裁定，冻结林荣某银行存款5723万元或查封、扣押等值的财产，并于2011年7月21日向上杭县房地产交易管理所发出（2011）闽民初字第22－2号《协助执行通知书》，查封了林荣某所有的坐落于上杭县××的房产一幢（房屋所有权证：杭房权字第××号，以下简称诉争房产），查封期限自2011年7月21日至2013年7月20日。

2011年12月15日，一审法院作出（2011）闽民初字第22号民事判决，判令林荣某应返还王某已支付的转让款750.681万美元（合人民币5000万元）。（2011）闽民初字第22号民事判决生效后，王某于2012年12月23日向一审法院申请强制执行，申请执行标的750.681万美元（合人民币5000万元）及利息，一审法院于2013年12月24日立案执行，并于2013年6月19日作出（2013）闽执行字第1－4号执行裁定：继续查封林荣某所有的坐落于上杭县××的房产，查封期限自2013年7月21日至2014年7月20日止。

2013年12月5日，钟永某以诉争房产系其所有为由，向一审法院提起执行异议，请求一审法院中止对该房产的执行并解除对该房产的查封措施。一审法院认为，讼争房产至今仍登记在林荣某名下，尚未变更登记为案外人钟永某，故上述房产的物权未发生变动，应仍为林荣某所有。案外人钟永某认为讼争房产系其合法财产之理由无事实和法律依据，查封并无不当，作出（2013）闽执外异字第3

号执行裁定，驳回钟永某异议。钟永某不服，遂提起本案诉讼。

钟永某向一审法院提起诉讼称，一审法院于2013年12月18日作出的(2013)闽执外异字第3号执行裁定书，在认定事实及适用法律上存在错误，应当对讼争房产依法停止执行。理由如下：1996年7月22日，钟永某与林荣某签订《离婚协议书》，双方约定讼争房屋归女方及女方所生子女所有，但只准居住，不准转卖。《离婚协议书》签订后，双方于同年8月7日办理了离婚登记手续，但林荣某未及时将讼争房产变更登记至钟永某名下，经钟永某多次要求均未果，过错在于林荣某。根据《中华人民共和国物权法》第十五条规定，钟永某与林荣某签订的《离婚协议书》依法成立，合法有效，且讼争房产一直由钟永某占有、支配、使用，属钟永某合法财产。根据相关法律法规的规定，本案讼争房产不应列为执行财产。请求判令：1. 确认诉争房产归属于钟永某所有；2. 停止对讼争房产的执行，并解除查封措施；3. 本案诉讼费由王某、林荣某承担。

王某答辩称，一、讼争房产的所有权人为林荣某，法院对讼争房产采取执行措施，是正确、合法的。理由如下：1. 讼争房产的《房屋所有权证》及《国有土地使用证》上的权利人均登记为林荣某，因此，讼争房产的物权归林荣某所有。2. 钟永某主张其与林荣某于1996年达成离婚协议，该协议约定“上杭县城关和平路的面积一百七十三平方米的房屋归女方及其所生子女所有，但只准居住，不准转卖”，从1996年至今已近二十年，讼争房产登记的所有权人仍是林荣某，仍为林荣某所有。3. 钟永某对林荣某享有的债权请求权不能对抗法院的查封、执行措施，不能对抗申请执行人。钟永某要求林荣某办理变更登记，事实和法律上已不可能实现。钟永某要求确认讼争房产归属于钟永某所有的诉讼请求没有事实和法律依据，依法应予以驳回。二、《离婚协议书》不能作为钟永某主张权利的依据。1.《离婚协议书》约定的是：“上杭县城关和平路的面积一百七十三平方米（尚未办理门牌号码）的房屋归女方及女方所生子女所有。但只准居住，不准转卖。”而根据讼争房产《房屋所有权证》载明讼争房产共四层，面积为748.7平方米，故钟永某只对讼争房产748.7平方米中的173平方米享有请求权，绝非对讼争房产全部748.7平方米享有请求权。2.《离婚协议书》上特别载明对173平方米“只准居住，不准转卖”，说明钟永某只有居住、使用的权利，并不享有所有权。3. 钟永某提交的《离婚登记申请书》上结婚证号为空白，故钟永某与林荣某未必存在结婚的事实，《离婚协议书》是无效的。对该事实钟永某负有举证责任，否则应承担举证不能的法律后果。三、钟永某与林荣某、《离婚协议书》早在1996年就已签订，至今已近二十年，钟永某长期未办理变更登记，也不主张权利，直到法院采取强制执行措施才提出主张，其目的在于帮助林荣某逃避执行。四、钟永某已另案起诉林荣某要求确认讼争房产产权，其隐瞒讼争房产已被法院依法查封的事实，另行提起确权诉讼的行为不符合法律规定。根据《最高人民法院印发〈关于执行权合理配置和科学运行的若干意见〉的通知》（法发〔2011〕15号）第26条之规定，受诉法院不应对钟永某与林荣某进行的确权诉讼进行审理，如有确权判决书或调解书也应当撤销，不能成为本案定案的依据。综上，讼争房产的物权并未发生变动，仍为林荣某所有，执行法院对属于林荣某所有的讼争房产采取执行措施是正确、合法的，钟永某与林荣某提起本案诉讼的目的在于逃避执行，请求法院依法驳回钟永某的全部诉讼请求，以维护王某的合法权益。

一审法院经审理查明，钟永某与林荣某于1972年6月28日登记结婚。1996年7月22日，钟永某与林荣某签订《离婚协议书》，载明：现双方同意办理离婚手续。建在迳美村××路××号的房屋一幢及建在上杭县城关××路的面积一百七十三平方米（尚未办理门牌号码）的房屋归女方及女方所生子女所有。但只准居住，不准转卖。

1996年8月7日，钟永某与林荣某办理离婚手续，《离婚登记申请书》及《审查处理结果》的内容体现钟永某与林荣某经婚姻登记机关审查同意准予离婚。

根据《上杭县私有房屋所有权登记申请书》、杭房权字第××号《房屋所有权证》及杭国用（1997）字第××68号《国有土地使用证》，其中申请书载讼争房产来源为新建，用地面积为172.8平方米，建成年份1996年，同时讼争房产的《国有土地使用证》与《房屋所有权证》所附平面图内容与《上杭县私有房屋所有权登记申请书》所附平面图内容一致。

钟永某与林荣某之子女林必某、林晓甲、林晓乙、林丽某四人出具的《声明》，内容为同意讼争房产归钟永某所有，并将《国有土地使用证》及《房屋所有权证》直接变更至钟永某名下，由此产生任何纠纷、诉讼同意由钟永某全权处理。

一审法院另查明，林荣某于2014年2月17日、3月24日上杭县人民法院法庭审理中陈述，讼争房产土地使用权1994年向上杭县国土资源局购买，1995年建造竣工并乔迁入住，1996年向土地管理部门申请办理土地使用权证，1997年才办理好土地使用权证和房屋所有权证。离婚时，双方已经协议夫妻共同财产即讼争房产归钟永某及所生子女所有。由于购买土地时是用林荣某的名义购买的，所以办证机关要求用其名字办理，原本可以将房屋所有权过户到钟永某名下，但一直未去办理。离婚后，该房产都由钟永某占有、使用和收益。讼争房产现在的门牌号是××，离婚时已协商归钟永某及其所生子女所有。

案外人李建某述称，讼争房产一楼店面从2010年2月起由其向钟永某承租，租金每月1200元，每半年以现金方式向钟永某支付一次。根据钟永某提供的《上杭县自来水公司用水分户明细卡》《自来水公司用水账户卡》等证据，林荣某名下的讼争房屋于1996年2月已经建成并入住。

一审法院经审理认为，钟永某依照《中华人民共和国民事诉讼法》第二百二十七条的规定提起案外人执行异议之诉，应当提供证据证明其对讼争房产享有的实体权利足以阻却强制执行措施。钟永某提供的《离婚登记申请书》《离婚协议书》《审查处理结果》均复印自上杭县档案馆，真实性应予认定，该三份证据内容体现钟永某与林荣某经协商一致达成离婚协议，并经行政机关审批同意予以办理离婚登记，虽然钟永某于一审庭审后提供的《结婚登记申请表》所载的申请人为“钟永某某”，且未提供其他证据证明其曾用名为“钟永某某”，但是钟永某与林荣某是否存在合法的婚姻关系，属行政机关在办理两人离婚登记时应当审查的事项，行政机关作出“符合条件，予以办理（离婚登记）”的审查结果，其中当包含确认两人此前存在婚姻关系之意，故王某以《离婚协议书》未填写结婚证号、钟永某未提供证据证明其与林荣某存在合法婚姻关系等为由，主张钟永某不能证明其与林荣某曾存在婚姻关系，并因此认为《离婚协议书》无效，理由不能成立，一审法院不予支持。钟永某与林荣某签署的《离婚协议书》系双方自愿达成，内容没有违反法律、行政法规的强制性规定，两人亦已依该协议并经行政机关批准解除婚姻关系，故应当认定该离婚协议合法有效。

虽然钟永某提供的《上杭县私有房屋所有权登记申请表》、讼争房产的权属证书等证据体现林荣某系于1997年申请办理并取得讼争房产的权属证书，但是《上杭县私有房屋所有权登记申请表》载讼争房产系于1996年建成，钟永某于一审庭审后提供的用水分户明细卡、用水账户卡等证据亦体现讼争房产于1996年2月安装自来水并有每月用水记录，上述事实与林荣某有关讼争房产于1994年购买土地，1995年年底建成，1996年年初入住，1997年补办土地出让手续并办理权属证书的陈述可以互相印证，证明讼争房产系在林荣某与钟永某婚姻关系存续期间购买土地并合法建造而成，根据《中华人民共和国婚姻法》第十七条的规定，当属夫妻二人共同财产。

1996年，两人经协商达成有关该处房产归钟永某及其子女所有的《离婚协议书》，不仅是双方对夫妻共同财产作出的分割协议，而且因具有解除人身关系的性质，而不同于一般处分房产所有权的协议。钟永某作为讼争房产的共有权人，依法享有该处房产之物权，其请求停止对讼争房产强制执行措施，一审法院予以支持。根据钟永某与林荣某《离婚协议书》的约定，讼争房产权属应当由钟永某及其四个子女享有，一审诉讼中，钟永某虽然提供了林必某等四人的《声明》，主张该四人为钟永某的婚生子女，但由于该四人并非本案当事人，仅凭《声明》并不能证明林必某等人的身份，因此，该《声明》书不足以认定《离婚协议书》中涉及的林必某等四名子女已经同意将讼争房产权利归属于钟永某，在此情况下，钟永某在本案中请求将讼争房产判归其所有，依据不足，一审不予支持。

综上，依照《中华人民共和国婚姻法》第十七条、第三十九条第一款，《中华人民共和国民事诉讼法》第二百二十七条，《最高人民法院关于适用〈中华人民共和国民事诉讼法〉执行程序若干问题的解释》第二十四条的规定，一审法院判决如下：一、停止对位于福建省上杭县××房产的执行；二、驳回钟永某的其他诉讼请求。案件受理费100元，由王某负担。

王某不服一审判决，向本院提起上诉，请求：1. 撤销福建省高级人民法院（2014）闽民初字第7号民事判决第一项，改判驳回钟永某的全部诉讼请求。2. 本案诉讼费用由钟永某承担。主要理由是：一、讼争房产的物权归林荣某所有，一审法院不依据不动产权属证书而是以1996年两人经协商达成的《离婚协议书》为由，作出钟永某享有该处房产之物权，判决停止对讼争房产执行的认定没有法律依据。二、即便按照一审法院的观点，以《离婚协议书》来确定讼争房产的权属，钟永某的诉讼请求仍然不能成立。1. 《离婚协议书》所涉及的与钟永某及其子女有关的讼争房产的面积只有173平方米，而根据讼争房产的《房屋所有权证》

所载，讼争房产面积为748.7平方米，钟永某只对讼争房产748.7平方米中的173平方米享有请求权（173平方米大约是一层的面积），而非对748.7平方米享有请求权（这种权利仅指173平方米的使用权），并不能因此停止对讼争房产（特别是173平方米以外的部分）的执行。2.《离婚协议书》的内容是“只准居住，不准转卖”，即钟永某并不享有处分权，钟永某只有居住、使用的权利，并不享有所有权。所以钟永某对讼争房产实际上只有四分之一居住、使用的权利，并不能阻止对讼争房产的拍卖执行。三、钟永某自述1996年达成《离婚协议书》，但至2011年法院查封讼争房产，长达15年，钟永某从未主张办理变更登记。这一事实证明，依据《离婚协议书》，钟永某并不获得讼争房产的所有权，之所以在17年后对讼争房产提出执行异议（钟永某在2013年才提起执行异议），纯属协助林荣某逃避执行。

钟永某答辩称，其请求法院停止讼争房屋的强制执行措施，于法有据，一审认定事实清楚，适用法律正确，应予维持。一、钟永某与林荣某签订的《离婚协议书》，对房屋所有权分配的约定十分明确，且《离婚协议书》签订后，钟永某与林荣某又于1996年8月7日签署了《离婚登记申请书》，再次明确“财产处理”方式为“房屋归女方”，《离婚登记申请书》是双方无恶意的合意行为，在行政机关备案的法律文件，合法有效，即案涉房屋全部归女方所有，钟永某是讼争房产的所有权人（至少是共有权人）。《离婚协议书》中约定的“只准居住，不准转卖”，其真实原因是林荣某考虑其离婚后可能改嫁，担心日后如果房屋被出让，其四个子女的基本生活没有保障，该约定并非从法律角度限制房屋的物权，而是林荣某从保护子女利益角度考虑所提出的一项“离婚条件”。即便退一万步讲，钟永某与林荣某之间的财产分割属于债权关系，该债权基于《离婚协议书》所产生，债的标的是唯一且确定的——即讼争房产，属于特定之债。王某与林荣某之间因股权所产生的债务纠纷发生在离婚14年之后，属于种类之债，且形成在后。因此，特定之债优先于种类之债。二、《离婚协议书》所载“和平路的面积一百七十三平方米（尚未办理门牌号码）的房屋”即××房屋，《离婚协议书》中所载面积一百七十三平方米系房屋的占地面积。1.《离婚协议书》签订时讼争房产尚无门牌号，房屋总建筑面积未实际测量，仅知讼争房产的用地面积为172.8平方米（四舍五入即173平方米），故协议书所载“建在上杭县城关××路的面积一百七十三平方米的房屋”中的“一百七十三平方米”仅是代替门牌号的一种识别符号，且讼争房产共四层总建筑面积为748.7平方米，每层的面积也应是187.18平方米，与《离婚协议书》所载的173平方米相去甚远。如果林荣某与钟永某的真实意思是指讼争房产的一层或173平方米归女方及其子女所有，也应当在《离婚登记申请书》中明确备注是第几层或多少面积归女方及其子女所有，现实情况是《离婚协议书》《离婚登记申请书》都无此备注，因此“一百七十三平方米”是指房屋用地面积，而不是王某所称的一层房屋的面积。2. 从讼争房产的实际使用情况看，其与林荣某离婚后，其在讼争房屋里一个人含辛茹苦把三个子女抚养成人，该讼争房产一直由其及其和子女居住、使用，后对外出租也是由钟永某收取租金，林荣某离婚后从未在讼争房产内居住。而且，根据生活常理和中国农村的惯例，离婚之后男女双方是不会继续在同一栋房子里居住的，更不可能一方“寄住”在另一方的房产之中。三、1997年讼争房屋的房产证及土地证办到林荣某名下，原因在于之前办理土地受让相关手续时登记人是林荣某，所以权属证书就顺理成章地办到林的名下，而且当时物权法尚未颁布实施，普通老百姓对于不动产物权登记的法律意义都无多少概念，文化水平低下的农村家庭妇女，更不会去关心房产“两证”如何办理，钟永某对房产至今未办理过户手续没有过错。

林荣某提交答辩意见称，同意钟永某的答辩意见。

本院二审查明的事实与一审法院查明的事实相同。

本院认为，本案系案外人钟永某在王某与林荣某股权转让纠纷一案生效判决的执行中，对执行标的（讼争房产）提起的执行异议之诉，请求排除执行的理由为股权转让关系发生之前该讼争房产已在离婚协议中作为其与林荣某夫妻共同财产进行处分归其和四名子女所有，因此，钟永某对本案讼争房产是否享有足以阻止执行的实体权利是本案争议的焦点。本院认为，钟永某对诉争房产享有足以阻却执行的权利。主要理由是：

一、现有证据不能证明钟永某与林荣某之间存在恶意串通逃避债务的主观故意，钟永某与林荣某解除婚姻关系及有关财产约定的意思表示真实。根据原审查明的案件事实，王某与林荣某之间转让股权的时间为2009年9月，王某因该股权转让纠纷根据生效判决申请原审法院对讼争房产进行查封的时间为2013年6月，此时讼争房产登记在债务人林荣某个人名下。钟永某一审中提供的复印自上杭县档案馆的《离婚登记申请书》《离婚协议书》《审查处理结果》三份证据，能够证明钟永某与林荣某两人于1996年7月22日达成的《离婚协议书》已明确将夫妻双方共有的讼争房产归钟永某及其子女所有。上述《离婚协议书》系钟永某与林荣某两人双方自愿达成，内容不违反法律、行政法规的强制性规定，且两人亦已依该协议并经行政机关批准解除婚姻关系，故一审法院认定该离婚协议合法有效，并无不当。由于该《离婚协议书》签订时间（1996年7月）在先，法院对讼争房产的执行查封（2013年6月）在后，时间上前后相隔长达十几年之久，林荣某与钟永某不存在借离婚协议处分财产逃避债务的主观恶意。据此，钟永某与林荣某在离婚协议中对于夫妻共同财产的处分行为亦属有效。王某上诉认为钟永某与林荣某之间的离婚协议属恶意逃避债务的理由不能成立。

二、关于钟永某对讼争房产的请求权的内容问题。根据《上杭县私有房屋所有权登记申请书》、杭房权字第××号《房屋所有权证》及杭国用（1997）字第××68号《国有土地使用证》等证据可知，讼争房产的用地面积为172.8平方米。由于钟永某与林荣某签订《离婚协议书》时，讼争房产尚未办理门牌号码也未测量其实际面积，因此，钟永某与林荣某在《离婚协议书》中约定，“……建在上杭县城关和平路的面积一百七十三平方米（尚未办理门牌号码）的房屋归女方及女方所生子女所有”，该约定的内容即应解释为诉争房屋的全部而非其中的173平方米归钟永某及其所生子女所有。尤其是，在《离婚协议书》签订之后，钟永某及其所生子女也一直实际占有、使用了诉争房屋。因此，王某上诉以钟永某仅对诉争房屋的173平方米部分享有请求权，人民法院不应停止对该房屋其他部分执行的主张不能成立。

三、由于《离婚协议书》并不存在恶意串通逃避债务的问题，且钟永某对案涉全部房产享有请求权，因此，需要进一步讨论的问题是，钟永某依据《离婚协议书》对讼争房产享有的权利是否足以排除执行。

在法律适用上，应当看到，《最高人民法院关于人民法院办理执行异议和复议案件若干问题的规定》是针对执行程序中当事人提出执行异议时如何处理的规定。由于执行程序需要贯彻已生效判决的执行力，因此，在对执行异议是否成立的判断标准上，应坚持较高的、外观化的判断标准。这一判断标准，要高于执行异议之诉中原告能否排除执行的判断标准。

由此，《最高人民法院关于人民法院办理执行异议和复议案件若干问题的规定》第二十五条至第二十八条的规定就应当在如下意义上理解，即符合这些规定所列条件的，执行异议能够成立；不满足这些规定所列条件的，异议人在执行异议之诉中的请求也未必不成立。是否成立，应根据案件的具体情况和异议人所主张的权利、申请执行人债权实现的效力以及被执行人对执行标的的权利作出比较后综合判断，从而确定异议人的权利是否能够排除执行。

在本案中，钟永某与林荣某于1996年7月22日签订《离婚协议书》，约定讼争房产归钟永某及其所生子女所有，该约定是就婚姻关系解除时财产分配的约定，在诉争房产办理过户登记之前，钟永某及其所生子女享有的是将讼争房产的所有权变更登记至其名下的请求权。该请求权与王某的请求权在若干方面存在不同，并因此具有排除执行的效力。

首先，从成立时间上看，该请求权要远远早于王某因与林荣某股权转让纠纷所形成的金钱债权。债权的成立时间尽管并不影响债权的平等性，但是在若干情形下对于该债权能否继续履行以及继续履行的顺序产生影响。例如，《最高人民法院关于审理买卖合同纠纷案件适用法律问题的解释》第十条针对出卖人就特殊动产订立多重买卖合同的继续履行问题明确规定，在均未受领交付且未办理所有权转移登记手续的情况下，依法成立在先合同的买受人的继续履行请求权就优先于其他买受人。以此类推，在本案情形，至少不能得出王某成立在后的债权具有优先于钟永某成立在前的债权的结论。

第二，从内容上看，钟永某的请求权系针对诉争房屋的请求权，而王某的债权为金钱债权，并未指向特定的财产，诉争房屋只是作为林荣某的责任财产成为王某的债权的一般担保。在钟永某占有诉争房屋的前提下，参考《最高人民法院关于审理买卖合同纠纷案件适用法律问题的解释》第十条规定的精神可知，其要求将讼争房产的所有权变更登记至其名下的请求权，也应当优于王某的金钱债权。

第三，从性质上看，王某与林荣某之间的金钱债权，系林荣某与钟永某的婚姻关系解除后发生的，属于林荣某的个人债务。在该债权债务发生之时，诉争房屋实质上已经因钟永某与林荣某之间的约定而不再成为林荣某的责任财产。因此，在王某与林荣某交易时以及最终形成金钱债权的过程中，诉争房产都未影响到林荣某的责任财产。在此意义上，钟永某的请求权即使排除王某债权的执行，也并未对王某债权的实现形成不利影响。

第四，从发生的根源上看，讼争房产系钟永某与林荣某婚姻关系存续期间因合法建造而产生的夫妻共同财产，在钟永某与林荣某婚姻关系解除之时约定讼争房产归钟永某及其所生子女所有。从功能上看，该房产具有为钟永某及其所生子女提供生活保障的功能。与王某的金钱债权相比，钟永某及其子女享有的请求权在伦理上具有一定的优先性。

综上所述，本院认为，基于钟永某与王某各自债权产生的时间、内容、性质以及根源等方面来看，钟永某对诉争房产所享有的权利应当能够阻却对本案讼争房产的执行，钟永某提起执行异议请求阻却对本案讼争房产执行的理由成立，一审法院判决停止对讼争的位于福建省上杭县××房产的执行正确，应予维持。王某上诉请求撤销该项判决的理由，不能成立，本院不予支持。

综上，一审判决认定事实清楚，判决结果正确。本院依照《中华人民共和国民事诉讼法》第一百七十条第一款第一项之规定，判决如下：

驳回上诉，维持原判。

二审案件受理费100元，由王某负担。

本判决为终审判决。

审判长：姚爱华；审判员：王毓莹；代理审判员：姜强；书记员：王慧娴

二〇一六年一月十日

申请人主张涉案标的物应归其所有，属于案外人对于被执行标的物提出的能够阻却执行的实体权利，符合法律规定的案外人异议情形

——上海凯润公司与同元实业公司等执行纠纷

【裁判观点】

申请人主张涉案标的物应归其所有，该请求是案外人对于被执行标的物提出的能够阻却执行的实体权利，符合《中华人民共和国民事诉讼法》第二百二十七条规定的案外人异议情形。

中华人民共和国最高人民法院
执行裁定书

案号　（2015）执申字第22号

申诉人（案外人）：上海凯润公司。

法定代表人：毛志某，该公司总经理。

委托代理人：应仕海，北京大成（上海）律师事务所律师。

被申诉人（申请执行人）：同元实业公司。

法定代表人：郭宝某，该公司总经理。

被申诉人（被执行人）：太原钢联公司。

法定代表人：黄小某，该公司负责人。

被申诉人（被执行人）：黄小某。

被申诉人（被执行人）：曲艳某。

申诉人上海凯润公司因与同元实业公司、太原钢联公司、黄小某、曲艳某执行纠纷一案，不服山西省高级人民法院（以下简称山西高院）（2014）晋执复字第17号执行裁定，向本院申诉。本院受理后，依法组成合议庭进行了审查，现已审查终结。

本院经审查查明：2013年1月初，被执行人黄小某和曲艳某经德佑房地产公司居间介绍，欲出售其共有的位于上海市东泰路××弄×号××01室房屋及附

属车位给上海凯润公司。2013 年 2 月 22 日，双方在上海市浦东新区签订了关于房屋及附属车位买卖合同。该合同约定房屋价款为 2473 万元，车位价款为 27 万元，合计 2500 万元。黄小某、曲艳某应当在 2013 年 3 月 31 日前办理房屋及车位过户登记手续，之前应办理完毕涉案房产抵押登记的注销手续（2012 年 3 月，黄小某、曲艳某将涉案房屋及车位抵押给中国民生银行太原分行，用以担保太原钢联公司 2000 万元的抵押担保债务）。

2013 年 3 月 4 日至 21 日，上海凯润公司依据合同约定，通过银行转账及现金方式向黄小某、曲艳某支付了 2500 万元，其中有 2280 万元购房款用于代偿黄小某、曲艳某在中国民生银行太原分行的抵押担保债务。2013 年 3 月 12 日，黄小某、曲艳某向上海凯润公司交付了涉案房屋及车位。当日，上海凯润公司即办理了相关手续，正式入住涉案房屋。2013 年 3 月 20 日，上海凯润公司缴纳了涉案房产购置税费。2013 年 3 月 28 日，上海凯润公司去房地产登记部门办理过户登记时，发现涉案房产上的抵押尚未涤除，同时还被太原市中级人民法院（以下简称太原中院）查封，无法办理过户登记。

2013 年 3 月 28 日，太原中院根据同元实业公司的诉讼保全申请查封了涉案房产。2013 年 6 月 18 日，上海凯润公司向太原中院提出查封异议。2013 年 6 月 20 日，上海凯润公司向上海市浦东新区人民法院就购房合同提起诉讼。2013 年 12 月 30 日，上海市浦东新区人民法院作出生效判决［案号：（2013）浦民一（民）初字第 21221 号］，确认涉案房屋及车位的买卖合同合法有效，黄小某、曲艳某应在判决生效十日内涤除涉案房地产上的抵押，并向上海凯润公司支付违约金。2014 年 2 月 18 日，太原中院作出（2013）并执字第 189－1 号执行裁定，裁定拍卖涉案房产。

2014 年 2 月 27 日，上海凯润公司向太原中院提出异议，要求撤销拍卖裁定，并解除对涉案房产的查封。上海凯润公司异议称，其与黄小某、曲艳某签订的购房合同合法有效，已经支付了全部购房款及车位款，并已实际入住涉案房屋。根据《最高人民法院关于人民法院民事执行中查封、扣押、冻结财产的规定》第十七条规定："被执行人将其所有的需要办理过户登记的财产出卖给第三人，第三人已经支付部分或者全部价款并实际占有该财产，但尚未办理产权过户登记手续的，人民法院可以查封、扣押、冻结；第三人已经支付全部价款并实际占有，但未办理过户登记手续的，如果第三人对此没有过错，人民法院不得查封、扣押、冻结。”因此，其已经对房产享有实体上的所有权，太原中院应当依法解除查封。

太原中院认为：在双方签订买卖合同之前，被执行人黄小某、曲艳某已将涉案房产抵押给中国民生银行太原分行，上海凯润公司应当是明知的。中国民生银行太原分行并不认可是同意解除抵押的，且上海凯润公司也没有相关的证据予以佐证。因此，双方之间的房产买卖行为是有瑕疵的。依照《中华人民共和国物权法》第九条的规定，不动产物权的设立、变更、转让和消失，经依法登记发生法律效力，未经登记不发生效力。从本案来看，当事人涉案房产在所有权未发生转让、变更的，法院依据当事人诉讼保全的申请，依法查封是应当的，具有法定的事实和对抗效力。2014年5月5日，太原中院作出（2013）并执字第189-2号执行裁定，驳回了上海凯润公司的异议。

上海凯润公司对此不服，向太原中院提出案外人执行异议之诉。太原中院经审查认为，（2013）并执字第189-2号执行裁定中明确告知，如不服该裁定应向山西高院提出执行复议。2014年6月10日，太原中院作出（2014）并民初字第240号民事裁定，驳回了上海凯润公司的起诉。

上海凯润公司遂向山西高院申请复议。其主要理由是：1. 涉案房产买卖行为合法有效，没有瑕疵情形，中国民生银行太原分行是否同意解除抵押，不影响执行异议的成立。2. 太原中院适用法律错误，涉案房产属于法律及司法解释规定的不得查封的财产范围。上海凯润公司已经向黄小某、曲艳某支付了全部房款并实际占有房屋，至于未办理过户登记手续，是由于黄小某、曲艳某未满足涉案房产过户登记的条件和要求所致，同时也因涉案房产上存有的抵押未涤除，上海凯润公司对此没有过错。3. 上海凯润公司对涉案房产享有实质上的所有权，即便该所有权尚未登记公示，但仍应受到法律保护。物权法对于不动产物权登记采用的是“登记为原则，不登记为例外”的精神，本案中上海凯润公司已经支付全款并占有涉案房产，对于未办理过户登记手续没有过错，应当认定其已经取得涉案房产的所有权。4. 太原中院严重违反程序法，对其查封异议申请至今未做任何书面答复。

山西高院查明：2013年2月2日，上海凯润公司与黄小某、曲艳某签订房地产买卖合同，双方约定上海凯润公司受让涉案房屋，价格2473万元，在2013年3月31日前，双方办理转让过户手续。2013年3月4日、3月8日、3月13日、3

月21日上海凯润公司陆续将1000万元、500万元、780万元、80万元（共计2360万元）汇入太原钢联公司在中国民生银行太原分行双塔支行的账户。在此期间的3月12日双方签署了《房屋交接书》，黄小某、曲艳某将涉案房屋交付上海凯润公司。2013年3月28日，太原中院依据诉讼保全规定查封了涉案房屋。另据上海市浦东新区人民法院查明，涉案房屋由黄小某、曲艳某抵押给中国民生银行太原分行，为太原钢联公司担保2000万元的债务，之后，因黄小某、曲艳某违反合同约定导致过户不能，上海凯润公司向浦东新区人民法院提起诉讼，2013年12月31日，法院判决黄小某、曲艳某涤除涉案房屋上的抵押。

山西高院认为：太原中院在执行同元实业公司申请执行太原钢联公司、黄小某、曲艳某借款纠纷一案中，依据诉讼中的保全规定查封了被执行人黄小某、曲艳某名下的房产，于法有据，并无过错。上海凯润公司的复议理由并不符合《最高人民法院关于人民法院民事执行中查封、扣押、冻结财产的规定》第十七条规定的情形，其在明知被执行人黄小某、曲艳某出售的涉案房产抵押给中国民生银行太原分行的情况下，与被执行人黄小某、曲艳某签订房屋买卖合同，虽支付了全部价款并实际占有使用了该房屋，但这一事实并无改变该房屋的所有权登记，其复议申请的理由并不能对抗人民法院的查封、执行效力，故其请求撤销执行法院执行裁定和异议裁定的理由不能成立。2014年6月15日，山西高院作出（2014）晋执复字第17号执行裁定，驳回上海凯润公司的复议请求。

上海凯润公司不服山西高院的复议裁定，向本院申诉，请求撤销太原中院（2013）并执字第189－2号执行裁定及山西高院（2014）晋执复字第17号执行裁定；撤销太原中院（2013）并执字第189－1号执行裁定中作出的对涉案房产的拍卖措施；解除对涉案房产的查封。其主要申诉理由如下：1. 涉案房产买卖行为合法有效，没有瑕疵，民生银行是否同意解除抵押，不影响执行异议的成立。2. 根据《最高人民法院关于人民法院民事执行中查封、扣押、冻结财产的规定》第十七条的规定，涉案房屋属于法律及司法解释规定的不得查封的财产，应当停止执行，并解除查封。3. 根据《最高人民法院关于人民法院执行工作若干问题的规定（试行）》第71条规定："对案外人提出的异议，执行法院应当依照民事诉讼法第二百零八条（新《民事诉讼法》第二百二十七条）的规定进行审查。审查期间可以对财产采取查封、扣押、冻结等保全措施，但不得进行处分。正在实施的处分措施应当停止。经审查认为案外人的异议理由不成立的，裁定驳回其异议，继续执行。”因此，太原中院应当立即停止对涉案房产的执行。4. 上海凯润公司对涉案房产享有准所有权（准物权），即便该所有权尚未登记公示，但仍能对抗法院的查封、执行。

本院认为：本案涉及的焦点问题是对于凯润公司提出的异议是否应当按照《中华人民共和国民事诉讼法》第二百二十七条规定的案外人执行异议程序处理。

从上海凯润公司的异议请求内容来看，其主张涉案房产应归其所有，该请求是案外人对于被执行标的物提出的能够阻却执行的实体权利，符合《中华人民共和国民事诉讼法》第二百二十七条规定的案外人异议情形。太原中院（2013）并执字第189-2号执行裁定、山西高院（2014）晋执复字第17号执行裁定是依据《中华人民共和国民事诉讼法》第二百二十五条规定的执行异议、复议程序处理，致使上海凯润公司未能按照《中华人民共和国民事诉讼法》第二百二十七条规定的案外人执行异议程序主张权利，属于适用法律错误。

由于太原中院（2013）并执字第189-2号执行裁定、山西高院（2014）晋执复字第17号执行裁定适用法律错误，依法应予纠正。参照《中华人民共和国民事诉讼法》第二百零四条，根据本院《关于人民法院执行工作若干问题的规定（试行）》第129条之规定，裁定如下：

一、撤销山西省高级人民法院（2014）晋执复字第17号执行裁定；

二、撤销太原市中级人民法院（2013）并执字第189-2号执行裁定；

三、责令太原市中级人民法院依照《中华人民共和国民事诉讼法》第二百二十七条规定的程序重新审查处理本案。

本裁定送达后立即生效。

审判长：毛宜全；代理审判员：谷峻杰、林莹；书记员：魏丹

二〇一五年八月三十一日

主合同超出仲裁范围的，包括从合同的整个仲裁裁决都不予执行

——中外建公司与格林地公司执行纠纷

【裁判观点】

担保合同是从合同，担保合同纠纷的解决需要以主合同纠纷的解决为前提，在关于主合同的纠纷解决前，当事人关于担保合同纠纷的仲裁协议无法实施。主合同超出仲裁范围的，整个仲裁裁决都不予执行。

中华人民共和国最高人民法院
执行裁定书

案号　（2013）执监字第204号

申诉人（被执行人）：中外建公司。

法定代表人：焦志某，该公司总裁。

委托代理人：雷京华，该公司职员。

委托代理人：王璞，北京大成律师事务所律师。

申请执行人：中航科技公司。

法定代表人：吴光某，该公司总经理。

委托代理人：徐虎，北京市首信律师事务所律师。

委托代理人：黄欣，北京市首信律师事务所律师。

被执行人：格林地公司。

法定代表人：姚传某。

中外建公司不服北京市高级人民法院（以下简称北京高院）（2012）高执复字第102号执行裁定（以下简称102号裁定），向本院申诉。本院受理后依法组成合议庭进行审查，现已审查终结。

北京市第一中级人民法院（以下简称北京一中院）受理中航科技公司申请执行中国国际经济贸易仲裁委员会（以下简称仲裁委）（2004）中国贸仲京裁字第0143号裁决（以下简称143号裁决书）一案，执行过程中，被执行人中外建公司

提出不予执行仲裁裁决的申请。其主要理由为：第一，143号裁决书认定本案另一被执行人格林地公司应当偿还中航科技公司四个信用证证额的款项证据不足；第二，143号裁决书认定中外建公司对于格林地公司欠付的代理费、银行手续费承担连带清偿责任主要证据不足，适用法律错误；第三，本案属于最高额保证类案件，仲裁庭当作普通的连带保证责任纠纷审理属于适用法律错误；第四，仲裁庭未应双方当事人的请求核查双方账目等事实问题，违反了仲裁程序；第五，执行裁决书违反社会公共利益；第六，裁决的事项不属于仲裁协议的范围。

北京一中院查明：《长期委托代理框架合同》（以下简称《框架合同》）第二条约定，格林地公司委托中航科技公司代理数字中小规模单片集成电路的进料加工，中航科技公司信用证开证额度为3000万美元，代理期限自签订合同之日起三年，代理费按开证金额的1%—2%支付。第三条约定，中外建公司接受格林地公司的委托，为格林地公司指定的受益人中航科技公司提供全额担保，担保总金额为3000万美元。第四条约定，中航科技公司和格林地公司在长期经营活动中根据需要，可以时间顺序，逐一或者同时签订一个或多个单项进料加工复出口协议及办理相应的进料加工手册，由双方共同实施。第五条约定，在本担保书的执行和执行过程中所引起的有关争议，由中航科技公司、格林地公司、中外建公司三方友好协商解决，如不能友好协商解决，则提交仲裁委仲裁，仲裁是终局的，仲裁结果对三方都有约束力。

2001年3月30日，中航科技公司与格林地公司签订了与涉案四个信用证相关联的《进料加工复出口协议书》（以下简称《协议书》）。该《协议书》第九条约定，执行协议发生争议的解决方式是向合同签订地人民法院起诉。

2001年3月30日，中航科技公司与格林地公司又签订了《补充协议》。该《补充协议》约定：本协议发生的一切争议由双方协商解决。协商不成提交中航科技公司所在地法院裁定。

北京一中院另查明：中航科技公司、格林地公司、中外建公司于1999年6月28日签订《不可撤销的连带责任担保书》（以下简称《担保书》），该《担保书》第八条约定：中外建公司担保有效期至格林地公司完全偿还中航科技公司债权（含货款主债权和罚款、罚息、实现债权的费用等从债权）止。

为了履行《框架合同》，中航科技公司与格林地公司共签订了七份进料加工复出口协议书，在每个进料加工复出口协议项下，中航科技公司与香港公司分别签订了若干个进口合同和若干个出口合同。中航科技公司为向进口商支付货款，共接受格林地公司委托，申请银行开出了98张跟单信用证，格林地公司通过海外客户分200多笔向中航科技公司偿付货款，双方对于货款结算采取的是滚动结算，每单信用证项下的货款金额与各笔还款金额之间并非一一对应。在上述200多笔还款中，有39笔还款的时间同于或晚于本案四个信用证的最早开具日，还款额远超四个信用证的总证额。

北京一中院认为：一、关于143号裁决书认定格林地公司欠付中航科技公司四个信用证项下货款的证据是否充足的问题。根据查明的事实，格林地公司存在着偿还了涉案四个信用证项下货款的可能性，但其单方无法证明39笔还款与四个信用证项下货款的对应性，中航科技公司也无法单方证明39笔还款与其他信用证项下货款的对应性。只有全面核对双方执行《框架合同》过程中发生的所有款项往来数额，才能决算出涉案四个信用证项下的具体欠款情况。仲裁庭不对双方的款项往来进行全面核对，仅以四个信用证的开证金额和尚需要经双方再次核对数据的确认函，认定格林地公司欠付中航科技公司四个信用证项下货款事实，存在主要证据不足的情形。

二、关于143号裁决书认定中外建公司担保范围包括代理费、银行手续费是否存在主要证据不足、适用法律错误的问题。第一，依照我国法律相关规定，担保范围有约定的，以约定为准。本案中，《担保书》中对担保的主债权范围明确限定为货款，对于从债权亦有列举，虽《担保书》第八条对从债权的表述中使用了“等”字精心概括，但要对列举之外的从债权予以认定必须有充分的理由，不应随意增加。第二，代理费、银行手续费均未明确列入担保范围内，是否属于担保范围只能依据其是否从属于货款主债权来确定。第三，银行手续费是委托银行开立信用证时产生的附随费用，与信用证项下货款主债权不可分割，可以认定为从债权。第四，代理费与货款主债权性质不同，其支付的时间和条件与货款无直接关系。仲裁庭认定代理费属于担保范围的主要证据不足。

三、关于143号裁决书未依照最高额保证的规定让中外建公司承担担保责任是否存在适用法律错误的问题。本案中，《框架合同》的履行期限是一个为期三年的期间；具体委托代理事项是某项商品的交易，本案的主要债权并非代理费，而是因代理商品交易产生的信用证项下货款；担保范围并不限于框架合同，还包括《担保书》签订后所发生的基于《框架合同》精神而签订的七个进料加工复出口协议书；在《担保书》签订之时，其担保的最高债权限额是3000万美元，但担保的具体债权数额是不特定的。因此，本案各方当事人约定的保证是最高额保证。而且，从另一角度分析，中航科技公司先后开具信用证对格林地公司形成的债权总额超过一亿美元，如果本案保证并非最高额保证，则中外建公司的担保范围应当是最早形成的3000万美元债权而非3000万美元的债权余额，这显然与各方当事人签订《框架合同》以及《担保书》的目的是相违背的。综上，北京一中院认为，中外建公司应当在3000万美元额度内，对中航科技公司和格林地公司在《框架合同》签订之日起三年内因执行该合同而连续发生的债权余额，承担保证责任。仲裁庭在无法确定债权余额的情况下，要求中外建公司就其中四个信用证项下的债权承担担保责任，违反了相关法律规定，系适用法律错误。

四、关于仲裁是否超出了协议范围的问题。本案中各方当事人对于仲裁庭有权处理担保合同纠纷没有异议，但对于能否处理委托代理业务引发的纠纷存在争议，中外建公司申请不予执行的理由是仲裁超出仲裁协议的范围。因此，本案不属于《最高人民法院关于适用〈中华人民共和国仲裁法〉若干问题的解释》（以下简称《仲裁法司法解释》）第二十七条规定的情形，本案审查程序亦有别于《仲裁法司法解释》第十三条第二款规定的情形，中外建公司有权提出不予执行申请。中航科技公司与格林地公司之间因涉案四个信用证的委托代理业务发生的纠纷，应当以诉讼方式解决，理由如下：第一，中航科技公司和格林地公司之间开展的是委托代理业务，产生的是委托代理法律关系。双方签订的《框架合同》、《协议书》及《补充协议》共同构成了判断委托代理纠纷解决方式的依据。在《框架合同》中，仅约定了《担保书》争议的解决方式；在《协议书》及其《补充协议》中均明确约定了委托代理纠纷解决方式为诉讼。第二，仲裁是一种意定的争议解决方式，当事人必须以书面协议形式明确仲裁的意思与仲裁的事项。根据本案《框架合同》第五条的字面意思，双方约定的仲裁事项是因《担保书》发生的争议，格林地公司在仲裁阶段对该条文也坚持字面理解。仲裁庭不能在缺乏客观证据支持的情况下，对仲裁范围作出与字面理解不同的主观推断。

北京一中院于2012年7月31日作出（2012）一中执异字第802号执行裁定

（以下简称802号裁定），认定格林地公司欠付中航科技公司货款证据不足、中外建公司担保范围包括代理费证据不足、未按照最高额保证的要求确定债权余额的情况下要求中外建公司承担责任违反了法律规定、超范围仲裁等，裁定对143号裁决书不予执行。

中航科技公司不服802号裁定，向北京高院申请复议，认为北京一中院裁定不予执行的四项理由皆不能成立，要求撤销802号裁定。其主要理由为：第一，北京一中院曾就143号裁决书应否予以执行问题作出（2004）一中执字第1183－3号民事裁定（以下简称1183－3号裁定），属于生效裁判，有既判力。在依据的证据相同的情况下，作出与上一裁定结论完全相反的裁定，是滥用审判权。第二，仲裁庭认定格林地公司欠付四个信用证项下货款正确。格林地公司是否已经偿还中航科技公司四个信用证项下货款问题，143号裁决书和1183－3号裁定均确认应由格林地公司和中外建公司承担举证责任，对此格林地公司、中外建公司均未提供证据予以证明。第三，802号裁定认为本案中的担保为最高额保证错误。第四，802号裁定以《协议书》及《补充协议》约定诉讼为由，认为仲裁庭对委托代理业务无权审查，是偷换概念、以偏概全、曲解法律。其一，中航科技公司与格林地公司、中外建公司之间的纠纷是基于《框架合同》《担保书》，不是基于《协议书》。仲裁庭审查的是格林地公司是否需要向中航科技公司支付基于《框架合同》产生的十二个信用证项下款项，不是仅审查《协议书》项下的四个信用证。仲裁庭裁决偿还四个信用证项下款项，是因为仲裁庭认为该四个信用证已完全履行完毕，其余八个信用证未履行完毕而已。无论裁决哪个信用证，都不能与《框架合同》及《担保书》割裂。其二，中外建公司无权再就《框架合同》的仲裁条款效力提出主张，802号裁定适用法律错误。仲裁委作出《仲裁管辖权决定》已明确解释。在第一次不予执行申请时，格林地公司已就该管辖权提出了异议，1183－3号裁定已认定仲裁庭有权对《框架合同》及项下的进料加工复出口协议审理。根据《仲裁法司法解释》第十三条、第二十七条的规定，中外建公司已经丧失了对《框架合同》仲裁条款提出异议的权利。

北京高院查明以下事实：一、关于仲裁裁决认定格林地公司欠付中航科技公司四个信用证项下货款是否存在认定事实的主要证据不足问题。143号裁决书“仲裁庭多数仲裁员的意见”第一部分认定四项事实，其中第一项认定中航科技公司和格林地公司签订的《框架合同》是有效合同。第三项认定中航科技公司开具十二个信用证的事实及《框架合同》履行情况。其中载明，双方都认可第六个《协议书》对应的四个信用证项下业务已履行完毕。第四项对2002年4月21日格林地公司发出确认函的效力予以认定。并载明：格林地公司在《关于DX20020342号仲裁案件中“出口履行有关单据及结汇方面证据材料”的说明》中提出请仲裁庭确定海外客户分39次汇给中航科技公司的款项中，哪些是十二个信用证项下货款，哪些又是其他信用证项下的货款是没有道理的。因为没有双方当面对账和原始单证，格林地公司也没有向仲裁庭提供有效的证据证明哪些款项是十二个信用证项下的货款，因此，仲裁庭是无法确定的。仲裁庭只根据《框架合同》的规定和双方的其他协议以及双方提供的有效证据作出裁决。双方不对账的后果则理应由双方当事人自行承担。

143号裁决书“仲裁庭多数仲裁员的意见”第二部分中载明：（1）根据《框架合同》的规定，中航科技公司作为代理人为格林地公司垫付进口原料货款而开出信用证，根据《框架合同》的约定和我国有关法律规定，格林地公司应当偿还该项费用。又根据2002年4月21日格林地公司向中航科技公司的致函，确认了该项欠款。（2）如前所述，根据《框架合同》规定，中航科技公司不仅有开证义务，也有与格林地公司共同实施进料加工复出口的责任。因此，仲裁庭未裁定格林地公司全部返还十二个信用证证额（货款），只裁定已实施完的四个信用证证额。由于本案当事人未根据仲裁庭要求提供履行十二个信用证项下全部出口单据和结汇单据，仲裁庭无法认定十二个信用证项下收汇数额。

二、关于仲裁裁决认定中外建公司担保范围包括代理费是否存在认定事实的主要证据不足和适用法律错误问题。143号裁决书“仲裁庭多数仲裁员的意见”第二部分第5项关于中外建公司承担上述款项的连带清偿责任中载明：中外建公司与中航科技公司、格林地公司于1999年6月28日签订的《担保书》是一份有效的担保合同。该《担保书》规定，“应格林地公司要求，中外建公司愿意为格林地公司在执行该框架合同时所欠中航科技公司债务，提供以中航科技公司为受益人的不可撤销连带责任担保，作为此框架合同中格林地公司还款的保证人”“中外建公司担保有效期至格林地公司完全偿还中航科技公司债权（含货款主债权和罚款、罚息、实现债权的费用等从债权）止。中航科技公司和格林地公司在运作数字中小规模单片集成电路进料加工项目期间，中航科技公司运作进料加工复出口贸易，为代格林地公司进口原料或部件而开出的在总担保金额内的信用证，均由中外建公司提供无条件的不可撤销连带责任保证”。上述规定明确表明：本案中由中航科技公司开出的前述已履行的四个信用证的证额和银行手续费、代理费及其利息等从债权皆为中外建公司应承担的连带清偿责任。

三、关于仲裁裁决中外建公司承担担保责任是否存在适用法律错误的问题。《担保书》第九条约定：格林地公司在执行《框架合同》对中航科技公司形成的负债（含货款主债权和罚款、罚息、实现债权的费用等从债权）承担连带清偿责任。如格林地公司在中航科技公司开出的信用证付款日前，未能根据合同将全部开证金额汇入中航科技公司指定账户，中航科技公司有权直接向中外建公司追偿，中外建公司保证在接到中航科技公司书面索款通知后14日内清偿上述款项。

四、关于仲裁裁决对中航科技公司和格林地公司间委托代理业务纠纷进行裁决是否超出仲裁协议范围的问题。格林地公司于2003年4月21日向仲裁委提交了仲裁管辖权异议，并提出《协议书》约定“任何一方可直接向本合同签订地人民法院起诉”。对此，仲裁委作出《仲裁管辖权决定》，认定《框架合同》和《担保书》中的仲裁条款有效。决定中载明：格林地公司认为，《框架合同》中的仲裁条款仅涵盖因执行《担保书》而引起的纠纷，未涉及合作业务本身发生的纠纷。并认为双方的合作业务争议的解决方式应根据具体单项合同和协议书确定，而相应的单项合同和协议书所约定的争议解决方式并不一致，有的约定诉讼，有的约定仲裁。仲裁委认为，根据《框架合同》的全部条款尤其是第五条仲裁条款的规定，格林地公司将其理解为仅就《担保书》的执行约定以仲裁方式解决是不合理的。因为，中航科技公司、格林地公司和中外建公司于同日签订的《担保书》，对于《担保书》争议的解决方式有单独的明确约定，而《框架合同》中并无担保方签字盖章，《框架合同》不是担保合同。因此，《框架合同》中的仲裁条款应当理解为对履行《框架合同》发生纠纷的争议解决方式。

仲裁审理中，中外建公司在答辩意见中提出，仲裁庭的仲裁范围应仅限于《框架合同》和《担保书》发生的争议，由于《协议书》不在本案仲裁范围之列，所以仲裁庭无权对本案债权债务金额争议进行裁决。对此，仲裁庭认为：中航科技公司不仅要为进料加工业务开具进口信用证，同时还要为进料加工业务办理有关的手续，如进料加工手册等，并与格林地公司共同实施，包括对进料加工成品的出口等业务。因此，根据《框架合同》的仲裁条款，仲裁庭有权对《框架合同》项下所涉进料加工业务进行审查，并对本案所涉十二个信用证额度的具体数额作出裁定。仲裁庭不支持格林地公司和中外建公司关于仲裁庭无权对本案债权债务金额进行裁决的主张。

北京高院认为：一、关于143号裁决书裁定格林地公司欠付中航科技公司四个信用证项下货款是否存在认定事实的主要证据不足的问题。仲裁庭根据《框架合同》等双方提供的有效证据，确认格林地公司应当偿还四个信用证项下的货款，在格林地公司未举证证明其已偿还四个信用证的部分或全部货款的情况下，裁决格林地公司偿还已履行完毕的四个信用证项下货款，不存在认定事实的主要证据不足问题。

二、关于仲裁裁决认定中外建公司担保范围包括代理费是否存在主要证据不足的问题。仲裁庭根据《担保书》中中外建公司愿意为格林地公司在执行《框架合同》时所欠中航科技公司债务提供连带责任担保等约定，依据法律规定作出裁决。仲裁庭认定代理费属于担保范围不存在认定事实的主要证据不足的问题。

三、关于仲裁裁决未依照最高额保证规定裁定中外建公司承担担保责任是否存在适用法律错误的问题。依据《担保书》的约定，中航科技公司可以对每一具体信用证因格林地公司未付开证金额而直接向中外建公司追偿，有权随时要求中外建公司履行担保责任，该约定并不违反法律规定。仲裁裁决中航科技公司就此四个信用证要求中外建公司承担保证责任符合合同约定，亦不违反法律规定。

四、关于仲裁裁决对中航科技公司和格林地公司间委托代理业务纠纷进行裁决是否超出了仲裁协议范围的问题。仲裁庭认为进料加工复出口协议是《框架合同》的具体实施协议，根据《框架合同》的仲裁条款，对该合同项下所涉业务进行审查并作出裁决，未超出仲裁协议范围。且进料加工复出口协议中对纠纷解决方式的约定是中航科技公司与格林地公司之间的约定，中外建公司对其没有参加的合同所产生争议的解决方式无权提出异议。

北京高院于2012年12月20日作出102号裁定，支持了中航科技公司的复议请求与理由，撤销了北京一中院802号裁定，驳回了中外建公司不予执行仲裁裁决的申请。

中外建公司不服北京高院102号裁定，向本院申诉，请求撤销102号裁定，维持802号裁定。其主要理由如下：一、北京高院适用法律错误。第一，认定“仲裁庭的裁决未超出仲裁协议范围”错误。本案中法律关系主要有两个方面，一是中航科技公司与格林地公司之间的主债权债务关系；二是中外建公司与上述两个公司之间的担保关系。本案三方当事人只约定了担保关系适用仲裁，而主债权债务关系约定由中航科技公司所在地法院诉讼管辖。中航科技公司就上述两方面法律关系产生的纠纷都申请了仲裁，仲裁庭对于这两类事项也都作出了裁决，显然针对第一类申请事项的裁决明显超出了仲裁协议范围。第二，认定“格林地公司欠付四个信用证款项不存在主要证据不足的情形”错误。本案中有争议的十二个信用证中的第一个信用证开出后，海外客户于2001年8月6日到2001年11月23日，分39次汇给中航科技公司1688万余美元，中航科技公司自认收到了该39笔汇款，但是认为是属于支付20010330《进料加工登记手册》项下的13个信用证的货款，与本案没有关系。中外建公司认为，格林地公司针对十二个信用证，提出通过39笔汇款偿还欠款，中航科技公司也承认收到了39笔货款后，格林地公司即完成了抗辩的举证责任。中航科技公司提出39笔货款偿还的是另一信用证项下的欠款，是一个新的主张，根据“谁主张，谁举证”的原则，中航科技公司应对此举证，并应承担举证不能的不利后果。仲裁庭没有分清格林地公司和中航科技公司在不同阶段的不同主张，错误分配各方的举证责任，将应由中航科技公司承担的举证责任错误分配给格林地公司。北京高院支持仲裁庭的错误观点，显然违反法律规定。第三，认定“执行法院以《担保书》系最高额保证合同为由裁定不予执行没有法律依据”错误。102号裁定认为，根据《担保书》第九条，申请人承担的并非最高额保证，从而否定了802号裁定的相关认定。其实该合同条款与是否为最高额保证的认定根本没有必然联系，根本得不出该结论。《担保书》第九条只是对于担保的范围、时间及担保权的行使方式进行了规定。北京高院将第三句中的“甲方有权直接向丙方追偿”认定为中航科技公司有权“随时”向中外建公司主张债权，完全是曲解了合同条款的含义。“直接”是再一次明确连带责任的意思，而“随时”有完全不同的含义。第四，认定“申请人对其没有参加的合同所产生争议的解决方式无权提出异议”错误，剥夺了当事人的抗辩权。我国《担保法》第二十条规定，保证人享有债务人的抗辩权。对此抗辩权没有限制性规定，中外建公司根据该法条可以不受限制地行使抗辩权，包括对仲裁庭的超范围仲裁提出异议。

二、认定事实错误。第一，将代理费认定为担保范围之内，缺乏证据证明。根据《框架合同》与《担保书》的相关约定，担保范围仅限于格林地公司在执行《框架合同》中对被执行人形成的货款主债权和罚款、罚息、实现主债权的费用等从债权，并不包含代理费。第二，涉案98个信用证的前20个信用证的开证时间在《框架合同》签订之前，不应包含在《框架合同》与《担保书》的范围之内。仲裁庭将其包含在担保范围之内，增加了中外建公司的担保责任。第三，本案存在严重的同一笔债务反复清偿的问题。第四，143号裁决书中表述了欠款抵扣的事项，但是最终数额没有计算在内。北京高院重复了这一错误。第五，仲裁庭、北京高院没有照顾到进料加工复出口业务的特点，断章取义地来判断欠款数额，缺乏逻辑与事实依据。

三、本案进料加工复出口业务疑点重重，所有信用证是否有真实的货物进出口交易予以对应值得怀疑。

中航科技公司答辩时除坚持在北京一中院、北京高院处理时的观点与理由外，还提出如下观点：一、特别提请合议庭重视1183－3号裁定。理由在于，第一，该案的审理发生在143号裁决书作出后不久，三方当事人的诉讼人员都是参加仲裁的原班人马，距离合同履行时间近，提交的证据能最大可能还原客观事实。第二，各方当事人对于各项事实与争议进行了详细的陈述，北京一中院也进行了充分的查证。

二、最高人民法院被执行人名单统计数据是中外建公司老赖本质的最直接证据。2012年年初，中外建公司作为被执行人的案件有380多个；到2013年11月，增加到418个，中外建公司的老赖本质显露无遗。

三、关于格林地公司欠付中航科技公司四个信用证款项证据不足的问题。中航科技公司认为，根据中外建公司2013年11月22日提供的证据，39笔汇款的最后三笔的累加金额与第86个信用证的开证金额完全相等，说明格林地公司的上述汇款都是在偿还第87个信用证之前的款项。而同样根据该份证据，格林地公司未付金额数字与其2002年4月21日确认函认定的金额完全相同。根据中外建公司本次提供的证据，可以确认格林地公司最后的还款并非第87至第90个信用证的款项，而格林地公司认可的欠款数额又与中航科技公司统计的累计欠款数额完全一致。所以在格林地公司无证据证明已经偿还四个信用证项下款项的情况下，143号裁决书认定格林地公司欠款证据确凿。

四、关于中外建公司认为143号裁决书扩大了中外建公司担保范围的问题。中外建公司认为前20个信用证在《框架合同》签订之前，不应在担保的范围之内。其实前20个信用证是为AE98082《进料加工复出口协议书》而开出，在《框架合同》中的合作基础部分，双方都确认了AE98082《进料加工复出口协议书》已履行完毕。同时，为了担保该协议书的履行，三方当事人曾单独签订不可撤销的连带责任担保书。本案中，仲裁委只是裁决中外建公司就四个信用证承担担保责任，未涉及《框架合同》签订前的20个信用证，中外建公司关于仲裁庭扩大了其担保责任的主张不能成立。

五、最高人民法院不应再就中外建公司的再审申请进行审查。第一，法院不应再对143号裁决书进行事实认定与法律适用方面的审查，因为根据我国现行有效的《民事诉讼法》第二百三十七条的规定，“认定事实的主要证据不足”及“适用法律确有错误”的情形，已经不再属于不予执行仲裁裁决案件的审查范围。第二，1996年6月26日《最高人民法院关于当事人因不予执行仲裁裁决的裁定不服而申请再审人民法院不予受理的批复》（法复〔1996〕8号）规定：“依照《中华人民共和国民事诉讼法》第二百一十三条的规定，人民法院对于仲裁裁决依法裁定不予执行，当事人不服而申请再审的，没有法律依据，人民法院不予受理。”第三，如果102号裁定被撤销，1183－3号裁定将难以处理。

本院经查阅北京一中院（2012）一中执异字第802号案件卷宗、北京高院（2012）高执复字第102号案件卷宗、审查当事人提交的证据并举行了听证，查明以下事实：中外建公司认为，143号裁决书与802号裁定中确认，为履行《框架合同》，中航科技公司与格林地公司共签订了七个进料加工复出口协议书，中航科技公司开出了98个信用证错误。实际上，在《框架合同》签订前，双方就开始了合作，其中第一个协议书及相关的20个信用证就是在《框架合同》签订前完成的。《框架合同》签订后，双方当事人共签订了六个进料加工复出口协议书，中航科技公司开出了78个信用证。中航科技公司同意前20个信用证系在《框架合同》签订前开出。同时主张，对于该事实双方当事人在《框架合同》的基础部分已予以叙述。对于北京一中院和北京高院确定的其他事实，双方当事人没有异议。本院对于上述事实予以确认。

本院同时查明：一、1999年6月28日，中航科技公司与格林地公司签订《框架合同》。二、执行程序中，中外建公司、格林地公司曾提出不予执行的申请，中外建公司当时主张的理由是涉案4个信用证没有履行完毕。北京一中院于2006年1月24日作出（2004）一中执字第1183-3号民事裁定予以驳回。

本院认为，本案首先需要解决的是本案能否进入执行监督程序以及仲裁管辖的范围问题。

一、关于本案能否进入执行监督程序。我国2012年修订后的《民事诉讼法》修改了人民法院在不予执行仲裁裁决案件中的审查范围，将2007年修订的《民事诉讼法》第二百一十三条规定的“认定事实的主要证据不足的”与“适用法律确有错误的”两种情形排除。但是本案中执行法院不予执行仲裁裁决的裁定系2012年7月31日作出，在2012年修订的《民事诉讼法》生效之前，不受《民事诉讼法》修改的限制。执行监督阶段应坚持按照当时法律审查案件的原则，适用2007年修订的《民事诉讼法》。中航科技公司的该条理由不能成立。

中航科技公司提出，依照本院1996年6月26日《关于当事人因不予执行仲裁裁决的裁定不服而申请再审人民法院不予受理的批复》的规定，本院不应受理中外建公司的执行监督申请。该批复是指“人民法院不予受理当事人因对不予执行仲裁裁决的裁定不服而提起的再审申请”，并不涉及执行监督问题。本院《关于人民法院执行工作若干问题的规定（试行）》第一百二十九条规定，上级人民法院依法监督下级人民法院的执行工作。最高人民法院依法监督地方各级人民法院和专门法院的执行工作。第一百三十条规定，上级法院发现下级法院在执行中作出的裁定、决定、通知或具体执行行为不当或有错误的，有权予以纠正。根据上述规定，本院有权立案处理当事人就不予执行仲裁裁决案件提起的执行监督申请。

中航科技公司认为，如果102号裁定被撤销，1183-3号裁定难以处理。本院认为，法律并未规定在执行程序中，当事人只能提出一次不予执行仲裁裁决的申请，法律也未禁止法院在条件具备时作出相反的裁定。不过北京一中院作出802号裁定时，应该同时撤销1183-3号裁定。

二、关于仲裁管辖的范围问题。本院认为，仲裁庭对于格林地公司与中航科技公司之间为履行《框架协议》所产生的纠纷不具有管辖权，仲裁庭的仲裁超出了当事人约定的范围。主要理由如下：第一，根据《框架合同》的约定，该合同产生的争议不在约定仲裁的范围之内。对于合同条款，首先应该做文义解释。《框架合同》第五条约定，“本担保书的执行和执行过程中所引起的有关争议”。在协商不能解决时，提交仲裁委仲裁，而本案中又的确存在相应的《担保书》。此时，依据文义解释，仲裁的适用范围只能限于因《担保书》的履行而产生的纠纷。第二，即使按照仲裁庭的理解，将《框架合同》中的仲裁条款解释为对于主合同纠纷解决方式的约定，也无法得出仲裁庭具备管辖权的结论。仲裁庭认为，虽然从字面看，《框架合同》中关于仲裁的条款仅涉及《担保书》，但是联系到三方当事人已经在《担保书》中就担保争议的仲裁问题作出了约定，把《框架合同》的仲裁条款再次理解为就《担保书》争议作出仲裁约定是不正确的，应理解为对于《框架合同》争议解决方式的约定。即使按照仲裁庭的上述理解，也无法得出仲裁庭具备管辖权的结论。在《框架合同》的履行过程中，债权人中航科技公司与主债务人格林地公司又签订了与涉案四个信用证有关的《协议书》与《补充协议》，《协议书》与《补充协议》都约定争议由人民法院解决。由于《协议书》、《补充协议》与《框架合同》关于纠纷解决方式的约定相矛盾，且《协议书》《补充协议》签订于《框架合同》之后，所以无法得出双方就仲裁达成了一致的结论。相反，中外建公司与北京一中院的理解更为合理。中外建公司认为，签订《担保书》的同日，在《框架合同》中作出关于争议解决方式的约定，不过是对于《担保书》相关条款的再次确认。北京一中院认为，判断管辖的基础是《框架合同》《担保书》、《协议书》及《补充协议》等几个相关文件，在《框架合同》中对于纠纷解决方式约定不明，而《协议书》及《补充协议》又都是约定通过诉讼解决的情况下，对于中航科技公司与格林地公司之间涉及四个信用证的委托代理纠纷，应解释为不属于仲裁协议约定的范围。第三，中外建公司没有丧失申请不予执行仲裁裁决的权利。《仲裁法司法解释》第二十七条第一款规定，当事人在仲裁程序中未对仲裁协议的效力提出异议，在仲裁裁决作出后以仲裁协议无效为由主张撤销仲裁裁决或者提出不予执行仲裁裁决抗辩的，人民法院不予支持。本案中，主债务人格林地公司曾在仲裁程序中书面提出过仲裁管辖权异议，而中外建公司作为担保人，享有主债务人的抗辩权。所以中外建公司不受《仲裁法司法解释》第二十七条第一款规定的限制。同理，中外建公司虽然没有在《框架合同》、《协议书》及《补充协议》等文件中签字，基于担保人享有的主债务人的抗辩权，其同样可以根据上述文件中的纠纷解决方式条款提出不予执行申请。

综上所述，关于本案中的仲裁条款，仅能明确涵盖担保合同纠纷，仲裁庭对于委托代理合同纠纷的审理超出了管辖范围。2007 年修改的《民事诉讼法》第二百一十三条第二款第二项规定，被申请人提出证据证明裁决的事项不属于仲裁协议的范围或者仲裁机构无权仲裁的，人民法院应裁定不予执行。所以本案中对于仲裁庭关于委托代理纠纷的裁决部分应不予执行。又由于担保合同是委托代理合同的从合同，担保合同纠纷的解决需要以委托代理合同纠纷的解决为前提，所以在关于委托代理合同的纠纷解决前，当事人关于担保合同纠纷的仲裁协议无法实施。亦即本案仲裁裁决的超裁部分无法与担保合同纠纷的裁决部分分割，整个仲裁裁决都应不予执行。

由于仲裁庭超过仲裁协议范围裁决的事项足以导致仲裁裁决的不予执行，所以对于其他争议焦点本院不再审查。

综上，北京高院 102 号裁定适用法律错误，应予以撤销。北京一中院 802 号裁定对于事实认定基本清楚，适用法律基本正确，应予以维持。同时，北京一中院 1183 -3 号裁定适用法律错误，也应一并予以撤销。依照《中华人民共和国民事诉讼法》（2007 年修订）第二百一十三条第二款第二项、本院《关于人民法院执行工作若干问题的规定（试行）》第 129 条之规定，裁定如下：

一、撤销北京市高级人民法院（2012）高执复字第 102 号执行裁定书。

二、撤销北京市第一中级人民法院（2004）一中执字第 1183 -3 号民事裁定书。

三、维持北京市第一中级人民法院（2012）一中执异字第 802 号执行裁定书。

本裁定送达后即发生法律效力。

审判长：赵晋山；代理审判员：潘勇锋、葛洪涛；书记员：陈海霞

二〇一三年十二月三十日

图书在版编目（CIP）数据

最高人民法院民商事裁判文书精粹与观点梳理／北京大成律师事务所编著．—北京：中国法制出版社，2019.9
ISBN 978－7－5216－0472－6

Ⅰ.①最…　Ⅱ.①北…　Ⅲ.①民事诉讼－审判－研究－中国　Ⅳ.①D925.118.4

中国版本图书馆CIP数据核字（2019）第176516号

责任编辑：王熹（wx2015hi@sina.com）　　封面设计：李宁

最高人民法院民商事裁判文书精粹与观点梳理

ZUIGAO RENMIN FAYUAN MINSHANGSHI CAIPAN WENSHU JINGCUI YU GUANDIAN SHULI

编著/北京大成律师事务所
经销/新华书店
印刷/三河市国英印务有限公司
开本/730毫米×1030毫米　16开　　印张/27　字数/397千
版次/2019年9月第1版　　2019年9月第1次印刷

中国法制出版社出版
书号 ISBN 978－7－5216－0472－6　　定价：99.00元

北京西单横二条2号
邮政编码 100031　　传真：010－66031119
网址：http：//www.zgfzs.com　　**编辑部电话：010－66010493**
市场营销部电话：010－66033393　　**邮购部电话：010－66033288**

（如有印装质量问题，请与本社印务部联系调换。电话：010－66032926）